古文字與中華文明傳承發展工程

復旦大學出土文獻與古文字研究中心

古文字與上古音論稿

張富海 著

上海古籍出版社

本書爲國家社科基金冷門"絶學"和國別史等研究專項"基於古文字諧聲假借的漢語上古音研究"（批准號：19VJX115）、國家社科基金冷門絶學研究專項學術團隊項目"中國出土典籍的分類整理與綜合研究"（批准號：20VJXT018）的階段性成果。

目　　録

郭店簡《緇衣》篇注釋　　001
上博簡《子羔》篇"后稷之母"節考釋　　053
讀楚簡札記五則　　059
竹簡《詩論》補釋　　064
上博簡五《鮑叔牙與隰朋之諫》補釋　　071
楚先"穴熊""鬻熊"考辨　　077
清華簡《尹至》字詞補釋二則　　083
讀清華簡《説命》小識　　087
説清華簡《繫年》之""及其他　　092
清華簡字詞補釋三則　　098
清華簡《繫年》通假東釋　　103
清華簡零識四則　　110
釋清華簡《湯在啻門》的"褊急"　　117
帛書《周易》補釋三則　　124

説西周金文中的"嗣"字　　129
金文"匍有"補説　　136
讀新出西周金文偶識　　143
毛公鼎銘文補釋一則　　149
金文從宫從九之字補説　　154
説古文字中的"雩"字　　159
"敕"字補説　　163

説"矣"	172
説"龜""冤"	177
試説"盗"字的來源	181
説字二則	187
説"難"	192
説"坤"	201
《尚書·多方》校讀一則	208
《緇衣》二題	215
古文經説略	228
略論釋讀古文字應注意的語音問題	247
諧聲假借的原則及複雜性	256
試論"豕"字的上古韻部歸屬	270
上古韻部歸字辨析三則	275
據出土文獻證"羔"字當歸幽部	280
據古文字確定幾個魚部一等字的開合	285
據古文字論"色""所""疋"三字的上古聲母	292
據古文字論"氏""視"等字的上古聲母	297
上古漢語 *-ps＞*-ts 音變在戰國文字中的反映	304
上古漢語 *kl-、*kr- 類聲母的舌齒音演變	312
後記	319

郭店簡《緇衣》篇注釋

第一章

夫子曰：[1]好娩（美）女（如）好兹（緇）衣，[2]亞=（惡惡）女（如）亞（惡）遞（巷）白（伯），[3]則民臧〈咸〉放（飭）而羍（刑）不屯。[4]《寺（詩）》【1】員（云）：[5]"惎（儀）羍（刑）文王，萬邦乍（作）孚。"[6]

【注釋】

[1] 夫子，謂孔子。以下各章作"子曰"，不作"夫子曰"。《禮記·緇衣》（用阮刻《十三經注疏》本。以下稱爲"今本"）首章開頭作"子言之曰"，孔疏："此篇凡二十四章，唯此云'子言之曰'，餘二十三章皆云'子曰'，以篇首宜異故也。"《坊記》首章開頭作"子言之"，孔疏："此篇凡三十九章，此下三十八章悉言'子云'，唯此一章稱'子言之'者，以是諸章之首，一篇摠要，故重之，特稱'子言之'也。餘章其意稍輕，故皆言'子云'也。"《禮記·表記》稱"子言之"者凡八章，孔疏引皇氏云："皆是發端起義，事之頭首，記者詳之，故稱'子言之'。"此稱"夫子曰"，亦首章宜異之故。上博簡《緇衣》第一簡開頭殘去一字，作"子曰"，可據此補"夫"字。今本此章由於不是首章，故只作"子曰"。

此章今本爲第二章。

[2] 好，原形作上下結構，篇內皆同。

《説文》訓"美"爲"甘";另有"媄"字,訓"色好",段注:"按凡美惡字可作此。《周禮》作媺,蓋其古文。"此"媺"字相當於《周禮》之"媺"(《汗簡》引《尚書》"美"字亦作"媺")。"媺"從㵁聲,"媺"從𢼸聲,而"𢼸"字亦從㵁得聲("㵁"不見於《説文》,但從古文字來看,本應是獨立成字的,或即"美"之異體)。按《周禮》中"美""媺"並見,大多數作"美","媺"凡九見。《周禮》屬於古文經,作"媺"與此簡文相合,應是本來的寫法。

兹,與"緇"音近,讀爲"緇"。上博簡此字作"紂",是"緇"字的異體。此句今本作"好賢如緇衣"。鄭注以"緇衣"爲《詩》篇名(《緇衣》見於《鄭風》)。好賢如緇衣,意爲像《詩經》中《緇衣》這首詩所描述的那樣好賢。據《毛詩序》,《緇衣》是鄭人美武公之詩;《孔叢子·記義》引孔子語云:"於《緇衣》,見好賢之心至也。"依簡文理解,緇衣是所好之物。《緇衣》云:"緇衣之宜兮,敝予又改爲兮。……緇衣之好兮,敝予又改造兮。……緇衣之蓆兮,敝予又改作兮。"所謂"宜""好""蓆"都是描寫緇衣之美好;所謂"改爲""改造""改作"則都是表現對緇衣的喜好。可見簡文"好美如好緇衣"與《緇衣》一詩的旨意是相合的。雖然今本和簡文各得其宜,但當以簡文爲原貌,而今本爲後改。下文云"惡惡",以"美"與"惡"對舉,古書中常見;而"賢"一般和"不肖"對稱。改"好美"爲"好賢",並删去下"好"字,大概是爲了合乎説詩者對《緇衣》一詩的總體解釋。應當指出,孔子言"好美如好緇衣"是以《詩·緇衣》爲其話語背景的,"緇衣"代表一切美好的事物和德行,其意是要治民者做到好惡分明。

[3] 逜,從辵帀聲。整理者已指出此字在包山楚簡中有異體作"衙"(按包山楚簡也有作"逜"者),上博簡此字亦作"衙"。衙,從行帀聲。"帀"字不見於《説文》,但見於西周時的乖伯簋銘文。白於藍1997,趙平安1998,何琳儀、徐在國2001,徐寶貴2003都釋"衙"和"逜"爲"巷",甚是。

此句今本作"惡惡如巷伯"。《郭店楚墓竹簡》(荆門市博物館編:《郭店楚墓竹簡》,文物出版社,1998年。以下簡稱爲《郭簡》)本篇注[三]裘按云:"《小雅·巷伯》篇名所取之義舊以爲難解。如簡文'惡惡如惡巷伯'句'巷伯'上'惡'字非衍文,則孔子或《緇衣》編者似以爲《巷伯》作者'寺人孟子'在詩中所指斥之讒人即地位較寺人爲高之奄官巷伯。"按"巷伯"之義舊有兩説：鄭箋以爲巷伯即《周禮》之内小臣，"奄官上士四人，掌王后之命，於宫中爲近，故謂之巷伯，與寺人之官相近。讒人譖寺人，寺人又傷其將及巷伯，故以名篇"。"巷伯"又見於《左傳·襄公九年》："令司宫、巷伯儆宫。"杜注："司宫，奄臣；巷伯，寺人。"孔疏以司宫當《周禮》之内小臣，又云："《周禮》内小臣其次即有寺人，故知巷伯是寺人也。又以《詩》篇名'巷伯'，經云'寺人孟子作爲此詩'，故知巷伯、寺人一也。鄭以巷伯爲内小臣。既無明文，各以意説。"朱子《詩集傳》從杜説，陳奂《詩毛氏傳疏》亦從之。若從鄭説，今本"惡惡如巷伯"之"巷伯"只能是《詩》篇名。惡惡如巷伯，意爲像《巷伯》一詩所描述的那樣惡惡。若從杜説，今本"惡惡如巷伯"之"巷伯"可以理解爲《詩》篇名，也可以理解爲就是《巷伯》的作者寺人孟子，意爲像寺人孟子那樣惡惡。但對應上句"好賢如緇衣"來看，今本中的"巷伯"還是以理解爲《詩》篇名爲妥。簡文此句顯然應如裘按作解。《緇衣》撰人認爲巷伯是寺人孟子所惡之人，然則巷伯自然與寺人非一，此與杜説不同，而與鄭説相同，但對巷伯和寺人的"敵友關係"的看法恰與鄭相反。與上句相同，簡文應是原貌，今本則是由於後人對《巷伯》篇名的理解與《緇衣》撰人不同而改。李學勤2002認爲簡本此句和上句的文義不如今本。但即使如此，簡本仍應是原貌。

[4] 烕，上博簡《緇衣》作"咸"。李零1999（485頁）及周鳳五1999（351頁）都認爲"烕"是"咸"之誤，從上博簡來看，其説可從。

扴，《郭簡》隸作从力从它，此據《郭簡》本篇注[四]裘按改正。此字上博簡《緇衣》作，李零2002b（408頁）認爲其字从手从力，故釋爲"扴"。按其字上所从的"手"與《説文》"手"的古文形近，釋"扴"可從。

埊，上博簡《緇衣》作"型"。篇内"埊"字，上博簡《緇衣》皆作"型"。

屯，上博簡《緇衣》作"㓝"。

此句今本作"則爵不瀆而民作愿，刑不試而民咸服"。孔疏以爲"爵不瀆而民作愿"是解上"好賢如緇衣"，"刑不試而民咸服"是解上"惡惡如巷伯"，意即"爵不瀆而民作愿"是"好賢如緇衣"的效果，"刑不試而民咸服"是"惡惡如巷伯"的效果，此釋切合文義。下引詩"儀刑文王，萬國作孚"，意爲人君若能效法文王之好惡分明，則萬國皆誠信無欺，即"民作愿""民咸服"。簡文"民臧〈咸〉放而坓不屯"當與今本"爵不瀆而民作愿，刑不試而民咸服"同意，而今本則是簡文的擴充或者説對簡文文義的補全（這種情況又見於今本第十七章即簡本第五章）。相近的意思常見於古書，如《荀子·君道》："故賞不用而民勸，罰不用而民服。""民臧〈咸〉放"對應於"爵不瀆而民作愿""賞不用而民勸"，"坓（刑）不屯"對應於"刑不試而民咸服""罰不用而民服"，然則"民臧〈咸〉放"當與"民作愿""民勸"義近，而"坓（刑）不屯"當與"刑不試""罰不用"義近。周鳳五 1999（351 頁）、白於藍 2000（89 頁）、孔仲温 2000（243—244 頁）等讀"放"爲"服"，不可信。馮勝君 2007（75 頁）讀"放"爲"飭"，意爲謹飭，可從。"飭"亦寫作"敕"，簡文之"放"當即"敕"字異體。李零 1999（485 頁）讀"放"爲"力"，在文義上是合適的，但不如讀爲"飭"。"坓（刑）不屯"之"屯"，《郭簡》本篇注［四］疑讀"蠢"，訓動；劉信芳 2000（166 頁）訓"屯"爲陳，謂"刑不屯"意即刑書不陳於民；周鳳五 1999（351 頁）以"屯"爲"弋"之形訛，讀作"忒"；白於藍 2000（89 頁）亦以爲"弋"之誤，讀爲"試"；孟蓬生 2002a（443 頁）同白文，並認爲上博簡的"刓"所從的"屯"也是"弋"之誤。按以上諸説似皆有未安，"屯"字究竟如何解釋，存疑待考。如僅從文義考慮，讀爲"試"應該是最合適的。李零 1999（482 頁）讀"坓不屯"爲"型不頓"，意爲儀型不壞。這樣理解似不切合上下文意，因爲"坓不屯"是對應於下文所引詩的"萬邦作孚"，而不是與"儀刑文王"相應。

［5］寺，原形从又不从寸。"寺"讀爲"詩"。

員，讀爲"云"。

詩云，今本作《大雅》曰。從全篇看，簡本凡一章兩引詩，則分別言"《大雅》云""《小雅》云"（本篇引詩限於大、小雅，無國風和頌）；只引一句詩，則但作《詩》云。今本此處引一句詩而作《大雅》曰，他處則多作《詩》云；一章兩引詩者，或以《詩》云與《大雅》曰相别，或以《詩》云與《小雅》曰相别。可見，簡本的體例較今本嚴整。上博簡《緇衣》的情況與本篇相同。

此所引詩見於《大雅·文王》。

[6]愄，从心我聲，讀爲"儀"。

"儀刑"之"刑"通行字作"型"，而經典大多作"刑"，此處從今本及《詩》（《詩》指《毛詩》，下同），在簡文之"坓"字後括注"刑"。

邦，今本作"國"。已有一些人指出今本是避漢諱而改，誠然；但若據此認定今本《緇衣》成於漢初則根據不足。因爲也可能今本《緇衣》在更早時就已形成，漢人只是將"邦"改成"國"而已。今《毛詩》仍作"邦"，是因爲《詩》是經，不能輕易改動，而《緇衣》是記傳，漢人不視爲經。

《左傳·昭公六年》記載叔向移書子產譏其鑄刑書，引詩"儀式刑文王之德，日靖四方"及"儀刑文王，萬邦作孚"，來證明其刑不如德的主張；此處引詩"儀刑文王，萬邦作孚"來證明君主只要好惡分明，人民就能不待刑罰而自飭，兩者用意相近。

原簡"孚"字下有一墨釘，表示此章的結束。以下每章之末均有墨釘，不再一一說明。

第二章

子曰：又（有）郙（國）者章好章亞（惡），[1]目（以）見（示）民厚，[2]則民【2】青（情）不紙（貳）。[3]《寺（詩）》員（云）："情（靖）共尔（爾）立（位），[4]好氏（是）貞（正）植（直）。"[5]

【注釋】

[1]郙，从邑或聲，"國"字異體，上博簡《緇衣》作"國"。

此句今本作"有國者章善癉惡"；善，《釋文》本作義，云："義，如字。《尚書》作善（引者按：僞古文《尚書·畢命》有'彰善癉惡'之語）。皇云：義，善也。"阮元《校勘記》以"義"爲是。孔疏："言爲國者，有善以賞章明之，有惡則以刑癉病之。""章善（或義）癉惡"中的"善（或義）"和"惡"分別是指善人（或義人）和惡人。簡文"章好章惡"意爲好惡分明，與"章善（或義）癉惡"其實意思相同。"章好章惡"與上章"好美如好緇衣，惡惡如惡巷伯"之意相承。

此章今本爲第十一章。

[2] 貝，"視"字的表意初文，《郭簡》本篇注[七]指出其原形的下部作立"人"，與簡文的"見"字不同。今本此字作通行字"示"，上博簡《緇衣》作"眡"。

厚，《郭簡》本篇注[七]指出其原形與《汗簡》中的"厚"字相近。按《汗簡》中與簡文形近的"厚"字即《説文》"厚"字古文（關於此字，參看湖北省文物考古研究所、北京大學中文系編：《望山楚簡》，中華書局，1995年，第116頁注[一二]）。

示民厚，謂示民以淳厚之德。或説"示民厚"意爲示民以其所看重者，與下文第四章的"示民欲"意相近。

[3] 則，原形省去"刀"旁，以下"則"字皆然。

青，讀爲"情"，上博簡《緇衣》作"情"。

紤，讀爲"忒"。今本此字作"貳"，《釋文》本作"忒"。上博簡《緇衣》作"弋"，亦讀爲"忒"。"貳"與"忒"雖義相近，但從簡文來看，今本之"貳"應是"貣"之形誤。"貣"亦讀爲"忒"。古書中由"貣"形訛而來的"貳"並不少見，參看王念孫《讀書雜志·管子弟八》"不貳"條。

[4] 共，通作"恭"。《釋文》："共音恭，本亦作恭。"鄭玄《毛詩》箋訓"共"爲"具"，即讀爲"供"，非。上博簡《緇衣》此字作"龏"，正是古"恭"字。

[5] 植，原形作上下結構，劉信芳2000(166頁)指出其字與《説文》古文"直"相同。簡文與《説文》古文皆假借"植"爲"直"。

《小雅·小明》末兩章云："嗟爾君子，無恒安處。靖共爾位，正直是與。神之聽之，式穀以女。嗟爾君子，無恒安息。靖共爾位，好是正直。神之聽之，介爾景福。"謂君子勤勞不息，恭敬職事，與正直之人相與相好，則神將賜大福禄。此處截引"靖共爾位，好是正直"兩句，與上"有國者章好章惡，以示民厚"相應，而其效果"民情不忒"則暗與"神之聽之，介爾景福"相應。蓋"民情不忒"即有國者之大福。孔疏以爲引詩意在證上民情不貳、爲正直之行，非。

第三章

子曰：爲上可瞫(望)而智(知)也，[1]爲下【3】可頪(類)而箏(識)也，[2]則君不惎(疑)亓(其)臣＝(臣，[3]臣)不惑於君。[4]《寺(詩)》員(云)："㝬(淑)人君子，[5]亓(其)義(儀)不【4】弋(忒)。"[6]《尹㽙(誥)》員(云)：[7]"隹(唯)尹𦣻(允)及湯咸又(有)一惪(德)。"[8]

【注釋】

[1] 瞫，左旁爲目下立人之形，可以説從"見"，也可以説從"視"。下文"賊"字、"賜"字、"贈"字同（參看第十七章注[2]）。"瞻望"之"望"本作"𡐄"（即《説文》"望"字古文。所從的"壬"也可以作"人"），加"月"旁則爲"朔望"之"望"的專字。金文之"望"字或把原來所從的豎目形改爲聲符"亡"（容庚編著，張振林、馬國權摹補：《金文編》，中華書局，1985年，581、839頁）。獨立的"𡐄"字見於郭店簡《窮達以時》4號簡。又《玉篇》壬部有"𡐄"字，訓爲"誣"，云"今作罔"，應是其假借義。上博簡《緇衣》此字作𡐄，亦即"𡐄"字（參看趙平安 2002，440頁）。簡文此字在"𡐄"上加意符"見"，仍是"瞻望"之"望"的本字。

此章今本爲第十章。

[2] 頪，《説文》訓"難曉"，段注："謂相似難分別也。頪、類古今字。"

箏，即"等"字，所從"口"爲繁飾，楚文字"等"字多如此作。

此句今本作："爲下可述而志也。"《新書·等齊》引作"爲下可類而志也"，其作"類"與簡文相合。鄭注："志猶知也。"孔疏："爲下可述而志者，志，知也，爲臣下率誠奉上，其行可述敘而知。"王引之曰："述之言循也，志之言識也。循其言貌而其人可識也。"（《經義述聞》卷十六"爲下可述而志也"條）按：志，當讀爲"識"。古書中，用爲知識義時，"識""志"錯出。《周禮·春官·保章氏》："以志日月星辰之變動。"鄭注："志，古文識。"《禮記·哀公問》："寡人惷愚冥煩，子志之心也。"鄭注："志，讀爲識。識，知也。"郭店簡《老子甲》8號簡"深不可志"，志，今本作"識"。簡文"等"字亦當讀爲"識"。按"等"字从寺得聲,"寺"字又與"志"字同从之聲;《廣韻》"等"字一音多改切。江永《古韻標準》列"等"字於其上聲第二部(相當於現在一般說的之部、支部、脂部、微部和歌部),所舉先秦韻文之證有:《管子·侈靡》:"視其不可使,因以爲民等。"《韓非子·愛臣》:"愛臣太親,必危其身;人臣太貴,必易主位;主妾無等,必危嫡子;兄弟不服,必危社稷。"《孟子·滕文公上》:"愛無差等,施由親始。"故"等"之上古音實在之部,與"志""識"的讀音極近,"等"讀爲"識"在語音上是比較自然的。"類而識"與上"望而知"相對爲文。《大雅·皇矣》:"不識不知,順帝之則。"《禮記·樂記》:"知禮樂之情者能作,識禮樂之文者能述。"亦皆"知""識"對舉。又《史記·律書》有"類而可識"之語。王引之《經義述聞》卷十六"爲下可述而志也"條解《新書》之"可類而志"云:"據其衣服號令,比類而知,亦以外著者言之也。"此章意謂君臣相知,故能不相疑惑。下章云"上人疑則百姓惑,下難知則君長勞",與此章意相反而相成。"爲上可望而知"者,即上人不疑也;"爲下可類而識"者,即下易知也。《郭簡》本篇注[一一]裘按讀爲"可類而等也",但"類""等"義嫌重複。顔世鉉 1999(381 頁)以臣下各有等類、不相逾越來解釋"爲下可類而等也",與上下文義不協。上博簡《緇衣》與此"等"字相應之字作从目之聲之形,亦讀爲"識",可能即"識"之異體。

[3] 悆,从心矣聲,讀爲"疑"。上博簡《緇衣》此字从矣。

此句今本作"則君不疑於其臣",較簡文多一"於"字,但其意無別,皆君知臣而不疑之之意。今本加"於"字可能是爲了句式上與下句求得一致。

[4] 此句今本作:"而臣不惑於其君矣。"

[5] 叴,即"弔"字,所从的"口"爲繁飾。今本作"淑",簡文"弔"讀爲"淑"。

[6] 孔疏:"此《詩·曹風·鳲鳩》之篇,刺曹君之詩,言善人君子,其儀不有差忒。引者,證一德之義。"

[7]《郭簡》本篇注[一四]:",金文屢見,唐蘭先生釋作'誥'。《汗簡》引《王庶子碑》'誥'與簡文形同。"按唐說見《史頵簋銘考釋》,《考古》

1972年第5期。

尹誥，今本作"尹吉"。鄭注："吉，當爲告。告，古文誥。字之誤也。尹告，伊尹之誥也。《書序》以爲《咸有壹德》，今亡。"簡文可證鄭注之確。

[8] 尹身(允)及湯，今本作"尹躬及湯"。《郭簡》本篇注[一五]指出今本之"躬"係"身"(整理者隸作"躬")之誤，可從。但讀"尹身"爲"伊尹"則不可信。《郭簡》本篇注[一五]裘按以"身"爲"允"之繁文，並指出："後三六號簡亦有此字，今本正作'允'。"上博簡《緇衣》此字作▨，整理者隸作"夋"。長沙楚帛書亦有此字，字形同上博簡，一般亦隸作"夋"(參看曾憲通：《長沙楚帛書文字編》，中華書局，1993年，第38頁)。但簡文此字下部所從確是"身"，不是人帶足形。

劉曉東2000(82頁)引王引之説，以爲"允及"猶"以及"(《經傳釋詞》卷一)，例如《墨子·明鬼下》引《商書》："百獸貞蟲，允及飛鳥。"按清華簡《尹誥》此句作："隹(唯)尹既返(及)湯咸又(有)一悳(德)。"與"允"相當的字作"既"，意即已經，是副詞，則此"允"字亦當解爲副詞，句意爲伊尹確實與湯完成"有一德"之事。關於此句的理解，詳見鄔可晶：《"咸有一德"探微》，復旦大學出土文獻與古文字研究中心、耶魯—新加坡國立大學學院陳振傳基金漢學研究委員會編：《出土文獻與中國古典學》，中西書局，2018年。

引《書》之意，鄭注："君臣皆有壹德，則無疑惑也。"今本引《書》在引《詩》之前，與全篇《詩》居《書》前的通例不合。

第四章

子曰：上人悉(疑)則百眚(姓)惑(惑)，[1]下難【5】智(知)則君倀(長)裊(勞)。[2]古(故)君民者，章好目(以)貝(示)民㲋(欲)，[3]懂(謹)亞(惡)目(以)渫〈慮(御)〉民淫〈淫〉，[4]則民不惑(惑)。[5]臣事君，【6】言亓(其)所不能，不訽(辭)亓(其)所能，[6]則君不裊(勞)。[7]《大顕(雅)》員(云)：[8]"上帝板=(板板)，下民䘏(卒)担(癉)。"[9]《少(小)顕

(雅)》員(云):"非亓(其)【7】㞢(止)之共,[10]唯王恭(邛)。"[11]

【注釋】

[1] 睍,从見或聲,讀爲"惑"。上博簡《緇衣》此字作"惑"。

孔疏:"上人疑者,謂在上之君多有疑二。"所謂"疑二",意即猶豫不定,臨事不能決斷。孫希旦《禮記集解》:"疑,謂好惡不明。"從下文言"章好""謹惡"來看,孫氏對"疑"的理解可從。

此章今本爲第十二章。

[2] 倀,讀爲"長"(上聲)。此字又見於郭店簡《五行》8 號簡和 14 號簡,讀爲"長"(平聲)。上博簡《緇衣》作"長"。

袋,簡文原形从"卒","衣"和"卒"古文字混用不別,上博簡此字从"衣"。"袋"字見於殷墟甲骨文(用作地名)、叔弓鎛、鮑叔鎛等,是"勞"字古文(參看《金文詁林》第十册 5234、5236、5237 頁引胡石查、楊樹達説)。

[3] 此句今本作"章好以示民俗"。簡文之"忩"當是"欲"字的異體。今本之"俗"亦當讀爲"欲"。"示民欲"意謂示民以君上所欲之事。

[4] 懂,原形作上下結構。《廣韻》上聲隱韻"謹"小韻:"懂,慇也。"當即"謹"之異體。

此句今本作"慎惡以御民之淫"。"慎""謹"同義。

渫,原形作 ,上博簡《緇衣》此字作"虖"。劉樂賢 2002(385 頁)認爲簡文此字爲"虖"之錯寫。裘錫圭 2003a(50 頁)從之。虖,無疑應從今本讀爲"御",義爲禁止。

淫,簡文誤作"涇",上博簡《緇衣》此字不誤。

[5] 今本此句末有"矣"字。"故君民者"至"民不惑",照應上文"上人疑則百姓惑"。"君民者章好以示民欲,謹惡以御民淫",正是上人不疑的表現。

[6] 詢,從《郭簡》本篇注[二〇]裘按讀爲辭讓之"辭"。

[7] "臣事君"至"君不勞",照應上文"下難知則君長勞"。所謂"言其所不能,不辭其所能",當是下易知的表現。"臣事君,言其所不能,不辭其

所能",大概是說,臣下爲君長做事,如果自己不能做到,則明言其不能;如果自己能做到,就不推辭。今本相應的句子作"臣儀行,不重辭,不援其所不及,不煩其所不知"。鄭注:"儀,當爲義,聲之誤也。言臣義事則行也。重,猶尚也。援,猶引也。引君所不及,謂必使君所行如堯、舜也。不煩以其所不知,謂必使其知慮如聖人也。凡告喻人,當隨其才以誘之。"似與上文"下難知"不相應。

[8] 頣,《郭簡》本篇注[二二]指出是楚文字"夏"字,在此與"雅"通。"頣"字的字形分析,參看魏宜輝 2002(75 頁)。該文指出"頣"是西周金文中的"夏"字的變形。大雅,今本作"詩"。

此所引詩見《大雅·板》。

[9] 䢍,三體石經用爲"狄"字,但楚文字中用爲"卒"。參看李家浩:《從戰國"忠信"印談古文字中的異讀現象》,《北京大學學報(哲學社會科學版)》1987 年第 2 期,第 13 頁。

担,今本作"瘨",《釋文》本作"疸",今《詩》作"癉"。《説文》無"瘨"有"癲"("瘨"是"癲"的異體字),"癉"訓"勞病",義與此合,故括注"癉"字。《郭簡》括注《説文》訓"黃病"之"疸",不妥。

引詩之意,孔疏云:"言君上邪辟,下民盡皆困病。引之者,證君使民惑之事。"

[10] 㞢,上從"之",下從"止",楚簡中多用爲"止"。

此所引詩見《小雅·巧言》。

[11] 以上詩句今本作"匪其止共,惟王之卭"(《詩》"惟"作"維"),簡文"之"字誤在"止"下,當移正。上博簡《緇衣》不誤。

共,通作"恭",《毛詩》《釋文》:"共音恭,本又作恭。"

鄭注:"卭,勞也。言臣下不止於恭敬其職,惟使君之勞。此臣使君勞之詩也。""卭"訓勞,見《爾雅·釋詁》。郝懿行《爾雅義疏》指出"卭"與"劬"爲一聲之轉。"卭"與"劬"聲母、聲調、等呼皆同,韻母的關係屬東、侯對轉,爲同源詞。簡文之"恭"從心,共、工兩聲,與古書中的"卭"表示同一個詞,可以看作其本字。上博簡《緇衣》此字作上從力、下從工之形,可以釋爲"功",亦讀爲"卭"。孔仲溫 2000(244 頁)、廖名春 2000(159 頁)據

"恐"字的《説文》古文作"恐",讀簡文之"恐"爲"恐",但"唯王之恐"與上文"君長勞"之"勞"不相應,非其義。

引詩之意,孔疏云:"引之者,證臣使君勞也。"

第五章

子曰:民㠯(以)君爲心,君㠯(以)民爲體。[1]心好則體安之,君好則民念(欲)【8】之。[2]古(故)心㠯(以)體瀍(廢),[3]君㠯(以)民芒(亡)。[4]《寺(詩)》員(云):"隹(誰)秉彧(國)城(成),[5]不自爲貞(正),[6]举(卒)袋(勞)百眚(姓)。"[7]《君呂(牙)》員(云):[8]"日屠(暑)雨,[9]少(小)【9】民隹(唯)日悁(怨)。[10]晉各(冬)旨(祁)寒(寒),[11]少(小)民亦隹(唯)日悁(怨)。"[12]

【注釋】

[1]今本此下有"心莊則體舒,心肅則容敬"。彭浩1998(48頁)認爲今本此句極可能是後來摻入正文的,可從。因爲此章主旨是民爲君存亡之本,是强調民對於君的重要性,而此句大概是以心對體的主導作用比喻君對民的表率作用,與章旨不合。

此章今本爲第十七章。

[2]今本此句作"心好之,身必安之;君好之,民必欲之"。簡文"心好則體安之,君好則民欲之",兩"好"字皆應讀上聲,意爲心若美好則體安於心,君若美好則民欲君(想要這個君)。這樣理解方可與下句相應。而今本"心好之,身必安之;君好之,民必欲之",意謂身從心之所好,民從君之所好,亦即君主的好惡決定人民的好惡,這與"君以民存,亦以民亡"(簡文"君以民亡"同意),即人民決定君主存亡的章旨很不協調;兩"好"字下"之"字當爲衍文,或是由於誤解而有意增添。

[3]瀍,《郭簡》本篇注[二七]以爲從"水"從"去"從"廌"省,裘按讀"廢",皆可從。"瀍"用爲"廢",古文字資料中常見,如大盂鼎之"勿瀍朕

命"，即"勿廢朕命"；睡虎地秦簡《秦律雜抄》1、4號簡的"瀘"字及秦"瀘丘左尉"印的"瀘"字，亦皆用爲"廢"。"廢"與下句"亡"相對爲文（古書中常言"存亡興廢"，或言"廢亡"），其義允洽。上博簡《緇衣》此字作"寫"，馮勝君2002（448—451頁）讀爲"存"，可從。

[4] 此句今本作"心以體全，亦以體傷；君以民存，亦以民亡"，從積極、消極兩方面來立論，與簡文之單從消極方面立論含義相同，但較爲詳明。上博簡之"故心以體存，君以[民]亡"則是互文見義（參看上引馮文）。今本"心"字前脫"故"字。

[5] 彧，从宀或聲，讀爲"國"。

城，原形作，也可以看作"成"字異體，《郭簡》釋"成"。

今本作"誰能秉國成"，多一"能"字；《詩》及上博簡《緇衣》亦無"能"字。今本的"能"字可能是衍文。

[6] 貞，今本作"正"，《詩》作"政"。從篇内"正"字皆讀爲"政"而第二章"貞"字讀爲"正"這種用字習慣來看，簡文"貞"，當從今本讀爲"正"。"爲正"意即爲正直之行，如《禮記·哀公問》："政者，正也。君爲正，則百姓從政矣。""不自爲正"與上文"君好"云云相應。但在《詩經》本文，仍以作"政"爲是。簡文之作"貞"大概是有意的。

[7] 今本所引詩前多"昔吾有先正，其言明且清，國家以寧，都邑以成，庶民以生"五句，不見於今《詩》；《釋文》："今《詩》皆無此語，餘在《小雅·節南山》篇。或皆逸詩也。"先正者，先臣也（《尚書·文侯之命》："亦惟先正，克左右昭事厥辟。"可明"先正"之義。鄭注以"先君長"解"先正"，不妥），與上文之言君不合，當是後加。

引詩之意，孫希旦《禮記集解》云："引《詩》，言君不正，民之所以勞也。"

[8] 簡文"牙"字从"齒"的象形初文，从牙聲（郭店簡中"牙"與"臼"形混，參看《郭簡·性自命出》注[八]裘按），《郭簡》本篇注[三〇]指出其與《說文》"牙"字古文同。君牙，是《尚書》逸篇名，今本作"君雅"，《書序》則作"君牙"，僞古文《尚書》同。

［9］此句今本作"夏日暑雨",簡文脱"夏"字,上博簡《緇衣》亦脱"夏"字。

屈,《郭簡》誤釋"俗"。李家浩1999a(348頁)認爲此字从尸,从旨,而"旨"是"几"字異體,故此字即"凥"字(《説文》"凥"即今字"居"),上古音"凥""暑"同爲魚部,故"凥"讀爲"暑"。黄德寬、徐在國1998(101—102頁)、袁國華1999(139—141頁)分析字形同,而釋爲"処",亦讀爲"暑"。史傑鵬1999(5頁)認爲此字从日凥聲,劉信芳2000(168—169頁)亦認爲此字从日凥聲。按上博簡《緇衣》此字亦从尸从日从几,不同的是,所从"日"旁不在"几"下,而在"几"上。從這一字形來看,史傑鵬、劉信芳對此字字形的分析應該是正確的。楚文字用"凥"爲処(處)",與"暑"音近,故从"凥"聲之字可以讀爲"暑";而且此字从日,劉信芳認爲是"暑"之異構(亦即異體),無疑是正確的。

［10］日,今本作"曰",僞古文《尚書》同,但阮元《校勘記》云:"古本'曰'作'日'。"隸楷"曰""日"形近易混,古書中常有互訛。簡文作"日",可證今本之"曰"是誤字。

悁,《郭簡》隸作"惰",《郭簡》本篇注［三二］裘按:"此字應從今本釋作'怨',字形待考。"黄德寬、徐在國1998(102頁),孔仲温2000(245頁)都認爲此字右所从爲"肙",可從(李運富在考釋包山簡文字時最早提出這樣的看法,見《楚國簡帛文字構形系統研究》,嶽麓書社,1997年,113頁)。本篇第四十六簡"我龜既厭"之"厭"所从與此字所从同形,而金文"厭"字所从作"肙",上部没有"卜"形;上博簡《緇衣》"厭"字所从亦只作"肙",同金文。此字右所从應與"厭"字所从相類,本作"肙",上部"卜"形及"口"内横畫是後加的飾筆。楚簡既有"綃",又有"絹",皆"絹"字(參看李守奎:《楚文字編》,華東師範大學出版社,2003年,727頁)。《説文》"肙"字上从"口",不从"口",與楚文字不合,這正如楚文字之"足"从"口",而《説文》之"足"从"口"形一樣。可見,楚文字"肙"就是《説文》之"肙"。悁,《説文》訓"忿",又訓"憂",與"忿""恚""怒""怨"等列在一起。在怨忿義上,"悁"與"怨"似乎可以看作同義换讀關係,今從今本括注"怨"字。

［11］此句今本作"資冬祁寒"。

簡文"晉"與今本"資"聲母相同,韻部陰陽對轉,當表示同一個詞。上博簡《緇衣》亦作"晉"。整理者指出馬王堆帛書《周易》"資"作"溍"(馬承源主編:《上海博物館藏戰國楚竹書(一)》,上海古籍出版社,2001年,181頁。按見《易·巽卦》"喪其資斧"),可爲"資"和"晉"相通的例證。

各,《説文》古文"冬"字。

旨,從今本讀爲"祁"。"旨""祁"韻部都屬脂部;聲母上,"祁"字屬牙音,"旨"字的中古聲母雖屬舌音,但从旨聲的字如"耆""稽""鮨""詣"都屬牙音,所以"旨"的上古聲母也是牙音。《小爾雅·廣詁》:"祁,大也。"

寒,簡文原形作, ,《郭簡》釋"滄";裘錫圭2003a(50頁)據上博簡《緇衣》此字字形,以此字爲"寒"之形訛。郭永秉2015(384頁)釋爲"寨(寒)"。今從之。

[12] 引書之意,孫希旦《禮記集解》云:"引《君雅》,言天之寒暑,小民且怨之,況君之政教乎?"

第六章

子曰:上好息(仁),[1]則下之爲【10】息(仁)也稱(爭)先。[2]古(故)倀(長)民者章志㠯(以)卲(詔)百眚(姓),[3]則民至(致)行异(己)目(以)敓(悅)上。[4]【11】《寺(詩)》員(云):"又(有)覍(覺)惪(德)行,[5]四方忎(順)之。"[6]

【注釋】

[1] 息,从心身聲,郭店簡《唐虞之道》《忠信之道》中的"仁"字从心从人或千聲,"千"和"身"皆"人"旁之變。

此章今本爲第六章。

[2] 簡文"爭"字从禾从爭;所从之"爭"與郭店簡《窮達以時》2號簡"耕"字所从"爭"形近,都比一般的"爭"字少了上部的"爪"。从禾,可能是受"嘉"字的影響而誤。上博簡《周易》17號簡"嘉"字作 ,是比較正常的寫

法,但31號簡"嘉"字却把"口"改爲"又",即作從禾從爭之形,與簡文此字之形結構相同。上博簡《緇衣》此字作"静"。簡文此字也可能就是"静"之訛寫。

今本"先"下有"人"字,"爭先人"亦可通,似不必以爲衍文。

[3] 此句今本作"故長民者章志、貞教、尊仁以子愛百姓"。卲,上博簡《緇衣》作"卲"。按"卲"字古文字常見,與古書中的"昭"字相當的用法古文字一般用"卲"。而驫羌鐘"昭于天子"之"昭"作從日卲聲之形,是在"卲"字上加注了意符"日"。簡文之"卲"字可以看作從日卲省聲,是"昭"的異體。《郭簡》讀"卲"爲"昭"。"昭"訓爲"明",可以用作使動,但古書中"昭"字所接的賓語都是所昭之物,如"昭文德""昭法式"之類,所以"昭百姓"不能理解爲使百姓明白知曉,"昭百姓"是講不通的。《淮南子·繆稱》:"心之精者,可以神化而不可以導人;目之精者,可以消澤而不可以昭誋。"高注:"昭,道;誋,誡也。不可以教導戒人。"何寧《淮南子集釋》引吳承仕説:"昭"應讀爲"詔";《爾雅·釋詁》:"詔,導也。"高注正合雅訓。按"詔"有教導義,又見於其他古書,如《莊子·盜跖》:"夫爲人父者,必能詔其子;爲人兄者,必能教其弟。"簡文之"卲"亦應讀爲訓"導"的"詔"。"章志以詔百姓",意謂在上者章明好仁之志以引導百姓。又《左傳》襄公九年"昭大神,要言焉"之"昭",章太炎讀爲"詔",而《周禮·秋官·司盟》"北面詔明神"正作"詔"[參看楊伯峻:《春秋左傳注》(修訂本),中華書局,1990年,969頁],也是"昭"通"詔"的例子。"詔大神""詔明神"之"詔"義爲告,與義爲"導"的"詔"詞義相關。今本文意略遜,有比較明顯的增改之迹。

[4] 异,"己""丌"雙聲,讀爲"己"。

此句今本作"民致行己,以説其上矣"。孔疏:"民致行己以説其上矣者,言上能化下如此,則在下之人致盡行己之意,以説樂其上矣。""行己"之語古書常見,如《論語·子路》"行己有恥",但都是自身行事的意思,此處的"行己"大概是盡己力、盡己意之義。"致"猶"致意""致敬"之"致"。"行己"作"致"的賓語。

[5] 廾,原形作 ,今本作"梏",《詩》作"覺",上博簡《緇衣》與此同。周鳳五 1999(351—352 頁)認爲此字象兩手拱抱玉璧之形,音拱,大概以

爲"拱璧"之"拱"的專字。孔仲温2000(245—246頁)認爲此字即"共"字，讀"恭"，今本之"梏"及《詩》之"覺"也是"恭"的假借。李學勤1999懷疑此字是"梏"的"象形寫法"，並認爲此字與毛公鼎及臣諫簋之 ⟨字⟩ 同字。于茀2001釋爲"弁"。按金文 ⟨字⟩、⟨字⟩、⟨字⟩ 並非"共"字（參看徐中舒：《對〈金文編〉的幾點意見》，《考古》1959年第7期；及董蓮池《金文編校補》引林澐説，東北師範大學出版社，1995年，85頁），故釋此字爲"共"已失去字形上的根據。李説似亦不可信。釋爲"弁"雖然有一定的字形根據，但文義講不通。周鳳五謂此字象兩手拱抱玉璧之形，謂上所從象璧，實屬牽强（璧有孔，此填實）。李零1999(486頁)謂兩手所奉爲肉，亦牽强。按此字上所從之黑圓點應與郭店簡《唐虞之道》中 ⟨字⟩ 字所從之黑圓點同意，表示抽象之物（參看陳劍1999）。疑此字即"匊（今作掬）"的表意字。《説文·勹部》："匊，在手曰匊。"段注："《唐風》'椒聊之實，蕃衍盈匊'，《小雅》'終朝采緑，不盈一匊'，毛皆云'兩手曰匊'。此云'在手'，恐傳寫之誤。"又《玉篇》勹部："匊，兩手也。""匊"是兩手盛物之義，而此字正象兩手盛物之形。按之字音，"匊""梏""覺"的上古音皆爲見母覺部，固可相通假。又《説文·廾部》有"弆"字，其義爲"兩手盛也"。《廣韻》入聲屋韻"育"小韻："弆，兩手捧物。《説文》音匊。"但《廣韻》入聲屋韻"菊"小韻未收此字，《集韻》入聲屋韻"匊"小韻有之。"弆""匊"應是異體關係，簡文此字與"弆"則是表意初文與後起形聲字的關係。把表意初文的一部分改換爲音符而改造爲形聲字，在文字演變中是常見的現象［參看裘錫圭：《文字學概要》（修訂本），商務印書館，2013年，149—150頁］。覺，毛傳訓"直"，鄭箋訓"大"。梏，《釋文》音角，即讀如覺。《爾雅·釋詁》："梏，直也。"毛傳據《爾雅》。簡文此字及"梏""覺"都表示一個形容德行正直的詞，其讀音則同"覺"。其前之"有"係一般所謂之詞頭。"有"加形容詞相當於形容詞重言式，《詩經》中常見。"有覺"又見於《小雅·斯干》："殖殖其庭，有覺其楹。"

此所引詩見《大雅·抑》。

[6] 方，今本及《詩》作"國"，上博簡《緇衣》作"或"，亦讀爲"國"。"四國"與"四方"同義。《詩·大雅·皇矣》："維彼四國，爰究爰度。"傳："四

恖,从心川聲,讀爲"順"。中山王礜壺銘"不顧逆順"之"順"亦作"恖"。上博簡此字作"川",亦讀爲"順"。

引詩之意,孔疏:"言賢者有大德行,四國從之。引者,證上有其德,下所從也。"

第七章

子曰:虗(禹)立三年,[1]百眚(姓)目(以)息(仁)道,[2]剀(豈)必【12】聿(盡)息(仁)。[3]《寺(詩)》員(云):[4]"城(成)王之孚,下土之弋(式)。"[5]《邵(吕)坓(刑)》員(云):[6]"一人又(有)慶,[7]蕅(萬)民購(賴)【13】之。"[8]

【注釋】

[1] 此"年"字形體較爲特別,所从"千"省去了上面一筆。相近的字形又見於郭店簡《唐虞之道》18號簡。

此章今本爲第五章。

[2] 此句今本作"百姓以仁遂焉"。上博簡《緇衣》與簡文"道"字相應的字作𡕒,劉樂賢2002(386頁)、李零2002b(410頁)、裘錫圭2003a(51頁)都從此簡文讀爲"道"。按"以仁道"之"道"義爲行,"以仁道"即"以仁行"。《荀子·議兵》:"遇敵決戰,必道吾所明,無道吾所疑。"楊倞注:"道,言也,行也。"王念孫《讀書雜志·荀子弟五》"道"條云:"當訓爲行。"《禮記·禮器》:"苟無忠信之人,則禮不虛道。"鄭注:"道,猶由也,從也。"孔疏:"言苟無忠信之人,則禮不虛空而從人也。"所解迂曲。陳澔《禮記集說》:"道猶行也。"並舉《大傳》"苟非其人,道不虛行"爲證。按《大傳》"苟非其人,道不虛行"與《禮器》"苟無忠信之人,則禮不虛道"語義大同,比較可知"禮不虛道"之"道"即"道不虛行"之"行"。陳說是,而鄭注非。"道"本義爲名詞道路,由名詞道路引申爲動詞行,正如"行"本義亦爲名詞道路

而引申爲動詞。《國語·周語上》有"仁所以行也"之語,可與此句相印證。今本之"遂",鄭注訓爲達,孔疏云:"言禹立三年,百姓悉行仁道,達於外内。"有增字作解之病。孫希旦《禮記集解》云:"遂,成也。以仁遂,言民之仁無不成也。""遂"訓"成"固然是常訓,但"成仁"並不能説成"以仁成"。所以今本的"遂"字是比較難講通的。疑今本之"遂"是"道"字的形近誤字。"道"的上述動詞用法古書中相當少見,也是"道"誤爲"遂"的原因。《墨子·非儒下》"宗喪循哀",《史記·孔子世家》作"崇喪遂哀",而《晏子春秋》外篇第八作"久喪道哀","道"當係"遂"字之誤,是亦"道""遂"相訛之例。

[3] 剴,从刀豈聲,讀爲"豈"。

肀,讀爲"盡"。簡文原形略省。

孫希旦《禮記集解》:"然此非民之皆能仁也,由禹好仁,故民皆化於仁爾。"

[4] 今本作"大雅曰"。

此所引詩見《大雅·下武》。

[5] 弋,讀爲"式"。上博簡《緇衣》此字从土弋聲。

[6] 䢵,从邑吕聲,是地名"吕"的專字。上博簡《緇衣》此字作"吕",本篇下 26、29 號簡亦作"吕"。吕刑,今本作"甫刑",篇内"吕刑"皆同。簡文與《尚書》同。僞孔傳:"後爲甫侯,故或稱《甫刑》。"《尚書》孔疏:"《詩·大雅·崧高》之篇,宣王之詩,云:'生申及甫。'《揚之水》,平王之詩,云:'不與我戍甫。'明子孫改封爲甫侯。……穆王時未有甫名,而稱爲《甫刑》者,後人以子孫之國號名之也。"皮錫瑞《今文尚書考證》則以"甫"爲國名,"吕"爲氏名。按上兩説皆無據。"吕"和"甫"音近,當是通假關係。古文字材料中今从吕之字或从膚,如金文"間"字从膚聲(《金文編》,768 頁),而"甫"和"膚"同是脣音字,可以作爲"吕""甫"相通的佐證。

[7] 慶,原形所从之"心"訛作"白"形。

[8] 萬,今本及今《尚書》作"兆"。賰,今本作"賴"。"賰"字(《集韻》有異體作"賵")《説文》訓爲"貨",疑本是"賴"字異體而《説文》誤分爲二字。

此章引詩今本在所引《大雅》前尚有"《詩》云'赫赫師尹,民具爾瞻'",此即簡本下章所引之詩,而今本相應之章(即今本此章之前章)則未見引詩書。今本顯經竄亂,當以簡本爲是。又今本引《甫刑》在前,詩書之序與簡本異。

第八章

子曰:下之事上也,不從丌(其)所㠯(以)命,而從丌(其)所行。[1] 上好此勿(物)也,[2]【14】下必又(有)甚女(焉)者矣。[3] 古(故)上之好亞(惡)不可不斳(慎)也,[4] 民之箊(表)也。[5]《寺(詩)》【15】員(云):"虞=(赫赫)帀(師)尹,[6] 民具尔(爾)賠(瞻)。"[7]

【注釋】

[1] 今本無"以""而","命"作"令"。

此章今本爲第四章。

[2] 今本"此"作"是",無"也"。按本篇今本作"是"者簡文多作"此"。古漢語中,"此"和"是"的用法本來是有區別的。《馬氏文通》認爲:"至'是''此'二字,確有不可互易之處。凡指前文事理,不必歷陳目前,而爲心中可意者,即以'是'字指之。前文事物有形可迹,且爲近而可指者,以'此'字指之。"(《馬氏文通》,商務印書館,1983年,53頁)郭錫良《試論上古漢語指示代詞的體系》認爲"此"是真正的近指代詞,而"是"則並非真正的近指代詞(郭錫良:《漢語史論集》,商務印書館,1997年,90—93頁)。施向東《古代漢語的中指代詞》稱"是"爲中指代詞,指出用"是"只着眼於指示,不強調遠近(施向東:《漢語和藏語同源體系的比較研究》,華語教學出版社,2000年,254—260頁)。此處本應用"是",而簡文却用"此",可能是方言現象(關於郭店簡中的"是"和"此",可以參看周守晉:《郭店楚簡中的"是"與"此"》,宋紹年等編:《漢語史論文集》,武漢出版社,2002年)。

[3] 女，"安"字之省，讀爲"焉"。今本無"焉"字。《孟子·滕文公上》："上有好者，下必有甚焉者矣。"亦有"焉"字。按此句是說君上如果喜歡某個東西，那麼臣下必定有比君上還喜歡這個東西的。"甚焉"等於"甚於上"，就是超過君上的意思。今本没有"焉"字，仔細分析起來，意思是不一樣的。"甚"的意思是過分，如《左傳》襄公十四年："晉侯曰：'衛人出其君，不亦甚乎？'對曰：'或者其君實甚。'"單獨一個"甚"字並没有比較的意思，如果要忠實翻譯今本此句，只能是"君上如果喜歡這個東西，那麼臣下必定有過分喜歡的"，顯然不是這句話想要表達的本意。因此，今本實是抄脱了"焉"字。

[4] 好惡，今本作"所好惡"。按今本"所"字應是衍文。因爲君上所好惡的東西不可能作民的表率，作表率的只能是上之好惡這個行爲。

訢，《郭簡》隸作"誓"，非。關於此字，詳看陳劍2001a。該文認爲簡文此字除去"言"旁的部分就相當於《說文》的"所"字，從言所聲的字可能就是"慎"的古字。

[5] 民之葉也，今本作"是民之表也"。葉，原形作𦮼，《郭簡》釋"藁"，非是。李零1999（486頁）認爲此字中間的圓圈内是"少"字，懷疑應釋"標"，簡文用爲"表"。劉曉東2000（113頁）疑是"杪"字的古文。白於藍2000（90頁）亦疑此字從"少"得聲，爲"杪"字異體，而"杪"與"表"音義俱近。上博簡《緇衣》此字字形作𦮼，李零2002a（66—67頁）據上博簡《緇衣》字形，否定了此字中間的圓圈内是"少"字，而把此字分析爲從艸從票省從木，並懷疑此字相當於古書中的"藁"或"標"。賈連翔2020將此字與郭店簡《語叢四》11號簡的𦮼和清華簡《筮法》21號簡的𦮼聯繫起來，認爲𦮼除去"艸"旁的部分是樹梢義的"標"的表意初文，𦮼是加"少"聲，𦮼是加意符"艸"，簡文此形是既加聲符（"小"聲）又加意符而來，也是"票"字的來源。

[6] "虩="從今本讀爲"赫赫"。《郭簡》本篇注[四五]："虩，簡文從'虍'從'𣎵'省，與'虢'一字。"《說文·虎部》："虩，《易》'履虎尾虩虩'，恐懼。""虩虩"義爲恐懼貌，故《郭簡》讀爲"虩虩"不妥。

此所引詩見《小雅·節南山》。今本未引詩，此詩句在上章。詳第七章注[8]。

[7] 賵，《郭簡》本篇注[四六]指出右所從同鄂君啓節"擔"字的右旁。"賵"是"瞻"字的異體。

第九章

子曰：倀(長)民者，[1]衣備(服)不改(改)，[2]窒(從)頌(容)又(有)裳(常)，[3]則民惪(德)【16】戈(一)。[4]《寺(詩)》員(云)："亓(其)頌(容)不改(改)，出言又(有)丨，利(黎)民所訂。"[5]

【注釋】

[1]《郭簡》本篇注[四七]："者，簡文字形有訛變，據今本及文義，當爲'者'字無疑。"

此章今本爲第九章。

[2] 此句今本作"衣服不貳"。

衣，原形寫作"卒"。古文字"衣""卒"無別。下40號簡"衣"字同。

《郭簡》本篇注[四七]："備，從朱德熙先生釋（原注：《長沙帛書考釋》，《古文字研究》第十九輯）。此處借作'服'。"

簡文"改"字從巳聲。"改"之從巳聲猶"起"之從巳聲（小篆"起"字從巳聲，但古文字材料中"起"字亦多有從己聲者）。雖然《説文》"改"字從"己"（《説文》也有"改"字，是與"改"不同的一個字），但如甲骨文、西周金文、侯馬盟書、馬王堆帛書等較早文字材料中的"改"字皆從"巳"（參看《裘錫圭學術文集·甲骨文卷》，復旦大學出版社，2012年，228頁注㉚）。

[3] 窒，原形作⿱，今本作"從"，上博簡此字作⿱。周鳳五1999(353頁)認爲簡文此字從止倉聲，讀爲"從"。黃德寬、徐在國1998(102頁)釋爲"適"。劉桓2001(62頁)認爲即《説文》"夏"字古文，讀爲"雅"，張桂光2001(189頁)同。按諸説皆不可信。《廣雅·釋訓》："從容，舉動也。"王念孫《疏證》："《楚辭·九章·懷沙》篇：'重華不可遻兮，孰知余之從容。'

王逸注云：'從容，舉動也。言誰得知我舉動欲行忠信。'案'從容'有二義，一訓爲舒緩，一訓爲舉動。其訓爲舉動者，字書、韻書皆不載其義。今詳引諸書以證明之。《九章·抽思》篇云：'理弱而媒不通兮，尚不知余之從容。'《哀時命》云：'世嫉妒而蔽賢兮，孰知余之從容。'此皆謂己之舉動非世俗所能知，與《懷沙》同意。《後漢書·馮衍傳》《顯志賦》：'惟吾志之所庶兮，固與俗其不同。既俶儻而高引兮，願觀其從容。'此亦謂舉動不同於俗。李賢注云：'從容，猶在後也。'失之。《中庸》云：'誠者，不勉而中，不思而得，從容中道，聖人也。'從容中道，謂皆一舉一動莫不中道，猶云動容周旋中禮也。《韓詩外傳》云：'動作中道，從容得禮。'《漢書·董仲舒傳》云：'動作應禮，從容中道。'王褒《四子講德論》云：'動作有應，從容得度。'此皆以從容、動作相對成文。《中庸》正義云：'閒暇而自中乎道。'失之。《緇衣》云：'長民者，衣服不貳，從容有常。'引《都人士》之詩云：'彼都人士，狐裘黃黃，其容不改，出言有章。''從容'與'衣服'相對成文。狐裘黃黃，衣服不貳也；其容不改，從容有常也。正義以'從容'爲舉動，得之。……此皆昔人謂舉動爲從容之證。自動謂之從容，動人謂之慫恿，聲義並相近，故慫恿或作從容。《史記·吳王濞傳》：'鼂錯數從容，言吳過可削。'從容即慫恿。"王氏釋"從容"之義甚詳明，其說確不可易。頌，無疑應從今本讀爲"從容"。關於簡文讀"從"的字，李家浩 2003（17—22 頁）認爲其所從的聲旁可能是"彔"字，其形與郭店簡《六德》14 號簡、《魯穆公問子思》7 號簡、包山 145 號簡的"彔"字以及包山 153、154 號簡"郰"和包山 65、74 號簡"逯"字所從的"彔"字形相近。故簡文此字和上博簡相應的字可以釋爲"逯"，以音近讀爲"從"（按"從"爲清母東部，"逯"爲來母屋部，音不算近）。按此字後來又見於新蔡簡、上博簡《周易》等。陳劍《釋"琮"及相關諸字》認爲此字除去"宀"和"止"的部分來源於甲骨金文中"琮"的象形初文（陳劍：《甲骨金文考釋論集》，綫裝書局，2007 年，273—316 頁）。其說可信，今按照西周金文中的常見寫法隸定如此。此字從"琮"的象形初文得聲，"琮""從"音近（聲母相同，韻部分別是冬部和東部），故可以讀爲"從"。

此句下今本有"以齊其民"。

［4］則,原形作😀。《郭簡》本篇注［四九］："則,簡文字形爲'則'字省文。"

［5］今本引《詩》作："彼都人士,狐裘黃黃。其容不改,出言有章。行歸于周,萬民所望。"見《小雅·都人士》。《毛詩序》云："都人士,周人刺衣服無常也。古者長民,衣服不貳,從容有常,以齊其民,則民德歸一。傷今不復見古人也。"當是據《緇衣》此章爲説。

利,讀爲"黎"。

簡文之"丨",《郭簡》本篇注［五〇］疑爲字之未寫全者。李零 1999（486 頁）疑爲"川"字之省,讀爲"訓"。劉信芳 2000（170 頁）讀爲"引"。周鳳五 1999（352 頁）以此字爲"玉璋省體之形"。簡文"訐"字（與字書中的"訐"字無關）,《郭簡》釋"信",但其右所從並非"人",而與上"丨"字同。上博簡《緇衣》"丨"字殘去,但"訐"字亦與此簡文形同。"丨""訐"正當韻腳,"訐"當從"丨"得聲（參看白於藍 2001, 192 頁）。裘錫圭 2003b（1—6 頁）認爲"丨"字是"針"的初文。"朕"的聲旁"关"古文字本從"丨"爲聲,而在楚簡中,"关"往往讀爲文部字或用爲文部字的聲旁,如上博簡《緇衣》13 號簡從心"关"聲之字讀爲"遜",《説文》"侲"字下説"古文以爲'訓'字"。故該文認爲簡文此句可以讀爲"出言有遜,黎民所訓"。該文又認爲楚簡"慎"字或以"丨"爲聲符,而《説文》"丨"有"囟"音,故簡文此句也可以讀爲"出言有慎,黎民所信"。按"丨""訐"究竟如何釋讀,尚待研究。

第十章

子曰:大人不新（親）亓（其）所㠯（賢）,[1]而【17】訐（信）亓（其）所戔（賤）,羕（教）此昌（以）遴（失）,民此昌（以）綷（煩）。[2]《寺（詩）》員（云）:"皮（彼）求我則,女（如）不我䘚（得）。執我【18】𣪘_（仇仇）,[3]亦不我力。"[4]《君迪（陳）》員（云）:"未見聖,如亓（其）弗克見;我既見,我弗迪聖。"[5]

【注釋】

[1] 臤，原形作▨，所從"又"上有黑塊加一斜畫，是郭店簡《唐虞之道》用作"賢"的▨字所從黑圓點的變形（參看陳劍 1999）。《説文·臤部》："臤，堅也。從又臣聲。……古文以爲賢字。"簡文此字是在表意初文上加注音符"臣"而成的形聲字。

此章今本爲第十五章。

[2] "斆（教）此目（以）逡，民此目（以）緐"兩句，上博簡《緇衣》同，今本作"民是以親失，而教是以煩"。鄭注以"失其所當親"解"親失"，實際上不合語法。由簡文可知，今本"親"字實涉上文而衍。

簡文"逡"字，《郭簡》隸作"遊"，據今本讀爲"失"，今據趙平安 2000 改隸如此。趙平安 2000 從李家浩説以此字所從的"夊"爲"止"之訛變，又認爲所從的"羊"是"夲"之訛變，故此字與甲骨文"夲"爲一字，可能是"逸"的本字。其説可從。

"緐"字《郭簡》讀爲"變"，李零 1999（486 頁）讀爲"煩"。讀"煩"義長。"緐"字見於《説文》，爲"繁"之籀文，"繁"與"煩"音義皆近。

比較簡文，今本"教""民"位置互易，但兩本皆可通。"教此以失"者，謂教化因此而失其正道。"民此以煩"者，謂民因此而亂。《國語·楚語上》："若民煩，可教訓。"注："煩，亂也。"

值得注意的是，今本"是以"簡文作"此以"，篇内皆然。傳世文獻中"此以"一般不表示因果關係，如《左傳》襄公二十六年："古之治民者，勸賞而畏刑，恤民不倦。賞以春夏，刑以秋冬。是以將賞，爲之加膳，加膳則飫賜，此以知其勸賞也。將刑，爲之不舉，不舉則徹樂，此以知其畏刑也。夙興夜寐，朝夕臨政，此以知其恤民也。"文中用"是以"表示因果關係，用"此以"表示工具、憑藉，兩者的區别十分明顯。但細查古書，如簡文這樣用法的"此以"也並非没有。我們最熟悉的見於《禮記·大學》："君子賢其賢而親其親，小人樂其樂而利其利，此以没世不忘也。"《馬氏文通》論介字"以"時有一個爲多數人所接受的説法，即："'以'司'何''是'兩代字，倒置爲常；司'之''此'諸字則否。"所以《文通》就認爲《大學》此句中的"此以"是

"此所以"之省(《馬氏文通》,264—265頁)。但劉淇《助字辨略》云:"'此以'猶云'是以''所以'。"楊樹達《馬氏文通刊誤》亦疑此"此以"與"是以"同(參看吕叔湘、王海棻:《馬氏文通讀本》,上海教育出版社,2001年,84頁)。現在根據簡文我們可以肯定劉、楊二氏之説是正確的,《大學》此句中的"此以"確實與"是以"同。這種表因果關係的"此以"又見於以下幾例:《大戴禮記・曾子天圓》:"弟子不察,此以敢問也。"《大戴禮記・千乘》:"民咸孝弟而安讓,此以怨省而亂不作也。"《大戴禮記・四代》:"心未之度,習未之狎,此以數踊而棄法也。"這三個"此以"顯然亦應作"是以"解。這種用法的"此以"比較特殊,僅見於二戴《禮記》,可能帶有一定的時代性或地域性。

[3] ▨,無疑應從今本讀"仇"。上博簡《緇衣》此字作"▨",劉樂賢2002(386頁)認爲是从"咎"之錯寫,與"仇"通,可從。《郭簡》本篇注[五三]認爲簡文此字从"考"聲,裘按已言其非。李零1999(486頁)認爲此字从戈从來,乃混"來"爲"求"。孔仲温2000(247頁)認爲此字就是从來得聲。黄德寬、徐在國1998(102—103頁)認爲此字从棗聲。按以上諸説皆誤。關於此字的考釋詳見陳劍2001b,該文認爲此字左旁演變自西周金文中的▨字所从聲旁,而▨字所从聲旁又自習見於甲骨金文的"夆"字分化而來。西周金文中的▨亦應讀爲"仇",與"夆"(讀爲"禱")在語音上也有關係。因此簡文此字是从戈从"夆"的分化字得聲。按"禱"與"仇"的聲母有别,西周金文▨和簡文所从聲旁當與"夆"字無關。但簡文所从聲旁即金文之字所从則正確無疑。毛傳:"仇仇,猶謷謷也。"《爾雅・釋訓》:"仇仇,敖敖,傲也。"郭注:"皆傲慢賢者。"《廣雅・釋訓》:"扰扰,緩也。"王念孫《疏證》:"'扰扰',通作'仇仇'。……案《緇衣》注云'持我仇仇然不堅固',即是緩持之意,義與《廣雅》同,與《爾雅》、毛傳、詩箋皆異,蓋本於三家也。今案'彼求我則,如不我得',言求我之急也。'執我仇仇,亦不我力',言用我之緩也。三復《詩》詞,則緩於用賢之説爲切,而傲賢之説爲疏矣。"王説是。

此所引詩見《小雅・正月》。

［4］引詩之意，孔疏云："引之者，證不親其所賢也。"

［5］迪，从辵申聲，讀爲"陳"。引《君陳》，今本作"未見聖，若已弗克見；既見聖，亦不克由聖"。僞古文《尚書·君陳》作："凡人未見聖，若不克見；既見聖，亦不克由聖"。由，鄭注訓爲"用"，簡文"迪"與"由"義同。

第十一章

子【19】曰：大臣之不新（親）也，則忠敬不足而賵（富）貴已迡（過）也。[1]邦豪（家）之不箮（寧）【20】也，則大臣不台（以）而埶（褻）臣忐（託）也。[2]此昌（以）大臣不可不敬，民之蓝（蕝）也。[3]古（故）【21】君不與少（小）愳（謀）大，則大臣不悁（怨）。[4]《晉（祭）公之募（顧）令（命）》員（云）：[5]"毋昌（以）少（小）愳（謀）敗大【22】煮（圖），[6]毋昌（以）卑（嬖）御息（盡）妝（莊）句（后），毋昌（以）卑（嬖）士息（盡）夫=（大夫）卿事。"[7]

【注釋】

[1] "大臣之不親也，則忠敬不足，而富貴已過也"，意爲大臣不親近君主，乃由於大臣所得到的忠敬不足，而富貴則太過分。楊樹達《詞詮》認爲連詞"則"表因果關係時，其上之文爲原因，其下之文爲結果。這是一般的情況，但相反的情況，即"則"上之文爲結果，"則"下之文爲原因，也是有的。如《禮記·檀弓下》："晉獻公之喪，秦穆公使人吊公子重耳……（重耳）稽顙而不拜，哭而起，起而不私。子顯以致命於穆公。穆公曰：'仁夫公子重耳！夫稽顙而不拜，則未爲後也，故不成拜；哭而起，則愛父也；起而不私，則遠利也。'"很明顯，"未爲後""愛父""遠利"分別是"稽顙而不拜""哭而起""起而不私"的原因。簡文是相同的情況。簡文之"忠"指君主對臣下之"忠"。《管子·四稱》："昔者有道之君，敬其山川、宗廟、社稷，及至先故之大臣（尹注：先故之臣，謂祖考時舊臣也），收聚以忠而大富之。"言君既忠於大臣而又富之，語義與此簡文相近，可爲佐證。鄭注以

"臣不忠於君,君不敬其臣"解"忠敬不足",是因爲漢人已經習慣於忠爲臣德而誤釋。從此章乃至全篇旨在勸君而非勵臣這一點來看,將"忠"理解爲臣對君之忠也是不合適的。

此章今本爲第十四章。

[2] 豘,楚文字"家"字增從"爪"。

"邦家之不寧也,則大臣不以而褻臣託也",意爲國家之不安寧,乃由於大臣不被君主任用,而近褻之臣乘機專權。

窓,原形從穴。古文字"宀"旁與"穴"旁或可通用(參看《朱德熙古文字論集》,中華書局,1995年,57頁)。

大臣不台,《郭簡》據今本讀"大臣不治"。但"大臣不治"實際上不可通,簡文作"台",也與郭店簡中其他可以確定讀爲"治"的字形有別。此"台"字當讀"以",義爲"用"。《楚辭·九章·涉江》"忠不用兮賢不以",又《論語·微子》"不使大臣不怨乎不以",其中的"以"字皆義爲"用",與簡文同。

執臣,今本作"邇臣",此從《郭簡》讀爲"褻臣"。"褻""邇"義近,古書中"邇臣""褻臣"並見而無別。忲,原形作▯,《郭簡》隸作"忲"。陳劍指出,從中山王譽鼎銘中的"毛"作▯來看,此字所從實即"毛"。

簡文"大臣之不親也"至"褻臣託也",今本相應部分作"大臣不親,百姓不寧,則忠敬不足,而富貴已過也;大臣不治而邇臣比矣"。孔疏:"謂大臣離二,不與上相親,政教煩苛,故百姓不寧。若其如此,臣不忠於君,君不敬於臣,是忠敬不足所以致然也,由君與臣富貴已過極也。……大臣不肯爲君治理職事,由邇近之臣與上相親比故也。"今本是將簡文分成並列兩句的話合成了一句。孔疏在"大臣不親"和"百姓不寧"之間憑空多出一層因果關係,是曲解;以"大臣不治而邇臣比矣"爲前果後因的判斷句式也不合語法;其餘解釋亦多不甚通。這實在是由於今本在文字上錯亂較多的緣故(如"治"字當是"台"之誤讀)。而從簡文看,文意本來相當顯豁。

[3]《郭簡》本篇注[五九]:"蔝,'蕝'字。楚簡文字中的'絶'多作丝、丝。《說文》:'朝會束茅表位曰蕝。'於簡文中則有表徵之意。"

此句今本作"故大臣不可不敬也,民之表也",下又有"邇臣不可不慎也，是民之道也"。

［4］忢，原形從"毋"，古文字"母""毋"不別。上博簡《緇衣》整理者指出："忢，爲'謀'之古文。《中山王𩰣鼎》銘文'謀'字從母從心作'忢'，與簡文同。《集韻》：'謀，或作忢。'"（馬承源主編：《上海博物館藏戰國楚竹書（一）》，上海古籍出版社，2001年，187頁）

"大臣不怨"照應上文"大臣之不親"，"不怨"則親上矣。今本相應部分作"君毋以小謀大，毋以遠言近，毋以內圖外，則大臣不怨，邇臣不疾，而遠臣不蔽矣。"按從簡文看，此章意在勸君主敬用大臣而不親近嬖臣，與引《書》之意密合。今本言"邇臣不可不慎也，是民之道也"，又言"邇臣不疾"，"邇臣"似是正面的叙述對象，且又橫出一"遠臣"以與"邇臣"相對，與所引《書》意不甚相合。可見，今本經後人有意改寫，而其所改明顯不如簡文。

［5］晉，原形作𣎆，《郭簡》未釋。李學勤1998認爲此字上部所從是省"又"的"彗"，但曾侯乙墓竹簡9號簡"篲"字作𥳑，所從的"彗"與甲骨文中的"彗"在字形上一脈相承，而此字上部與"彗"毫不相似。而且，從讀音上講，"彗"的中古音屬邪母（但現代讀音聲母是喉音），從"彗"聲的字則以喉牙音爲主。中古邪母的上古來源有一部分是喉牙音。所以"彗"字本身在上古也應屬喉牙音，與"祭"字之音相去甚遠（"祭"屬齒音）。可見此説於字形字音皆有未當。劉曉東2000（114頁）認爲此字上從戔，字形上亦不符。上博簡《緇衣》此字作𣎆，爲兩倒矢形。很明顯，此字上部所從亦爲兩倒矢形。此字又見於大府鎬銘及望山二號墓楚簡23號簡，其上所從與上博簡《緇衣》此字同。孔仲溫2000（247—248頁）疑此字即"晉"字，李家浩1999b、王輝2001（172—173頁）、徐在國2001（181—182頁）皆釋爲"晉"，可從。本篇10號簡"晉冬祁寒"之"晉"字作𣎆（上博簡《緇衣》同），字形有別（後一形亦從兩倒矢，唯寫法比較簡省。參看鄔可晶：《試釋殷墟甲骨文的"達"字》，《出土文獻與古文字研究》第八輯，上海古籍出版社，2019年，66頁），但這一點不構成釋此字爲"晉"的障礙。曾侯乙編

鐘銘文中也有同樣的兩個不同字形的"晉"字,其一較常見(《集成》322·6),其二上所從亦爲明顯的兩倒矢形(《集成》290·6)。今本對應於此字的是"葉",前人早已指出"葉"是誤字(王念孫說,"葉"是"蔡"之形誤),所謂《葉公之顧命》當即《逸周書》之《祭公》篇。"晉"讀爲"祭"是合乎音理的。前人多已指出,"晉"在古書中或用爲"箭","戩"從"晉"聲,而"箭""戩"是元部字(參看《朱德熙古文字論集》,49頁);"祭"爲月部字,與元部對轉;"晉""祭"聲母相同,故"晉"可與"祭"相通。

募,即"寡"字,不從"宀",同中山王響器銘文的"寡"字(《金文編》,529頁)。"寡"讀爲"顧"。

令,原形左下有兩短横,是飾筆。《郭簡》直接釋爲"命"。上博簡《緇衣》作"命"。第十七章"令"字同。

[6] 悹,上博簡《緇衣》同,《郭簡》從今本讀爲"作"。孟蓬生2002b(48頁)讀爲"圖",並引上博簡《魯邦大旱》之"圖"從"者"爲證,可從。劉釗2003(59頁)亦疑讀爲"圖"。陳斯鵬2006指出《汗簡》心部引《裴光遠集綴》和《古文四聲韻》平聲模韻引《王存乂切韻》"圖"字皆作"悹"。

[7] 今本引《書》作"毋以小謀敗大作,毋以嬖御人疾莊后,毋以嬖御士疾莊士、大夫、卿士"。

卑,《郭簡》從今本讀"嬖",是;"卑""嬖"聲韻皆近。此字上博簡《緇衣》作"辟"。"嬖"義爲不合道義的私心的寵愛,如《墨子·尚賢中》:"不黨父兄,不偏富貴,不嬖顔色。"

愳,上博簡《緇衣》作"盡"。《郭簡》認爲簡文此字即"息"字,通"塞"。黄德寬、徐在國1998(103頁)疑此字從自聲,故可從今本讀爲"疾"。劉信芳2000(172頁)直接讀爲"息"。李零1999(486頁)讀爲"盡",認爲此字可能是"盡"字的省體。按從上博簡《緇衣》字形來看,李說可從。清華簡《治政之道》38號簡"盡"字從心,作"憙","愳"當即"憙"之省體。《說文》五上血部:"盡,傷痛也。"《尚書·酒誥》:"民罔不盡傷心。""盡""傷"同義連用(也可能"傷"是衍文)。清華簡《祭公之顧命》對應的字作"息",整理者讀爲"塞"(李學勤主編:《清華大學藏戰國竹簡(壹)》,中西書局,2010年,第174—175頁),今本《逸周書·祭公》作"固"。按清華簡《祭公之顧命》之"息"應是"愬"之省體,與休息之"息"同形。

"卿事"是古文字本來的寫法,古書中寫作"卿士","士"爲"事"之假借。

第十二章

子曰:倀(長)民者,[1]䎽(教)之【23】目(以)悳(德),齊之目(以)豊(禮),則民又(有)懽(勸)心。[2]䎽(教)之目(以)正(政),齊之目(以)型(刑),則民又(有)孚(免)心。[3]【24】古(故)孳(慈)目(以)悆(愛)之,則民又(有)新(親);[4]訐(信)目(以)結之,則民不怀(背);共(恭)目(以)位(涖)之,則民【25】又(有)愻(遜)心。[5]《寺(詩)》員(云):"虔(吾)夫=(大夫)共(恭)𢾅(且)懿(儉),[6]林(靡)人不斂(斂)。"[7]《呂型(刑)》員(云):"非甬(用)矤(令),[8]折(制)目(以)型(刑),[9]【26】隹(唯)乍(作)五瘧(虐)之型(刑)曰灋。"[10]

【注釋】

[1] 長民者,今本作"夫民"。

此章今本爲第三章。

[2]《郭簡》本篇注[六五]:"懽,其上部爲'堇'的異體,讀作'歡'。"裘按認爲也可能讀爲"勸",勸,勉也。按:讀"勸"義勝。因爲"教之以德,齊之以禮"的效果應是民努力向善,而不是得民歡心。下章"懽"字亦讀"勸"。今本作"格"。《論語・爲政》與此句相近的話作"道之以德,齊之以禮,有恥且格"。

[3] 孚,今本作"遯",上博簡《緇衣》作"免"。李零1999(486頁)疑"孚"是"娩"字的古寫。裘錫圭認爲"孚"字當來源於甲骨文中的 (《合集》3270), 象產子之形(倒過來看),是"娩"的表意字。此字當據上博簡《緇衣》簡讀爲"免"。《論語・爲政》與此句相近的話作"道之以政,齊之以刑,民免而無恥"。"遯"與"免"義近,都有逃避的意思(參看湖北省文物考古

研究所、北京大學中文系編：《九店楚簡》，中華書局，2000年，146頁）。

[4] 此句今本作"故君民者子以愛之，則民親之"。

𢆶，从子𢆶聲（"𢆶"同"絲"），即"慈"字異體。上博簡《緇衣》此字从心𢆶聲。王引之《經義述聞》卷十五"孝弟睦友子愛"條謂今本"子以愛之"，即慈以愛之，與下"信以結之""恭以涖之"相對爲文。簡文可證王説之確。孫希旦《禮記集解》云："子，如《中庸》'子庶民'之'子'，言親民如子也。"其説未允。上博簡《緇衣》整理者指出古書中"子""慈"通用（馬承源主編：《上海博物館藏戰國楚竹書（一）》，189頁）。

新，从斤辛聲，"新"字異體。

[5] 愻，今本作"孫"，通"遜"。《説文》："愻，順也。""愻"是"恭遜"之"遜"的本字。上博簡《緇衣》此字作"悉"，亦讀爲"遜"（參看沈培2003）。

[6] 虗，"虎"字異體（黄德寬：《曾姬無卹壺銘文新釋》，《古文字研究》第二十三輯，中華書局2002年，102頁），楚文字一般用爲"吾"。䶪，从章"會"聲，上博簡《緇衣》此字作"會"，"會"是"僉"的繁體。下"斂"字亦从"僉"的繁體"會"。

[7] 《説文》七下朩部"朩"字下段注云："朩、麻古蓋同字。"劉樂賢1999（359—361頁）及黄德寬、徐在國1999（75頁）都認爲"朩"即"麻"字，讀爲"靡"，可從。

斂，"斂"的異體，讀"收斂"之"斂"。《漢書·公孫劉田王楊蔡陳鄭傳（陳萬年傳）》："郡中長吏皆令閉門自斂，不得踰法。"

以上詩句不見於今本和今《詩》，是所謂逸詩。《郭簡》本篇注[六八]裘按疑第一句讀爲"吾大夫恭且儉"，可從。"恭"與"儉"古書中常並言，如《禮記·樂記》"恭儉而好禮者，宜歌《小雅》"，《論語·學而》"夫子溫良恭儉讓以得之"。"吾大夫恭且儉，靡人不斂"，意即我的大夫恭敬而不放縱，人民效法之，故無人不自約束也。引此詩，意在證上"教之以德，齊之以禮，則民有勸心"。今本無此詩句，應是傳鈔過程中鈔脱。

[8] 非用怼，今本作"苗民匪用命"，今《尚書》作"苗民弗用靈"，上博簡《緇衣》作"虉（苗）民非甪（用）需（靈）"。簡文脱去"苗民"兩字，使整句話缺少了主語。《墨子·尚同中》引《吕刑》此句作"苗民否用練"。皮錫瑞

《今文尚書考證》引段玉裁説,謂《緇衣》之"命"爲"令"字之歧誤,"令"與"靈"古通,皆當訓"善"。《墨子》之"練"與"靈"音近,以《墨子》上下文觀之,亦當訓"善"。其説甚是。鄭注訓"命"爲"政令",非(從上文看,政與刑一樣是被否定的)。

簡文之"廷"字,亦見於壽縣出土的鑄客匜,朱德熙、裘錫圭讀爲"駬"(《戰國文字研究(六種)》,《朱德熙古文字論集》,49頁);此字《説文》大徐本注音人質切,與"日""駬"同音。鄔可晶認爲"廷"是"臻"的初文(見《試釋殷墟甲骨文的"達"字》,《出土文獻與古文字研究》第八輯,69頁),其説可信。上博簡(五)《弟子問》附簡"巧言令色"之"令"作從宀廷聲之字,故簡文此字亦當讀"靈"或"令",訓爲"善"。今括注"令"。熊悍鼎、熊悍盤銘也有從宀廷聲之字,朱德熙讀爲"煎"(見《戰國文字研究(六種)》,《朱德熙古文字論集》,49頁)。按從簡文"廷"對應於《墨子》之"練"來看,銘文從宀廷聲之字也可能讀爲"煉"。

[9] 折,其左部與一般的"折"字所從有别,中兩小橫變爲"日"。上博簡《緇衣》此字作一般的"折"。或以簡文此字爲"斷"字(陳偉武2000,251頁)。但其左部與郭店簡中可以確認的"斷"字所從亦有異。今本此句作"制以刑",《墨子·尚同中》引《吕刑》此句作"折以刑"。"制""折"形音義俱近,是同源詞。此從今本及今《尚書》讀"折"爲"制"。

[10] 瘧,簡文原形作,從疒省,從《説文》古文"虐"。

今本此下有"是以民有惡德,而遂絶其世也"句,爲簡文所無。按《緇衣》全篇各章都以詩書結,今本此章例外多出一句,係後人據《吕刑》"遏絶苗民,無世在下"等語補加。引《吕刑》,證上"教之以政,齊之以刑,則民有免心"。

第十三章

子曰:正(政)之不行、[1] 孝(教)之不城(成)也,則坓(刑)罰不【27】足恥,而雀(爵)不足懽(勸)也。[2] 古(故)上不可㠯(以)埶(褻)坓(刑)而翌(輕)雀(爵)。《康辛(誥)》員(云):"敬【28】明乃罰。"《吕坓(刑)》

員(云):"翿(播)荊(刑)之迪。"[3]

【注釋】

[1] 今本"行"下有"也"字。

此章今本爲第十三章。

[2] "則荊罰不足恥,而雀不足懽也",今本作"爵禄不足勸也,刑罰不足恥也"。簡文"雀"讀爲"爵","懽"讀爲"勸"。今本句首脱一"則"字。上博簡《緇衣》此句殘去。"爵禄"與"刑罰"相對,簡文"爵"字下似脱去一"禄"字。

自"政之不行"至此是一個前果後因的判斷句。孔疏引皇氏云:"言在上政令所以不行,教化所以不成者,祇由君上爵禄加於小人,不足勸人爲善也;刑罰加於無罪,不足恥其爲惡。"

[3] 翿,从月番聲,讀爲"播"。上博簡《緇衣》此字作"翍",李零2002b(413頁)認爲簡文此字所从"月"旁可能是"囗"旁的變形。其説可信。

此句今本作"《甫刑》曰:'播刑之不迪。'"。鄭注:"不,衍字耳。"《尚書·吕刑》無"不"字,簡文與《尚書》合。上博簡《緇衣》亦無"不"字,"迪"作"由"(亦讀爲"迪")。《吕刑》原文爲:"今爾何監?非時伯夷播刑之迪,其今爾何懲?"此截取"播刑之迪"四字,文不成句。

第十四章

子曰:王言女(如)絲,亓(其)出女(如)綸;[1]王言女(如)索,[2]【29】亓(其)出女(如)綍(紼)。[3]古(故)大人不昌(倡)流。[4]《寺(詩)》員(云):"訢(慎)尔(爾)出話,敬尔(爾)惪(威)義(儀)。"[5]

【注釋】

[1] 綸,從《郭簡》本篇注[七四]裘按釋。此字所从的"昏"與郭店簡《魯穆公問子思》中的"昏"字基本相同,唯竪筆中間作圓點,不作一短横。

上博簡《緇衣》此字亦作"緍"。《説文》:"緍,釣魚繳也。"字又作"緡"。今本"緍"作"綸"。裘按:"'緍'與'綸'都可以當釣魚的絲繩講,《緇衣》鄭注解'綸'爲'綬',似非。"

此章今本爲第七章前半。

[2] 此句今本作"王言如綸"。

[3] 綍,今本作"綍",《釋文》本作"紼",從《郭簡》讀"紼"。上博簡《緇衣》殘去。《郭簡》本篇注[七五]裘按:"'紼''綍'二字,字書以爲一字異體,'聿''弗'皆物部字。又疑'綍'所從的'聿'實當讀爲'筆','筆''紼'聲韻皆近。"

按"緍"是"絲"之粗大者,"紼"是"索"之粗大者,以喻言出彌大,要比今本之"絲"而"綸"、"綸"而"綍"合理。

[4] 昌,《郭簡》本篇注[七六]指出與簡文相同的字形亦見於蔡侯申盤。

流,右从二"虫"形,是"㐬"之省變(參看劉釗 2000,80 頁)。

此句今本作"故大人不倡游言"。《大戴禮記・曾子立事》有"君子不唱流言",作"流",與簡文同。"游""流"音近義通,如"上游"即"上流"。《郭簡》本篇注[七六]指出簡文脱去"言"字,是。

[5] 此所引詩見《大雅・抑》。今本引此詩句在下"君子道人以言"章,而此章與簡本下章合并成一章。

第十五章

子曰:可言【30】不可行,[1]君子弗言;[2]可行不可言,[3]君子弗行。[4]則民言不隐(詭)行,不隐(詭)【31】言。[5]《寺(詩)》員(云):"㳦(淑)訢(慎)尔(爾)屰(止),[6]不侃(愆)于義(儀)。"[7]

【注釋】

[1] 今本"言"下有"也"字。

此章今本爲第七章後半。

[2] 今本"言"下有"也"字。

[3] 今本"行"下有"也"字。

[4] 今本"行"下有"也"字。上博簡(二)《從政甲》11 號簡："可言而不可行,君子不言;可行而不可言,君子不行。"與此簡文之語基本相同。

[5] 此句今本作"則民言不危行,行不危言矣"。簡文脱一"行"字,即"行"字下脱去重文號,上博簡《緇衣》未脱。王引之《經義述聞》卷十六"則民言不危行而行不危言矣"條："危,讀爲詭。詭者,違也,反也。言君子言行相顧,則民言不違行,行不違言矣。《吕氏春秋·淫辭》篇:'所言非所行也,所行非所言也。言行相詭,不祥莫大焉。'謂言行相違也。……古字詭與危通。"按:"詭"字本無欺詐義,只有違反、不一致的意思。王氏讀"危"爲"詭",於義允洽。"言行相詭"即"所言非所行""所行非所言"。鄭注言"危猶高也",望文生訓。簡文"陒"從禾聲,而"禾"與"詭"同屬上古音歌部,聲母亦近,故簡文"陒"亦可讀爲"詭"。

[6] 圵,讀爲"容止"之"止"。

此所引詩見《大雅·抑》。

[7] 伲,從今本讀"譽"。今《詩》作"愆"。《說文》以"譽"爲"愆"之籀文。

第十六章

子曰:君子道(導)人㠯(以)言,[1]而䢃㠯(以)行。[2]古(故)言【32】則慮(慮)亓(其)所舟(終),[3]行則䭫(稽)亓(其)所尚(敝),[4]則民訢(慎)於言而懂(謹)於行。[5]《寺(詩)》員(云):[6]"穆=(穆穆)【33】文王,於𦉘(緝)𤋮(熙)敬圵(止)。"[7]

【注釋】

[1] 今本亦作"君子道人以言",《釋文》:"道音導。"即以爲"道"

通"導"。

此章今本爲第八章。

[2] 簡文"弼",上從《説文》"恒"之古文"亙"。今本此句作"而禁人以行"。鄭注："禁猶謹也。"孔疏："言禁約謹慎人以行,使行顧言也。"上博簡《緇衣》此處殘去。《郭簡》本篇注[八一]疑"弼"讀爲"恒"。劉曉東2000(114頁)讀爲"忌",訓爲"禁"。陳劍疑讀爲"極"。《禮記·表記》："禮以節之,信以結之,容貌以文之,衣服以移之,朋友以極之,欲民之有壹也。"注："極,致也。"疏："朋友相勸勵,以極致於道。"

[3] 則,今本作"必"。

慮,從心膚聲,爲"慮"字異體。"慮"字本從"虍"聲,"膚"字亦從"虍"聲(《裘錫圭學術文集·金文及其他古文字卷》,第218頁)。

簡文"終"字即《説文》"終"字古文。

[4] 則,今本作"必"。

飴,從食旨聲。《郭簡》未釋出左旁"食"。何琳儀1999(198頁)疑爲"旨"之繁文,劉信芳2000(175—176頁)指出其所從"食"與《郭簡·語叢三》56號簡"飲"所從同。上博簡《緇衣》此字作"旨",亦讀爲"稽"。

敝,簡文原形作 ,從巾從采,是"敝"字左旁的變體(參看《九店楚簡》,第107—108頁注[一七一])。

孔疏："言欲行之時,必須先考校此行至終敝之時,無損壞以否。""敝"與"終"義近。《周禮·夏官·大司馬》"徒乃弊"注："徒乃弊,徒止也。"王引之《經義述聞》卷十八"誰知所敝"條解《左傳》襄公三十年"國之禍難,誰知所敝"云："敝猶終也,言不知禍難所終也。"並引《緇衣》此文爲證。

[5] 此句今本作"則民謹於言而慎於行","謹""慎"互易。上博簡《緇衣》與此簡文同。

[6] 今本作"大雅曰"。

此所引詩見《大雅·文王》。

[7] 卧,原形作 ,《郭簡》隸作"侵"。《郭簡》本篇注[八三]裘按：

"‘於’下一字似非从人,《説文》有‘卧’字,疑即由此字訛變而成。"今從此説,隸定如此。卧逅,從今本及《毛詩》讀爲"緝熙"。孔疏:"言文王之德嗚呼光明乎,又敬其容止。引者,證在上當敬其言行。"上博簡《緇衣》與簡文"卧逅"對應的字作 ,亦應讀爲"緝熙"(李家浩 2006)。

第十七章

子曰:言從行之,則行不可匿。[1] 古(故)君子賵(顧)言而【34】行,[2] 目(以)成其信,則民不能大甘(其)媄(美)而少(小)甘(其)亞(惡)。[3]《大虽(雅)》云:[4]"白珪(圭)之石〈砧(玷)〉,[5] 尚可【35】砦(磨)也。[6] 此言之砧(玷),[7] 不可爲也。"《少(小)顕(雅)》員(云)》:"身(允)也君子,[8] 麎(展)也大城(成)。"[9]《君奭》員(云):【36】"昔才(在)上帝,戟(割)繡(申)觀文王惪(德),甘(其)集大令(命)于氒(厥)身。"[10]

【注釋】

[1] 此句今本作"言從而行之,則言不可飾也"。其後又有"行從而言之,則行不可飾也"句。上博簡《緇衣》與簡文同,唯"從"字字形特別。下云"君子顧言而行",則簡文"言從行之"當即"顧言而行"之意。言從行之,即先言然後行之。《左傳》隱公六年:"長惡不悛,從自及也。"《國語‧晉語一》:"故古之爲軍也,軍有左右,闕從補之。""從"字的用法與此簡文同。簡文此句謂先説了再行動,則其行爲之意圖和動機等不可掩蓋,因爲所行須踐前之所言(陳劍説)。今本之"言從而行之,則言不可飾也",孔疏釋爲:"言在於先,而後隨以行之,言當須實不可虛飾也。"前半句與簡文同意,後半句雖然"行"易爲"言",但如孔疏所解,其意亦可通。今本"行從而言之,則行不可飾也"句,是主張先行後言,與《論語‧爲政》"先行其言,然後從之"同意,可能就是據《論語》此句的意思而增加的。

此章今本爲第二十四章。

［2］賜，《郭簡》本篇注［八六］裘按："此字今本作'寡'，但鄭注認爲'寡當爲顧，聲之誤也'。簡文此字从'見'（原注：亦可謂从"視"，偏旁中二字一般不別），當釋爲'顧'，可證鄭注之確。"上博簡《緇衣》此字不从"見"。今本用"寡"爲"顧"，同上博簡。

［3］能，今本作"得"。上博簡《緇衣》亦作"能"。

［4］虽，《郭簡》本篇注［八六］引張春龍説，指出此字爲楚文字"夏"作"顯"一體之省，此處無疑當讀爲"雅"。"虽"和"顯"的字形分析參看魏宜輝2002。篇内此簡文字較特別，如"成"不从"壬"，"云"不作"員"，此"雅"字亦特異。

大雅云，今本作"詩云"。

此所引詩見《大雅·抑》。

［5］珪，今本作"圭"，"珪"爲《説文》古文"圭"。石，據下文，爲"䃺"之誤，即"口"上漏寫了"卜"形，依今本讀"玷"，上博簡《緇衣》不誤。

［6］䃺，从石林聲，"磨"之異體。參看第十二章注［7］。

［7］此，今本及今《詩》作"斯"，上博簡《緇衣》亦作"此"。

［8］今《詩》"也"作"矣"，簡文同今本，上博簡《緇衣》亦同。

此所引詩見《小雅·車攻》。

［9］廛，簡文原形作圖，《郭簡》本篇注［九一］以爲从厂从土从則省，讀爲"則"。裘按："此句今本作'展也大成'。簡文'也'上一字似當釋'廛'，'廛''展'音近可通。"按：上博簡《緇衣》此字作圖，其字形與見於《十鐘山房印舉》三·十一及三·二十一的"纏"字所从形近（參看何琳儀：《戰國古文字典——戰國文字聲系》，中華書局，1998年，1030頁），上部皆从日，簡文此字所从之"目"是"日"之訛。周忠兵《釋金文中的"廛"》釋西周金文中的"厌"爲"廛"（《出土文獻》第十二輯，中西書局，2018年，43—52頁），可信。

［10］繡，整理者釋"紳"，可從。西周金文常見的"䚺"即"紳"的古字（《裘錫圭學術文集·金文及其他古文字卷》，55—57頁），簡文此字是

"𦧶"的省寫(參看陳秉新:《古文字考釋三題》,《古文字研究》第二十一輯,中華書局,2001年,306—309頁),讀爲"申"。

今本引《書》作"昔在上帝,周田觀文王之德,其集大命于厥躬"。鄭注:"古文'周田觀文王之德'爲'割申勸寧王之德',今博士讀爲'厥亂勸寧王之德',三者皆異,古文似近之。'割'之言'蓋'也。言文王有誠信之德,天蓋申勸之,集大命於其身,謂命之使王天下也。"今《尚書》同鄭所謂古文,唯"昔在"倒作"在昔"。今本"周"當係"害"之誤。"田"與"申"音近。"觀文王"三字簡文與今本同,而與古文《尚書》異。從文義看,當以"觀"爲是。"身"與"躬"同義,兩字常有互易甚至換讀(參看李家浩:《從戰國"忠信"印談古文字中的異讀現象》,《北京大學學報(哲學社會科學版)》1987年第1期)。

以上引詩書之意,孫希旦《禮記集解》引呂大臨曰:"言之不信,所謂玷也。允也君子,展也大成,言君子非信則不成也。《君奭》言文王有誠信之德,爲天所命,況於人乎。"

第十八章

子曰:君子言又(有)勿(物),行又(有)【37】𨒪(格),[1]此㠯(以)生不可敓(奪)志,[2]死不可敓(奪)名。[3]古(故)君子多聞(聞),[4]齊而獸(守)之;[5]多志(識),齊而【38】新(親)之;[6]精智(知),𨒪而行之。[7]《寺(詩)》員(云):"㑒(淑)人君子,甘(其)義(儀)弋(一)也。"[8]《君迪(陳)》員(云):"出內(入)自尔(爾)帀(師),于【39】庶言同。"[9]

【注釋】

[1] 此句今本作"言有物而行有格也"。𨒪,《郭簡》本篇注[九五])認爲從丯聲,並從今本讀爲"格",可從。《説文》"丯"讀若"介",是月部字,似與"格"(鐸部字)音遠。但古文字材料中"𢧵"字(鐸部字)多从"丯"聲,又《説文》有"㓞",似爲雙聲字,故"丯"字可能本有鐸部一音(《裘錫圭學術文

集·金文及其他古文字卷》,356頁注⑳)。《周易·家人·大象》:"君子以言有物而行有恒。"《正義》:"物,事也。言必有事即口無擇言,行必有恒即身無擇行。"《論語·爲政》"有恥且格"注:"格,正也。""言有物而行有格"應該是説言行都合乎正道,無不善之言,不善之行。

此章今本爲第十九章。

[2] 此,今本作"是"。今本"生"下有"則"字。攺,《説文》"彊取也",是"奪取"之"奪"的本字。今本作"奪"。

[3] 今本"死"下有"則"字。

[4] 睧,《説文》"聞"字古文。

[5] 齊,今本作"質",上博簡《緇衣》亦作"齊"。獸,簡文原形從"單",讀爲"守",上博簡《緇衣》作"守"。

鄭注:"質猶少也。"孔疏:"雖多聞前事,當簡質而守之。"孫希旦《禮記集解》引吕大臨説,訓"質"爲"正"(此處所謂"正",當然是動詞)。細體文意,所謂"多聞,質而守之"者,謂聞見須廣博,但又須得其正,然後方能篤守之也。《周易·繫辭上》:"齊小大者存乎卦。"注:"齊,猶言辨也。"按"猶言辨"之"齊"實即"整齊"之"齊"的引申,簡文"齊"的意思與此相近。"多聞,齊而守之"者,意即多所聞見,然後辨别其正確與否而守之。

[6] 此句今本作"多志,質而親之"。鄭注:"多志,謂博交汎愛衆也。"按此"志"亦應讀爲"識"。孫希旦《禮記集解》引吕大臨説,以"多見而識之"解"多志",以"問學不厭"解"親之"。按《大戴禮記·曾子立事》云:"言必有主,行必有法,親人必有方。多知而無親,博學而無方,好多而無定者,君子弗與也。"與此章旨意相近。彼言"多知而無親",此言"多識,質而親之","識""知"義同。可見,鄭注以"博交汎愛衆"解"多志"是正確的。簡文"多識,齊而親之",意即多與人相識,但又當辨别其人而親之。上博簡《緇衣》此句中的"多"下一字作从之从目形,與上句"奪志"之"志"不同形,當是有意的區别。

[7] 此句今本作"精知,略而行之"。"略"字鄭無解,孔疏以"要略"解之,與上"質"字同誤。上文"質"訓"少"猶勉强可通,此處仍以簡約解

"略",顯然很難講通。孫希旦《禮記集解》認爲"略"字从田从各,乃土田之界別,故此處借以爲分別之義。解此句爲"使所知者極其精,然後分別其可否而行之"。其説頗有理,但古書中似乎未見作"分別"講的"略"。簡文"迲"字,上文讀爲"格",疑此處亦可讀"格"。"格而行之",謂得其正然後行之,與上"齊而守之""齊而親之"義相類,又與上"行有格"相應。

[8] 今本引《詩》在引《書》後。也,今本同,今《詩》作"兮"。弌,上博簡《緇衣》作"一"。

此所引詩見《曹風·鳲鳩》。引詩之意,孫希旦《禮記集解》謂:"言儀度當歸於純一,所謂'略而行之'也。"

[9] 内,讀爲"入"。

今本引《書》作"出入自爾師虞,庶言同",僞古文《尚書》同。鄭注《緇衣》云:"自,由也。師、庶,皆衆也。虞,度也。言出内政教,當由汝衆之所謀度。衆言同,乃行之。政教當由一也。"按古書中"虞"有料度、戒備、憂患等義,所謂"虞,度也"之"度"本該是料度之義,但放在此句中顯然講不通,故鄭氏大概是把"虞"理解爲謀的,所以説"謀度"。然而"虞"並無謀義。可見今本之"虞"是有問題的。簡文與"虞"相當之字作"于",上博簡《緇衣》作"雩",都不必從今本讀。"于庶言同",意即"與庶言同"。《經傳釋詞》:"于,猶越也。""越"有與義,《尚書》多見。此義金文多作"雩"。上博簡《緇衣》作"雩",與金文同。"雩"字在中山王譽鼎銘文中用爲"越人"之"越",故"雩"當能直接讀爲《尚書》之"越"。"出入自爾師,于庶言同",大概是説出入的政令,要來自你的民衆,要與民衆的談論一致。但《尚書》中的"越"似都用爲並列連詞,而此簡文"于"則是介詞,其用法仍有不同。究竟如何,尚有待進一步研究。(參看《説古文字中的"雩"字》。已收入本書。)

引《書》意在證上"多聞""多識"。

第十九章

子曰:句(苟)又(有)車,必見弌(其)斂;[1] 句(苟)又(有)衣,必見亓(其)尚(敝)。人句(苟)又(有)言,[2]必瞎(聞)丌(其)聖(聲);[3]句(苟)又(有)行,[4]必見亡(其)城(成)。【40、40背】《寺(詩)》員(云):[5]"備(服)之亡(無)惡(斁)。"[6]

【注釋】

[1] 歆,簡文原形作。《郭簡》本篇注[一〇一]從朱德熙釋此字爲"歆",裘按疑讀爲"蓋";李零1999(487頁)、劉信芳2000(177頁)讀爲"轍",意思很合適。此字又見於《語叢四》10號簡,讀爲"轍"也很合適。《古文四聲韻》卷五薛韻所引古《老子》和《義雲章》之"轍"字右所從與此字左部形近,疑就應釋爲"歆",此處讀爲"轍";而上博簡《緇衣》此字又從車,則就是"轍"字。又秦漢文字如睡虎地秦簡、秦漢印中的"徹""勶"所從"歆"的左上部從"玄",與簡文此字左上部相近。徐在國2004(347—350頁)亦釋爲"歆"。今本此字作"軾"。鄭注:"見其軾,謂載也。"孔疏:"言有車無不載也。"下文"聲""成"爲韻,簡文此字與"敝"韻,今本無韻,必誤。

今本此章爲第二十三章。

[2] 此句今本作"人苟或言之"。

[3]《郭簡》本篇注[一〇三]:"'句又言必聞其聖'七字原脱,是補寫在此簡簡背的。其'句'字位置與簡正面的'人'字和'句又行……'的'句'字之間的位置相當。"

[4] 此句今本作"苟或行之"。

[5] 今本作"葛覃曰",出《詩經》篇名,唯此一例。

此所引詩見《周南·葛覃》。

[6] 惡,從心臭聲,"臭"即《説文》之"臭"。《説文》:"臭,大白澤也。從大從白。古文以爲澤字。""臭"見於金文,作、、等形(《金文編》,217、373頁),用爲"無斁"之"斁"。此字今本作"射",今《詩》作"斁",字通。上博簡《緇衣》此字作"臭"。

引詩之意,孔疏謂:"詩之本意,言后妃習絺綌之事而無厭倦之心。此則斷章云,采葛爲君子之衣,君子得而服之,無厭倦也。言君子實得其服而不虛也。引之者,證人之所行終須有效也。"

第二十章

子曰:厶(私)惠不壟〈壞(懷)〉悳(德),[1]君子不自畱(留)女〈女(焉)〉。[2]《寺(詩)》員(云):"人之好我,【41】旨(指)我周行。"[3]

【注釋】

[1] 壟,今本作"歸",鄭注言"歸或爲懷"。陳偉1998(68頁)疑"壟"爲"壞"之異體或訛體,讀爲"懷"。其説可從,此字當是誤字。古書中"壞""懷"相通者屢見,如:《左傳·襄公十四年》"王室之不壞",《釋文》:"服本作懷";《淮南子·原道》"在身者不知,何遠之能懷",《文子·道原》作"於身者不知,何遠之能壞"。上博簡《緇衣》此字作"壞",不誤。

今本此章爲第二十二章。

[2] 畱,讀爲"留",上博簡《緇衣》作"畱",不從"宀"。

女,是省"宀"的"安"字的誤寫,上博簡《緇衣》此字不誤。

[3] 旨,《郭簡》本篇注[一○六]:"旨,似讀作'指'。《爾雅·釋言》:'指,示一。'"今本及今《詩》作"示"。上博簡《緇衣》此字作從見(視)旨聲之形。按:讀"指"可從,詳見《據古文字論"氏""視"等字的上古聲母》(已收入本書)。

此所引詩見《小雅·鹿鳴》。孫希旦《禮記集解》:"引詩,言人之相好,當相示以大道,而不可以私惠也。"

第二十一章

子曰:唯君子能好亓(其)馳(匹),[1]少₌(小)人剴(豈)能好亓

(其)駜(匹)。[2]古(故)君子之眘(友)也【42】又(有)向,[3] 亓(其)亞(惡)又(有)方。[4]此目(以)徸(遍)者不賊(惑)而遠者不惥(疑)。[5]《寺(詩)》員(云):"君子好𠂤(仇)。"[6]

【注釋】

[1] 駜,从馬必聲,可以看作"馬匹"之"匹"的專字。今本作"正",鄭注:"正當爲匹,字之誤也。"後人或不信鄭説,簡文可證鄭注之確。下句"駜"字同。上博簡《緇衣》皆作"匹"。

此章今本爲第二十章。

[2] 此句今本作"小人毒其正"。簡文"少"字下誤加兩短橫,上博簡《緇衣》不誤。

[3] 向,簡文原形作𦣞,是"向"之變體(參看《郭簡·老子乙》注[二八])。此句今本作"故君子之朋友有鄉"。按簡文"君子之友"意即君子之交友,"友"是動詞義。但"朋友"是不能用爲動詞的,所以解者都以"有鄉"者是君子的朋友,而不是君子之交友,從而"有方"者亦是君子所惡之人,而不是君子之惡人(看孔疏及《禮記集解》等),實是不得已。由簡本可知,是今本衍"朋"字,造成了解釋上的麻煩。

[4] 上博簡《緇衣》"惡"下有"也"字。今本同此簡文,皆脱"也"字。

[5] 徸,從《郭簡》本篇注[一〇九]裘按釋。上博簡《緇衣》作"迬"。"徸"可能即"遍"之異體。遠,原形省"衣"内的圓圈。今本句末有"也"字。

[6] 𠂤,參看第十章注[3]。今本作"仇",今《詩》作"逑"。鄭注:"仇,匹也。"

此所引詩見《周南·關雎》。

第二十二章

子曰:【43】翠(輕)丝(絶)貧戔(賤)而至(重)丝(絶)賏(富)貴,[1]

則好惎(仁)不罿(堅)而亞₌(惡惡)不紶(著)也。[2]人唯(雖)曰不利,虐(吾)弗信【44】之矣。[3]《寺(詩)》員(云):"偮(朋)友卣(攸)奠(攝),[4]攝目(以)愚(威)義(儀)。"

【注釋】

[1] 즉,整理者釋"厚"。此字从石主聲,與"厚"字形有別,當從今本讀"重"(參看陳偉1999,12頁;劉信芳2000,178頁)。

此章今本爲第二十一章。

[2] 仁,今本作"賢"。罿,"堅"之異體。紶,其聲旁"毛"與"著"音近,從今本讀爲"著"。關於此字的隸定,參看第十一章注[2]。

[3] 虐弗信之矣,今本作"吾不信也"。"弗"改爲"不"篇內又見於第十章引《君陳》之文及下一章。出土文獻中的"弗"在傳世古書中作"不"是常見的現象。

[4] 黃文傑《說朋》(《古文字研究》第二十二輯,中華書局,2000年)指出今"朋"字演變自甲骨金文中一般隸定爲"倗"的那個字形,而不是直接來自甲骨金文的"朋貝"之"朋"。其說可信。簡文之"偮",原形从人从土从甲骨金文"朋貝"之"朋"的省形。由於甲骨金文"朋貝"之"朋"後世被淘汰,難以隸定,故仍隸定如此。

卣,與"攸"音近,讀爲"攸"。

《郭簡》本篇注[一一四]裘按:"奠,字从'耴'聲。'耴''攝'古音相近。"又裘錫圭、李家浩《曾侯乙墓竹簡釋文與考釋》指出:"'聶''耴'二字古音相近,可以通用。王莽年號居攝之'攝',居延漢簡有時就寫作'耴'。"(湖北省博物館編:《曾侯乙墓》,文物出版社,1989年,503頁注⑮。)

此所引詩見《大雅·既醉》。

第二十三章

子曰:宋人又(有)言曰:[1]"人而亡(無)贅(恒),[2]不可爲【45】卜筮(筮)也。"[3]亓(其)古之遗(遗)言嬖(欤)?[4]龜峇(筮)獣(猶)弗智(知),[5]而皇(况)於人唐(乎)?[6]《寺(詩)》員(云):"我龜既獣(厭),【46】不我告獣。"[7]

二十又三[8]【47】

【注釋】

[1] 宋人,今本作"南人"。上博簡《緇衣》亦作"宋人"。

此章今本爲第二十五章。

[2] 賡,从貝丞聲,讀爲"恒"。"丞"爲《説文》"恒"之古文。上博簡《緇衣》此字作"丞"。

[3] 筮"即"筮"字,所从之"晉"是"巫"的繁體。簡文所从"巫"的原形稍異於一般的"巫",這樣寫的"巫"又見於包山219、244號簡,是一般的"巫"的變形。

今本無"也"字。

[4] 今本無"其"字。

遗,與金文中的"遗"字形相同(《金文編》,101、102頁)。

嬖,讀爲語氣詞"欤",今本作"與"。

[5] 峇,从卜从晉(巫),是"筮"字的異體。"龜筮"之"筮"指蓍草之類做成的占具,與前"卜筮"之"筮"不同義,簡文似有意用不同的字形來表示。

弗知,今本作"不能知也"。

[6] 此句意爲無恒者不能知龜筮,更不能知人。

[7] 獣,今本及今《毛詩》作"猶","猶"與"獣"本同字。此所引詩見《小雅・小旻》。今本引《詩》後又引《兑命》和《易》。

[8] 本篇共二十三章,此於篇末記其章數。原簡文約空四字書寫。

本文在筆者的碩士學位論文《郭店楚簡〈緇衣〉篇研究》(北京大學2002年,指導教師:沈培副教授)第一部分的基礎上修改而成。

主要參考文獻

白於藍	1997	《釋包山楚簡中的"巷"字》,《殷都學刊》1997 年第 3 期。
白於藍	2000	《郭店楚簡拾遺》,《華南師範大學學報》(社會科學版) 2000 年第 3 期。
白於藍	2001	《郭店楚墓竹簡考釋(四篇)》,《簡帛研究二〇〇一》,廣西師範大學出版社。
陳 劍	1999	《柞伯簋銘補釋》,《傳統文化與現代化》1999 年第 1 期。
陳 劍	2001a	《說慎》,《簡帛研究二〇〇一》,廣西師範大學出版社。
陳 劍	2001b	《據郭店簡釋讀西周金文一例》,《北京大學中國古文獻研究中心集刊 2》,北京燕山出版社。
陳斯鵬	2006	《楚簡"圖"字補證》,中山大學古文字研究所編:《康樂集——曾憲通教授七十壽慶論文集》,中山大學出版社。
陳 偉	1998	《郭店楚簡別釋》,《江漢考古》1998 年第 4 期。
陳 偉	1999	《讀郭店竹書〈老子〉札記(四則)》,《江漢論壇》1999 年第 10 期。
陳偉武	2000	《舊釋"折"及從"折"之字平議》,《古文字研究》第二十二輯,中華書局。
馮勝君	2002	《讀上博簡〈緇衣〉札記二則》,上海大學古代文明研究中心、清華大學思想文化研究所編:《上博館藏戰國楚竹書研究》,上海書店出版社。
馮勝君	2007	《郭店簡與上博簡對比研究》,綫裝書局。
郭永秉	2015	《從戰國文字所見的類"倉"形"寒"字論古文獻中表"寒"義的"滄/凔"是轉寫誤釋的產物》,《出土文獻與古文字研究》第六輯,上海古籍出版社。
何琳儀、徐在國	2001	《釋"朿"及其相關字》,《中國文字》新二十七期,藝文印書館。
何琳儀	1999	《郭店竹簡選釋》,《文物研究》總第 12 輯,黃山書社。

黃德寬、徐在國 1998　《郭店楚簡文字考釋》,《吉林大學古籍整理研究所建所十五週年紀念文集》,吉林大學出版社。

黃德寬、徐在國 1999　《郭店楚簡文字續考》,《江漢考古》1999年第2期。

黃德寬 2002　《曾姬無卹壺銘文新釋》,《古文字研究》第二十三輯,中華書局、安徽大學出版社。

孔仲溫 2000　《郭店楚簡〈緇衣〉字詞補釋》,《古文字研究》第二十二輯,中華書局。

賈連翔 2020　《論"標"字本義與字形的關係——兼釋戰國竹書中的"標"字》,《簡帛》第二十一輯,上海古籍出版社。

李二民 2001　《〈緇衣〉研究》,北京大學碩士學位論文,指導教師:李零教授。

李家浩 1999a　《讀〈郭店楚墓竹簡〉瑣議》,《中國哲學》第二十輯,遼寧教育出版社。

李家浩 1999b　《楚大府鎬銘文新釋》,《語言學論叢》第二十二輯,北京大學出版社。

李家浩 2003　《戰國竹簡〈緇衣〉中的"逐"》,荊門郭店楚簡研究(國際)中心編:《古墓新知——紀念郭店楚簡出土十週年論文專輯》,國際炎黃文化出版社。

李家浩 2006　《釋上博戰國竹簡〈緇衣〉中的"茲臣"合文》,中山大學古文字研究所編:《康樂集——曾憲通教授七十壽慶論文集》,中山大學出版社。

李　零 1999　《郭店楚簡校讀記》,《道家文化研究》第十七輯,三聯出版社。

李　零 2002a　《郭店楚簡校讀記》(增訂本),北京大學出版社。

李　零 2002b　《上博楚簡校讀記(之二):〈緇衣〉》,上海大學古代文明研究中心、清華大學思想文化研究所編:《上博館藏戰國楚竹書研究》,上海書店出版社。

李學勤 1998	《釋郭店簡祭公之顧命》，《文物》1998年第7期，《中國哲學》第二十輯，遼寧教育出版社。
李學勤 1999	《論上海博物館所藏的一支〈緇衣〉簡》，《齊魯學刊》1999年第2期。
李學勤 2002	《論楚簡〈緇衣〉首句》，《金景芳教授百年誕辰紀念文集》，吉林大學出版社。
廖名春 2000	《郭店楚簡引〈詩〉論〈詩〉考》，《中國哲學》第二十二輯，遼寧教育出版社。
劉 桓 2001	《讀〈郭店楚墓竹簡〉札記》，《簡帛研究二〇〇一》，廣西師範大學出版社。
劉曉東 2000	《〈郭店楚墓竹簡・緇衣〉初探》，《蘭州大學學報（社科版）》2000年第4期。
劉信芳 2000	《郭店簡〈緇衣〉通詁》，武漢大學中國文化研究院編：《郭店楚簡國際學術研討會論文集》，湖北人民出版社。
劉樂賢 1999	《讀郭店楚簡札記三則》，《中國哲學》第二十輯，遼寧教育出版社。
劉樂賢 2002	《讀上博簡札記》，上海大學古代文明研究中心、清華大學思想文化研究所編：《上博館藏戰國楚竹書研究》，上海書店出版社。
劉 釗 2000	《讀郭店楚簡字詞札記》，武漢大學中國文化研究院編：《郭店楚簡國際學術研討會論文集》，湖北人民出版社。
劉 釗 2003	《郭店楚簡校釋》，福建人民出版社。
孟蓬生 2002a	《上博簡〈緇衣〉三解》，上海大學古代文明研究中心、清華大學思想文化研究所編：《上博館藏戰國楚竹書研究》，上海書店出版社。
孟蓬生 2002b	《郭店楚簡字詞考釋（續）》，《簡帛語言文字研究》第一輯，巴蜀書社。
彭 浩 1998	《郭店楚簡〈緇衣〉的分章及相關問題》，《簡帛研究》第三輯，廣西教育出版社。

裘錫圭 2003a 《談談上博簡和郭店簡中的錯別字》,《華學》第六輯,紫禁城出版社。

裘錫圭 2003b 《釋郭店〈緇衣〉"出言有丨,黎民所訂"——兼説"丨"爲"針"之初文》,荆門郭店楚簡研究(國際)中心編:《古墓新知——紀念郭店楚簡出土十周年論文專輯》,國際炎黄文化出版社。

沈　培 2003 《上博簡〈緇衣〉篇"悉"字解》,《華學》第六輯,紫禁城出版社。

史傑鵬 1999 《儀禮今古文差異釋例》,《古籍整理研究學刊》1999年第3期。

王　輝 2001 《郭店楚簡釋讀五則》,《簡帛研究二〇〇一》,廣西師範大學出版社。

魏宜輝 2002 《試析楚簡文字中的"顯""虽"字》,《江漢考古》2002年第2期。

徐寶貴 2003 《郭店楚簡研究三則》,《古籍整理研究學刊》2003年第2期。

徐在國 2001 《郭店楚簡文字三考》,《簡帛研究二〇〇一》,廣西師範大學出版社。

徐在國 2004 《釋楚簡"散"兼及相關字》,《古文字研究》第二十五輯,中華書局。

顔世鉉 1999 《郭店楚簡淺釋》,《張以仁先生七秩壽慶論文集》,學生書局。

于　茀 2001 《郭店楚簡〈緇衣〉引詩補釋》,《北方論叢》2001年第5期。

袁國華 1999 《郭店楚簡文字考釋十一則》,《中國文字》新二十四期,藝文印書館。

張桂光 2001 《〈郭店楚墓竹簡〉釋注續商榷》,《簡帛研究二〇〇一》,廣西師範大學出版社。

趙平安 1998 《釋包山楚簡中的"衝"和"遝"》,《考古》1998年第5期。

趙平安 2000　《戰國文字的"遴"與甲骨文"夅"爲一字説》,《古文字研究》第二十二輯,中華書局。

趙平安 2002　《上博藏〈緇衣〉簡字詁四篇》,上海大學古代文明研究中心、清華大學思想文化研究所編:《上博館藏戰國楚竹書研究》,上海書店出版社。

周鳳五 1999　《郭店楚簡識字札記》,《張以仁先生七秩壽慶論文集》,學生書局。

上博簡《子羔》篇
"后稷之母"節考釋

《上海博物館藏戰國楚竹書(二)》有《子羔》篇,載孔子弟子子羔(即高柴)與孔子之問答,其中一段是孔子講述三代始祖禹、契、后稷的誕生傳說。原整理者對這一段簡文的編排有誤,陳劍《上博簡〈子羔〉、〈從政〉篇的竹簡拼合與編連問題小議》一文已作了正確的拼合與編連。① 其中講后稷之生的一節如下(釋文不作嚴格隸定):

> 后稷之母,有邰氏之女也;遊於玄咎之內,冬見芙,攼而薦之,乃見人武,履以祈禱,曰:帝之武,尚使+二☐是后稷之母也。……+三

從上文講禹和契之生的結語分別作"是禹也""是契也",以及其後緊接"三王者之作也如是"來看,"是后稷之母也"中的"之母"二字應該是涉上"后稷之母"而衍。

"玄"字,原整理者釋爲"串"。此字原形作 ⟨⟩,即在一般的"玄"字上加了貫穿上下的一豎筆,跟楚文字"關"字所從的"串"在字形上有較爲明顯的不同,②所以釋"串"實不可信。郭店簡《老子甲》第28簡的"玄"字作 ⟨⟩,在上下兩個圈的下部各加了一筆(上圈下部的一筆當然也可以看成

---

① 《文物》2003年第5期。
② 楚文字"關"字,參看滕壬生:《楚系簡帛文字編》,湖北教育出版社,1995年,第847頁。

下圈的頭部）。包山簡第 66 簡有字作🔣，用爲人名；諦審圖版可以發現，其字中部的豎筆雖然看起來上下相連，但實際上是分作兩筆寫的；跟上舉郭店簡《老子甲》可以確定的"玄"字相比較，包山簡的這個字也應該是"玄"字。① 那麼，簡文🔣字釋爲"玄"恐怕也沒有問題。把原來的兩豎筆連成一筆的情況在古文字裹也確實存在，比如"折"字，較早的字形左部從上下相叠的兩個"屮"，但《説文》小篆"折"字已把兩個"屮"連了起來，變成了從"手"。② 又如"川"字和"泉"字，也有同樣的情況。③

　　簡文以后稷之母爲有邰氏之女，與傳世古書中的記載相合，如《大戴禮記·帝繫》："帝嚳卜其四妃之子，而皆有天下。上妃，有邰氏之女也，曰姜原氏，産后稷……"關於姜嫄娠后稷的經過，《大雅·生民》的描述是："厥初生民，時維姜嫄。生民如何？克禋克祀，以弗無子。履帝武敏歆，攸介攸止。載震載夙，載生載育，時維后稷。"是言姜嫄虔誠祭祀，得踐履上帝之足迹而娠后稷。簡文"乃見人武，履以祈禱，曰：帝之武，尚使……"亦謂姜嫄履上帝之足迹，祈禱而娠后稷，與《生民》大致相同。

　　關於姜嫄於何處見帝武，《史記·周本紀》説"姜原出野，見巨人跡"；《爾雅·釋訓》"敏，拇也"條《釋文》引舍人説："古者姜嫄履天帝之迹於畎畝之中而生后稷。"④是皆謂姜嫄見帝武於野外。但《太平御覽》卷一三五《皇親部一》引《春秋元命苞》説："周本姜嫄，遊閟宫，其地扶桑，履大跡，生后稷。"卷九五五《木部四》引作："姜嫄遊閟宫，其地扶桑，履大人迹，生稷。"（據《四部叢刊》本）是以姜嫄見帝武於閟宫。簡文説姜嫄"遊於玄咎之内"，既然是"内"，則不大可能是野外。我們認爲簡文之"玄咎"可能與

---

① 包山簡的這個字，何琳儀先生已釋爲"玄"，並指出春秋金文已有加飾點的"玄"字（邾公牼鐘），與《説文》古文"玄"字同。見何林儀：《戰國古文字典——戰國文字聲系》，中華書局，1998 年，第 1108 頁。
② 參看裘錫圭：《文字學概要》，商務印書館，1988 年，第 34 頁。
③ 參看裘錫圭：《文字學概要》，第 112 頁。
④ （唐）陸德明：《經典釋文》，上海古籍出版社影印宋刻本，1985 年，第 1624 頁。阮刻本《十三經注疏》所附《釋文》無此句。

上引緯書《春秋元命苞》中姜嫄所遊的"閟宮"有關。

"閟宮"之稱見於《詩經》。《魯頌·閟宮》："閟宮有侐，實實枚枚。"傳、箋皆謂閟宮是周之先妣姜嫄之廟，毛傳又引孟仲子曰："是禖宮也。"《大雅·生民》："生民如何？克禋克祀，以弗無子。"毛傳："古者必立郊禖焉。玄鳥至之日，以大牢祠於郊禖，天子親往，后妃率九嬪御。"傳文出於《禮記·月令》(又見於《呂氏春秋·仲春紀》以及《逸周書·月令》)。鄭箋："姜嫄之生后稷如何乎？乃禋祀上帝於郊禖，以祓除其無子之疾，而得其福也。"是皆謂姜嫄履帝迹於祭祀郊禖之時，也就是在禖宮之內。從傳、箋的解釋來看，禖宮應自古就有，而不是專指姜嫄之廟，以姜嫄之廟爲禖宮應該是後來的事。緯書所記姜嫄遊閟宮，也就是遊禖宮。① 當然，遊禖宮和祭於禖宮也不是一回事，這只能説是傳聞之異，正如契母簡狄吞燕卵，《商頌·玄鳥》毛傳説是在祈於郊禖時，而《子羔》簡文却説是在簡狄遊於央臺時。②

簡文"玄咎"之"玄"與"閟宮"之"閟"意義相通，都有幽深、神秘的意思。"玄咎"之"咎"所表示的詞是一種建築名稱，與"宮"意義相近，這一點可以結合西周金文中的一個字來説明。

在西周金文中，多次出現一個从九从宮作 或 形的字，大多用爲謚號，也有其他用法：幾父壺(《集成》9721、9722)銘文云："同仲 西宮……"伯梡簋(《集成》4073)銘文云："伯梡作厥 室寶簋……"從伯梡簋銘文" 室"連用以及此字字形从"宮"來看，其所表示的詞應該跟

---

① 參看聞一多：《姜嫄履大人跡考》，《聞一多全集(一)》，三聯書店，1982年，第73頁。

② 關於《子羔》簡文"央臺"，陳劍提出以下意見：央臺疑即《楚辭·天問》"璜臺十成，誰所極焉"之"璜臺"。王逸以璜臺爲紂之臺，研究楚辭的學者或以爲璜臺爲有娀氏之臺，即《楚辭·離騷》"望瑤臺之偃蹇兮，見有娀之佚女"之瑤臺。但以《天問》之璜臺當有娀氏之瑤臺，跟《天問》此處上下文不能密合，故恐不足信。實則"璜""瑶"皆美玉之名，"璜臺"和"瑶臺"的命名方式相同，皆非某特定之臺的專名，所以既可指有娀氏之臺，亦可指紂之臺，而不必將其分別坐實爲專指某某之臺。陳説可從。

"宫"相近,是一种建筑的名称。① 按照古文字构造的通例,此字可以分析爲从宫九聲(伯椃簋銘文此字从宫省)。"呂"和"九"的上古音相近,簡文"呂"字也是一種建築的名稱,它所表示的詞應該就是金文从九从宫之字所表示的詞,只不過前者是假借字,後者是本字。

古書中有所謂"玄宫":

《墨子·非攻下》:"昔者三苗大亂……高陽乃命[禹於]②玄宫,禹親把天之瑞令,以征有苗。"

《藝文類聚·符命部》引《隨巢子》:"昔三苗大亂,天命夏禹于玄宫。"

玄宫可能是祭祀天帝的場所。③ 我們曾設想簡文之"玄呂"就是古書中的"玄宫",但似乎於古無徵,因爲在古書中找不到姜嫄遊玄宫的説法。由於緯書中有姜嫄遊閟宫之説,簡文之"玄呂"和"閟宫"相關恐怕可能性更大一些。

簡文言姜嫄"遊於玄呂之内",大概是因爲玄呂這種建築規模較大,不止一室一殿,所以可稱"遊";因爲是一種建築,所以言"内"(如果玄呂是地名,則不大可能稱"内");因爲玄呂可能是祭郊禖之宫,所以姜嫄得履帝之足迹而娠后稷。

"冬見芺,攺而薦之"句,原整理者的斷句和理解均有誤。《説文·艸部》:"芺,艸也。味苦,江南食以下气。"《爾雅·釋草》:"鈎,芺。"郭注:"大

---

① 但此形到底相當於後世的哪個字,尚有待研究。楊樹達認爲金文从九从宫之字就是"宫"字的異體,是在"宫"字上加注"九"聲。見楊樹達:《積微居金文説》(增訂本),中華書局,1997年,第179—180頁。雖然"宫"(見母冬部)和"九"(見母幽部)聲母相同,韻部陰陽對轉,楊説從音理上似乎講得通,但從幾父壺銘文此字和"宫"字同時出現這種情況來看,此字恐不能遽定爲"宫"字異體。【編按:參看《金文从宫从九之字補説》。已收入本書。】

② "禹於"二字據王念孫説補。

③ 《墨子》之文前言高陽命禹,後言禹把天之瑞令,可見這個高陽是天帝。作爲人帝的高陽和禹並不相及。《莊子·大宗師》:"夫道……黄帝得之,以登雲天;顓頊得之,以處玄宫。"是以玄宫爲高陽得道升天後的居所。但《墨子》和《隨巢子》中的所謂玄宫還是應該在地上,大概是禹向天帝祈禱的場所,所以禹能在玄宫中受天帝之瑞令。又《管子》有《幼官》篇,諸家以爲"幼官"即"玄宫"之誤,玄宫即明堂(參看郭沫若:《管子集校·幼官篇第八》解題部分)。

如拇指，中空，莖頭有臺，似薊，初生可食。"可見芺是一種草，能長出可以食用的臺，可能跟現在的大蒜差不多。《說文·艸部》又有"荽"字，云："艸也。从艸要聲。詩曰：四月秀荽。劉向說，此味苦，苦荽也。"①《說文解字繫傳》"芺"字下云："今苦芺也。"可見"芺"和"荽"所指是同一種草，"芺"與"荽"實爲異體字的關係，《說文》誤分爲二字。總之，芺這種草可以食用，但大概是在夏曆四月的時候才長成。簡文言"冬見芺"，是言其神異。

"攼"字，字書中作爲"干求"之"干"和"捍衛"之"捍"的異體字。金文中也有"攼"字，用爲"捍"。② 簡文此處的"攼"字可以視爲"搴"字異體。"搴"和"攼"的聲符"干"上古音都是見母元部，而後來从"手"的字在古文字中多从"攴"（如"播"，《說文》古文作"敽"；扶，《說文》古文作"扙"），所以表示"搴"這個詞的字可以寫作"攼"。③ "搴"義爲拔取、采取，而且多指拔取草類，如《楚辭·離騷》："朝搴阰之木蘭兮，夕攬洲之宿莽。"《九歌·湘君》："采薜荔兮水中，搴芙蓉兮木末。"《晏子春秋·內篇諫下·景公獵休坐地晏子席而諫第九》："寡人不席而坐地，二三子莫席，而子獨搴草而坐之，何也？"《楚辭》中"搴"字尤爲常見，楊雄《方言》還以之爲楚方言。④ 因此，"冬見芺，攼而薦之"，應讀爲"冬見芺，搴而薦之"。

綜上所述，簡文此節謂姜嫄遊於一種名爲"玄咎"的建築之內，竟於冬日見可食之芺，於是拔取之，而進獻於上帝。⑤ 正所謂"苟有明信，澗、溪、沼、沚之毛，蘋、蘩、蘊、藻之菜，筐、筥、錡、釜之器，潢汙、行潦之水，可薦於鬼神"。⑥ 天帝被姜嫄的虔誠所感動，所以現了足迹，使姜嫄見而履之，而

---

① "四月秀荽"見於《豳風·七月》；毛傳只說"荽"是草，鄭箋疑即《夏小正》"四月王萯秀"之"王萯"，無據。

② 見於大鼎（《集成》2807、2808）、者汈鐘（《集成》121、122、125-8、129-31）等銘文。

③ 楚簡中有時同一個字形可以表示不同的詞，而這個字形對兩個詞的音義來說都切合，很難說哪個是本義，哪個是假借義。如郭店簡《語叢四》"江湖"之"湖"作"沽"，而"沽"這個字形在《上海博物館藏楚竹書（二）·魯邦大旱》篇中却用爲"涸"，但恐怕不能說"沽"的本義就是"湖"，"涸"是其假借義；或者說"沽"的本義就是"涸"，"湖"是其假借義。"攼"字表示"捍"和"搴"是同樣的情況。

④ 《方言》卷一："攓、摭、挻，取也。南楚曰攓……"《方言》卷十："攓，取也。楚謂之攓。""攓"即"搴"字的異體。

⑤ 上引《生民》鄭箋說"乃禋祀上帝於郊禖"，可見祈郊禖與祀上帝有關係。

⑥ 語見《左傳》隱公三年。

感生后稷。

　　本文蒙裘錫圭師是正，在寫作過程中得到陳劍師兄的很多幫助，謹致謝忱。

　　　　原載上海大學古代文明研究中心、清華大學思想文化研究所編：《上博館藏戰國楚竹書研究續編》，上海書店出版社，2004年。

讀楚簡札記五則

一

《九店楚簡》五十六號墓簡十三下釋文爲："凡建日，大吉，利以娶妻，祭祀，築室，立社稷，帶劍、冠。"①按："劍"下用頓號，不妥，宜改爲逗號。因爲"冠"不可能作"帶"的賓語。劍可用帶繫於腰間，冠則只可用簪固定在髮上，與帶無關。古書中常見帶某劍、冠某冠之語，如《楚辭·涉江》"帶長鋏之陸離兮，冠切雲之崔嵬"，可見冠（平聲）的動詞應該用冠（去聲），而不可用帶。此簡文中的"冠"應是動詞，讀去聲，義爲行加冠禮，與其前面的"娶妻""祭祀""築室""立社稷""帶劍"並列，而不與"劍"字並列。下文簡三十六"利以冠"之"冠"與此處"冠"字用法同。又秦簡《日書》乙種楚除有"復、秀之日，利以乘車，寇〈冠〉、帶劍、製衣裳、祭、作大事、家（嫁）子，皆可，吉"，亦以"帶劍"與"冠"並列，而兩者的前後位置與此處正好相反，也可以證明"冠"不當與"劍"並列。下文簡三十六"帶劍、冠，吉"，頓號亦宜改爲逗號。

二

《九店楚簡》五十六號墓簡十四下釋文爲："凡䎽日，不利以□□，利以

---

① 湖北省文物考古研究所、北京大學中文系編：《九店楚簡》，中華書局，2000年，第47頁。所引釋文直接用通行字寫出。

爲張網。"①"爲張網"的意思整理者未作說明。"張網"自然可以理解爲張設網羅,但這樣理解的話,前面的"爲"字没有了著落。如果真要表達利於張網捕魚(或禽獸)這個意思,就應該説成"利以張網"或"利以爲張網之事","利以爲張網"的説法恐不合古漢語語法。按"爲"有製作之義,如下文簡二十下"爲門膚"之"爲",此簡的"爲"字也可以解釋爲"製作"。那麽,"張網"就是一個名詞或名詞性詞組。按《周禮·秋官·冥氏》:"掌設弧張。"鄭注:"弧張,罿罝之屬,所以扃絹禽獸。"孫詒讓《周禮正義》疑注文衍"弧"字,並云:"凡網羅之屬,並爲機軸張施之,故即謂之張。《楚辭·九章》'設張辟',王注亦以張謂罻羅是也。"按:"設張辟"見於《惜誦》篇。王念孫《讀書雜志·餘編下》"設張辟以娱君兮"條云:"此以張、辟連讀,非以設、張連讀。張讀弧張之張。……辟讀機辟之辟。……《莊子·逍遥遊》篇曰:'中於機辟,死於罔罟。'司馬彪曰:'辟,罔也。'辟疑與繴同。"是"張"由張設之義引申出羅網之義,前者爲動詞,後者爲名詞。這種名動相因的詞義演變是十分常見的。"帷帳"之"帳"古通作"張","帳"亦由張設義引申而來。"帳"讀去聲,此羅網義的"張"亦應讀去聲。動詞讀平聲,而同源的名詞讀去聲,還有量(平聲)和量(去聲),磨(平聲)和磨(去聲),陳和陣等。簡文之言"張網",猶《楚辭》之言"張辟",都是兩個名詞同義連用。"利以爲張網",意即利於製作各種用來捕捉禽獸魚鱉的網羅。

三

《九店楚簡》五十六號墓簡三十七至簡四十的下欄文字講五子、五卯、五亥日的禁忌。② 其中簡三十七、簡三十八講五子日禁忌的一段,釋文作:"凡五子,不可以作大事,不成,必毁其壬,有大咎□其身,長子受其咎。"③

---

① 湖北省文物考古研究所、北京大學中文系編:《九店楚簡》,第 47 頁。
② 湖北省文物考古研究所、北京大學中文系編:《九店楚簡》,第 102 頁注[一五四]。
③ 湖北省文物考古研究所、北京大學中文系編:《九店楚簡》,第 50 頁。

有不少學者對這段文字作了考釋,①意見有所不同。李守奎釋其中的"壬"字爲"身",劉樂賢同,李零亦同意釋爲"身"。簡三十七末整理者未釋之字,李守奎釋爲"於",李零釋"央",讀爲"殃"。李守奎把這一段讀爲:"凡五子,不可以作大事,不成,必毀其身,有大咎於其身,長子受其咎。"但"必毀其身"和"有大咎於其身"語義重複,顯然不是很順當。李零把這段話讀爲:"凡五子,不可以作大事,不成必毀,其身有大咎,殃其身,長子受其咎。""其身有大咎"和"殃其身"同樣有重複之嫌。整理者認爲"壬"可能讀爲"庭"。但是古書中的"庭"一般是庭院之義,毀壞庭院的説法多少有點奇怪,把"庭"與"身""長子"並提也不太合適。陳松長釋"壬"字爲"廷",對這段話的讀法與整理者基本相同。因爲諸説都有不甚圓滿之處,故在此提出一種新的讀法。

李零把"不成"和"必毀"連讀,認爲"成""毀"是對言。古書中確有"成""毀"對言的例子,如:《左傳》昭公十二年:"禮,無毀人以自成也。"《莊子·齊物論》:"其分也,成也;其成也,毀也。凡物無成與毀,復通爲一。"但"不成"和"必毀"意思微有重複,而且"事"似不能言"毀"。按《管子·輕重甲》:"桓公問於管子曰:'寡人欲藉於室屋。'管子對曰:'不可,是毀成也。'"有"毀成"的説法,所以"不成"和"必毀"當分開讀,而"毀"的受事是"成",而不是"事"。整理者所釋的"壬"字原形作[字形],與包山二二八簡、二三〇簡的"身"字以及"躬"字所從的"身"基本同形,李守奎等改釋爲"身"應該是正確的。簡三十七末一字從照片看,當是"非"字。這樣,這段話可以讀爲"凡五子,不可以作大事,不成,必毀,其身有大咎;非其身,長子受其咎。"意思是説:凡五子之日不能做大事,(如果做了,)不會成功,(如果成了,)必定會毀壞所成,其自身有大咎;不是其自身(有大咎),則其長子代受其咎。

---

① 李守奎:《江陵九店56號墓竹簡考釋四則》,《江漢考古》1997年第4期;劉樂賢:《九店楚簡日書研究》,《華學》第二輯,中山大學出版社,1996年;李零:《讀九店楚簡》,《考古學報》1999年第2期;陳松長:《九店楚簡釋讀札記》,《第三屆國際中國古文字研討會論文集》,香港中文大學,1997年10月。

四

《上海博物館藏戰國楚竹書（二）·昔者君老》第二號簡開頭部分作："至命於闇₌目迲₌人₌内告于君₌曰卲之。"整理者讀爲："至令於閤門，以告寺人，寺人入告于君，君曰召之。"①認爲"闇₌"是合文，讀爲"閤門"。按：整理者已説明"閤"爲大門旁之小門，太子朝君，是否一定要走大門旁的小門，值得懷疑；而且，以單音節詞爲主的先秦漢語是否會把"閤"説成"閤門"，也值得懷疑。我認爲，簡文中的"闇₌"還是看作重文爲好。

古文字中"會"聲與"合"聲相通，這一點整理者已作了證明。除整理者指出《説文》古文以及西周金文中的"會"字從"合"聲外，李家浩先生《楚簡中的袷衣》一文作了更加詳細的論證，可以參看。② 但此處的"闇"，我認爲不能讀爲"閤"，而應該讀爲"闇"。"奄"與"弇"相通用，古書中習見，如《爾雅·釋器》："圜弇上謂之鼒。"《釋文》："弇，古奄字。"③"弇"字當從"合"得聲，④而"會"聲與"合"聲相通，這樣，從"會"聲的"闇"讀爲從"奄"聲的"闇"在語音上應該是没有問題的。

《説文》十二上門部："闇，豎也，宫中奄闇閉門者。"段注本改作："門豎也，宫中奄昏閉門者。"是"闇"可爲宫中守門人之稱，而且從"闇"字的字形看，這應該是其本義。

整理者認爲此簡"前後皆無可承接"。按此簡上端雖稍殘，但文字未有殘損。從編綫殘痕看，整理者的定位亦無問題。本篇第一號簡末尾四字爲"太子母弟"，似可與此簡連讀。這樣，簡文的這段話可以讀爲："太子、母弟至（致）命於闇，闇以告寺人，寺人入告于君，君曰召之。"闇與寺人都是闇臣，而其執掌不同。闇守門，故先致命於闇；寺人爲近侍，故闇得命

---

① 馬承源主編：《上海博物館藏戰國楚竹書（二）》，上海古籍出版社，2003年，第244頁。
② 《著名中年語言學家自選集·李家浩卷》，安徽教育出版社，2002年，第295—297頁。
③ 參看高亨纂著，董治安整理：《古字通假會典》，齊魯書社，1989年，第249—250頁。
④ 此從段玉裁注本《説文》。大徐本《説文》謂"弇"字"从合从廾"，而小徐本作"從合廾聲"，段玉裁以爲"合""廾"誤倒。

後告寺人；最後，寺人入内寢告於君。

五

《上海博物館藏戰國楚竹書（二）·容成氏》第二十八號簡"乃立句（后）稷（稷）以爲緹"，其中的"緹"字，整理者讀爲"盈"而未作解釋。[①] 按：此"緹"當讀爲"田"。《管子·法法》："舜之有天下也，禹爲司空，契爲司徒，皋陶爲李，后稷爲田。"《小匡》："弦子爲理，寧戚爲田。"《淮南子·天文》："何謂五官？東方爲田，南方爲司馬，西方爲理，北方爲司空，中央爲都。"皆稱掌農業的官爲田。"田""緹"上古聲母相同，都是定母；【編按："緹"是"縊"的異體，其中古聲母爲透母，其上古聲母與"田"同爲邊音，但有清濁之別。】韻部是真部和耕部的關係，真部和耕部關係比較密切，如："鄭"在耕部，而其所從得聲的"奠"在真部；"鏗"在耕部，而其聲符"堅"在真部。又如："昀"有異體作"營"，前者從真部字"匀"得聲，而後者從耕部字"熒（熒）"得聲；《戰國策》中齊威王名"嬰齊"（嬰齊是先秦常用的人名，如魯有公孫嬰齊，楚有公子嬰齊），其中"嬰"字《史記》和銅器銘文作"因"，"嬰"爲耕部字而"因"爲真部字。因此，將簡文的"緹"讀爲"田"在語音上也是沒有問題的。

本文蒙裘錫圭、李家浩、陳劍諸先生指正，謹致謝忱。

原載《古文字研究》第二十五輯，中華書局，2004年。

---

① 馬承源主編：《上海博物館藏戰國楚竹書（二）》，第272頁。

竹簡《詩論》補釋

上海博物館藏戰國楚簡《詩論》①是一篇相當重要的先秦時代有關《詩經》的文獻，自從公布以來，倍受學界重視，迄今已有研究論著數百種，堪稱大觀。在原整理者所做工作的基礎上，諸家在簡文編聯、文字釋讀以及文獻學和文學史方面的研究都有很大進展，可以說這篇兩千幾百年前的文章我們已經能大致讀通了。然而因簡文殘損較甚，加以文字古奧，有疑義的地方也還是不少。本文擬在諸家研究的基礎上，對《詩論》若干字句的釋讀和理解作些討論。

在簡文編聯方面，以李學勤先生的功勞爲最大。② 李先生綴連了一些關鍵的地方，而且總體框架也是最合理的，剩下的就因簡文太殘而恐怕只能見仁見智了。下面就以李學勤先生的編聯爲序，寫出要討論的字句。釋文儘量用寬式，我們認爲沒有問題的異體字、通用字都直接寫通行字。

一

《關雎》之改，《樛木》之時，《漢廣》之智，《鵲巢》之歸，《甘棠》之報，《緑衣》之思，《燕燕》之情，曷？曰：童而皆賢於其初者也。

這句話中，有疑問的是"童"字的讀法。李學勤先生讀"童"爲"誦"：

---

① 馬承源主編：《上海博物館藏戰國楚竹書（一）》，上海古籍出版社，2001年。整理者定名爲"孔子詩論"；因其中不盡是孔子語，很多學者認爲宜但稱"詩論"，本文從之。

② 李學勤：《〈詩論〉簡的編聯與復原》，《中國哲學史》2002年第1期。

"'誦而皆賢於其初',意思是誦讀這些詩篇便能有所提高,勝於未讀之時。"①李守奎先生讀爲重複之"重":"意爲這些詩篇都是重章疊句,所表達的情思内容後面的都比前面的好。"②周鳳五先生亦讀爲"重",理解也相近。③ 廖名春先生曾疑讀爲"終",④許全勝先生同。⑤ 李零、董蓮池、王志平、季旭昇等先生讀爲"動"。⑥ 我認爲,此"童"字讀爲"動"意思最順暢,最直接,勝於其他讀法。"童"用爲"動",又見於楚帛書,⑦可見是楚文字的用字習慣。楚文字中从辵童聲的"動"字大概就是在"童"字上加注意符而成的分化字。"動而皆賢於其初",意即每有舉動必定好於當初,亦即每次舉動都有進步。《禮記·中庸》"君子動而世爲天下道",是説君子一舉一動都永遠作天下人的表率,其中"動"字的意思和簡文"動"字相同。

《詩論》作者認爲《關雎》等七首詩都體現出行爲上的進益。這一點從其對《關雎》的評論看得最清楚。簡文説"《關雎》以色喻於禮",是説《關雎》一詩通過女色來讓人明白禮,禮自然要賢於色。馬王堆帛書《五行》有一段也提到《關雎》,最後説"由色喻於禮,進耳",⑧用一"進"字,更明白地點出了這個意思。簡文雖然没有用"進"字,但下文用了一個同義詞"益",云"《關雎》之改,則其思益矣"。這個"益"是緊扣"動而皆賢於其初"而來

---

① 李學勤:《〈詩論〉説〈關雎〉等七篇釋義》,《齊魯學刊》2002年第2期。
② 李守奎:《〈戰國楚竹書·孔子詩論·邦風〉釋文訂補》,《古籍整理研究學刊》2002年第3期。
③ 周鳳五:《〈孔子詩論〉新釋文及注解》,上海大學古代文明研究中心、清華大學思想文化研究所編:《上海博物館藏戰國楚竹書研究》,上海書店出版社,2002年。
④ 廖名春:《上海博物館藏詩論簡校釋》,《中國哲學史》2002年第1期。
⑤ 許全勝:《宛與智——上博〈孔子詩論〉簡二題》,廖名春編:《新出楚簡與儒學思想國際學術研討會論文集》,清華大學,2002年3月31日—4月2日。
⑥ 李零:《上博楚簡校讀記(之一)》,簡帛研究網,2002年1月4日;【編按:收入李零:《上博楚簡三篇校讀記》,中國人民大學出版社,2007年。】董蓮池:《上海博物館藏〈戰國楚竹書(一)·孔子詩論〉解詁(二)》,《古籍整理研究學刊》2003年第3期;王志平:《〈詩論〉箋疏》,上海大學古代文明研究中心、清華大學思想文化研究所編:《上海博物館藏戰國楚竹書研究》;季旭昇:《〈孔子詩論〉分章編聯補缺》,《古文字研究》第二十五輯,中華書局,2004年。
⑦ 參曾憲通:《長沙楚帛書文字編》,中華書局,1993年,第78頁。
⑧ 參饒宗頤:《竹書〈詩序〉小箋》,上海大學古代文明研究中心、清華大學思想文化研究所編:《上海博物館藏戰國楚竹書研究》。

的,只能理解爲進益。① 李學勤先生把"益"理解爲"大",②沒有必要。或理解爲有好處,也不妥。《詩論》簡另有兩個"益"字,即《菁菁者莪》,則以人益也",和"《湛露》之益也,其猶馳歟",③顯然也都是進益的意思。除了《關雎》,另外六首詩如何體現進益,比較費琢磨一點,但這是另一個問題,並不妨礙我們對"動而皆賢於其初"的上述理解。

二

吾以《杕杜》得爵□……如此可,斯爵之矣。遹(?)其所愛,必曰吾奚舍之,賓贈是已。

此《杕杜》,李零、周鳳五先生認爲是指《唐風·有杕之杜》,④可信。"爵"下一字殘,李零先生懷疑是"見"字。⑤剩下的殘畫似只能是"目"旁之殘,則此字是"見"字的可能性極大。如果是"見"字,那麼似乎可以讀爲"獻"。《周禮·考工記·梓人》:"獻以爵而酬以觚。"爵是用來獻的,所以說爵獻。上文說"幣帛之不可去",以幣帛指相見聘問之禮,此處以爵獻指宴饗之禮。"爵之",陳斯鵬先生引《國語·魯語下》"仲尼爵之",韋昭注"爵之,飲之酒也",指出是就詩中"曷飲食之"而言,是以酒食款待的意思。⑥ 其說良是。遹,暫從多數學者的隸定。【編按:此字裘錫圭先生釋作从辵㤅聲,爲"送"字異體。見裘錫圭:《釋古文字中的有些"㤅"字和从"㤅"、从"兇"之字》,《出土文獻與古文字研究》第二輯,復旦大學出版社,2008年;收入《裘錫圭學術文集·金文及其他古文字卷》,復旦大學出版社,2012年,第453頁。】陳斯鵬先生讀爲"離"若"麗"若"儷",理解爲逢

---

① 參李守奎:《〈戰國楚竹書·孔子詩論·邦風〉釋文訂補》。
② 李學勤:《〈詩論〉說〈關雎〉等七篇釋義》。
③ 馳,原文作"駝",就是"馳"的異體。從周鳳五讀,見周鳳五:《〈孔子詩論〉新釋文及注解》。
④ 李零:《上博楚簡校讀記(之一)》;周鳳五:《〈孔子詩論〉新釋文及注解》。
⑤ 李零:《上博楚簡校讀記(之一)》。
⑥ 陳斯鵬:《戰國簡帛文學文獻考論》,中山大學2005年博士學位論文(指導教師:陳偉武教授),第63頁。【編按:陳斯鵬:《簡帛文獻與文學考論》,中山大學出版社,2007年,第41頁。】

遇、偕伴,①這樣理解應該是符合簡文原意的。簡文是說,遇到喜歡的人,一定會說我送給他什麼,"賓贈"就是如此。關鍵是"賓贈"如何理解。李零先生認爲"賓贈"是喪禮中賓客的贈送。② 廖名春先生認爲"賓贈"就是"贈賓",是聘禮中的賄贈。③ 都是把"賓"理解爲賓客的。孟蓬生先生指出"賓"和"贈"是同義連文,並引眔卣金文和《周禮·天官·宰夫》爲證,④是十分正確的。試爲補説如下:《説文》以賓客義爲"賓"字的本義,但"賓"字從"貝",賄贈義倒更符合其造字的本義。金文中"賓"字用爲賓客義和賄贈義都比較常見,另有不從"貝"旁的"丏",用法相同:如殷代的二祀邲其卣"丏貝五朋",用"丏"爲賄贈義;而西周中期的虘鐘"用樂好丏",用爲賓客義。大概"賓"字是在"丏"字上加注意符而成的分化字,造出來就是專門用來表示賄贈義的,不過又常假借用作賓客義,後來甚至完全取代了"丏"字。傳世文獻中,"賓"字用作本義即賄贈義是十分罕見的。除上引孟蓬生先生所舉《周禮·天官·宰夫》"賓""賜"連言,當爲賄贈義外,陳斯鵬先生又舉出了《國語·楚語下》"公貨足以賓獻"一條,⑤也能肯定是用作賄贈義的。韋昭注:"賓,饗贈也。"是説賓是舉行宴饗之禮後的賄贈。簡文之"賓贈"也不應是一般的賄贈,而應該相當於《國語》中的"賓",是宴饗之禮後的賄贈。這樣理解"賓贈",正與前面的"爵獻"以及詩義相合。【編按:"爵獻"之釋殆不可信。】

三

《小宛》,其言不惡,少有[字]焉。

少,亦可讀爲"小"。[字],整理者隸定爲從心從年而未作解釋。李零、

---

① 陳斯鵬:《戰國簡帛文學文獻考論》,第64頁。【編按:陳斯鵬:《簡帛文獻與文學考論》,第42頁。】
② 李零:《上博楚簡校讀記(之一)》。
③ 廖名春:《上海博物館藏詩論簡校釋札記》,上海大學古代文明研究中心、清華大學思想文化研究所編:《上海博物館藏戰國楚竹書研究》。
④ 孟蓬生:《〈詩論〉字義疏證》,廖名春編:《新出楚簡與儒學思想國際學術研討會論文集》。
⑤ 陳斯鵬:《戰國簡帛文學文獻考論》,第64頁。【編按:陳斯鵬:《簡帛文獻與文學考論》,第42頁。】

許全勝先生以從"年"聲而讀爲"佞",①李學勤、何琳儀和董蓮池先生則讀爲"仁"。② 楊澤生先生認爲,此字上所從雖然與郭店《緇衣》12 號簡和《唐虞之道》18 號簡的"年"字相同,都是在"禾"字豎筆上加一圓點,但這樣的字形也可能就是"禾"字,所以讀爲"過"或"禍"。③ 楊澤生先生認爲此字從"禾"聲,這是完全可能的,但讀爲"過"或"禍"則仍可議。周鳳五先生也認爲此字從"禾"聲,並引《禮記·緇衣》"則民言不危行,行不危言矣",郭店《緇衣》31 號簡對應"危"的字作從阜從心禾聲之形,證明此字應該讀爲"危",解釋説:"'其言不惡,少有危焉',蓋美詩人處衰亂之世而能戒慎恐懼。"④按簡文此字確實應該跟郭店《緇衣》31 號簡從阜從心禾聲的字聯繫起來,但讀爲"危"却是很難講通的,"危"恐怕不能理解成戒慎恐懼。

先看《緇衣》"則民言不危行,行不危言矣"中的"危"。王引之《經義述聞》卷十六"則民言不危行而行不危言矣"條説:"危,讀爲詭。詭者,違也,反也。言君子言行相顧,則民言不違行,行不違言矣。《吕氏春秋·淫辭》篇:'所言非所行也,所行非所言也。言行相詭,不祥莫大焉。'謂言行相違也。"按:"詭"有相異、不一致、違反的意思。王氏讀"危"爲"詭",於義極爲允洽。"言行相詭"即"所言非所行""所行非所言"。鄭玄注《禮記·緇衣》言"危猶高也",屬望文生訓。"禾"與"詭"同屬上古音歌部,聲母亦近,郭店《緇衣》從阜從心禾聲的字跟今本《緇衣》"危"一樣應從王引之説讀爲"詭"。那麼可以隸定爲從心禾聲的簡文此字也可能讀爲"詭",關鍵是意思能否合適。"《小宛》,其言不惡,少有詭焉",是説《小宛》一詩中没有惡言惡語,但是其言却稍微有違反(正道)的地方。這自然是《詩論》作者對《小宛》之詩的看法,至於如何落實到詩句中,何言有詭,則非所敢臆測。

---

① 李零:《上博楚簡校讀記(之一)》;許全勝:《宛與智——上博〈孔子詩論〉簡二題》。
② 李學勤:《〈詩論〉簡的編聯與復原》;何琳儀:《滬簡〈詩論〉選釋》,上海大學古代文明研究中心、清華大學思想文化研究所編:《上海博物館藏戰國楚竹書研究》;董蓮池:《上海博物館藏〈戰國楚竹書(一)·孔子詩論〉解詁(二)》。
③ 楊澤生:《上海博物館所藏楚簡文字雜説》,《江漢考古》2002 年第 3 期。
④ 周鳳五:《〈孔子詩論〉新釋文及注解》。

四

[孔子]曰：詩其猶塝門與？賤民而豫之，其用心也將何如？曰：邦風是已。民之有慼患也，上下之不和者，其用心也將何如？……是已。有成功者何如？曰：頌是已。

此段文字殘缺較多。"曰"前從李學勤先生補"孔子"。① 《詩論》作者引用的話都是孔子說的，此處補"孔子"應無疑問。"其用心也將何如"下無疑應補"曰小雅是已"。中間涉及大雅的話只存最後"是已"兩字。塝，整理者隸定爲"坪"，此從多數學者的隸定。"與"字下原簡有句讀號，整理者因此屬下讀。此屬上讀，作爲疑問語氣詞，也是從多數學者的讀法，則原簡屬誤點。如郭店《老子甲》7、8號簡"其事好長古之善爲士者"，本應在"長"字下斷句，原簡却點在"好"字下。② "詩其猶塝門與"，是孔子對整個《詩經》的比喻，其下又分邦風等四類作解釋，有些人把這句話和"賤民而豫之"緊密相連來理解，以爲只對邦風而言，這是不對的。

"塝"字又見上文"頌，塝德也"句中。"塝德"，馮勝君、張桂光等先生都讀爲"旁德"，理解爲大德。③ 按古書中"旁"字確實有"廣""大"之義，但這種訓爲"廣""大"的"旁"都是作狀語修飾動詞的，似未見訓爲"廣""大"而作定語修飾名詞的"旁"。所以"旁德"之義仍有待探尋，或者像裘錫圭先生那樣認爲"塝"字是"聖"字誤摹。④ 同樣，此"塝門"也不能讀爲"旁門"而理解成大門。周鳳五先生把"旁門"理解成旁達四通之門，⑤也是不合語法的。馮勝君先生讀"塝"爲"坊"，"坊門"是里巷之門，⑥似乎可信。至少可以肯定孔子是用具體的事物即一種門來比喻詩。

---

① 李學勤：《〈詩論〉簡的編聯與復原》。
② 參李零：《郭店楚簡校讀記》，北京大學出版社，2002年，第4頁。
③ 馮勝君：《讀上博簡〈孔子詩論〉札記》，《古籍整理研究學刊》2002年第3期；張桂光：《〈戰國楚竹書·孔子詩論〉文字考釋》，上海大學古代文明研究中心、清華大學思想文化研究所編：《上海博物館藏戰國楚竹書研究》。
④ 見裘錫圭：《談談上博簡和郭店簡中的錯別字》，《華學》第六輯，紫禁城出版社，2003年。
⑤ 周鳳五：《〈孔子詩論〉新釋文及注解》。
⑥ 馮勝君：《讀上博簡〈孔子詩論〉札記》。

賤，原文作"戔"，此從整理者和多數學者的讀法。"戔"用爲"賤"亦見於信陽1.1、1.2號簡以及郭店《緇衣》44號簡。學者或讀此"戔"字爲"殘""善""前"等，均難信從。豫，原簡字形作 ，整理者隸定作从谷从兔之形，此從黃德寬、徐在國、何琳儀、曹錦炎等先生釋。① 何琳儀、董蓮池等先生把"豫"理解爲"樂"，②也是可信的。"賤民而豫之"，可以簡單理解爲使賤民逸樂或者説娛樂賤民的意思，其句式結構同《論語·八佾》"人而不仁"，都是名詞性結構後加連詞"而"，有意思上的轉折。因爲説起"賤民"，就隱含着本來是不該逸樂的，所以能説"賤民而豫之"。

　　最後談談我對這段話的整體理解。賤民而逸樂之，本來應該是會放縱、過度的，但邦風反映的却不是這樣，從邦風中可以看到"賤民而豫之"的合乎正道的用心；民有憂患，而且上下不和，本來應該犯上作亂了，但小雅反映的却不是這樣，從小雅中可以看到有憂患者的合乎正道的用心。大雅和頌也可以作同樣理解。這正是司馬遷所謂"國風好色而不淫，小雅怨悱而不亂"的意思，也是孔子所説"詩三百，一言以蔽之，曰：思無邪"的意思。至於孔子爲什麽把詩比喻成一種門則比較費解。大概因爲門是進入的通道，而由詩可以知道詩人的用心，詩是進入詩人無邪之心的通道，所以孔子用一種門來比喻詩。以上的理解不一定符合原意，只是提供一種思路而已。

　　原載《考古與文物》2005年增刊《古文字論集（三）》。

---

　　① 黃德寬、徐在國：《〈上海博物館藏戰國楚竹書（一）·孔子詩論〉釋文補正》，《安徽大學學報（哲學社會科學版）》2002年第2期；何琳儀：《滬簡〈詩論〉選釋》；曹錦炎：《楚簡文字中的"兔"及相關諸字》，謝維揚、朱淵清主編：《新出土文獻與古代文明研究》，上海大學出版社，2004年。

　　② 何琳儀：《滬簡〈詩論〉選釋》；董蓮池：《上海博物館藏〈戰國楚竹書（一）·孔子詩論〉解詁（一）》，《古籍整理研究學刊》2002年第2期。

上博簡五《鮑叔牙與
隰朋之諫》補釋

　　《上海博物館藏戰國楚竹書(五)》居首的兩篇《競建内之》和《鮑叔牙與隰朋之諫》，陳劍先生據其文義之前後相貫，併作一篇，並認爲"鮑叔牙與隰朋之諫"是全篇原題。① 本文即以《鮑叔牙與隰朋之諫》指稱整理者所分的這兩篇。

　　此篇經陳劍先生的重新編聯後，大意已貫通無礙，我認爲無需再尋其他編排方式。在文字考釋方面，原整理者已做了初步工作，竹簡公布後，專門釋讀此篇或涉及此篇的文章發表在簡帛網上的已近五十篇，糾正了原整理者的一些誤釋，解決了很多疑難，但仍有不少字句迄無的解。我在閱讀此篇簡文以及諸家大作時，偶有一些不成熟的想法，今寫出來供方家選擇。簡文的先後順序按照陳劍先生的編聯，其後注明所在的原簡號，釋文儘量用寬式。

一

　　……□夻，隰朋與鮑叔牙從。日既，公問二大夫　　　競1
　　"夻"上一字尚存一橫畫，整理者釋爲"王"，未説明有何根據。□夻，

---

　　① 陳劍：《談〈上博(五)〉的竹簡分篇、拼合與編聯問題》，簡帛網，2006年2月19日。【編按：收入氏著：《戰國竹書論集》，上海古籍出版社，2013年。】以下引陳説同。

可能是地名。"查"疑讀爲"陸",戰國時齊有地名"平陸"。"查"上容二三字,文義難足,此簡前尚缺一簡,即此篇缺首簡。

二大夫,從整理者釋。何有祖先生改釋爲"士大夫",①諸家從之。按"二大夫"即指前隰朋與鮑叔牙,此處無言"士大夫"之理。因爲言"二大夫"即承上而有定指,言"士大夫"則泛泛無定指,非爲文之法。事實上全篇與桓公應答的也就是這兩位大夫,並無旁人。何有祖先生之所以改釋"二"爲"士",是由於認爲橫畫上有豎筆。但看大圖版,所謂豎筆實在過於漫漶,很難說一定就是一道筆畫。原整理者曾目驗原簡,此處還是應該相信原整理者的釋文。

二

發古簹,行古作。發作者死,弗行者死。　　　　　　　　　　競3

簹,整理者誤釋爲從虘,此從季旭昇先生改釋。② 此字見於《廣韻》御韻慮小韻,云:"舟中簣簹,見《方言》。"今本《方言》未見。此字也可以看作"簹"或"筥"的異體,又可以分析爲從心簹聲,則是"慮"字的異體。無論如何,此字當從季旭昇先生讀爲"慮"。兩個"發"字,整理者都讀爲"廢";陳劍先生只把第二個"發"破讀爲"廢";季旭昇先生則把第二個"發"釋爲"瀺",亦讀爲"廢"。把第二個"發"釋爲"瀺"明顯不合字形。古,當從林志鵬先生讀爲"故"。③ "發故慮,行故作",於義可通。《禮記·內則》:"四十始仕,方物出謀發慮。"是"慮"可言"發"。《管子·四稱》:"不循先故,變易國常。"④"發故慮,行故作",即謀慮舉措皆循先故。

"發作者死,弗行者死",是從反面來說必須"發故慮,行故作"的意思。"弗行者死",當然是對應於"行故作","弗行"即不行故作。而"發作者死"理應對應於"發故慮"却不能對應。"發"不破讀自然難通,讀爲"廢"恐怕

---

① 何有祖:《上博五楚竹書〈競建內之〉札記五則》,簡帛網,2006年2月18日。
② 季旭昇:《上博五芻議(上)》,簡帛網,2006年2月18日。以下引季說同。
③ 林志鵬:《上博楚竹書〈競建內之〉重編新解》,簡帛網,2006年2月25日。
④ 循,原作"修",據王念孫說改。

也講不通。"廢作"理解爲"廢故作"有增字解經之嫌,即使能這樣理解也與"弗行"即不行故作意思重複,決非爲文之法。所以,我認爲"發作者死"一句必定抄寫有誤。揆之文例,"發作者死"當改爲"弗發者死"。"弗發者死"對應於"發故慮","弗發"即不發故慮。這樣,"弗發者死"和"弗行者死"分別對應"發故慮"和"行故作",文通義順。

三

百姓皆怨悁,鹽(奄)然將喪,公弗詰盅。　　　　　　　　　鮑 4、5

悁,李天虹先生讀爲厭惡之"厭"。① 按此字也可能讀爲"悁"。楚簡中有從糸從占的字,②即"絹"字之省。此字聲符亦省作"占"形。"悁"義爲忿恨,與"怨"義同而音近(聲調有平去之別),是一對同源詞。"怨悁"連言,猶古書中"麤粗"或"麤觕"連言。③【編按:所謂"怨悁",又見清華簡《治政之道》42 號簡,整理者釋讀爲"悒怨"。見黃德寬主編:《清華大學藏戰國竹簡(玖)》,中西書局,2019 年,第 144 頁注[一五三]。】

"鹽(奄)"的釋讀,從季旭昇先生之説。《白虎通義・崩薨》:"諸侯曰薨,國失陽。薨之言奄也,奄然亡也。"季説"奄然"是奄奄一息的樣子,非是。奄然大概是形容消失不見的狀詞。

盅,整理者讀爲獨,認爲"詰獨"是單獨責問的意思,顯然不合語法。但整理者認爲此字從蜀從皿,則是正確的,其字形不過是"皿"旁略有訛誤而已。此字又見於鮑 3 號簡,陳劍先生根據文例,讀爲"蠲潔"之"蠲",確不可易。《説文》以"蠲"從益聲。陳劍先生疑"盅"是"蠲"之省,可信。【編按:"盅"是"蠲"的古字,非省體】簡文此處的"盅"字亦應讀爲"蠲"。"詰蠲"同義連用,猶言"禁除"。"詰"本義爲責問,引申則有禁止、去除之義。《周禮・天官・大宰》"以詰邦國",鄭玄注:"詰,猶禁也。"《管子・五輔》:"逐姦人,詰

---

① 李天虹:《上博五〈競〉、〈鮑〉篇校讀四則》,簡帛網,2006 年 2 月 19 日。
② 參看李守奎:《楚文字編》,華東師範大學出版社,2003 年,第 742 頁。
③ 古書中"麤粗"或"麤觕"連言,參看裘錫圭:《文字學概要》,商務印書館,1988 年,第 253 頁。

詐僞,去讒慝。""詰"與"逐""去"並舉。秦簡日書甲種有"詰咎"之語,即去除災咎之義。"蠲"訓潔,又訓除,皆係常訓。"公弗詰蠲",猶言"公不禁除之"。

四

今豎刁,匹夫而欲知萬乘之邦而貴尹（朘）,其爲忑也深矣。　　鮑 5、6

　　簡文此句和講易牙的下一句所述之事,李天虹先生認爲可以與古書中的記載對照,如所引《管子·小稱》:"夫易牙以調和事公,公曰:惟烝嬰兒之未嘗,於是烝其首子而獻之公。人情非不愛其子也,於子之不愛,將何有於公？公喜宮而妒,豎刁自刑①而爲公治内。人情非不愛其身也,於身之不愛,將何有於公？"並認爲簡文中的"貴尹"應該指豎刁自宮之事。② 比對文獻以及下句,李天虹先生的理解應該是合乎簡文本意的。【編按:參看何琳儀:《貴尹求義》,《安徽大學漢語言文字研究叢書·何琳儀卷》,安徽大學出版社,2013 年,第 447 頁。】易牙蒸子,豎刁自宮,皆爲權爲利而爲人情所不能爲。簡文對易牙爲人的評價是"其爲不仁厚矣",③稱其不仁之厚,可對應於上引《管子》文中的"人情非不愛其子也,於子之不愛"。相較可知,上揭簡文"其爲忑也深矣",一定是對豎刁爲人的評價。此句的關鍵是"忑"字。整理者讀"忑"爲"災",諸家無異議。但"其爲災也深矣",是說豎刁的行爲造成的後果,與"其爲不仁厚矣"句文義不能相對應。我認爲,此"忑"字從心才聲,不必破讀爲"災",而應讀爲"猜"。《説文》:"猜,恨賊也。"王筠《説文句讀》:"許君爲恨不足盡猜之情,故申之以賊,爲其必有所賊害也。"《説文》又有"倈"字,訓爲姦,而《集韻》以爲"猜"字異體。簡文之"忑"就是"倈"的異體,也是"猜"的異體。"其爲猜也深矣",是説豎刁作爲自宮之人,其心中猜恨之深。簡文下文説"公弗圖,必害公身",言豎刁恨賊而易牙不仁,必將賊害桓公,正與上引《管子》文之"將何有於公"相應。

---

① 自刑,指自宫。《韓非子·説林上》等篇提到豎刁之事作"自宫",《十過》篇作"自獖",義同。
② 李天虹:《再談〈鮑叔牙與隰朋之諫〉中的"息"字》,簡帛網,2006 年 3 月 1 日。
③ "不仁"下應著一"也"字。

五

齊邦至惡死，而上穆其刑……　　　　　　　　　　　　　　　鮑7

《管子·霸形》："人甚懼死，而刑政險。……緩其刑政，則人不懼死。"《管子·戒》："人患死，而上急刑焉。"語義與上揭簡文相近，可以幫助理解簡文。① 簡文中成問題的是"穆"字。此字整理者釋爲"秋"，何有祖先生改釋爲"穆"，讀爲"戮"。② 從字形來看，確實就是"穆"字。但是，在楚簡中，"秋"字或訛作"穆"字之形，如郭店《語叢一》40號簡"春秋"之"秋"。③ 所以，此"穆"字也可能是"秋"的訛體，關鍵是如何通讀。陳劍先生説："此'穆'字當是'(刑)繁''(刑)重'一類意思，讀爲何字待考。"對比上引《管子》中的文句，此字應與"急"義近，而與"緩"相反。陳偉先生讀"穆"爲"戮"，而理解爲"暴"。④ 但即使"戮"有暴義，也無此用法。季旭昇先生同意整理者釋爲"秋"，疑讀爲"修"，又説："或讀爲遒（引者按：原文誤作逎），《説文》：'迫也。'"按："修其刑"雖然可通，但古書中講"修刑"一般是褒義的，用在此處不太合適。"遒其刑"的説法似乎可從。"遒"訓"迫"，又訓"急"（見《廣雅·釋詁一》），於義甚合。《詩·商頌·長發》"百禄是遒"，《説文》手部引作"百禄是撊"，是"秋"可通"遒"之證。"齊邦至惡死，而上遒其刑"，是説齊國人民最厭惡死，而統治者却促迫其刑罰，而陷民於死。

六

乃命有司箸祚浮，老弱不刑。　　　　　　　　　　　　　　　鮑3

祚，簡文原形從作從又從示，即"祚"字異體。整理者嚴格隸定後括注"祚"。此字又見於包山129、141、162、209號簡，都用爲福胙字（文例是

---

① 參看陳偉：《也談〈鮑叔牙與隰朋之諫〉與〈管子·霸形〉的對讀》，簡帛網，2006年4月4日；【編按：收入氏著：《新出楚簡研讀》，武漢大學出版社，2010年，第219—223頁。】魯家亮：《〈鮑叔牙與隰朋之諫〉與〈管子·戒〉對讀札記》，簡帛網，2006年4月13日。
② 何有祖：《上博五〈鮑叔牙與隰朋之諫〉試讀》，簡帛網，2006年2月19日。
③ 參看李守奎：《楚文字編》，第443頁。
④ 陳偉：《也談〈鮑叔牙與隰朋之諫〉與〈管子·霸形〉的對讀》。

"歸祚""致祚")。《説文》有"胙"無"祚",前人以爲從"示"旁的"祚"字後起,由楚簡知"祚"字古已有之。箸,通作"著"("著"是"箸"之訛),此處是著於簿籍的意思,乃常訓。浮,彭浩先生已正確地指出當訓爲"罰",①亦常訓。祚,常訓爲福爲禄,又引申有慶賜之義,②其義正與"浮"相反。《左傳》昭公十一年:"天之假助不善,非祚之也,厚其凶惡而降之罰也。""祚"與"罰"反義對舉,簡文只不過把"罰"換成了同義詞"浮"。【編按:古書中訓罰之"浮"意爲罰酒,簡文或用其引申義。】"乃命有司箸祚浮,老弱不刑",是説桓公聽從了鮑叔牙和隰朋之諫,於是命令執事者明著賞罰於簡册,而又特别强調老弱不刑,以示刑政之寬緩。

七

公蟁亦不爲害。　　　　　　　　　　　　　　　　　　鮑 8

蟁,從蚰君聲,可能是爲昆蟲之"昆"而造的形聲字。昆蟲之"昆",《説文》作"蚰",云:"蟲之總名也。"但簡文此字無疑應破讀。陳劍先生認爲此"蟁"是某種疾病。循此思路考慮,此字可能讀爲"瘒"。《玉篇》疒部:"瘒,痹也。""瘒"是肢體麻痹之義,用例見於《素問·五常政大論》。桓公發生痹症之事,不見於前文,應在所缺首簡中。

原載《北方論叢》2006 年第 4 期。

---

① 彭浩:《"乃命有司箸祚浮老弱不刑"解》,簡帛網,2006 年 3 月 7 日。
② 祚訓爲賜,參王念孫《讀書雜志·餘編下》"祚爾輝章"條,江蘇古籍出版社影印,1985 年。

楚先"穴熊""鬻熊"考辨

傳世文獻所記載的楚國先祖名中有"穴熊"和"鬻熊",兩者結構相同,而與後代楚君名"熊某"不同。近些年出土的楚簡中,這兩個楚先名竟然都出現了,一時引起了學者們的熱烈討論。本文在前賢研究的基礎上,綜合傳世和出土文獻,對穴熊和鬻熊的關係略作考辨。

《史記·楚世家》記顓頊至鬻熊的楚世系云:

> 楚之先祖出自帝顓頊高陽。……高陽生稱,稱生卷章,卷章生重黎。重黎爲帝嚳高辛居火正,甚有功,能光融天下,帝嚳命曰祝融。共工氏作亂,帝嚳使重黎誅之而不盡。帝乃以庚寅日誅重黎,而以其弟吴回爲重黎後,復居火正,爲祝融。吴回生陸終。陸終生子六人……六曰季連……季連生附沮,附沮生穴熊。其後中微,或在中國,或在蠻夷,弗能紀其世。周文王之時,季連之苗裔曰鬻熊。鬻熊子事文王,蚤卒。

根據《史記》的這段文字,穴熊乃季連之孫,大概是夏代初年的人物,鬻熊則是季連的遠孫,是周文王時的人物,其間相隔近千年。對於附沮、穴熊跟鬻熊之間的關係,司馬遷似乎不肯定附沮、穴熊是鬻熊的直系祖先,否則不應説"季連之苗裔曰鬻熊",而應説"穴熊之苗裔曰鬻熊"。《風俗通義》卷一敘楚世系,説陸終之第六子爲季連,其後有鬻熊爲文王師,中間不敘附沮和穴熊。

《史記·楚世家》敘述楚世系主要依據先秦文獻《帝繫》和《世本》,但

《帝繫》《世本》記楚世系有穴熊而無鬻熊。① 《大戴禮記·帝繫》云：

> 顓頊娶于滕氏，滕氏奔之子謂之女祿氏，產老童。老童娶于竭水氏，竭水氏之子謂之高緺氏，產重黎及吳回。吳回氏產陸終。陸終氏娶于鬼方氏，鬼方氏之妹謂之女隤氏，產六子……其六曰季連，是爲芈姓。季連產付祖氏，付祖氏產內熊，九世至于渠婁鯀出自熊渠有子三人……

這段文字有訛衍，其中"內熊"應作"穴熊"；"九世至于渠婁鯀出自熊渠有子三人"應作"九世至于熊渠，熊渠有子三人"。② 是《帝繫》明確以穴熊爲直系祖先，從穴熊至熊渠有九世。而在《史記·楚世家》，鬻熊歷熊麗、熊狂、熊繹、熊艾、熊䵣、熊勝、熊楊至熊渠，也恰好是九世。這很容易使人得出《楚世家》的鬻熊即《帝繫》的穴熊的結論。所以孔廣森就說："鬻熊即穴熊聲讀之異，史誤分之。"他認爲穴熊和鬻熊是同一個人名的讀音變異，《史記》誤分爲二人。不過，多數人還是以《楚世家》爲是，而認爲《帝繫》誤合，甚或據《楚世家》改動《帝繫》的文字。③

《左傳》僖公二十六年："夔子不祀祝融與鬻熊。"杜預注："鬻熊，祝融之十二世孫。"

《世本·居篇》："楚鬻熊居丹陽。"④

古書中又另有一個鬻熊。《潛夫論·志氏姓》："芈姓之裔熊嚴，成王封之於楚，是謂粥熊，又號粥子。"粥熊即鬻熊，粥子即鬻子（《史記·周本紀》稱"鬻熊"爲鬻子）。但據《史記·楚世家》，熊嚴是熊渠之孫，時代在周厲王之後，《潛夫論》此說屬誤記，⑤不足論。

以上是傳世文獻中關於穴熊和鬻熊的主要記載。

---

① 《世本》南宋時已佚，清代有多種輯本。其中秦嘉謨輯本卷一《帝繫篇》即錄自《大戴禮記·帝繫》。參《世本八種》，商務印書館，1957年。
② 黃懷信等：《大戴禮記彙校集注》，三秦出版社，2005年，第794—795頁。
③ 黃懷信等：《大戴禮記彙校集注》，第794—795頁。
④ 《世本八種》，王謨輯本第34頁；孫馮翼輯本第9頁；陳其榮增訂本第7頁。他本略。
⑤ 汪繼培：《潛夫論箋校正》，中華書局，1985年，第416頁。

根據《帝繫》，有穴熊而無鬻熊，或者説穴熊、鬻熊是一人；根據《史記・楚世家》，穴熊、鬻熊是先後二人。《史記》誤分抑《帝繫》誤合？一般來説，《帝繫》是較原始的文獻，應該反映先秦楚世系傳説的較早面貌，《楚世家》記載是司馬遷綜合多種文獻進行加工整理的結果。如《帝繫》所記，陸終至穴熊才四世，若説鬻熊即穴熊，顯然會跟鬻熊事文王或爲文王師的傳説相衝突。所以司馬遷在據《帝繫》説"季連生附沮，附沮生穴熊"之後，巧妙插入"其後中微，或在中國，或在蠻夷，弗能紀其世"之語，再接"周文王之時，季連之苗裔曰鬻熊"，才將鬻熊合理地安排到周文王時。但這樣已經跟《帝繫》所説自穴熊九世至熊渠不相同了，且司馬遷的這段記述使附沮和穴熊看起來像是旁系，頗啓人疑竇。對於穴熊和鬻熊的血緣關係，司馬遷故意閃爍其詞，不明説鬻熊是穴熊的後代，大概因爲他見到的文獻都只記載鬻熊是陸終第六子季連之後，而從未見鬻熊是穴熊之後的説法。總之，《史記・楚世家》有明顯的合理化改造的痕迹，《帝繫》是較原始的記載，清人孔廣森穴熊和鬻熊爲聲讀之異的説法極有可能成立。

穴熊、鬻熊這兩個楚先祖名字在近些年出土楚簡中的先後出現，爲討論兩者的關係問題提供了新材料。

鬻熊見於望山一號墓 121 號簡，包山 217、237 號簡，以及新蔡甲三 188、197 號簡。望山簡和包山簡中"鬻熊"之"鬻"原形作 ▢，①就是和"鬻"同音的"毓"字；新蔡簡中作 ▢，改"女"旁爲"示"旁，神化之耳。② 這三處"鬻熊"都緊跟在另兩位楚先"老童""祝融"之後。

穴熊之名僅見於新蔡簡，但出現次數較多，共七次，所在簡號分別是：甲三 35，甲三 83，乙一 22，乙一 24，零 254、162，零 288，零 560、522、554。

---

① 楚文字中，楚王姓名中的"熊"，一般作"酓"。但新蔡簡中"穴熊"之"熊"有兩處作"熊"，不作"酓"，見甲三 35 及零 560、522、554。

② 關於此字的考釋參看黃德寬：《新蔡葛陵楚簡所見"穴熊"及相關問題》，《古籍研究》2005 卷下；蘇建洲：《試論〈上博（三）・周易〉的"融"及相關的幾個字》，簡帛研究網，2004 年 5 月 8 日。【編按：又參看蘇建洲：《再論〈上博三・周易〉簡 25"融"及相關的幾個字》，《周易研究》2009 年第 3 期；收入氏著：《楚文字論集》，萬卷樓圖書股份有限公司，2011 年。】

其中三例"穴"字增从"土"旁。這七處"穴熊"同樣都跟在"老童、祝融"或"祝融"之後(因簡殘,有五處不見"老童",應能補上)。

鬻熊、穴熊在楚簡中的出現印證了傳世文獻,但上文所説《史記·楚世家》和《帝繫》的矛盾不但没有解决,反而更明顯了。爲什麽楚簡中"鬻熊"和"穴熊"都能緊跟在"老童、祝融"之後?爲什麽兩者不同時出現?更嚴重的是,新蔡簡中七次出現"三楚先"之稱,作爲一種固定的組合而省略掉了具體的祖先名。黄德寬先生説:"'三楚先'作爲固定的簡稱,被省略的先祖之名必然是大家已經熟悉的對象。"①又説:"按漢語表達的慣例,只有在對象明確的情况下,才會有以數字稱代這樣的簡稱。"②但楚簡中明明既有"老童、祝融、鬻熊"的三人組合,又有"老童、祝融、穴熊"的三人組合,"三楚先"如何能明確?如果根據哪個組合出現次數多來判斷,這恐怕並没有多大邏輯必然性。不管把哪一組認定爲"三楚先"都解决不了矛盾。所以,黄德寬先生説:"看似明確的'三楚先'問題,實際上並未真正解决"。③

面對以上矛盾,黄德寬先生提出了另一種可能。他認爲所謂"鬻熊"中的"毓"字,不讀爲"鬻"而讀爲"穴"。這樣楚簡中就只有"穴熊",没有"鬻熊"了,"三楚先"也就只能是"老童、祝融、穴熊"了。④"毓"不讀爲同音的"鬻"而讀爲不同韻部的"穴",顯然極難使人接受。⑤

我們認爲,楚簡中"毓"讀爲"鬻熊"之"鬻"是毫無疑問的,楚簡中的"毓酓(熊)"和"穴酓(熊)"分别即傳世文獻中的"鬻熊"和"穴熊"也是毫無疑問的。而解决"三楚先"問題的唯一途徑是,承認孔廣森之説,肯定"鬻熊"和"穴熊"本是一人之異名,《史記》誤分。這樣,"三楚先"是老童、祝

---

① 黄德寬:《新蔡葛陵楚簡所見"穴熊"及相關問題》,《古籍研究》2005卷下,第3頁。
② 黄德寬:《新蔡葛陵楚簡所見"穴熊"及相關問題》,《古籍研究》2005卷下,第4頁。
③ 黄德寬:《新蔡葛陵楚簡所見"穴熊"及相關問題》,《古籍研究》2005卷下,第5頁。
④ 黄德寬:《新蔡葛陵楚簡所見"穴熊"及相關問題》,《古籍研究》2005卷下,第5頁。
⑤ 宋華强:《〈離騷〉"三后"即新蔡簡"三楚先"説——兼論穴熊不屬於"三楚先"》(《雲夢學刊》2006年第2期)一文即批評了此説。該文認爲"三楚先"是老童、祝融、鬻熊,而"穴熊"不在其中。但宋説亦根據不足,参看郭永秉:《帝系新研——楚地出土戰國文獻中的傳説時代古帝王系統研究》,北京大學出版社,2008年,第181—187頁。郭書同樣批評了上引黄説,認爲"三楚先"問題尚不能作肯定性判斷。

融、鬻熊，也是老童、祝融、穴熊，本是一回事。

那麽，爲什麽同一個楚先祖能有鬻熊和穴熊兩個名稱呢？這並不是不能解釋的。一般不願意承認鬻熊和穴熊爲一人，主要是因爲考慮到按照常規的上古音知識，"鬻"是以母（喻四）覺部字，"穴"是匣母質部合口字，讀音相差較遠。我們認爲，"鬻"和"穴"的上古讀音有可能相差不那麽大，作爲人名時有通用或相變異的可能。

從聲母上說，以母跟包括匣母在内的喉牙音在上古有一定關係，證據很多。諧聲的例子，如："橘"是見母，而同從"矞"聲的"燏""鴥""遹"等字是以母；"均"是見母，"昀"是匣母，而其聲母"匀"是以母；"焰""閻"是以母，而其聲旁"臽"是匣母；"羊""洋"等字是以母，而"姜"是見母；"營"是以母，而"熒""螢""榮"是匣母。從"穴"得聲的"欹"就是以母，這是直接的證據。【編按：這些例子並不能證明"鬻"和"穴"的聲母相近。】

韻母上，覺部跟質部合口相通也並非不可思議。上引黄德寬先生文所舉"狖"（長尾猿，音余救切，幽部，與覺部對轉）從"穴"聲的例子不一定可靠，①但"狖"又名"蜼"，"蜼"字《廣韻》音余救切又以醉切，以醉切的音上古歸微部合口，和質部合口的"穴"音相近。《詩·大雅·棫樸》"追琢其章"，"追"即"雕"，"雕"是幽部，"追"是微部合口，語音關係上跟覺部與質部合口的關係屬於相近似的情況。"采"字，《說文》既是"穗"的正篆，又作"褎（袖）"的聲旁，睡虎地秦簡中用作"秀"字。② "穗""秀"義近，很可能有同源詞關係；"穗"是脂部合口，"秀"是幽部，語音上也有類似的關係。【編按："穗"和"秀"應僅僅是近義詞，無詞源關係。】鄭張尚芳先生把質部分爲質$_1$和質$_2$兩類，其中質$_2$收舌根音尾，同於覺部，而"穴"字鄭張尚芳先生恰好歸入質$_2$。③ 若果真如此，則"穴"字與覺部字"鬻"音近就很自然了，甚至於"穴熊"和"鬻熊"不是一個人反倒是令人奇怪的。

總之，穴、鬻音近，鬻熊和穴熊應爲一人。【編按："穴"和"鬻"的讀音

---

① 段玉裁《說文解字注》改从"冗"聲。但"冗"字日母東部，與"狖"字的讀音也並不比"穴"近，尤其聲母反更疏遠。"狖"也可能本從"尤"聲。
② 裘錫圭：《古文字論集》，中華書局，1992年，第188頁。
③ 鄭張尚芳：《上古音系》，上海教育出版社，2003年，第509頁。

應該並不相近,"鬻熊""穴熊"看作同人異名比較合適。】如此,才能比較合理地解釋傳世文獻及楚簡中的種種矛盾。至於《帝繫》所記陸終至穴熊(鬻熊)才四世,世代太少的問題,恐怕不足深究。相同的情況如:《史記·周本紀》記周先公世系,后稷至文王千餘年,而僅有十五世,要麼中間有缺漏,要麼周的年世本來沒有那麼綿長。① 楚在穴熊(鬻熊)以前的世系同樣是渺茫的傳説,年歲長短、世代多寡都無法坐實。

小文承蒙陳劍先生指正,謹致謝忱!

校後記:清華簡《楚居》中熊麗在穴熊之後,而《史記·楚世家》中熊麗是鬻熊之子,更直接地證明了穴熊和鬻熊是同一人。參看李學勤《清華簡九篇綜述》,《文物》2010年第5期。

原載《簡帛》第五輯,上海古籍出版社,2010年。

---

① 楊寬認爲,后稷是商代人,而不是堯舜時代的人物。見氏著:《西周史》,上海人民出版社,1999年,第16頁。

清華簡《尹至》字詞補釋二則

清華簡《尹至》是一篇具有重要史料價值的《尚書》類文獻，全文僅156字，然文意前後連貫，內容完整無缺。雖然十分短小，但此篇言辭古奧，疑義不少。整理者李學勤先生已經作了相當精到的釋讀，竹簡公布後，學者們對此篇中的疑難字詞紛紛提出自己的解釋。本文擬在已有討論的基礎上針對《尹至》篇中兩個字的解讀作一點補充。相關的簡文見第一和第二簡，列示如下（儘量用通行字書寫）：

  余𦱐其有夏衆不吉好，其有后厥志其爽，寵二玉，弗虞其有衆。民沈曰："余及汝偕亡。"①

這是伊尹對湯説的話，我們要討論的是其中的"𦱐"和"沈"字。

"𦱐"字《説文》失載，而古文字多見，可能就是"美"字的另一種寫法，"美"是正面，"𦱐"是側面，俱象人頭戴飾物之形。② 整理者讀"𦱐"爲"閔"。復旦大學出土文獻與古文字研究中心研究生讀書會指出"𦱐"在楚

---

 ① 李學勤主編：《清華大學藏戰國竹簡（壹）》，中西書局，2010年，放大圖版見上册第35頁，原釋文見下册第128頁。"不"字不太清晰，原缺釋，從李松儒先生釋，見復旦大學出土文獻與古文字研究中心研究生讀書會：《清華簡〈尹至〉、〈尹誥〉研讀札記（附：〈尹至〉、〈尹誥〉、〈程寤〉釋文）》（復旦大學出土文獻與古文字研究中心網站，2011年1月5日）之後的評論；又任攀、程少軒整理：《網摘·〈清華一〉專輯》，復旦大學出土文獻與古文字研究中心網站，2011年2月2日。爽，原簡文作"倉"，從整理者讀。偕，原簡文作"皆"，從上引復旦讀書會文讀爲"偕"。整理者已指出《尚書·湯誓》"時日曷喪，予及汝皆亡"，《孟子·梁惠王上》引"皆"作"偕"。"偕"是一同的意思，《湯誓》的"皆"當然也應該讀爲"偕"。

 ② 參看黄德寬主編：《古文字譜系疏證》，商務印書館，2007年，第3188頁。

簡中多數讀爲"美",原釋文的讀法可疑,所以在其釋文中括注"美",①即認爲此"兇"應讀爲"美"。"兇"讀爲"美"雖然可能符合"兇"的本義且符合楚文字的用字習慣,但"美其有夏衆不吉好"還是令人費解,夏衆情況不妙,伊尹恐怕不能以爲美。何有祖先生和黄懷信先生都提出了"兇"讀爲"微"的觀點。何有祖先生説:"字恐讀作'微',《説文》:'微,隱行也。'微有偵查之意,《史記·孝武本紀》:'使人微得趙綰等奸利事。'這裏指伊尹覺察到夏衆不吉之形狀。"②黄懷信先生説:"予疑當如字讀爲'微',做動詞。《墨子·迎敵祠》'謹微察之'孫詒讓閒詁引王云:'微,伺問之也。'《史記·孝武本紀》'使人微得趙綰等奸利事',集解引徐廣曰:'微,纖微伺察之。'伺問、微伺察之,即暗中刺探、打問。暗中刺探,正合伊尹作間諜的身份。……余兇其有夏衆云云,即我刺探到夏朝民衆云云。"③按何、黄二先生的説法可從,"微"確實有伺察義。郭在貽先生《〈漢書〉札記》"微司"條云:"《高五王傳第八》:'王后從官皆諸吕也,内擅權,微司趙王,王不得自恣。''微司'一詞,師古猶能得其朔義,而後人多不得其解。今按微乃䁹之省借。《説文》:'䁹,司也。'司即伺察之伺……'微司'乃同義複詞,'微司趙王'猶言監視趙王也。"④除了"微司""微察""微得"外,古書中伺察義的"微"還有直接接賓語的例子。《墨子·魯問》:"所謂忠臣者,上有過則微之以諫。"孫詒讓《墨子閒詁》解釋"微之以諫"爲"伺君之閒而諫之"。⑤ 又《韓非子·制分》:"然則去微姦之奈何?"孫詒讓校改爲"然則微姦之法奈何",云:"此篇首以'法重'發端,以下至篇末,'法'字凡十五見。此'去'亦即'法'之壞字,校者不知其誤,因移著'微姦'之上,遂不可通矣。……'微姦之法',謂司察姦人之法也。"⑥上引古書中的兩個"微"字應該就如孫詒讓所理解,是伺察之義,而且其後緊接賓語,與簡文相同。伺察義顯然是

---

① 復旦大學出土文獻與古文字研究中心研究生讀書會:《清華簡〈尹至〉、〈尹誥〉研讀札記(附:〈尹至〉、〈尹誥〉、〈程寤〉釋文)》。
② 何有祖:《清華大學藏簡讀札(一)》,簡帛網,2011年1月8日。
③ 黄懷信:《清華簡〈尹至〉補釋》,簡帛網,2011年3月17日。
④ 郭在貽:《郭在貽文集》第一卷,中華書局,2002年,第41頁。
⑤ (清)孫詒讓:《墨子閒詁》,中華書局,2001年,第471頁。
⑥ (清)王先慎:《韓非子集解》,中華書局,1998年,第476—477頁。

"微"字常見的"細""隱"等義的引申。"瞝"字見《說文》八篇下見部,從見微聲,是爲了明確引申義而用加注意符的方式造的分化字。《廣韻》平聲微韻微小韻有"瞝"字,云:"伺視也。"又脂韻眉小韻"瞝"字重出。"瞝"是"瞝"的異體字。分化字"瞝""瞝"的存在進一步證明了"微"確實有伺察之義。簡文"𢼸"可以讀爲"微",也可以讀爲"瞝"或"瞝"。

"沇"字原簡文所從"允"下部的"人"上多一筆,應即楚文字常見的從"身"的"允"字。"沇"的本義是水名,整理者讀爲"噂",義爲"聚語",引《詩·十月之交》"噂遝背憎"爲證。① 這個讀法看起來比較可疑,復旦大學出土文獻與古文字研究中心研究生讀書會表示應存疑待考。② 隨後多位學者對此字的讀法提出了不同意見。孫飛燕女士指出"沇"字見於銀雀山漢墓竹簡《六韜》"沇(允)才(哉)!日不足",讀爲"允",此"沇"字也可以讀爲"允",意思是誠然。孟蓬生先生認爲"沇"字應讀爲範圍副詞"率","民沇曰"即"民率曰"。劉雲先生指出下文就有"民率曰","民沇曰"讀爲"民率曰"似不妥。③ 沈培先生著文論證"沇"字應讀爲"遂"。④ 隨後劉雲先生又提出了"沇"讀爲範圍副詞"均"和"盡"兩種説法。⑤ 按從語音上講,"沇"讀爲"率"沒有問題,而且意思上也很通順;但正如劉雲先生所指出,下文就有"民率曰","沇"讀爲"率"無論如何不能不令人生疑。"沇"讀爲"遂"在語音上同樣沒有問題,但古文字包括楚文字中一般用"述"來表示"遂","沇"讀爲"遂"同樣有可疑之處。當然,此二説都有成立的可能。我們在此提出另外一種可能。上引孫飛燕説,"沇"讀爲"允",這從用字上説是最自然的,但"允"常訓"信",即副詞誠然之義,放在簡文此處實在難

---

① 李學勤主編:《清華大學藏戰國竹簡(壹)》,第129頁注[一〇]。
② 復旦大學出土文獻與古文字研究中心研究生讀書會:《清華簡〈尹至〉、〈尹誥〉研讀札記(附:〈尹至〉、〈尹誥〉、《程寤》釋文)》。
③ 以上諸説見復旦大學出土文獻與古文字研究中心研究生讀書會《清華簡〈尹至〉、〈尹誥〉研讀札記(附:〈尹至〉、〈尹誥〉、《程寤》釋文)》之後的評論;又任攀、程少軒整理:《網摘·〈清華一〉專輯》。
④ 沈培:《清華簡字詞考釋二則》,復旦大學出土文獻與古文字研究中心網站,2011年1月9日。
⑤ 見上引沈培先生文之後的評論;又任攀整理:《網摘·2011年1月》,復旦大學出土文獻與古文字中心網站,2011年3月1日。

通。王引之《經傳釋詞》引王念孫説:"允,猶用也。《書·堯典》曰'允釐百工',言用釐百工也。《皋陶謨》曰'允迪厥德',言用迪厥德也。又曰'庶尹允諧',言庶尹用諧也("庶尹用諧"猶言神人以和)。《大誥》曰'允蠢鰥寡',言用動鰥寡也。……《詩·鼓鐘》'淑人君子,懷允不忘',懷,思也,言思之用不忘也。"①王説"允"有相當於"用"的用法,應該可信。簡文"民允曰"猶言"民用曰",前言夏衆不吉好,夏后志爽云云,都是人民説出"余及汝偕亡"這種狠話的原因,所以接"民允曰"即民因此説,文意頗連貫。

原載《中國文字學報》第五輯,商務印書館,2014年。

---

① (清)王引之:《經傳釋詞》,江蘇古籍出版社,1985年,第12—13頁。

讀清華簡《說命》小識

清華簡《說命上》簡1—2："王命罃(厥)百攻(工)向以貨旬(徇/營)求㱃(說)于邑人，隹(唯)弦(弼)人得㱃(說)于専(傅)巌(巖)。"整理者引《書序》："高宗夢得說，使百工營求諸野。"又《國語·楚語上》："如是而又使以夢象旁求四方之賢。"①簡文"向"字，整理者讀爲"像"，謂指畫像，並在其下斷句。②"王命厥百工像"，即王命令他的百工畫出傅說的肖像。但"像"是否能這樣獨立用作謂語動詞，是很可懷疑的。而且，從一般的語感上講，"王命罃(厥)百攻(工)向以貨旬(徇/營)求㱃(說)于邑人"應作一句讀，王命百工做的事就是尋求傅說，不應橫生命令畫像之事，致使整句話語氣不連貫。更關鍵的問題是，"向"讀爲"像"缺乏文字學上的證據。楚簡中"向"字多見，可以確認的讀法有：方向之"向"，"鄉""卿"和"曏"。③這幾個詞讀音相近(上古音除了"卿"是溪母陽部，其他都是曉母陽部)，而且古書中也常相通用(但古書中"向"沒有讀作"卿"的)，"向"的這些用法均極自然，無可懷疑。但讀爲"像"却不然，一則找不到"向"聲和"象"聲通轉的例證，二則兩個字的讀音也確實有隔閡。"向"和"象/像"的上古韻部相同，皆屬陽部，但聲母分別是曉母和邪母。邪母多跟定母、以母(即喻

---

① 夢象，各本作"象夢"，王念孫乙正之。參徐元誥：《國語集解》，中華書局，2002年，第503頁。
② 李學勤主編：《清華大學藏戰國竹簡(叁)》，中西書局，2012年，第122頁。
③ 參看白於藍：《戰國秦漢簡帛古書通假字彙纂》，福建人民出版社，2012年，第714頁；劉信芳：《楚簡帛通假彙釋》，高等教育出版社，2011年，第408—409頁。

四)、禪母等相轉,如:徐(邪母)从余(以母)聲,涎(邪母)从延(以母)聲,席(邪母)从石(禪母)聲,楚簡中"簟"(定母)从尋(邪母)聲(郭店簡《成之聞之》34號簡)。邪母亦有不少跟見母相通轉者,如:俗从谷聲、頌从公聲之類。邪母跟曉母相通則很罕見,可靠的如隨(邪母)之與隳(曉母)。上古的邪母大概分成兩類,一類跟舌音關係密切,一類跟喉牙音關係密切。而另一方面,個別中古曉母字在上古並非一般的曉母,而可能是複輔音之類(如上舉"隳",又如从台聲的"咍")。【編按:"隳""咍"的上古聲母應是清邊音。】但是,沒有證據顯示"象/像"的上古聲母跟喉牙音相關,也沒有證據顯示"向"的上古聲母不是一般的曉母而跟邪母有關係。① 所以,"向"讀爲"像"從語音上講也有很大疑問。

我們認爲,簡文此"向"字可以讀爲"競"。"競"的上古音是羣母陽部,與"向"語音至近。"王命厥百工競以貨徇求説于邑人","競"作狀語,競相努力之意。又上博簡《彭祖》8號簡:"毋故(怙)賵(富),毋劬(倚)臤(賢),毋向桓。"最後一句"毋向桓"不好解釋。"桓"字應從陳斯鵬先生説讀爲"鬥",陳説"向鬥"猶言"尚戰",②但"向"並無此用法。或乾脆讀"向"爲"尚",③更不可信。疑此"向"字亦應讀爲"競","毋競鬥",意即不要爭強於相鬥。

《説命上》簡2:"敓(説)方竺(築)城,縢降重力。"其中的"縢降重力",整理者讀爲"縢躬庸力",引《墨子·尚賢下》:傅説庸築,"衣褐帶索"。④胡敕瑞先生説:"整理者爲了與《墨子》中的'衣褐帶索'相聯繫,把'縢'解釋爲繩索,把'降'解釋爲躬身。但是所謂繩索躬身用力,於文意和句法皆有窒礙,且與《墨子》文意也不完全吻合。不如直接把'縢降'讀爲騰降,騰

---

① 《説文》以"尚"从"向"聲,好像是"向"字的聲母跟舌音有關的證據。但《説文》對"尚"字的分析不可信。從古文字字形來看,"尚"字本不从"向"。

② 陳斯鵬:《上海博物館藏楚簡〈彭祖〉新釋》,《華學》第七輯,中山大學出版社,2004年,第163頁。

③ 季旭昇主編:《上海博物館藏戰國楚竹書(三)讀本》,萬卷樓圖書股份有限公司,2005年,第252頁。

④ 李學勤主編:《清華大學藏戰國竹簡(叁)》,第122—123頁。

降猶升降，騰降用力即上下用力，描述傅説版築用力之狀。"①按"衣褐帶索"之意確實不大可能説成"縢躬"，而且"降"讀爲"躬"亦前所未見。胡文讀"縢"爲"騰"可信。不過，"甼力"讀爲"庸力"或"用力"恐皆不確。"甼"字從止甬聲，可以看作"通"的異體字，也可以看作"踴"（字亦作"踊"）的異體字。郭店簡《性自命出》35號簡"通"字用作擗踴之"踴"，②此"甼"字亦應讀爲"踴"。至於"力"字，顯然應讀爲"陟"。"力"讀爲"陟"亦見於清華簡《金縢》6號簡"武王力（陟）"，謂武王升天，③是一般的"陟"的引申義。清華簡《周公之琴舞》2號簡"陟降其事"之"陟"作從石力聲之形。簡文"騰降踴陟"，是説傅説築城時跳躍着下來，又跳躍着上去，而不是一步一步走着上下，狀其辛勤勞苦，十分生動鮮明。"騰"與"踴"義相近，"降"與"陟"義相反，"踴陟"正與"騰降"相對爲文。

《説命下》簡3—4："女（如）飛雀，④罔鬼（畏）覹，⑤不隹（惟）鷹唯（隼），廸弗悞（虞）民，氒（厥）亓（其）悳（禍）亦羅（離/罹）于罟（罨）⑥罞。"最後一字，整理者先前字認爲是捕鳥的網，又出或説讀爲虛詞"爾"。按"罞"字從网尔（爾）聲，指捕鳥的網應該是首先可以肯定的，問題在於讀爲哪一個詞。李鋭先生和侯乃峰先生均讀爲"罞"。⑦古書中"爾"聲字確實

---

① 胡敕瑞：《讀〈清華大學藏戰國竹簡（三）〉札記之一》，清華大學出土文獻研究與保護中心網站，2013年1月5日。
② 參看陳偉、彭浩主編：《楚地出土戰國簡册合集（一）·郭店楚墓竹書》，文物出版社，2011年，第101、113頁。
③ 李學勤主編：《清華大學藏戰國竹簡（壹）》，中西書局，2010年，第158、160頁。
④ 雀，原字形增從"鳥"旁。
⑤ 鬼，整理者直接釋爲"畏"，實是"鬼"字。參劉洪濤：《清華簡補釋四則》第一則"釋'鬼'"，《考古與文物》2013年第1期，第102—103頁。覹，整理者疑讀爲"離"，訓爲"憂"。
⑥ 羅，整理者未括注，此從黃傑：《讀清華簡（三）〈説命〉筆記》，簡帛網，2013年1月9日。罟，整理者釋爲從网從《説文》古文"墉"之形，疑讀爲"置"。此從黃傑之文改隸。罟，"罨"的異體字。"罨"是一種罩網，跟"掩"是同源詞關係。
⑦ 李鋭：《清華簡3札記（三）》，孔子2000網站，21013年1月14日；侯乃峰：《讀清華簡（三）〈説命〉脞錄》，簡帛網，2013年1月16日。【編按：又侯乃峰：《讀清華簡〈説命〉脞錄》，《中國文字》新四十輯，藝文印書館，2014年；收入氏著：《逐狐東山——先秦兩漢出土文獻與古文字論集》，上海古籍出版社，2020年。】

有跟"米"聲字相通的例子,但似僅限於聲母屬明母的"彌"字跟"米"聲字相通。①《説文》七下网部:"罙,周行也。从网米聲。《詩》曰:罙入其阻。""周行",小徐本作"周",《經典釋文·毛詩音義》引《説文》作"冒"。《説文》所引《詩》見《商頌·殷武》,今本"罙"省變作"采",毛傳訓"深",鄭箋訓"冒"。段玉裁《説文》注據《玉篇》《廣韻》"罙,罟也"改"周行"爲"网",並删引《詩》。過去的學者多以段改爲妄,②所以是否有網罟義的"罙",尚有疑問。

孟蓬生先生讀"罙"爲"罬"。③《説文》:"罬,捕鳥覆車也。"但並没有"爾(尒)"聲字跟"叕"聲字直接相通的例子,"罙"能否讀爲"罬"恐怕還需要進一步論證。在此,我們提出另一種可能。"爾(尒)"字的上古音一般歸脂部,也有歸歌部的。④ 按照"爾(尒)"的中古音韻地位(屬於中古支韻系而非脂韻系),當以歸歌部爲宜。古書以及古文字中,"爾(尒)"聲字與"埶"聲字相通,⑤"埶"的上古音是去聲的祭部(祭部亦可歸併入月部),祭月部跟歌部有嚴格的對轉關係,這也是"爾(尒)"歸歌部的一個積極證據。又從"爾"得聲的"獼"屬元部,"爾"歸歌部,兩者的韻部才能相對轉。"爾(尒)"既然可歸歌部,疑簡文"罙"字讀爲羅網之"羅",或可能就是"羅"的形聲字寫法。簡文之所以不寫成一般的"羅",大概是有意跟前面用作"離/罹"的"羅"相區别。《説文》:"羅,以絲罟鳥也。"甲骨文"羅"字从网从隹,"羅"的本義即捕鳥的網。"羅"的上古音是來母歌部,其聲母與"爾(尒)"的聲母日母有一定距離,但都屬於舌音,也不算遠隔。䑏,《廣韻》及《説文》大徐音均與"日"字同音。壽縣出土鑄客匜銘文"鑄客爲御䑏爲之",朱德熙、裘錫圭先生讀"䑏"爲"駬"。⑥ 但郭店簡《緇衣》26 號簡"[苗

---

① 參高亨纂著,董治安整理:《古字通假會典》,齊魯書社,1989 年,第 549—550 頁。
② 參丁福保編纂:《説文解字詁林》,雲南人民出版社影印,2006 年,第 1933—1934 頁;(清) 馬瑞辰:《毛詩傳箋通釋》,中華書局,1989 年,第 1184 頁。
③ 孟蓬生:《清華簡"罬"字試釋》,復旦大學出土文獻與古文字研究中心網站,2013 年 5 月 13 日。
④ 鄭張尚芳:《上古音系》,上海教育出版社,2003 年,第 312 頁。
⑤ 參上引孟蓬生文。
⑥ 朱德熙:《朱德熙古文字論集》,中華書局,1995 年,第 49 頁。

民]非甬(用)窒"，"窒"讀爲訓爲"善"的"令"或"靈"。上博簡《弟子問》附簡"巧言令色"之"令"作从宀从窒之形。"窒""馹"是日母，"令""靈"是來母，其聲母關係正同"爾(尔)"與"羅"。【編按：日母和來母的關係比較疏遠，此讀成立的可能性比較小。】

　　原載復旦大學歷史系、復旦大學出土文獻與古文字研究中心編：《簡帛文獻與古代史——第二屆出土文獻青年學者國際論壇論文集》，中西書局，2015年。

説清華簡《繫年》之
"褫"及其他

　　清華簡《繫年》第十一章58—59號簡（釋文用通行字書寫，下同）："穆王即世，莊王即位，使孫伯無畏聘于齊，假路於宋，宋人是故殺孫伯無畏，貤其玉帛。"①貤，整理者讀爲"奪"，注："'貤'從它聲，透母歌部，'奪'字定母月部，韻相對轉。"②又第二十一章116號簡"二年，王命莫敖陽爲率師侵晉，坨宜陽"之"坨"，整理者亦讀爲"奪"。③對於這兩個"它"聲之字，"小狐"認爲"似當直接釋爲'扡'（當然因音近可讀爲"奪"）"，並引《説文》"扡"字段注："《易》'終朝三褫之'，鄭本作扡，叚扡爲褫也。高誘注《淮南》'遇盜扡其衣'云：'扡，奪也。'"④我在2011年12月19日下午清華大學舉辦的《清華大學藏戰國竹簡（貳）》成果發布暨學術座談會上曾提出"貤其玉帛"之"貤"應讀爲"褫"的意見。

　　"貤"不能讀爲"奪"，這是首先應明確的。楚文字用"敓"字表示{奪}，如：郭店簡《緇衣》38號簡及上博簡《緇衣》19號簡："此以生不可敓（奪）志，死不可敓（奪）名。"上博簡《曹沫之陣》20號簡："毋敓（奪）民利。"《繫年》76號簡亦用"敓"字表示{奪}。根據《説文》，"敓"正是{奪}的本字。

---

① 李學勤主編：《清華大學藏戰國竹簡（貳）》，中西書局，2011年，第160頁。
② 李學勤主編：《清華大學藏戰國竹簡（貳）》，第161頁注[一四]。
③ 李學勤主編：《清華大學藏戰國竹簡（貳）》，第190頁注[九]。
④ "小狐"：《讀〈繫年〉臆札》，復旦大學出土文獻與古文字研究中心網站，2012年1月3日。

從古音通假的角度來看,歌部的"它"聲與月部的"攴""奪"等似從未見有相通的例子,本來歌部與月部就不甚親密,何況"它"之與"攴""奪"又有開合之別,"貤"讀爲"奪"從語音上看也是不太自然的。

前引"小狐"之文引到的古書中假借"扡"爲"褫"的例子,完全可以證明簡文之"貤"應讀爲"褫"。《說文》十二上手部:"扡,曳也。""扡"是"拖"的正字,"拖"是俗字,今通用"拖"。《廣韻》"扡""拖"有託何切、徒可切、吐邏切(去聲)三音,其義無別。《說文》八上衣部:"褫,奪衣也。从衣虒聲,讀若池。"大徐音直离切,即音同"池"。《廣韻》"褫"字有直離切、池爾切、敕豸切(上聲)三音,其義有別,訓爲"奪衣"的"褫"音池爾切,在豸小韻。《周易·訟》上九:"或錫之鞶帶,終朝三褫之。"《經典釋文·周易音義》:"褫,徐致紙反,又直是反……鄭本作扡,徒可反。"直是反即《廣韻》之池爾切。"褫"有"扡"的異文,乃假借"扡"爲"褫",讀"徒可反"則是讀扡曳之扡(拖)的本音,大概係誤讀。《淮南子·人間》:"秦牛缺徑於山中,而遇盜,奪之車馬,解其橐笥,拖其衣被。"注:"拖,奪也。"① "拖"亦應讀爲"褫"。"拖"與"奪"並舉,正可證明"拖"雖義同"奪"但不等於"奪"。《墨子·非攻上》:"至殺不辜人,扡其衣裘,取戈劍者……"畢沅云:"'扡'讀如'終朝三扡'之'扡'。"② 此"扡"實"扡"之訛體,同樣應讀爲"褫"。當然,說古書中的"扡"爲"褫"的假借字,僅是依據《說文》立說,其實也可以把"扡"視爲"褫"之異構,其與扡曳之"扡"則是同形字的關係。馬王堆帛書《周易》"終朝三褫之"之"褫"作"㧗",从手虒聲,③應該是"褫"的異體,其从"手"則正同於"扡"。

簡文之"貤"从貝它聲,既可以看作"褫"的異體,也可以看作施予之"施"的本字。④ "褫"字从衣,故《說文》訓爲"奪衣",但簡文云"貤(褫)其玉帛",所奪的是財貨。上博簡《慎子曰恭儉》4號簡"均分而廣貤","貤"

---

① 劉文典:《淮南鴻烈集解》,中華書局,1989年,第616頁。
② (清)孫詒讓:《墨子閒詁》,中華書局,2001年,第128頁。
③ 參《張政烺文集·論易叢稿》,中華書局,2012年,第124頁。
④ 《說文》有"貤"字,訓爲"重次弟物也",應與楚簡中的"貤"字無關。

用爲"施"。① "貤"又見於上博簡《容成氏》6號簡"堯戔貤而時時賽",亦用爲"施"。② 至於《繫年》116號簡"坬宜陽"之"坬",也不能讀爲"奪"。劉嬌女士認爲"坬"可能是"地"的動詞形式,是獲得土地的意思,馬王堆帛書《天文氣象雜占》有"必得而地之""有赤雲入日月軍(暈)中,暨(既)赤,大勝,地之"等語。③ 其説良是。《左傳》襄公十三年:"凡書取,言易也;用大師焉曰滅;弗地曰入。""弗地"意即不占有土地。

"貤"之所以能讀爲"褫",還需要做出解釋的是"它"聲與"虒"聲的語音關係。"它"與"虒"的聲母相近,毋庸多論,下面只談兩者的韻部。

"它"字本是蛇的初文,假借爲其它之{它},不管表示{蛇}還是{它},其上古韻部都是歌部,諸家無異詞。《説文》五上虎部:"虒,委虒,虎之有角者也,从虎厂聲。""厂"音余制切(祭部),故嚴可均《説文聲類》把"虒"聲歸入脂類(嚴氏的脂類包括後來劃分出的脂微質物月祭諸部),但《説文》對"虒"字的字形分析不可信,嚴氏歸部有誤。其他各家都把"虒"歸入支部。④ "虒"字《廣韻》息移切(在支韻"斯"小韻),從其中古音韻地位來看,上古音有歸歌部和支部兩種可能。《詩經·小雅·何人斯》:"伯氏吹壎,仲氏吹篪。及爾如貫,諒不我知。出此三物,以詛爾斯。"《大雅·板》:"天之牖民,如壎如篪,如璋如圭,如取如攜。"從"虒"聲的"篪"與支部字"知""斯""圭""攜"韻,故歸"虒"於支部是有根據的。但問題好像並不那麼簡單,從古文字資料看,"虒"字多與歌部字相通轉。

"虒"字已見於西周金文(《金文編》,第336頁),⑤用爲人名地名,字形作 ![虒], 象虎口中出氣,造字本義爲虎唬(通作嚌,乃後起的俗字),乃

---

① 馬承源主編:《上海博物館藏戰國楚竹書(六)》,上海古籍出版社,2007年,第279頁。
② 馬承源主編:《上海博物館藏戰國楚竹書(二)》,上海古籍出版社,2002年,第254頁。
③ 復旦大學出土文獻與古文字研究中心讀書會:《清華(貳)討論紀錄》,復旦大學出土文獻與古文字研究中心網站,2011年12月23日。
④ 參陳復華、何九盈:《古韻通曉》,中國社會科學出版社,1987年,第66頁。
⑤ 《金文編》誤釋爲从虎从乙之字,林澐《新版〈金文編〉正文部分釋字商榷》(1990年中國古文字學會第八屆年會提交論文)釋爲"虒"。

"唬"之初文，與羊鳴之"䍩"和牛鳴之"牟"造字方法相同。《說文》對"虒"的本義的解釋不可信。【編按：關於"虒"字，參看陳志向：《"虒"字補釋》，《文史》2018年第1輯。】"虒"字又見於新出的內史亳同，其銘云："成王易（賜）內史亳豊（醴），裸弗敢虒，乍（作）裸同。"虒，宋華強先生讀爲"惰"，①文意甚洽。不過"虒"也可能讀爲"弛"，"弛"同樣有鬆懈怠惰的意思，而且"弛"本从"它"聲，②"虒"讀爲"弛"跟上文所論"它"聲的字讀爲"褫"恰能互相印證。"虒"不管讀爲"惰"還是"弛"，都是跟歌部字通。【編按：涂白奎《內史亳觚與西周王號生稱》（復旦大學出土文獻與古文字研究中心網站，2012年6月12日；又《考古與文物》2013年第3期）讀"虒"爲"弛"。清華簡《攝命》5號簡："毋遞才（在）服。"从"虒"聲的"遞"讀爲"弛"。見李學勤主編：《清華大學藏戰國竹簡（捌）》，中西書局，2018年，第114頁注[一一]引或說。】

老簋銘文有字作🔣，其所从的🔣象子張口而啼號，張光裕先生認爲即"号"字的來源。③而李家浩先生認爲🔣是"也"字的來源，並認爲"也"字是"唬"的初文。④從字形演變關係來看，🔣是"号"的來源是無可懷疑的；🔣是"也"的來源也十分可信。故兩説都能成立。【編按："也"字的來源有待進一步研究。】"號"和"唬"是同義詞，用🔣形表示{號}和{唬}都很合適，這種情況屬於早期表意字的一形多用現象。⑤"虒"和"也"既然都是"唬"的初文，兩字的讀音應該很接近（本來當然應相同，説接近是就後

---

① 宋華強：《新出內史亳器"虒"字用法小議》，簡帛網，2010年5月3日。
② 从"它"聲的"弛"見齊陶文，高明、葛英會：《古陶文字徵》，中華書局，1991年，第96頁。从"也"聲的字基本上原來都是从"它"聲的，如池、馳、施、迤等字。
③ 張光裕：《新見老簋銘文及其年代》，《考古與文物》2005年增刊，第65頁；又中山大學古文字研究所編：《康樂集——曾憲通教授七十壽慶論文集》，中山大學出版社，2006年，第20頁。
④ 李家浩：《釋老簋銘文中的"滤"字——兼談"只"字的來源》，《安徽大學漢語言文字研究叢書·李家浩卷》，安徽大學出版社，2013年，第21頁。
⑤ 關於早期表意字的一形多用現象，參裘錫圭：《文字學概要》（修訂本），商務印書館，2013年，第5—6頁。

來因兩字有不同的假借用法而讀音發生變化之後而言的)。"也"的上古音歸部,有歌、支、魚三説。① 歸魚部説最無據,②可以不論。朱駿聲歸支部,也缺乏十分可靠的根據,③而且關鍵的問題是歸支部跟"也"字的中古音韻地位相衝突。"也"字中古屬麻韻系三等,麻韻系三等只有上古歌部和魚部的來源。若"也"字歸支部,則該入中古支韻系。所以,絕大多數音韻學家把"也"字歸入歌部,應該是可信的。老簋銘文的 ▨,李家浩先生釋爲"池","池"恰恰也是歌部字。【編按:關於此字,參看《讀新出西周金文偶識》第一則。已收入本書。】

睡虎地秦簡《日書》甲種《吏》篇有時稱名詞"日虒",④饒宗頤先生指出"日虒"即文獻中的"日施"。《説文》七上日部:"暆,日行暆暆也。""日施"是落日西斜的意思。⑤ "施""暆"都是歌部字。

以上所述"虒"跟歌部字相通的證據表明,"虒"字的上古讀音有歸歌部的可能,至少是除了支部的讀音以外,還有歌部的異讀。

根據羅常培、周祖謨先生《漢魏晉南北朝韻部演變研究》一書的研究,歌部和支部直到西漢時期還是保持分立的,到了東漢時期歌部的三等字才混入支韻系,如"奇"字和"爲"字之類,遂同於《切韻》音系。⑥ 但早在戰國時代的韻文中,就有一些歌支合韻的例子,虞萬里先生認爲是因爲楚方音歌支不分。⑦ 其説似難以取信於人。趙彤先生認爲,與支部合韻的都是歌部三等字,如"離""移""施",可能這些字已產生詞彙擴散式的音變,

---

① 參陳復華、何九盈:《古韻通曉》,第 344—345 頁。
② 參陳復華、何九盈:《古韻通曉》,第 344—345 頁。
③ 參陳復華、何九盈:《古韻通曉》,第 344—345 頁。
④ 睡虎地秦墓竹簡整理小組:《睡虎地秦墓竹簡》,文物出版社,1990 年,圖版第 102 頁,157 正—166 正;釋文注釋 207—208 頁。
⑤ 饒宗頤、曾憲通:《雲夢秦簡日書研究》,(香港)中文大學出版社,1982 年,第 32 頁。
⑥ 羅常培、周祖謨:《漢魏晉南北朝韻部演變研究(第一分冊)》,科學出版社,1958 年,第 13 頁。
⑦ 虞萬里:《從古方音看歌支的關係及其演變》,《榆枋齋學術論集》,江蘇古籍出版社,2001 年,第 1—47 頁。

因而有歌支兩讀。① 我們認爲，從一些文字異體、異文材料來看，上古有些字即其所代表的詞可能確實有歌支兩音。如䑁（舐）從易聲，歸支部，但《説文》重文作䑶，從也聲（可能訛變自它聲），則應歸歌部。鬄，《説文》有重文"髢"，情況同"䑁"。《詩經·小雅·斯干》："乃生男子，載寢之牀，載衣之裳，載弄之璋。其泣喤喤，朱芾斯皇，室家君王。乃生女子，載寢之地，載衣之裼，載弄之瓦。無非無儀，唯酒食是議，無父母詒罹。"從韻例看，"裼"字顯然跟歌部字"地""瓦""儀""議""罹"韻。王力先生疑是歌錫合韻，又疑"裼"非韻。② "裼"所表示的詞可能跟"䑁""鬄"一樣有歌部的又音，段玉裁說此"裼"讀如"扡"。③《説文》一上玉部："瑳，玉色鮮白。"又："玼，玉色鮮也。"段玉裁《説文解字注》删"瑳"篆，認爲"瑳"即"玼"之異體。《廣韻》兩字分別在歌韻系和支韻系，上古"差"聲在歌部，"此"聲在支部，兩個字形可能反映了意爲玉色鮮白的這個詞本來就有歌部和支部兩音。"兮"字的歸部主要有歌支兩説。④ 楚簡中"兮"既假借"氏"（如上博簡《孔子詩論》22號簡"其儀一氏，心如結也"），【編按："氏"應讀爲"只"。】又假借"可"（見上博簡《蘭賦》《有皇將起》等），"氏"是支部字，"可"是歌部字，大概語氣詞"兮"也有歌支兩音。【編按："兮"字應只有歌部的讀音。】因此，"虒"字上古本有歌支兩讀是可能的。"也"字屬於歌部，而與之同一來源的"只"字却屬於支部，⑤這也是"虒"有歌支兩讀的一個旁證，讀歌部的"虒"對應於"也"，而讀支部的"虒"對應於"只"。【編按：裘錫圭先生認爲"只"字來源於樹枝之"枝"的表意初文，與"也"字無關。見裘錫圭：《齊量制補説》，《中國史研究》2019年第1期第8頁注②。】

原載《古文字研究》第三十輯，中華書局，2014年。

---

① 趙彤：《戰國楚方言音系》，中國戲劇出版社，2006年，第88—89頁。
② 王力：《詩經韻讀·楚辭韻讀》，中國人民大學出版社，2004年，第256頁。
③ （清）馬瑞辰：《毛詩傳箋通釋》，中華書局，1989年，第586頁。
④ 參陳復華、何九盈：《古韻通曉》，第347頁。
⑤ 關於"也"和"只"的關係，參李家浩：《釋老簋銘文中的"濾"字——兼談"只"字的來源》，《安徽大學漢語言文字研究叢書·李家浩卷》，第23—24頁。

清華簡字詞補釋三則

一

清華簡中已經三次出現"䘏"字：

1.《尹至》簡4：湯曰：女（汝）告我顋（夏）䘏，衔（率）若寺（時）。
2.《殷高宗問於三壽》簡22—23：牧民而馭（御）王，天下䘏爯（稱），㠯（以）睪（誥）四方，寺（時）名曰瞻（叡）訐（信）之行。
3.《殷高宗問於三壽》簡23：䘏顋（夏）之遝（歸）商。

第一例"䘏"，整理者注云："䘏，從㤅聲，影母文部，讀爲同音之'隱'，《詩·柏舟》傳：'痛也。'參看《盤庚下》'尚皆隱哉'，《國語·周語上》'勤恤民隱而除其害也'。"①黄懷信先生讀爲隱藏之隱，謂："夏隱，夏人幽隱蔽藏之情，即上伊尹所告諸事。"②按：《詩·邶風·柏舟》："耿耿不寐，如有隱憂。"毛傳："隱，痛也"。《説文》第十下心部："慇，痛也。""隱"與"慇"同。此"隱"是一種心理活動，其主體只能是人，"夏隱"的説法大概不能成立，按整理者的理解應説成"夏民之隱"。"隱"也可以作及物動詞，表示哀憐義，如《孟子·梁惠王上》："王若隱其無罪而就死地，則牛羊何擇焉？"此義放在簡文中顯然也不合適。"夏隱"理解爲"夏人幽隱蔽藏之情"則似有增字解經之嫌，這個意思恐怕應説成"夏之隱情"，何況前文所述伊尹告湯諸

---

① 李學勤主編：《清華大學藏戰國竹簡（壹）》，中西書局，2010年，第130頁注[一九]。
② 黄懷信：《清華簡〈尹至〉補釋》，簡帛網，2011年3月17日。

事，如夏后寵二玉、夏民出怨言，都是公開的，很難視作隱情。

第二例"䁈"，整理者讀爲"甄"，引《後漢書·光武紀》"靈貺自甄"，李賢注："甄，明也。"①此訓"明"之"甄"乃是彰顯、表彰之義。"天下甄稱"，即天下人表彰稱揚之，可通。

第三例"䁈"，整理者讀爲"診"，引《説文》："診，視也。"②"診夏之歸商"，即省視考察夏之歸於商，亦可通。

【編按：清華簡《治邦之道》簡 3—4："㠯（以）䁈上下正（政）悳（德）之昏（晦）明。"這是第四例"䁈"字，文例與第三例相同。整理者讀爲"甄"。見李學勤主編：《清華大學藏戰國竹簡（捌）》，中西書局，2018 年，第 140 頁注[一八]。】

"䁈"字不見於《説文》，但見於《玉篇》和《廣韻》，字形作"覞"。《玉篇》見部："覞，視皃。"《廣韻》去聲綫韻："覞，視也。"《玉篇》之"視皃"大概是"視也"之誤。䁈（覞），從見（下從立人形，古文字用作"視"）亞聲，其造字本義應該就是視、省視。覞的讀音，《玉篇》"吉緣切"、《廣韻》"吉掾切"、《集韻》又音"稽延切"，疑均係後起變讀，其本音可能與同訓視之"診"字相同。"診"字從言，字形上與視義並不十分密合。《説文》段玉裁注云："從言者，醫家先問而後切也。"如此，"診"字可能本是專門爲診病義（省視義的引申義）而造的分化字，其母字正是"䁈（覞）"。《玉篇》另有訓視的"覸"字（音同"診"），既可以看作"䁈（覞）"字改換音符的異體，也可以看作"診"字改換意符的異體。古書中"診"多用作診病義，也有一般的省視察看義，如《漢書·佞幸傳·董賢》："莽疑其詐死，有司奏請發賢棺，至獄診視。"睡虎地秦簡"診"字屢見，兩種意思都有。③ 表示省視察看義時，"診"是假借字，"䁈（覞）"是本字。

《尹至》篇的"䁈"顯然不能理解爲省視察看，而應該理解爲省視察看義的另外一個引申義，即所省察的情狀、狀況，轉爲名詞。"告我夏䁈

---

① 李學勤主編：《清華大學藏戰國竹簡（伍）》，中西書局，2015 年，第 158 頁注[八二]。
② 李學勤主編：《清華大學藏戰國竹簡（伍）》，第 159 頁注[八五]。
③ 參看王輝主編：《秦文字編》，中華書局，2015 年，第 384—385 頁。

（診）"，就是告訴我夏的情况。《素問·風論》："帝曰：五藏風之形狀不同者何？願聞其診，及其病能（態）。"王冰注："診，謂可言之證。"下文分别説"肺風之狀，……診在眉上，其色白"，"心風之狀，……診在口，其色赤"，"肝風之狀，……診在目下，其色青"，"脾風之狀，……診在鼻上，其色黄"，"腎風之狀，……診在肌上，其色黑"。① "診"即症狀，正作名詞用。診病義能引申出症狀義，那麽省視義引申出一般的情狀義也是很自然的事。王力主編《王力古漢語字典》"診"字列情狀義，引嵇康《聲無哀樂論》："夫喜怒章於色診，哀樂亦宜形於聲音。"② "色診"即臉色的狀况。此用例時代較晚，但此點不足以否認"䚅（診）"在先秦就有情狀義。

第二例"䚅"，整理者讀爲"甄"雖可通，但考慮到與下文"䚅"的統一，未嘗不可以讀爲"診"。"診稱"，省察而稱揚之，似亦可通。

《説文》："甄，匋也。""甄"的本義是製作陶器，引申爲化育、造就（史牆盤有"䵼（甄）毓（育）子孫"），但"甄"的考察、識别、彰顯、選拔等義，是否與其本義相關，或者其實就是假借爲"䚅（診）"，不容易確定，有待進一步研究。

【編按："䚅（覞）"與"診"的上古聲母是否屬於同一類，有待證明。】

二

《芮良夫毖》簡 24—25："紤（朕）隹（惟）㳞（沖）人，則女（如）禾之又（有）秜（稚）。非穀折（哲）人，虔（吾）楚（麗）所爰（援）□詣（稽）。"③其中的"穀"字，整理者引《説文》"穀，乳也"，認爲"穀哲人"即"穀於哲人"，是哺乳、哺育於哲人的意思。④ 按：此説難以信從。被哲人所哺育的説法頗爲可怪，亦不見於文獻。即使能説"穀於哲人"這種話，大概也是不能省去介

---

① 郭靄春主編：《黄帝内經素問校注》，人民衛生出版社，1992 年，第 550—551 頁。
② 王力主編：《王力古漢語字典》，中華書局，2000 年，第 1269 頁。
③ "詣"上一字漫漶不可辨。詣，整理者訓"進"（李學勤主編：《清華大學藏戰國竹簡（叁）》，中西書局，2012 年，第 155 頁注［九四］），此從王瑜楨《清華大學藏戰國竹簡（叁）·芮良夫毖》釋讀》（《出土文獻》第六輯，中西書局，2015 年，第 191 頁）括注"稽"。
④ 李學勤主編：《清華大學藏戰國竹簡（叁）》，第 155 頁注［九三］。

詞"於"的。"毃"字顯然應讀爲"遘"。清華簡《金縢》簡3:"尔(爾)元孫發(發)也,毃遰(害)盭(虐)疾。"毃,今本《金縢》作"遘",是簡文用"毃"表示{遘}。"毃"字从力殼聲,證明"殼"亦可假借表示{遘}。"遘"和"毃"中古完全同音(古候切),上古韻部雖有侯、屋之別,也極相近。"非遘哲人,吾靡所援□稽",大概是說,遇不到哲人,我就無所援引稽考。本篇上文簡3—4說"由(迪)求聖人,吕(以)繡(申)尔(爾)惎(謀)猷,母(毋)胹(羞)䚋(問)儴(訊),①厇(庶)母(無)又(有)諮(咎)",②"遘哲人"與"求聖人"遥相呼應,哲人和聖人都是聰明人的意思。

三

《封許之命》簡2:"雩(越)才天下,古(故)天蕇(勸)之乍〈亡(無)〉斁(斁),向厝乎(厥)悳(德),雁(膺)受大命,晃(畯)尹三(四)方。"這段話乃追述周文王的功績。整理者指出"畯尹四方"見於西周大克鼎(《集成》2836),讀"晃"爲"畯",③蓋理解爲"長",④修飾動詞"尹"。按五祀䰙鐘(《集成》358)"䰙其萬年,永畍(畯)尹四方","永"已是長義,"畯"就不可能還是長義。大克鼎銘云:"天子其萬年無彊(疆),保辥(乂)周邦,畍(畯)尹三(四)方。""畯尹"和"保乂"對舉,簡文中"畯尹"和"膺受"亦對舉,"保乂"和"膺受"都是並列結構,"畯尹"也應該是並列結構。則"畯"跟"尹"義近,當可訓爲"正",統治、治理之義。《詩經》中稱田官爲田畯,田畯即田正,亦可證"畯"本有"正"義。王引之《經義述聞》卷二十七"畯農夫也"條:"畯,

---

① 胹,整理者讀"擾"(李學勤主編:《清華大學藏戰國竹簡(叁)》,第149頁注[一四]),此從單育辰先生讀"羞"(簡帛網"簡帛論壇—簡帛研讀"《清華簡三〈芮良夫毖〉初讀》2013年1月31日ee的發言)。"問訊",整理者釋"䚋(聞)繇",此從王瑜楨《〈清華大學藏戰國竹簡(叁)·芮良夫毖〉釋讀》(《出土文獻》第六輯,第186頁)讀。

② 厇,整理者讀"度"(李學勤主編:《清華大學藏戰國竹簡(叁)》,第149頁注[一五]),此從王瑜楨《〈清華大學藏戰國竹簡(叁)·芮良夫毖〉釋讀》(《出土文獻》第六輯,第186頁)讀爲"庶"。

③ 李學勤主編:《清華大學藏戰國竹簡(伍)》,第119頁注[六]。

④ 《爾雅·釋詁》:"駿,長也。"《詩·小雅·雨無正》"不駿其德",《周頌·清廟》"駿奔走在廟",毛傳:"駿,長也。"

長也。田畯,農之長。"其所謂"長"即"正"義。裘錫圭先生指出,史牆盤之"吮(畯)民"即大盂鼎之"吮(畯)正叺(厥)民",①益可證"畯"確實有動詞義。【編按:"畯尹四方"之"畯"訓爲長也講得通。】

"向脣叺惪",整理者讀爲"尚純厥德"。② 脣,馬楠先生疑讀爲"祇"。③ 按:"純厥德""祇厥德"意皆通,"純"或"祇"都是使動用法,言文王使其德純粹或敬慎。從馬楠先生所舉通假用例來看,讀爲"祇"的可能性更大。整理者讀"向"爲"尚",則完全不可信。此"尚"是副詞,相等於庶幾,有祈使義,放在簡文中並不合適。何況"向"與"尚"讀音不相近,亦無由通假。我曾把清華簡《説命上》和上博簡《彭祖》中的"向"讀爲音近之"競",④疑此"向"字也可以讀爲"競"。"競"與"純"(或"祇")並列,跟下文"膺受"和"畯尹"在結構上是一致的。《爾雅·釋言》:"競,彊也。"《詩·大雅·桑柔》"秉心無競",毛傳:"競,彊也。"《左傳》成公九年:"德則不競,尋盟何爲?"杜預注:"競,強也。"是"競"有強義,且德可言競。先秦古書中有"剛德"之説,如:《逸周書·謚法》:"剛德克就曰肅。"《左傳》文公五年:"天爲剛德,猶不干時,況在人乎?""競厥德",就是使其德剛強的意思。"競純厥德"或"競祇厥德",就是使其德剛強而純粹或剛強而謹慎。《詩·魯頌·泮宮》之"敬明其德",大克鼎銘文之"盅(淑)惎(慎)叺(厥)德",句式與簡文相同。

原載《古文字研究》第三十一輯,中華書局,2016年。

---

① 裘錫圭:《史牆盤銘文解釋》,《裘錫圭學術文集·金文及其他古文字卷》,復旦大學出版社,2012年,第9頁。
② 李學勤主編:《清華大學藏戰國竹簡(伍)》,第118頁。
③ 清華大學出土文獻讀書會:《清華簡第五册整理報告補正》,清華大學出土文獻研究與保護中心網站,2015年4月8日。
④ 張富海:《讀清華簡〈説命〉小識》,復旦大學歷史系、復旦大學出土文獻與古文字研究中心編:《簡帛文獻與古代史——第二届出土文獻青年學者國際論壇論文集》,中西書局,2015年,第42頁。【編按:已收入本書。】

清華簡《繫年》通假隸釋

一

《繫年》簡 2—3:"至于東=王=(厲王,厲王)大瘧(虐)于周,卿李、者(諸)正、萬民弗刃(忍)于氒(厥)心,乃歸厲(厲)王于彘(彘)。"整理者注:"李,即'李'字,古音來母之部,在此假爲'士'字,'士'爲從母,係鄰紐。"①按"卿李"即古書中的"卿士",確無可疑。清華簡《祭公之顧命》簡 16"女(汝)母(毋)目(以)俾(嬖)士息(疾)夫=(大夫)卿李",今本《逸周書·祭公》"卿李"正作"卿士"。但"李"字括讀爲"士",不如括注"事"。古書中的"卿士",西周金文均作"卿事",見於毛公鼎、番生簋、矢令方尊等;郭店簡《緇衣》簡 23 引上舉《祭公之顧命》語亦作"卿事"(上博《緇衣》簡 12 作"向使")。清華簡《厚父》簡 2"令(命)咎繇下爲之卿事",整理者趙平安先生僅注明"卿事"見於西周金文,未在"事"字後括注"士",②這是比較妥當的做法。"卿事"之"事"應與"御事"之"事"相同,即表示{事},而與"士大夫"之"士"無關,上引清華簡《祭公之顧命》及郭店、上博《緇衣》中"嬖士"和"卿事"的用字區別,恰可説明這一點。所以,古書中的"卿士"其實反而是假借"士"爲"事",或係因誤解而改字所造成的寫法。"事"和"吏"本爲一

---

① 李學勤主編:《清華大學藏戰國竹簡(貳)》,中西書局,2011 年,第 137 頁注[一○]。
② 李學勤主編:《清華大學藏戰國竹簡(伍)》,中西書局,2015 年,第 110 頁、第 111 頁注[七]。

字,而"李"和"吏"讀音至近,故簡文可假借"李"爲"事"。

《繫年》簡 137:"王命坪(平)亦(夜)悼武君李人於齊陳溇求自(師)。"李,整理者讀爲"使",可從。"李"可讀爲"事",當然也可以讀爲與"事"音近的"使"。此通假可解決"行李"之"李"的含義問題。《左傳》僖公三十年:"行李之往來,共其乏困。"杜注:"行李,使人。""行李",又作"行理",如《左傳》昭公十三年:"行理之命,無月不至。"杜注:"行理,使人通聘問者。"《國語·周語中》:"行理以節逆之。"韋注:"理,吏也。行理,小行人也。"①清代郝懿行《證俗文》云:"古者行人謂之行李,本當作行理,理,治也。作李者,古字假借通用。又案:㭒,古文使字,與李字形相近。或行㭒訛爲行李,轉爲行理,亦未可知。而經傳無㭒,先儒亦不言是誤,疑未敢信也。"②章太炎《官制索隱》認爲行李之"李"和行理之"理"是"使"之假借。③ 從此簡文假"李"爲"使"來看,郝懿行所未敢信的第二説和章太炎説是正確的,即行李之"李"是"使"的假借字,行李就是行使,行人使人之謂。【編按:清華簡《治政之道》簡 41:"皮(彼)亓(其)行㭒(李)史(使)人䢼(來)請亓(其)古(故),不聖(聽)亓(其)詞(辭),唯從亓(其)志。"其中"行李使人"之語可證"李"與"使"在戰國時已經分化爲兩個讀音不同的詞。】郝懿行所説的"㭒",是傳抄隸定古文"使",但從字形看,亦本是"李"字,馬王堆帛書"李"或作 ![字形], ④與之形近。同此簡文,古文假借"李"爲"使",故字書以爲"使"字古文。⑤

二

《繫年》第六、十四、十五、二十章中有"迡"字,其後均接國名,意思和

---

① 徐元誥:《國語集解》,中華書局,2002 年,第 67 頁。
② 《續修四庫全書》第 192 册,上海古籍出版社,2002 年,第 487 頁。
③ 《章太炎全集(四)》,上海人民出版社,1985 年,第 94 頁。
④ 參看陳松長編:《馬王堆簡帛文字編》,文物出版社,2001 年,第 226 頁。
⑤ 徐在國《隸定古文疏證》(安徽大學出版社,2002 年,第 173 頁)認爲"㭒"是"事"字訛變。李春桃《傳抄古文綜合研究》(吉林大學 2012 年博士學位論文,第 200 頁)同。恐不可從。

用法與"適"無別。整理者把"迬"字直接括讀爲"適",這是不妥當的。因爲從上古音來看,"迬"的聲旁"石"是鐸部字,而"適"屬於錫部,兩字讀音有別,恐怕不能這樣率然通假過去。"迬"字已見於包山楚簡和九店楚簡。陳偉先生在考釋九店楚簡 32 號時説:"迬,即'跖',古書往往寫作'蹠'。《淮南子·原道》'自無蹠有,自有蹠無',高注:'蹠,適也。'……又包山簡 120 號、128 號也有此字,亦爲往適之意。"①李家浩先生在考釋九店楚簡時説:"'迬'字爲字書所無,上引秦簡《日書》甲種楚除外陽日占辭與此字相當的文字作'遮'。'迬'從'石'聲,'遮'字從'庶'聲。按'庶'本從'石'聲,故'石''庶'二字作爲聲旁可以通用。……據此,疑楚簡'迬'應當是'遮'字的異體。古代'蹠'字有'適''至'義。《淮南子·原道》'出生入死,自無蹠有,自有蹠無,而以衰賤矣',高誘注:'蹠,適也。'《楚辭·九章·哀郢》'心嬋媛而傷懷兮,眇不知其所蹠',何劍熏據上引《淮南子》高注,謂'此處蹠字,亦當訓適。適,之也,往也'(原注:《楚辭新詁》二二一頁)。《淮南子·説林》'蹠越者,或以舟,或以車,雖異路,所極一也',高誘注:'蹠,至也。'至,來也,到也。楚簡'迬(遮)'字和秦簡"遮"字,都應當讀爲'蹠'。本組簡'蹠四方野外'和秦簡'蹠野外'之'蹠'訓爲'適',包山楚簡'蹠楚'和'蹠鄀'之'蹠'訓爲'至'。馬王堆漢墓帛書《老子》甲本也有'迬':'故貴爲身於天下,若可以迬天下矣。'傳本'迬'作'託'。'蹠''託'古音都是鐸部字,故可通假。"②何琳儀先生也讀"迬"爲訓"適"的"蹠"。③李守奎、賈連翔、馬楠三位先生編著的《包山楚墓文字全編》在"迬"字下注云:"當即《説文》之蹠,④適也。"⑤可見,楚簡中的"迬"讀爲"蹠"、訓爲"適"本來是古文字學界的共識,《繫年》整理者沒有理由不予采用。

上引李家浩先生的考釋所揭示的帛書《老子》甲本假借"迬"爲"託",

---

① 陳偉:《九店楚日書校讀及其相關問題》,《人文論叢》1998 年卷,武漢大學出版社,1998 年;收入氏著:《新出楚簡研讀》,武漢大學出版社,2010 年,第 53 頁。
② 湖北省文物考古研究所、北京大學中文系編:《九店楚簡》,中華書局,2000 年,第 89—90 頁。
③ 何琳儀:《戰國古文字典——戰國文字聲系》,中華書局,1998 年,第 547 頁。
④ 按《説文》"蹠"爲楚人謂跳躍。
⑤ 李守奎、賈連翔、馬楠:《包山楚墓文字全編》,上海古籍出版社,2012 年,第 77 頁。

證明"迲"字確實讀鐸部之音。上博簡《三德》簡5"土陞（地）乃埮（坏）"，假借从"迲"聲之字爲"坏"（鐸部），也是"迲"必讀鐸部之音的證據。

楚簡中已有"適"字：上博簡《凡物流形》甲本、乙本簡5"亓（其）夬（慧）系（奚）壹（適）"，"壹"即"適"的異體字。上博簡《卜書》簡1"牆（將）達（去）亓（其）里而它方女（焉）遆（適）"，"遆"亦"適"的異體字。既然已有"適"字，就更没有把"迲"讀爲"適"的必要了。

《説文》二下足部："跖，足下也。"即腳掌之義（又寫作"蹠"）。"跖"又有踩踏義（此義又寫作"蹠"），顯然與腳掌義是名動相因的引申關係。"蹠"的行走（《廣雅·釋詁一》："蹠，行也"）、往適義應該是踩踏義的引申。

三

《繫年》簡89、97："爾天下之虢（甲）兵。"爾，整理者讀爲"弭"，引《國語·周語上》韋注："止也。"①無疑是正確的。此音義古書中亦作"彌"，如《周禮·春官·小祝》"彌災兵"。"彌"字不見於《説文》，但見於西周金文（《金文編》，第850頁），多讀訓"滿"之"彌"，如史牆盤"彌生"。

《説文》十二下弓部："弭，弓無緣，可以解轡紛者。从弓耳聲。""弭"字亦見於西周金文（《金文編》，第848頁）。《説文》段玉裁注根據諧聲（聲旁"耳"在之部），認爲"弭"之古音當在一部（即之部）。一般根據"弭"的中古音韻地位（《廣韻》在紙韻）及其《説文》重文"𦐄"，把"弭"字歸入上古支部。② 鄭張尚芳先生把"弭"字歸入脂部，③與衆不同，蓋爲調和諧聲與中古音韻地位的矛盾之故。從此簡文假借"爾"爲"弭"來看，我認爲"弭"的上古音應與"爾"同部。"爾"有歸脂部和歌部二説，從其中古音韻地位（《廣韻》在紙韻）和古文字材料中的相關諧聲通假現象來看，當以歸"歌"

---

① 李學勤主編：《清華大學藏戰國竹簡（貳）》，第175頁注[七]。
② 郭錫良：《漢字古音手册》（增訂本），商務印書館，2010年，第143頁；陳復華、何九盈：《古韻通曉》，中國社會科學出版社，1987年，第175頁；唐作藩：《上古音手册》（增訂本），中華書局，2013年，第101頁；張日昇、林潔明編：《周法高上古音韻表》，三民書局，1973年，第56頁。
③ 鄭張尚芳：《上古音系》（第二版），上海教育出版社，2013年，第312頁。

部爲是。【編按：參看《讀清華簡〈説命〉小識》。已收入本書。】因此，"弭"也應該歸入歌部。"弭"入歌部，既合乎其中古音韻地位，又與通假相合。《詩·小雅·采薇》："四牡翼翼，象弭魚服。"鄭玄箋："弭，弓反末彆者，以象骨爲之。""弭"爲弓之末，可能和"末"有語源上的關係。《周禮·考工記·弓人》："下柎之弓，末應將興。"鄭玄注："末猶簫也。"《禮記·曲禮上》："凡遺人弓者……右手執簫。"鄭玄注："簫，弭頭也。"出土青銅弭自名爲"距末"。① "距"應該代表一個前綴，附加在詞根"末"上。"末"的上古音屬月部，則"弭"與"末"歌月對轉。"弭"所從之"耳"的讀音與"弭"聲韻皆有區別，很難看作聲旁，應不能囿於《説文》的諧聲分析。李孝定説："弭字从耳，殆亦會意兼聲之例，弓末斜出，正如人之有耳也。"② 我認爲"弭"應當看作會意字，而非形聲字。弭有成對的兩個，形狀恰如人耳，可看1999年湖南常德出土的忏距末。③ 弭叔盨（《集成》4385）"弭"字作 ，"耳"旁偏上，附着於"弓"旁，屬於圖形式會意，弓耳之意更顯。④

《繫年》簡11："亓(其)大=(大夫)高之巨爾殺卻(昭)公而立亓(其)弟子霊壽。"簡12："車瞉(轄)高之巨爾。"高之巨爾，《左傳》作"高渠彌"，則此"爾"亦讀爲"彌"。⑤ 又郭店簡《老子甲》簡30"夫天多異(忌)韋(諱)而民爾(彌)畔(叛)"，亦假借"爾"（原形作 ，字形有所訛變）爲"彌"。上博簡《曹沫之陳》簡2："今邦懸(彌)少而鐘愈大。"用從"爾"聲的字假借爲"彌"。《繫年》未見"爾"的簡體"尔"，但其他楚簡中，"尔"大都是用來表示第二人稱代詞{爾}的，且{爾}都用"尔"來表示。葛陵楚簡甲三65和乙四30、32用"爾"字表示第二人稱代詞{爾}，是例外，可能是因爲其年代較早的緣故。⑥【編按：

---

① 此點蒙郭永秉先生提示。
② 李孝定：《金文詁林讀後記》，中研院歷史語言研究所專刊之八十，1982年，第433頁。
③ 照片見陳松長：《湖南常德新出土"距末"銘文小考》，《古文字研究》第二十四輯，中華書局，2002年，第269頁。
④ 此字形蒙郭永秉先生提示。
⑤ 李學勤主編：《清華大學藏戰國竹簡(貳)》，第140頁注[一六]。
⑥ 宋華強先生把葛陵楚簡的年代定在戰國早中期之交，見氏著：《新蔡葛陵楚簡新探》，武漢大學出版社，2010年，第134頁。

清華簡《四告》簡 49—50："弋(式)卑(俾)曾孫彝(恭)爾明(盟)祀,宜爾祜福。"亦用"爾"字表示第二人稱代詞{爾},也是年代較古的寫法。】看來,在戰國中期的楚簡中,"爾"字已經與其簡體"尔"有了功能分化:"尔"表示{爾},"爾"表示{彌}。{爾}與{彌}的中古聲母分別是日母和明母,讀音上有差異,這種分工或許正是讀音差異的反映。

四

《繫年》簡 35:"惠公女(焉)曰(以)亓(其)子裛(懷)公爲執于秦。"整理者讀"執"爲"質",引《左傳》僖公十七年:"夏,晉大子圉爲質於秦,秦歸河東而妻之。"① 簡 60:"曰(以)芋(華)孫兀(元)爲銶。"整理者注:"銶,'執'異體,章母緝部,與'質'字通假,如'摯''贄'等字都在質部。《左傳》宣公十五年:'宋及楚平,華元爲質。'"② 整理者讀簡文中的"執"及其異體"銶"爲人質之"質",毫無疑問是正確的。

人質之"質"寫成"執",已見於上博簡《鄭子家喪》簡 5"鄭人命以子良爲執(質)",陳偉先生有考釋。③ 白於藍先生不同意"執"讀爲"質",認爲應讀爲"贄"。他說:"上古音'執'爲章母緝部字,'質'爲章母質部字,兩字聲母雖爲雙聲,但韻部相隔過遠,典籍中亦未見執、質二字相通的例證。"④ 白先生對"執"讀爲"質"的質疑是有道理的。"執"在古書中確實只有緝部的讀音,與"質"字自然不好隨便通假。但白先生主張讀爲"贄",則於義難通。"贄"(脂利切,經典或作"摯"),是見尊者所執之禮物,是"執"的派生詞,兩者讀音上原本僅有去入之分,所謂去聲別義是也。人質之"質"(陟利切)則是抵押之"質"(《說文》:"質,以物相贅。"讀之曰切)的派生詞,兩者亦有去入之別。禮物和抵押品性質不同,不能混爲一談。古書

---

① 李學勤主編:《清華大學藏戰國竹簡(貳)》,第 152 頁注[九]。
② 李學勤主編:《清華大學藏戰國竹簡(貳)》,第 162 頁注[一八]。
③ 陳偉:《新出楚簡研讀》,第 308 頁。
④ 白於藍:《讀上博簡札記》,《中國文字》新三十八期,藝文印書館,2012 年,第 57—58 頁。

中"質"或讀爲"贄"(如"委質"之"質"即讀爲"贄",委質就是放下禮物),純屬通假關係,並非因兩字同義。

上引白於藍先生文提到馬王堆帛書《戰國縱橫家書》有四段文字出現"摯"字,整理者均讀爲"質"。這四段文字分別是:《蘇秦謂齊王章(二)》:"燕纍臣以求摯。"《蘇秦自趙獻書於齊王章(一)》:"先爲王絶秦,摯子。"《蘇秦自趙獻書於齊王章(二)》:"天下將入地与重摯於秦。"《蘇秦獻書趙王章》:"恐天下之疑己,故出摯以爲信。"從文義看,至少第二和第四例的"摯"字確應讀爲"質"。"摯"音同"贄"(脂利切),是"執"加意符"手"的分化字。帛書"摯"讀爲"質"與楚簡"執"讀爲"質"的性質是相同的,可以互證。

"摯"由"執"分化而來,其上古音本在緝部,①但在帛書抄寫時代,其讀音已轉入質部(去聲),故可以讀爲"質"。"執"字古書中並無質部之音,但在楚簡中,應可讀如"摯"。清華簡《尹至》《尹誥》記"伊尹"之名爲"執",而古書中作"摯",可以爲證。在楚簡書寫時代,"執(摯)"應該也已經轉入質部,故可以讀爲"質"。【編按:關於戰國時代肯定已經發生的 $*$-ps＞$*$-ts 音變,參看《上古漢語 $*$-ps＞$*$-ts 音變在戰國文字中的反映》。已收入本書。】

原載李守奎主編:《清華簡〈繫年〉與古史新探》,中西書局,2016年。

---

① 郭錫良:《漢字古音手册》(增訂本),第84頁;鄭張尚芳:《上古音系》(第二版),第568頁。

清華簡零識四則

一

清華簡《皇門》簡1—2："鷸（肆）朕濬（沖）人非敢不用明刑，隹（唯）莫𦖞余嘉悳（德）之兑。"整理者隸定爲"鷸"的字原形作𫊣，即"肆"字之形訛，其實也可以釋作"肆"。此句《逸周書·皇門》作："建沈入非不用明刑，維其開告于予嘉德之説。"對照即可知，今本"建"爲"肆"之誤，脱"朕"字，"入"爲"人"之誤，①"其"爲"莫"之誤。今本比簡本多出"告于"二字，黄懷信先生認爲"今本'告'字、'于'字皆後人所增"，②可從。

𦖞，從貝（視）幵聲，當即"盰"之異體。《説文》四上目部："盰，蔽人視也。从目幵聲。讀若攜手。一曰直視也。䀴，盰，目或在下。"大徐音苦兮切，上古音當在歌部，與"幵"之元部音對轉。清華簡《子儀》簡17有"䀴（盰）"字。《皇門》整理者據今本讀"𦖞"爲"開"，可從。整理者云："𦖞與開皆從幵。"③按兩字皆從幵並不能證明其讀音相近，可以相通，應該直接肯定兩字皆從幵聲。大徐本《説文》十二上門部："開，張也。从門从幵。𨳏，古文。"而小徐本作"從門幵聲"。從幵無義可説，故"幵"只能是聲旁。

---

① 盧文弨已校出。見黄懷信等：《逸周書彙校集注》（修訂本），上海古籍出版社，2007年，第544頁。
② 黄懷信：《清華簡〈皇門〉校讀》，簡帛網，2011年3月14日。
③ 李學勤主編：《清華大學藏戰國竹簡（壹）》，中西書局，2010年，第166頁注[六]。

段玉裁《說文解字注》從小徐本，云："按大徐本改爲从門从开，以开聲之字古不入之哈部也。玉裁謂此篆开聲，古音當在十二部，讀如攘帷之攘。由後人讀同闓，而定爲苦哀切。"按段氏之十二部相當於真部，此應是十四部之誤，段氏之十四部即元部，"开"與"攘"，段玉裁皆歸十四部。段玉裁認爲"開"本音爲元部，音同"攘"（按應讀同苦堅切的"岍"），苦哀切的音（上古微部）實際上是"闓"的同義換讀（闓，《廣韻》苦亥切，又音開，即苦哀切）。此説本來確無可疑，①但後來的學者仍迷惑於苦哀切之音，多不相信。王筠《說文解字句讀》、朱駿聲《說文通訓定聲》、林義光《文源》、楊樹達《積微居小學述林》都認爲篆文之"開"是古文之形的訛變。② 從开聲的"開"字已見於上博簡《陳公治兵》簡16，清華簡《子儀》簡16還有从户开聲的"開"字異體，所以"開"不可能是訛體。實際上，《說文》古文之形 並無出土古文字的證明，極有可能反而是漢代小學家因不理解"開"之結構而據隸書反推後編造出來的形體。

"唯莫開余嘉德之兑"的"兑"，整理者從今本讀爲"説"，似乎很自然，細究起來却不無滯礙之處。"開余嘉德之兑"是雙賓語結構，"余"是動詞"開"的間接賓語，"嘉德之兑"是直接賓語，句意即：爲我開啓嘉德之兑。若"兑"讀爲"説"，那麼"嘉德之説"如何能言開？顯然是很難講得圓通的。我認爲，此"兑"字即《老子》"開其兑"之"兑"。《老子》第五十二章："塞其兑，閉其門，終身不勤；開其兑，濟其事，終身不救。"其中的"兑"，郭店簡《老子乙》簡13作"逸"（又"開"作"启"，義同）。孫詒讓《札迻》卷四："案：'兑'當讀爲'隧'，二字古通。襄二十三年《左傳》'杞殖、華還載甲夜入且于之隧'，《禮記·檀弓》鄭注引之云'隧或爲兑'，《晏子春秋·内篇問下篇》（引者按：當作"上篇"）又作'兹於兑'（引者按："於"當作"于"），是其

---

① 陳劍先生有進一步的論證，見陳劍：《〈容成氏〉補釋三則》，《出土文獻與古文字研究》第六輯，上海古籍出版社，2015年，第369頁。
② （清）王筠：《說文解字句讀》，中華書局影印，1988年，第469頁；（清）朱駿聲：《說文通訓定聲》，武漢市古籍書店影印，1983年，第595頁；林義光：《文源》，中西書局影印，2012年，第246頁；楊樹達：《積微居小學述林全編》，上海古籍出版社，2007年，第130頁。

證也。《廣雅·釋宫》:'隧(引者按:《廣雅》原文作"隊"),道也。'《左傳》文元年杜注:'隧,徑也。''塞其兑',亦謂塞其道徑也。"①此説甚確,"隧"訓道又見《詩·大雅·桑柔》"大風有隧"毛傳,郭店簡之"说"正是訓道之"隧"的本字。馬王堆帛書《老子》甲本:"人之飢也,以其取食说之多也,是以飢。"帛書乙本"说"作"跷"。裘錫圭先生説:"'说'也許就是當道路講的'隧'或'隊'的異體。'取食说'的意思就是取得食物的途徑。……人們餓肚子,是由於他們獲取食物的途徑太多。"②此簡文"唯莫開余嘉德之兑(隧)",意思就是無人爲我打開達致嘉德之途徑。這個"兑"字大概早就被誤讀爲"説"了,正是因爲"開嘉德之説"講不通,所以後人才會在"開"字後增加"告"字以求通,"告余嘉德之説"可通(介詞"于"可有可無),但"開告"的説法仍嫌不辭。

二

清華簡《皇門》簡 2—3:"我餖(聞)昔才(在)二又(有)或(國)之折(哲)王,則不共于卹(恤),廼佳(唯)大門宗子埶(褻)臣,林(懋)昜(揚)嘉悳(德),气(訖)又(有)窇(孚),㠯(以)薦(助)氒(厥)辟,菫(勤)卹(恤)王邦王豕(家)。"其中比較有問題的是"不共于卹"的釋讀。《逸周書·皇門》對應的句子作:"我聞在昔有國誓王之不綏于卹,乃維其有大門宗子勢臣,内不茂揚肅德,訖亦有孚,以助厥辟,勤王國王家。"今本之"不綏于卹"顯然無法與簡文之"不共于卹"相溝通。整理者讀"共"爲"恐",③文義未安,憂卹大概不能説恐不恐。孫飛燕先生讀爲"丕恭于卹",恭敬於憂國的意思,④文義與上下文不符。魏宜輝先生認爲,此"共"字與春秋齊國叔尸鐘、叔尸鎛的"女(汝)巩裝(勞)朕行師"之"巩"表示同一個詞,義同勞;"不

---

① (清)孫詒讓:《札迻》,中華書局,1989 年,第 128 頁。
② 《裘錫圭學術文集·語言文字與古文獻卷》,復旦大學出版社,2012 年,第 356 頁。
③ 李學勤主編:《清華大學藏戰國竹簡(壹)》,第 166 頁注[八]。
④ 孫飛燕:《清華簡〈皇門〉管窺》,《清華大學學報(哲學社會科學版)》2011 年第 2 期。

共于卹",猶《尚書·大誥》之"無毖于卹","毖"亦訓勞；上引簡文的意思是："夏商二代的哲王，不勞於憂，是由於他們有大門宗子近臣的輔助，這些人輔助他們的君主，勤勞王邦王家之事。"①魏宜輝先生對文義的把握十分準確，簡文之"共"確應理解爲勞，但魏宜輝先生把此"共"和叔弓鐘、叔弓鎛的"巩"讀爲劬，却猶未達一間。"共""巩"與"劬"雖然音近，但韻部上仍有東侯之別。

郭店簡《緇衣》簡 7—8："少(小)顕(雅)員(云)：非亓(其)止(止)之共(恭)，唯王恭。"所引詩句，今本《禮記·緇衣》作"匪其止共，惟王之卭"，郭店簡之"之"字誤在"止"下，當移正。上博簡《緇衣》有殘缺，存"隹王之功"四字。郭店簡之"恭"和上博簡之"功"所表示的詞無疑即今本之"卭"。《爾雅·釋詁》："卭，勞也。"《禮記·緇衣》鄭玄注："卭，勞也。"《詩·小雅·巧言》："匪其止共，維王之卭。"毛傳："卭，病也。"對義爲勞的"卭"這個詞來説，傳世文獻的"卭"是一個假借字，上博簡之"功"似乎可以視爲本字，但跟功用之"功"同形。顯然，清華簡《皇門》"不共于卹"之"共"和叔尸鐘、叔尸鎛的"女(汝)巩袋(勞)朕行師"之"巩"所表示的詞也是訓勞、訓病的"卭"。"卭"和"劬"可能存在同源詞關係，但畢竟是語音形式不同的兩個詞。【編按：馮勝君先生的《肺腑而能語 醫師色如土：以〈皇門〉爲例檢視前人校讀古書的得失》一文已讀此"共"字爲"卭"。見賈晉華等編：《新語文學與早期中國研究》，上海人民出版社，2018 年，第 285 頁。清華簡《攝命》簡 11"弗羿我一人才(在)立(位)"，"羿"亦當讀爲"卭"。參簡帛網"簡帛論壇—簡帛研讀"《清華簡八〈攝命〉初讀》2018 年 11 月 21 日"心包"的發言。】

三

清華簡《芮良夫毖》簡 18—19："天之所壞(壞)，莫之能枳(支)。天之所枳(支)，亦不可壞(壞)。反₌(板板)亓(其)亡(無)城(成)，甬(用)㞢可

---

① 魏宜輝：《利用戰國文字校讀〈尚書〉二題》，《古漢語研究》2016 年第 1 期。

畏。"其中的"㞷"字,整理者讀爲"皇",訓"大",引《逸周書·成開》"式皇敬哉"及《祭公》"汝其皇敬哉"孔晁注爲證。① 按簡文之"㞷"相當於《逸周書》"式皇敬哉"和"汝其皇敬哉"之"皇",這一點完全可信,因爲兩者的語法位置相同,都是副詞作狀語,但不能從孔晁注訓爲大。雖然"皇"確有大義,但那是一個形容詞,作定語或謂語,不能作狀語。《逸周書·成開》"式皇敬哉",孫詒讓云:"皇,當讀爲况。"②《祭公》"汝其皇敬哉",莊述祖云:"皇,讀曰况,兹也,益也。"孫詒讓云:"莊讀是也。《無逸》云:'則皇自敬德。'漢石經'皇'作'兄',兄、况古通。"③王引之《經傳釋詞》卷四"况兄皇"條:"况,滋也,益也。《詩·常棣》曰:'每有良朋,况也永歎。'《出車》曰:'僕夫况瘁。'傳、箋並曰:'况,兹也。'兹與滋同。《晉語》曰:'衆况厚之。'又曰:'今子曰中立,况固其謀也。'韋注並曰:'况,益也。'益亦滋也。古通作'兄',又作'皇'。《桑柔》曰:'倉兄填兮。'《召旻》曰:'職兄斯引。'傳並曰:'兄,兹也。'《書·無逸》曰:'厥告之曰,小人怨女詈女,則皇自敬德。'漢石經'皇'作'兄'。王肅本作'况',注曰:'况,滋,益用敬德也。'按王説是也。古文作'皇'者,借字耳。鄭注訓皇爲暇,某氏傳訓皇爲大,皆於義未安。"王引之、孫詒讓讀《逸周書》"式皇敬哉"和"汝其皇敬哉"和《尚書·無逸》"則皇自敬德"之"皇"爲"况",訓爲滋、益,即表示程度加深的程度副詞,無疑是十分正確的。此簡文之"㞷"也應讀爲"况",義爲更加。上引簡文是説,上天能左右成敗,而且反復無定,所以更加值得畏懼。

四

清華簡《封許之命》簡3:"亦隹(惟)女(汝)吕丁,䢃(扞)楠(輔)珷(武王),伐敦殷受,咸成商邑。"䢃,原形作 ![字形], 整理者隸爲从仌从旱之形,不

---

① 李學勤主編:《清華大學藏戰國竹簡(叁)》,中西書局,2012年,第153頁注[七四]。
② 參看黃懷信等:《逸周書彙校集注》(修訂本),第509頁。
③ 參看黃懷信等:《逸周書彙校集注》(修訂本),第941頁。

妥。此字整理者括讀爲"扞",①可從。扞(通作"捍"),猶言"扞禦"(禦,本讀上聲,《說文》作"敔"),義爲保衛、守護,又爲抵抗,此處用前義。毛公鼎銘云"㠯(以)乃族干(扞)吾(敔—禦)王身"(《集成》2841),《尚書·文侯之命》云"汝多修,扞我于艱",均與簡文之扞武王文例相同。大鼎銘文"㠯(以)乓(厥)友入玫(扞)"(《集成》2807、2808),上博簡《曹沫之陣》簡15—16"亓(其)城固足㠯(以)玫(扞)之",清華簡《越公其事》簡20—21"臺(敦)齊兵刃㠯(以)玫(扞)御(禦)募(寡)人"(此"扞禦"爲抵抗義),都用"玫"字,是本字。此處簡文用假借字"軹"而不用本字"玫",或許是爲了避免和下文的"玫"重複。"咸成商邑"之"成",整理者引《國語·楚語上》韋昭注訓爲定,②亦可從。

"玫敦殷受"句,整理者讀"玫"爲"干",注云:"干,《說文》:'犯也。'敦,殷墟卜辭作'臺',有攻伐之義,參看趙誠《甲骨文簡明詞典》(中華書局,一九八八年,第三二九頁)。殷受,《書·無逸》作'殷王受',即紂。"③按"敦"有伐義,但不見於古訓,是王國維在《不嬰敦蓋銘考釋》中根據金文和《詩經》辭例推勘出來的。④ 簡文之"敦殷受",猶言"伐紂"。玫,整理者讀訓犯之"干",文義不合。訓犯的"干"是貶義的,如《左傳》文公四年"君辱貺之,其敢干大禮以自取戾",杜預注:"干,犯也。""玫"字在楚簡中有多種用法,除了上文提到的讀爲"扞"之外,還有:上博簡《子羔》簡12"各(冬)見芺,玫(搴)而薦之",讀爲"搴";⑤清華簡《芮良夫毖》簡23"人頌(訟)玫(奸)㝬(回)",讀爲"奸";⑥清華簡《管仲》簡21"好宜(義)秉㥁(德),又

---

① 李學勤主編:《清華大學藏戰國竹簡(伍)》,中西書局,2015年,第118頁。
② 李學勤主編:《清華大學藏戰國竹簡(伍)》,第120頁注[一七]。
③ 李學勤主編:《清華大學藏戰國竹簡(伍)》,第120頁注[一六]。
④ 見《王國維遺書》第四冊,上海書店出版社,1983年,第145—146頁。參看裘錫圭:《談談地下材料在先秦秦漢古籍整理工作中的作用》,《裘錫圭學術文集·語言文字與古文獻卷》,第382頁;楊樹達:《詩敦商之旅克咸厥功解》,《積微居小學述林全編》,第342—343頁。
⑤ 張富海:《上博簡〈子羔〉篇"后稷之母"節考釋》,上海大學古代文明研究中心、清華大學思想文化研究所編:《上海博物館藏戰國楚竹書研究續編》,上海書店出版社,2004年,第49—50頁。【編按:已收入本書。】
⑥ 參看王瑜楨:《〈清華大學藏戰國竹簡(叁)·芮良夫毖〉釋讀》,《出土文獻》第六輯,中西書局,2015年,第190—191頁。

(有)攼(虐)不解(懈)",讀爲訓敬之"虔"。① 簡文此處的"攼"應讀爲"虔",訓殺,即殺死、滅絕。《左傳》成公十三年"虔劉我邊陲",杜預注:"虔、劉皆殺也。"《逸周書·世俘》"則咸劉商王紂",虔、劉同義,既然可以說劉商王紂,那麼應該也可以說虔殷紂。簡文"虔""敦"連言,猶言殺伐,"殺伐"在古書中是常見的。

上博簡《吳命》簡5"余必攼忘(亡)尔社禝"之"攼",蘇建洲先生讀爲"殘"。但"殘"與"攼"聲母相差太遠,缺乏堅强的通假證據,所以我認爲不可信。蘇建洲先生同時又提出讀爲"虔"的另一說,謂"虔"亦有翦除、滅絕的意思。② 此說應該是可信的,則兩處簡文可以互證。

原載《古文字研究》第三十二輯,中華書局,2018年。

---

① 王挺斌:《清華簡第六輯研讀札記》,《出土文獻》第九輯,中西書局,2016年,第200—201頁。
② 蘇建洲:《〈上博楚竹書七〉考釋六題》,《出土文獻與古文字研究》第三輯,復旦大學出版社,2010年,第220—225頁;收入氏著:《楚文字論集》,萬卷樓圖書股份有限公司,2011年,第131—136頁。

釋清華簡《湯在啻門》的"徧急"

　　清華簡第五輯的《湯在啻門》篇記錄了商湯與小臣關於如何成人、成邦、成地、成天的問答。關於"成邦",小臣有"四以成邦,五以相之"之説,"四"指四神即四正,"五"指德、事、役、政、刑五個方面。五方面各有美惡之分,其中關於"德"的敘述見13—14號簡,云:"惪(德)濬明,執訐(信)目(以)義成,①此胃(謂)兴(美)惪(德),可目(以)宲(保)成。惪(德)㲋亞,執訛目(以)亡(無)成,②此胃(謂)亞(惡)惪(德),唯(雖)成或(又)㴳(瀆)。"

　　濬明,整理者引《尚書·舜典》"濬哲文明"爲注。③ 按"濬哲文明"見南朝齊姚方興所上的僞古文《舜典》,但"濬哲"一詞出於《詩·商頌·長發》。《長發》:"濬哲維商,長發其祥。"毛傳:"濬,深也。"濬訓深,又見《爾雅·釋言》。《説文》:"濬,深通川也。"形容詞義的"濬"是動詞疏浚義的引申義。鄭箋串講這句詩云:"深知乎,維商之德也,久發見其禎祥矣。"簡文"濬明"猶《詩》之濬哲,即深邃明智。

　　"執信以義成"句,"以"當是連詞,猶"而";"執信"易懂,而"義成"難解。下16—17號簡敘述"政"云:"正(政)柬(簡)目(以)成,此胃(謂)兴

---

① "德濬明"下,整理者未加逗號。此從王寧《讀〈湯在啻門〉散札》(復旦大學出土文獻與古文字研究中心網站,2015年5月6日)斷句。下文"德㲋亞"同。
② 亡,讀"無",從王寧《讀〈湯在啻門〉散札》。
③ 李學勤主編:《清華大學藏戰國竹簡(伍)》,中西書局,2015年,第146頁注〔三九〕。

（美）正=（政。政）伿（嘩）醫（亂）目（以）亡（無）橐（常），民咸解體自卹（恤），此胄（謂）亞（惡）正（政）。"'政簡以成"與"政嘩亂以無常"相對而意相反，"成"對"無常"，可知"成"即有常之義，當訓爲"定"，確定。《國語·晉語四》："晉無寧歲，民無成君。"韋昭注："成，定也。"清華簡《芮良夫毖》簡15："天猷（猶）愧（畏—威）矣，豫（舍）令（命）亡（無）城（成）。""舍命無成"即舍命無常。"執信以義成"與下"執訛以無成"相對，意亦相反，"無成"即無常，則"義成"即有常，但"義"字無義可説，疑涉上"信"字而衍（"信""義"常連言）。"執信以成"，意即秉持誠信而有常規。

"可以保成"之"成"是一般的成功之"成"，與上"成"字意思有別。簡文四個"成"字不必强求一律。"可以保成"，意即可以用美德保有成邦。

"執訛以亡成"句，整理者注："執訛，與'執信'相對，秉持虚假。亡，與'義'相對，荒亡迷亂。"①按《説文》："訛，訛言也。《詩》曰：'民之訛言。'"今《詩·小雅·沔水》"譌"作"訛"，"訛"是"譌"的通行字。鄭箋："訛，僞也。"《爾雅·釋詁》："訛，言也。"郭璞注："世以妖言爲訛。"郭店簡《忠信之道》："忠人亡（無）譌，信人不怀（背）。""執譌"即秉持詐僞。"譌"亦可直接讀"僞"。《韓非子·難一》："繁禮君子，不厭忠信；戰陣之閒，不厭詐僞。""忠信"與"詐僞"相對爲文，簡文"執信"與"執僞"亦相對爲文。"亡成"應讀"無成"，即無常（見上文）。

"唯（雖）成或（又）涩"句，整理者注："涩，從亞聲，舌音侯部，疑讀'瀆'，敗亂。《逸周書·文酌》'七事：一腾咎信志，二援拔瀆謀，三聚疑沮事'，朱右曾校釋：'瀆，敗亂也。'雖成又瀆，言以惡德行事，雖有所成終歸敗亂，與上文美德保成相對。"②按訓敗的"瀆"即"殰"。《説文》："殰，胎敗也。"即胎死腹中，引申出失敗義。

下面重點討論此段簡文中"德夌亟"的"夌亟"。

整理者讀"夌"爲"變"，注云："變，變詐。《逸周書·文政》'九醜：思

---

① 李學勤主編：《清華大學藏戰國竹簡（伍）》，第146頁注[四〇]。
② 李學勤主編：《清華大學藏戰國竹簡（伍）》，第146頁注[四一]。

勇醜忘,思意醜變',朱右曾校釋:'變,猶詐也。'亟,急躁。《左傳》襄公二十四年'皆笑曰:公孫之亟也',杜預注:'亟,急也。'"①

"弁"讀爲"變"不可信。從文義上說,"變"與"亟"連言頗可怪,可謂不辭,古書亦未見。② 且變詐與下句"執詐以無成"意思完全重複。從用字習慣上說,楚簡中凡確定無疑的"變"這個詞全部都是用"弁(弁)"字來表示的,如:上博簡《性情論》簡 20:"亓(其)聖(聲)弁(變),則心從(從)之矣。亓(其)心弁(變),則亓(其)聖(聲)亦肰(然)。"清華簡《保訓》簡 6:"舜既导(得)中,言不易實弁(變)名。"《殷高宗問於三壽》簡 11:"五寶弁(變)色。"《越公其事》簡 62:"弁(變)𣪠(亂)厶(私)成,舀(挑)起悁(怨)噩(惡)。"

而"攴"及"攴"聲之字,楚簡中讀"辨""辯""偏""便"等,如:郭店簡《老子甲》簡 1:"凼(絕)智弃攴(辯),民利百佫(倍)。"《成之聞之》簡 31—32:"分爲夫婦之攴(辨)。"《尊德義》簡 13—14:"喬(教)目(以)攴(辯)兌(說),則民執(褻)陵(凌)倀(長)貴目(以)忘(妄)。"《老子丙》簡 8—9:"是目(以)攴(偏)將(將)軍居右(左),上將(將)軍居右,言目(以)喪(喪)豊(禮)居之也。"上博簡《容成氏》簡 16:"攴(辨)爲五音。"簡 20:"目(以)攴(辨)亓(其)右(左)右。"簡 29:"乃攴(辨)会(陰)易(陽)之熹(氣)。"清華簡《管仲》簡 9:"夫=(大夫)叚(假)事(使)攴(便)俾(嬖)智(知)。"郭店簡《五行》33—34:"宷(中)心訪(辨)肰(然)而正行之。"上博簡《柬大王泊旱》簡 19:"訪(便)人將(將)芙(笑)君。"《三德》簡 3:"外內又(有)訪(辨),男女又(有)節。"《曹沫之陣》簡 17—18:"母(毋)悉(愛)貨資子女,目(以)事亓(其)伎(便)𡥈(嬖),所目(以)歫(拒)內。"簡 35:"母(毋)辟(嬖)於伎(便)俾(嬖)。"清華簡《楚居》簡 4:"思(使)若(郚)莃卜遷(徙)於塁(夷)屯(屯),爲楩(楩—便)室。"

"攴"即見於《說文》的古文"鞭",假借讀爲"辨""辯""偏""便"。"訪"字从言攴聲,即"辯"字的異體。"伎"即"便"字,篆文从"更"旁是从"攴"之

---

① 李學勤主編:《清華大學藏戰國竹簡(伍)》,第 146 頁注[四〇]。
② 王寧《讀〈湯在啻門〉散札》讀"攴亟"爲"變革",但"德"恐怕不能言"變革"。

訛變。① "枝"即"梗"字。

清華簡《筮法》第四節:"呂(凡)攴,譽(數)而出,乃述(遂)。呂(凡)攴,譽(數)而内(入),乃復(復)。"攴,整理者疑讀爲"弁",指冠禮。② 按:"弁"可以用作動詞,指戴弁,但冠禮大概不能稱爲"弁"。疑此"攴"字應讀爲"辯"。

清華簡《子產》簡3:"子產所旨(嗜)欲不可智(知),内君子亡(無)攴。""攴"字,整理者讀"變",注云:"句意云内心始終爲君子,没有改變。"③所釋不可信。"内君子亡攴",疑當讀爲"納君子無偏",意即進納君子無所偏私。"攴"讀"偏",同上引郭店簡《老子丙》。

"攴"及"攴"聲之字,讀"辨""辯""偏""便",不讀"變",這不是偶然的,而是跟讀音有關。"鞭""辨""辯""偏""便"諸字和"弁""變"的上古聲母皆爲雙唇塞音,至近,韻部並屬元部,④但兩者的主要元音並不相同。前者的主要元音是 e,⑤而後者的主要元音是 o,⑥其上古語音有差别。

我認爲,"德叏亟"之"叏"應讀爲"褊"。

《説文》:"褊,衣小也。"王筠《説文句讀》:"小當作急。《廣韻》:'褊,衣急。'心部:'急,褊也。'"《爾雅·釋言》:"褊,急也。"《詩·魏風·葛屨》:"維是褊心,是以爲刺。"鄭箋:"魏俗所以然者,是君心褊急,無德教使之耳。"《葛屨》毛詩序:"《葛屨》,刺褊也。魏地陿隘,其民機巧趨利,其君儉嗇褊急,而無德以將之。"又《小爾雅·廣言》:"褊,狹也。"《楚辭·七諫》"淺智褊能兮",王逸注:"褊,狹也。"《左傳》隱公四年:"衛國褊小,老夫耄矣,無能爲也。"褊小,即狹小。褊,不管訓"急"還是訓"狹",都是狹隘促迫的意思。賈誼《新書·道術》:"包衆容易謂之裕,反裕爲褊。""褊"與"寬裕"之"裕"義相反。《説文》有"辡"字,云"一曰急也"。訓急的"辡"與訓急

---

① 參看容庚編著,張振林、馬國權摹補:《金文編》,中華書局,1985年,第566頁。
② 李學勤主編:《清華大學藏戰國竹簡(肆)》,中西書局,2013年,第86頁。
③ 李學勤主編:《清華大學藏戰國竹簡(陸)》,中西書局,2016年,第139頁注[一一]。
④ "扁"聲舊多歸真部,是錯誤的。【編按:參看《上古韻部歸字辨析三則》第二則。已收入本書。】
⑤ 鄭張尚芳:《上古音系》(第二版),上海教育出版社,2013年,第276—278頁。
⑥ 鄭張尚芳:《上古音系》(第二版),第277、413頁。

釋清華簡《湯在啻門》的"褊急"　121

的"褊"音義皆同,是其分化字。【編按:安大簡《詩經·魏·葛屨》:"佳(維)此裦(褊)心,是目(以)爲訕(刺)。""裦"从"攴"聲,是"褊"的異體。】

"德褊亟"之"亟",整理者訓急躁,似不夠準確。"亟"實乃"急"的同源異形詞,"褊亟"就是"褊急"。

《詩·邶風·北風》"既亟只且",毛傳:"亟,急也。"《豳風·七月》"亟其乘屋",鄭箋:"亟,急也。"《大雅·靈臺》"經始勿亟",鄭箋:"亟,急也。"《左傳》隱公十一年"我死,乃亟去之",《釋文》:"亟,急也。"這些"亟",可以易作"急"而文義絲毫不變。《詩·小雅·六月》:"六月棲棲,戎車既飭。四牡騤騤,載是常服。玁狁孔熾,我是用急。王于出征,以匡王國。""急"字與職部字押韻,實際上是用作"亟"。"急"的上古音可構擬爲*krəp,"亟"可以構擬爲*krək,兩者韻尾發生-p和-k的交替。同類現象的例子還有"澀*srəp"和"濇*srək"。《説文》:"濇,不滑也。"又:"澀,不滑也。""歰",通作"澀"。清華簡《金縢》簡11"王捕(搏)箸(書)目(以)湆(泣)","泣"音*khrəp,却用"亟"爲聲旁,實際記錄的語音應是*khrək,即"泣"也有收-k尾的同源異形詞。

清華簡《管仲》簡27:"然則或攺(弛)或張,或緩或緪,田陸(地)窐(曠)虛,衆利不及,是胃(謂)學(幽)悳(德)。""緪"字,整理者直接括注"急"。① "緪"與"緩"構成反義關係,通常確實應該説"或緩或急",但既然字从"亟"聲,則應該讀成"亟","或緩或亟"猶"或緩或急"耳。還有一個明證是,此段簡文有韻,"亟"與句末的"德"皆職部,正好押韻,若讀成"急"則變成了無韻。

从糸亟聲的"緪"顯然是爲緩的反義詞即義爲緊的"急"造的專字。字典無"緪"字,但有"緪""絚"。《説文》:"緪,大索也。一曰急也。"又:"搄,引急也。""緪"字下段玉裁注云:"緪與搄音義皆同。"《詩·小雅·天保》:"如月之恒,如日之升。"毛傳:"恒,弦也。"鄭箋:"月上弦而就盈。"《釋文》:"恒,本亦作緪,同古鄧反。沈古恒反。"《楚辭·九歌·東君》:"緪瑟兮交鼓。"王逸注:"緪,急張弦也。交鼓,對擊鼓也。緪,一作絚。"這些"緪"都

---

① 李學勤主編:《清華大學藏戰國竹簡(伍)》,第113頁。

是動詞，意思是引急，當與"緪"無關。

《淮南子·繆稱》："治國譬若張瑟，大弦組，則小弦絶矣。"高誘注："組，急也。"王念孫曰："組，皆當爲絚字之誤也。絚讀若亘，字本作揯，又作緪。《説文》：'揯，引急也。'又曰：'緪，急也。'《楚辭·九歌》'緪瑟兮交鼓'，王注曰：'緪，急張弦也。'絚即緪之省文。馬融《長笛賦》云'絚瑟促柱'是也。《意林》及《太平御覽·治道部五》引此並作'大弦絚'，是其證。《泰族》篇云：'故張瑟者，小弦絚而大弦緩。'義與此同也。高注亦云：'絚，急也。'今本則依《文子》改爲'小弦急'，並删去高注矣。《藝文類聚·治政部上》、《文選·長笛賦》注引此並作'小弦絚'，又引高注'絚，急也'，足正今本之謬。"①王念孫以"組"爲"絚"之誤，正確無疑，但這個"絚"字很可能本是"緪"字之誤。楚文字往往以"巫（亙）"爲"亟"，②則《淮南子》中的"絚"字實際上就是"緪"字。③《淮南子·繆稱》本作："治國譬若張瑟，大弦緪，則小弦絶矣。"《泰族》本作："故張瑟者，小弦緪而大弦緩。"緪（亟），義同"急"。《韓詩外傳》卷一："治國者譬若乎張琴然，大絃急則小絃絶矣。"作"急"。《淮南子·詮言》："譬如張琴，小絃雖急，大絃必緩。"亦作"急"。"亟"與"急"意思完全相同，故可换用。《淮南子·泰族》"緪（亟）"與"緩"對言，正同清華簡《管仲》。引急義的"緪"是動詞，不能跟形容詞"緩"構成反義關係。

簡文之"褊亟"即"褊急"，猶緩急之作緩亟。"褊急"一詞除了見於上文所引毛詩鄭箋和毛詩序外，還見於《商君書》。《商君書·墾令》："重刑而連其罪，則褊急之民不鬭，很剛之民不訟，怠惰之民不游，費資之民不作，巧諛惡心之民無變也。""褊急之民"指心胸狹隘的人。簡文之"德褊亟"，謂德狹隘促迫，格局小，與上文"德濬明"意正相反。

【編按】簡帛網"簡帛論壇—簡帛研讀"《清華五〈湯在啻門〉初讀》2015年4月11日"慕四郎"的發言云："'叏'或當讀爲'褊'，狹急之義。"

---

① （清）王念孫：《讀書雜志》，第853頁，江蘇古籍出版社影印，1985年。
② 參看裘錫圭：《是"恒先"還是"極先"？》，《裘錫圭學術文集·古代歷史、思想、民俗卷》，復旦大學出版社，2012年，第326—329頁。
③ 《淮南子》雖成書於西漢初，但其文本應當有先秦楚文字抄本的來源。

上古扁聲之字、卞聲之字均可與'辡'聲之字通用。"本文失於徵引。又白一平《關於清華簡（伍）三篇的一些筆記》（李學勤等主編：《清華簡研究（第三輯）——〈清華大學藏戰國竹簡（伍）〉國際學術研討會論文集》，中西書局，2019年，第52—54頁）亦從音韻上證明"宯"不應讀爲"變"。】

原載《出土文獻》第十二輯，中西書局，2018年。

帛書《周易》補釋三則

一

馬王堆帛書《周易》否卦六三爻辭"枹(包)憂"，《長沙馬王堆漢墓簡帛集成(叁)》沿襲原整理者釋文，"憂"字後直接括注"羞"，①蓋以"憂"爲今本"羞"之通假字。按"憂"與"羞"聲母不近，恐怕不能直接相通，古書中亦未見"羞"或其他"丑"聲字與影母字相通者。即使僅從用字習慣的角度來看，用"憂"爲"羞"也是很奇怪的。疑帛書此"憂"字是"夒"字之訛變，猶"擾"字訛體作"擾"。西周金文"夒"字作 ![] (無夒卣，《集成》5309，西周早期)、![] (伯夒觶，《集成》6175，西周早期)、![] (毛公鼎，《集成》2841，西周晚期)等。前兩例爲人名，毛公鼎銘中的"夒"有文例可尋，其辭云："俗(欲)我弗乍(作)先王夒。"王國維《毛公鼎銘考釋》云："![]，徐明經、吳中丞釋爲顛，吳閣學、孫比部釋爲憝。余疑即古羞字，象以手掩面之形。愈羞恥之本字也。《書·康王之誥》云'毋遺鞠子羞'，《春秋左氏傳》云'毋作神羞'，又云'無作三祖羞'。與此文例正同。"②又王氏《古史新證》第三章

---

① 裘錫圭主編，湖南省博物館、復旦大學出土文獻與古文字研究中心編纂：《長沙馬王堆漢墓簡帛集成(叁)》，中華書局，2014年，第13頁。

② 王國維：《古史新證——王國維最後的講義》，清華大學出版社，1994年，第133—134頁。

《殷之先公先王》釋出甲骨文中的"夒"字後,謂毛公鼎此字即"夒",又指出金文中从𠭴从夒之字讀爲"柔","夒、羞、柔古音同部,故互相通假"。①按:從聲母看,中古音"夒"是泥母,"柔"是日母,上古音相同。"羞"的中古音是心母,與泥、日有別,但"羞"从"丑"聲,从"丑"聲的字如"紐""忸"等多讀泥母,故"羞"的上古音聲母應包含 n 成分,②因此夒、柔、羞三字的上古音是十分相近的,不只古音同部而已。王國維對金文"夒"字所作釋讀確無可疑,而《金文編》及《新金文編》皆從誤説釋讀爲"憂",③是不應該的。帛書的祖本大概正同西周金文,以"夒"表示羞恥之"羞",是較古的用字習慣。因"夒"與"憂"字形相近,兩字易混,且"夒"字不太常用,遂在傳抄過程中訛作"憂"。【編按:關於秦漢文字中"夒"與"憂"的訛混,參鄔可晶:《"夒"及相關諸字綜理》,鄒芙都主編:《商周金文與先秦史研究論叢》,科學出版社,2019 年,第 39—40 頁。】

另一種可能,帛書《周易》的祖本是用楚文字抄寫的,此"包羞"之"羞"本寫作"㥏"。楚文字用"䀠"或"㥏"表示羞恥之"羞",用"㥏"者,如:上博簡《周易》28 號簡:"不緪(恒)丌(其)悳(德),或承丌(其)㥏(羞)。"上博簡《仲弓》26 號簡:"志(恐)悁(詒)虐(吾)子㥏(羞)。"又楚文字"憂"作"惥",與"㥏"字形相近。"㥏"先誤作"惥",再轉寫爲秦文字之"憂",或"㥏"誤認爲"憂",這種可能性應該也是存在的。

帛書《周易》恒卦九三爻辭"不恒丌(其)德,或拯(承)之羞",④"羞"不作"憂",但易傳《二三子問》引作"或拯(承)之憂",⑤誤作"憂",同否卦爻辭。孔子的解釋"能毋憂乎",⑥亦誤作"憂"。

"包羞"之"羞",一般理解爲"羞恥",是"羞"字的假借義。但高亨《周

---

① 王國維:《古史新證——王國維最後的講義》,第 7 頁。
② "羞"的上古音,鄭張尚芳先生擬作 snu,見氏著:《上古音系》(第二版),上海教育出版社,2013 年,第 290 頁。
③ 容庚編著,張振林、馬國權摹補:《金文編》,中華書局,1985 年,第 384 頁。董蓮池:《新金文編》,作家出版社,2011 年,第 709 頁。
④ 《長沙馬王堆漢墓簡帛集成(叁)》,第 24 頁。
⑤ 《長沙馬王堆漢墓簡帛集成(叁)》,第 54 頁。
⑥ 《長沙馬王堆漢墓簡帛集成(叁)》,第 54 頁。

易古經今注》按"羞"字本義來理解,"包羞"解釋爲"以茅葦包熟肉也"。①從帛書異文來看,高説非是。

二

馬王堆帛書《周易》艮卦九三爻辭"戾亓(其)肥",《長沙馬王堆漢墓簡帛集成(叄)》引張政烺注:"肥,从肉,巳聲,與肥字形不同。王弼本作'夤'。《廣韻》(六脂)寅字讀'以脂切',故夤肥可以通假。《釋文》云:'夤,馬云:夾脊肉也。鄭本作臏。'肥或即臏之異體字。"其下陳劍先生按語:"此説可疑,待考。"②按"肥"字原形作 ![], 右旁爲"巳",應該没有太大問題。此字上博簡《周易》作"胤"(原形作 ![]),與今本之"夤"讀音上僅有聲調的區别(夤,《釋文》"徐又音胤",則兩字讀音完全相同),故能假借爲"夤";且字从"肉",表示訓夾脊肉之"夤",未嘗不可以看作形借。所以,今本和上博本是一致的,帛書之"肥"恐怕也難以作它解,張説當可信。"巳""夤"聲母至近,韻部分别是上古之部和真部。之部和真部雖説關係不太密切,但也有"思"(之部)从"囟"(真部)聲這樣的例子。如張説,"寅"中古有脂韻的異讀,又"寅"與"矢"(脂部)兩字本是同源分化,所以上古"寅"當有脂部的讀音。如果夾脊肉之"夤"上古亦有脂部的讀音,那麽帛書之"肥"从"巳"聲就是之部和脂部的關係。之部和脂部的關係更密切一些,楚簡中頗見相通之例,如:郭店簡《窮達以時》6號簡"管夷吾"之"夷"(脂部)作"寺"(之部),上博簡《周易》55號簡"非夷所思"之"夷"作"㠯"(之部),上博簡《史蒥問於夫子》11號簡:"邦豪(家)目(以)㢑"之"㢑"(脂部)讀爲"治"(之部),③清華簡《周公之琴舞》2號簡"天隹(唯)㬎(顯)帀"等處

---

① 高亨:《周易古經今注》(重訂本),中華書局,1984年,第197—198頁。
② 《長沙馬王堆漢墓簡帛集成(叄)》,第16頁。
③ 㢑,整理者括注"遲",又説"亦可讀爲'治'",讀"治"爲是。見馬承源主編:《上海博物館藏戰國楚竹書(九)》,上海古籍出版社,2012年,第287頁。

之"帀"(即師字,脂部),李學勤先生讀爲"思"。① 又馬王堆帛書《十問》之二"貍"(之部)讀爲"黎"(脂部)。② 見於《方言》的"鎞"(義爲無刃的戟),《廣韻》有脂韻和之韻兩讀。可見,張説"肥或即胆之異體字"應能成立。

三

馬王堆帛書《周易》漸卦初六爻辭"鳴(鴻)漸于淵",《長沙馬王堆漢墓簡帛集成(叁)》引張政烺注:"淵,王弼本作干。《釋文》:'干,荀、王肅云:山間澗水也。'按《廣雅·釋山》:'淵,谷也。'淵、干同義。"③按今本之"干"有訓爲岸和訓爲澗二説(俱見《釋文》),義皆通。此字上博簡《周易》作"䦅"(原形作),象兩阜(皁本象山形)夾水形,與《爾雅·釋山》"山夾水,澗"相合,整理者釋爲"澗",正確可從。張政烺先生取"干"之澗義,與竹簡本相合,但他認爲帛書本之"淵"字亦是澗谷之義,則不無可疑。《廣雅·釋山》:"㟪、畎、嶰、磎,谷也。"王念孫《廣雅疏證》但云"㟪與淵同",④無任何書證,實際上古書中"淵"僅有深潭、深邃等義,確實没有谷義,《漢語大字典》《漢語大詞典》《辭源》等工具書也不列谷義。因此,《廣雅》"㟪,谷也"之訓於古無徵,蓋不足爲據。黄人二先生説:"帛書本作'淵',則爲意義不同之異文,不能以音、義與'澗''干'溝通,故並存之可也。"⑤大概即按照深潭義來理解帛書之"淵"。侯乃峰先生説:"竹本'䦅'字釋爲'澗'的看法可從,其餘異文皆當爲音近相通關係。"⑥大概認爲帛書本之"淵"應讀爲"澗"。二説似皆有未安處。頗疑帛書本之"淵"可能就是"䦅"字之誤。《説文》十一上水部:"淵,回水也。从水,象形。左右,岸也;中象水

---

① 李學勤:《新整理清華簡六種概述》,《文物》2012年第8期,第71頁。
② 《長沙馬王堆漢墓簡帛集成(陸)》,第141頁。但原整理者引《論語·雍也》皇疏"犁音貍"爲證却爲疏誤,皇侃(南朝梁吴郡人)會説"犁音貍",是由於中古時南方脂之兩韻已經不分(陸德明《經典釋文》注音亦如此),無關乎上古音。
③ 《長沙馬王堆漢墓簡帛集成(叁)》,第36頁。
④ (清)王念孫:《廣雅疏證》,中華書局影印,1983年,第303頁。
⑤ 黄人二:《上海博物館藏戰國楚竹書(三)研究》,高文出版社,2005年,第93頁。
⑥ 侯乃峰:《〈周易〉文字彙校集釋》,臺灣古籍出版有限公司,2009年,第429頁。

兒。㕣,淵或省水。困,古文从口、水。"上博簡中"淵"多同《説文》古文之形;①清華簡中"淵"作 形,②則與"䐎"在字形上更接近些。蓋帛書《周易》之祖本相當於今本"干"之字同上博簡《周易》作"䐎",先訛作"㕣",再轉寫爲"淵",或直接誤認爲"淵"字。

原載《華學》第十二輯,中山大學出版社,2017年。

---

① 參徐在國:《上博楚簡文字聲系》,安徽大學出版社,2013年,第2178—2180頁。
② 見清華簡《周公之琴舞》5號簡、《芮良夫毖》26號簡、《厚父》12號簡、《湯處於湯丘》18號簡。

説西周金文中的"嗣"字

西周金文常見"嗣"字，《説文》以爲訓"訟"之"辭"的籀文。此字在西周金文中的用法大致可以歸納爲以下兩類：

一、用在職官名中。有"嗣土"①"嗣馬""嗣工""嗣寇"和"嗣士"，②又有"有嗣"和"参（三）有嗣"的稱謂。有嗣是某些職官的泛稱，参有嗣是嗣土、嗣馬、嗣工的總稱。③大盂鼎銘中的"邦嗣"和"夷嗣王臣"之"嗣"意義與有嗣相似。"邦嗣"即國之有嗣，"夷嗣王臣"即夷族有嗣之爲王臣者。

二、用爲動詞。或放在其他動詞或者副詞之後，如大盂鼎之"死嗣戎"，師𪗉簋之"官嗣邑人、師氏"，毛公鼎之"覯嗣公族雩（越）参有嗣、小子、師氏、虎臣，雩（越）朕褻事"，詢簋之"啻（嫡）官嗣邑人"，伊簋之"覯官嗣康宫王臣、妾、百工"。或單獨使用，如曶鼎之"嗣卜事"，蔡簋之"嗣王家"。

毫無疑問，以上"嗣"字應該讀爲古書中的"司"。《廣雅·釋詁三》："司，主也。""司"是職掌、主持、管理的意思。

下面討論有關西周金文"嗣"字的兩個問題。

一、論動詞"嗣"字後所接職官爲所掌管的對象，而不是所任職官，"嗣某職"與"作某職"不同。

---

① 西周晚期有作"嗣徒"者，如揚簋、魯嗣徒伯吴簋。
② 嗣士見牧簋，嗣寇見嗣寇良父壺、虞嗣寇壺。南(?)季鼎和揚簋中的"嗣寇"皆非職官名。
③ 参有嗣見五祀衛鼎和盠方尊、盠方彝。

䎃簋："令(命)女(汝)乍(作)𤔲土，官𤔲耤田。"𤔲土是䎃所任職官名，耤田是其掌管對象，可見"作"與"𤔲"的意思迥然有別。此處"耤田"雖不是職官名，但如果換成一個職官名，也仍然只能是䎃所掌管的對象，而不是説䎃本人擔任彼職。明確這一點，對於我們審讀一些西周金文是有益的。

元年師兑簋："疋(胥)師龢父𤔲左右走馬、五邑走馬。"三年師兑簋："余既令(命)女(汝)疋(胥)師龢父𤔲左右走馬，今余隹(唯)醽(申)𢍰(就)乃令(命)，令(命)女(汝)𤔲走馬。"走馬，古書中作趣馬(走、趣音近)，是一種職官，大概是掌管馬政者。馬政是軍政的一部分，所以師兑以師的身份統領諸走馬，但師兑本人並非走馬。許倬雲謂："走馬的職務不低。元年師兑簋及三年師兑簋都記載師兑以師的地位，奉命專司'左右走馬、五邑走馬'的工作。"①認爲師兑擔任了左右走馬和五邑走馬，顯然有誤。

師𡩡簋："既令(命)女(汝)更乃且(祖)考𤔲小輔，今余唯醽(申)𢍰(就)乃令(命)，令(命)女(汝)𤔲乃且(祖)舊官小輔眔鼓鐘。"輔師𡩡簋："更乃且(祖)考𤔲輔。"(輔師𡩡與師𡩡爲同一人)郭沫若認爲小輔和鼓鐘都是官名，②應該是正確的。郭氏又説："小輔爲鎛師，掌擊鎛。"③是"輔"通"鎛"，大概掌管擊鎛的樂師有大小之別(西周金文未見"大輔"之名，可能"輔師"就是大輔)。鼓鐘自然就是掌管敲鐘的樂師。據師𡩡簋銘文，師𡩡之右者爲宰琱生，賜物爲叔市、金黃(衡)、赤舄、攸勒；據輔師𡩡簋銘文，輔師𡩡之右者爲榮伯，賜物爲玄衣、𪏽屯(純)、赤市、朱黃(衡)、戈彤沙琱戚、旂五日。其所受冊命禮之規格相當高，其地位亦應相當高，而決非一個擊鎛敲鐘的小小樂師可以相稱。楊寬認爲師𡩡擔任了小輔和鼓鐘的官職，④這是不太合情理的。我們既然已承認小輔、鼓鐘都是職官名，那麼作爲"𤔲"的賓語，只能理解爲師𡩡所掌管的對象，即師𡩡管理小輔和鼓鐘

---

① 許倬雲：《西周史》(增補本)，三聯書店，2001年，第221頁。
② 郭沫若：《周官質疑》，《郭沫若全集·考古編》第五卷，科學出版社，2002年，第177頁。
③ 郭沫若：《周官質疑》，《郭沫若全集·考古編》第五卷，第177頁，見該頁眉批。
④ 楊寬：《西周史》，上海人民出版社，1999年，第479頁。

這兩種樂師,而不是師嫠自己兼任這兩種樂師之職。吳大澂讀小輔爲少傅,郭沫若曾以爲近是,①《西周金文官制研究》亦力主此説。② 但"司少傅"是講不通的,少傅既是三孤之一,不可能又由師嫠來管理他。蓋持少傅説者也是誤解了"嗣"字的意思,以爲師嫠就是少傅。

盠方尊、盠方彝:"用嗣六𠂤(師)王行、參有嗣:嗣土、嗣馬、嗣工。"六𠂤(師)王行、參有嗣都是盠所掌管的對象。毛公鼎有"命女(汝)𧧻嗣公族雩(越)參有嗣、小子、師氏、虎臣,雩(越)朕褻事",公族、參有嗣等無疑都是職官名。盠器中的王行與參有嗣並提,可能也是職官名。那麽,"嗣六𠂤(師)王行、參有嗣"應理解爲掌管六師中的王行和參有嗣,而不能把六師和王行、參有嗣並列。南宮柳鼎有"嗣六𠂤(師)牧、陽(場)……",與此句法相類。西周時軍隊中自有司徒、司馬、司空三有司;③至於王行,古書無明確記載。《銘文選》認爲王行是周王派駐六師的糾察官,近似後世之監軍,並譯銘文此句爲"以掌管西六師的官員司徒、司馬、司空三有司",又説"參有司是王行所糾察的對象",④大概以爲王行就是盠所任職官。這樣解釋顯然和原意不符。《西周金文官制研究》將王行列入官名,謂:"王行即由王族組成的軍隊。它本應是軍隊名。此銘中的王行可能已轉化成管理王行的職官名,猶如中行、右行那樣。當然,王行可能就是周王的直屬部隊。"⑤以王行爲管理王族部隊的職官似可商榷。春秋時晉國有所謂"三行",見《左傳》僖公二十八年:"晉侯作三行以禦狄。荀林父將中行,屠擊將右行,先蔑將左行。"注:"晉置上中下三軍,今復增置三行,以辟天子六軍之名。"可知中行、右行、左行相當於中軍、右軍、左軍,並非職官名,以此"王行"比附晉之"三行"得不出王行是管理王族部隊的職官的結論。按《詩經·魏風·汾沮洳》有"公行",傳:"公行,從公之行也。"箋:"從公之行者,主君兵車之行列。"疏:"公路與公行一也,以其主君路車謂之公路,主

---

① 郭沫若:《周官質疑》,《郭沫若全集·考古編》第五卷,第 177 頁。
② 張亞初、劉雨:《西周金文官制研究》,中華書局,1986 年,第 2 頁。
③ 參看楊寬:《西周史》,第 419 頁。
④ 馬承源主編:《商周青銅器銘文選》第三册,文物出版社,1988 年,第 229 頁。
⑤ 張亞初、劉雨:《西周金文官制研究》,第 19 頁。

兵車之行列者謂之公行,正是一官也。宣二年《左傳》云:'晉成公立,乃宦卿之適以爲公族,又宦其餘子亦爲餘子,其庶子爲公行。'"①疑此王行相當於《詩經》之公行。從公之行而主兵車之行列者爲公行,則從王之行而主兵車之行列者自可名王行。正如上引《西周金文官制研究》所説,王行也可能就是指周王的直屬部隊,那麼"䤈六自(師)王行,參有䤈"就是掌管六師中的王族部隊和六師的參有䤈。當然,王行也可能獨立於六師之外。那麼,銘文此句應標點作"䤈六自(師)、王行參有䤈",即謂掌管六師的參有䤈和王行的參有䤈。

　　二、論"䤈"字在西周金文中的意思比較單純,即相當於古書中的"司","䤈"與西周金文中的"嗣""𤔲"和"司"的用法有比較嚴格的區分。

　　《金文詁林》"司"字頭下引吳侃叔説:"古司、治、嗣、辭四字並作䤈。"②"辭"字頭下引吳大澂説:"凡彝器,司寇、司馬之司,繼嗣之嗣皆作䤈。"③雖然早已有人指出金文中的"䤈"與"司"兩字用法有別,④但清人那種古書中的"司"和"嗣"金文皆作"䤈"的錯誤認識至今仍有影響,尚需在此加以辨明。

　　師𡙕簋:"今余唯䵼(申)𢆶(就)乃令(命),令(命)女(汝)䤈乃且(祖)舊官小輔鼓鐘。"師酉簋:"䤈乃且(祖)啻(嫡)官邑人、虎臣……"師奎父鼎:"䤈乃父官友。"以上三則銘文中的"䤈",陳漢平都讀爲"嗣"。⑤由於這三例中"䤈"字後都接了"乃且(祖)"或"乃父",乍看讀爲"嗣"没有問題(陳氏可能亦因此而讀爲"嗣"),但仔細分析,讀作嗣其實是不妥當的。"嗣乃且(祖)舊官小輔鼓鐘"意即繼承乃祖過去所掌管的小輔和鼓鐘(此處"官"字肯定是動詞),抽去"小輔鼓鐘"的修飾語"乃且(祖)舊官",就是繼承小輔和鼓鐘。但如上文所論,此銘文的前部分説"既令(命)女(汝)更乃且(祖)考䤈(司)小輔"(此"䤈"字無論如何不能讀爲嗣),師𡙕先

----

　　① 公路與公行並非一官,參看楊伯峻:《春秋左傳注》,中華書局,1981年,第665頁。
　　② 周法高主編:《金文詁林》第十一册,香港中文大學,1974年,第5555頁。
　　③ 周法高主編:《金文詁林》第十五册,第8139頁。
　　④ 徐中舒:《耒耜考》,《中研院歷史語言研究所集刊》第2本第1分,1930年,第51頁;引見周法高主編:《金文詁林》第十一册,第5561、5562頁。
　　⑤ 陳漢平:《西周册命制度研究》,學林出版社,1986年,第144頁。

後所繼承的實際上是管理小輔的職務和管理小輔及鼓鐘的職務,而並非小輔和鼓鐘這兩個職務。何況,以職官名作"嗣"的賓語這樣的句子能否成立也是值得懷疑的。所以此句中的"嗣"只能讀爲職司之司。"司乃且(祖)舊官小輔眔鼓鐘"意即掌管乃祖過去所掌管的小輔和鼓鐘。同樣,"嗣乃且(祖)啻(嫡)官邑人、虎臣……"中的"嗣"也應該讀作"司"。此句意爲掌管乃祖所主管過的邑人、虎臣……①如果一定要把"嗣"讀成"嗣",就只能在"且(祖)"字下斷句,讀作:"嗣乃且(祖),啻(嫡)官邑人、虎臣……"這恐怕是沒有必要的。此句與上句句法結構相同,句讀上也應一致。第三例"嗣乃父官友"意爲掌管乃父所掌管的僚友,或者掌管乃父的僚友,"嗣"讀成"嗣"也不可通。

西周金文中的"嗣"一般不能讀爲"嗣",應該指出,西周金文中有常用來表示"嗣"這個詞的字。

大盂鼎:"在珷(武)王,嗣玟(文)乍(作)邦。"又:"令(命)女(汝)盂井(型)乃嗣且(祖)南公。"叔向父禹鼎:"余小子司朕皇考。"上揭銘文中的"嗣"和"司"無疑都應該表示繼承義的"嗣"。毛公鼎"司余小子弗彶"及㝬鐘"我隹(唯)司配皇天"之"司"一般也讀爲"嗣"。又卲召簋之"用𤔲乃且(祖)考事,乍(作)嗣土"及伯晨鼎之"𤔲乃且(祖)考,侯于𩰚"之"𤔲"也應該讀爲"嗣"。②

金文中"司"字出現得很早。商代金文有"司母戊""司母辛"之類的稱呼。其中的"司"字究竟是何義,尚無定說,而"司"字的本義也難明。西周金文中用"司"來表示"嗣"這個詞比較常見。春秋金文如晉姜鼎"余隹(唯)司朕先姑君晉邦"亦用"司"爲"嗣",在文獻中也有"司"通"嗣"的例子,③這大概是傳統用字習慣的遺留,而不是隨意的假借。大盂鼎銘中的"嗣"字從司從意符"册",而伯晨鼎等銘中的"𤔲"字(此字亦可隸作從司從目的結構)則是在司字上加注聲符"目"。"嗣"字可以分析爲從䍙司聲。

---

① 西周時代的金文猶缺乏結構助詞,所以上述意思沒有說成"嗣乃且所啻(嫡)官之邑人、虎臣……"。
② 《詩·大雅·下武》"昭哉嗣服",嗣事與嗣服同意。
③ 參看高亨纂著、董治安整理:《古字通假會典》,齊魯書社,1989年,第411頁。

閣象雙手治絲之形,用作掌治、管理義的"嗣"字的意符是很貼切的。區別"嗣"和"司(嗣)"的用法,對正確理解一些銘文有關鍵性意義。

膳夫山鼎:"令(命)女(汝)官嗣歔獻人于曻,用乍(作)害司賈①。""嗣"與"司"同時出現。後半句,《銘文選》讀作:"用作憲,司貯。"把"司"與前面的"嗣"看成一個詞,"作憲"解釋爲職掌法令,"司貯"理解爲掌管積貯官。② 這樣理解使整句話前後不貫,扞格難通。《西周金文官制研究》據此銘文立司貯之官,也是把"司"字視同"嗣"字了。③ 通順的讀法應如上示,把"用乍(作)害司賈"連讀。④ 頌鼎有"令女(汝)官嗣成周賈廿家,監嗣新寤賈,用宮御",此"害司賈"的結構與頌鼎之"成周賈"和"新寤賈"相同。銘文大概是說:命膳夫山在曻(當是地名)掌管歔獻人,以歔獻人作爲害司之賈人。"害司"的確切意義待考。

季嬴銅鬲:"虢中(仲)之嗣或(國)子碩父乍(作)季嬴羞鬲(原銘下從鼎),其邁(萬)年子子孫孫永寶用亯(享)。"⑤發表者讀爲"虢仲之嗣國子碩父……",是讀"嗣"爲"嗣"。按"虢仲"本是文王之弟,虢國之始封君,⑥後來的虢國之君似都可稱爲"虢仲",如《左傳·桓公八年》:"王命虢仲立晉哀侯之弟緡於晉。"杜注:"虢仲,王卿士虢公林父。"銘文中的"虢仲"當然也是指當時的虢國之君。國子,指諸侯公卿大夫之子,有時諸侯本人也可以被稱爲國子,如《國語·周語上》:"宣王欲得國子之能導訓諸侯者,樊穆仲曰:'魯侯可。'……乃命魯孝公於夷宫。"銘文中的"國子"是器主碩父的身份,表明他是諸侯公卿大夫之子。《國語·周語上》:"夫晉侯非嗣也,而得其位。"韋昭注:"嗣,嫡嗣也。"可知所謂"嗣"是對有法定繼承權的嫡子的一種稱呼。發表者把銘文中的"嗣"讀爲"嗣",則器主碩父既自稱是

---

① 賈,從李學勤釋,見《魯方彝與西周商賈》(《史學月刊》1985年第1期)等文。此字舊釋貯。
② 馬承源主編:《商周青銅器銘文選》第三册,第314頁。
③ 張亞初、劉雨:《西周金文官制研究》,第51頁。
④ 張亞初即如此斷句,見張亞初:《殷周金文集成引得》,中華書局,2001年,第52、968頁。
⑤ 王龍正、趙成玉:《季嬴銅鬲與虢石父及虢國墓地年代》,《中國文物報》1998年11月14日第三版。
⑥ 《左傳》僖公五年:"虢仲、虢叔,王季之穆也。"虢國不只一個。

虢仲的嫡嗣，又稱自己爲國子，把兩種内涵不同的身份稱謂並列，這恐怕是不太合理的。我們認爲，此銘中的"嗣"字仍當以讀作"司"爲佳。《國語·魯語上》："寡君不佞，不能事疆場之司。"韋昭注："司，主也，主疆場之吏也。"上文提到大盂鼎銘中的"邦嗣"和"夷嗣王臣"之"嗣"相當於有司。所以，銘文中的"虢仲之嗣"就是虢仲有司的意思。器主自稱是某人的有司，這樣的銘文見於仲枏父鬲(銘云"師湯父有嗣仲枏父作寶鬲")、榮有司再鼎等。

諫簋："先王既命女(汝)觏嗣王家①……今余隹(唯)或嗣命女(汝)，易(賜)女(汝)攸勒。"後"嗣"字一般讀作"嗣"，似可通。這是"嗣"字不讀爲"嗣"的一個反例。按册命金文中屢見"蠶(申)乃令(命)"之語，此"嗣"字也可能是"蠶"字之形誤。"申命"之語見於《堯典》。②

綜上所論，西周金文中的"嗣"字與"司""嗣""𤔲"在用法上有比較嚴格的分工。由這個例子，我們可以認識到，古文字雖然有很多通假用法，但在一定時期内，用字習慣往往相當穩定。我們在釋讀古文字材料時，如果忽視字形，忽視用字習慣，而隨意講同音或音近通假，就可能作出與原意不符的解釋。

本文蒙裘錫圭、李家浩、陳劍諸先生指正，謹致謝忱。

原載《北京大學中國古文獻研究中心集刊》第四輯，北京大學出版社，2004年。

---

① "家"字原形作"宥"，舊亦多釋宥，讀爲囿。陳劍認爲所謂"宥"形實當爲"家"之形近誤字，金文"家"字所從之"豕"形上半或作"又"形，遂致誤。"司王家"之語亦見於康鼎、蔡簋等。此從其説。

② 《尚書·堯典》："申命羲叔，宅南交。……申命和叔，宅朔方，曰幽都。"

金文"匍有"補説

西周春秋金文中,"匍有"之辭屢見,以下舉諸器爲例(釋文用寬式):

大盂鼎:匍有四方,畯正厥民　　　　(《集成》2837,西周早期)
史牆盤:匍有上下,會受萬邦　　　　(《集成》10175,西周中期)
逑盤:膺受天魯命,匍有四方/膺受大命,匍有四方
　　　　(《文物》2003年第6期32—33頁圖四一,西周晚期)
秦公鎛:匍有四方　　　　　　　　　(《集成》267—269,春秋早期)

《説文》:"匍,手行也。①从勹甫聲。"所從之"勹",《説文》訓"裹",即讀如"包",但從古文字字形來看,"匍"所從之"勹"象人俯身形,其實就是"匍"和"匐(伏)"的表意初文。②"覍"字從此"勹"得聲,③"覍"和"匍"的上古音都是並母魚部,所以"覍"字能从"匍"的初文得聲。【編按:"覍"屬上古侯部,非魚部,則其所從聲旁"勹"是"俯"的初文。參看上引裘文。】

"匍"字除了見於"匍有"一詞外,還見於上舉逑盤銘文和𫘤鼎銘文,④

---

① "手行"即今語所謂"爬","爬"的今音(指普通話讀音)除了聲母清化外,正同"匍"的上古音。
② 參看于省吾:《甲骨文字釋林》,中華書局,1979年,第374—375頁。于氏以此"勹"爲"伏"字的初文,並謂"匍""匐"二字即由象形的"勹"附加聲符"甫""畐"而來。
③ 參看裘錫圭:《釋覍》,《古文字論集》,中華書局,1992年,第45頁。
④ 《考古與文物》2005年增刊《古文字論集(三)》,第73頁圖一。

文例分別是"匍保厥辟孝王、夷王"和"匍保王身",董珊先生讀爲"傅"或"輔",①可從。"匍"又作器名,通"鋪"。② 而"匍有"之"匍"當然不能讀爲"傅"或"輔",更不可能用器名或"匍"字的本義去解釋。

王國維《盂鼎銘考釋》引《尚書·金縢》"乃命于帝庭,敷佑四方"以釋大盂鼎銘文中的"匍有四方",③意謂"匍有四方"就是《金縢》之"敷佑四方"。"匍有四方"和"敷佑四方"應作統一解釋,這一點是無可懷疑的,但問題是《金縢》之"敷佑四方"並無確詁。

舊注解釋"敷佑四方"爲"布其道以佑助四方",增字解經,十分牽強。王引之《經義述聞》解釋爲"遍佑助四方之民",④亦有增字解經之嫌,意思上也同樣不順暢。俞樾讀"敷佑"爲"溥有""普有"。⑤ 王國維說"敷佑"音義皆同"撫有",⑥即讀爲"撫有"。

西周春秋金文中的"匍有"主要也有"撫有"和"溥有"兩種讀法。

吳式芬《攈古錄金文》引翁祖庚説"匍"借爲"撫"。⑦ 孫詒讓亦讀"匍"爲"撫"。⑧ 王國維既然讀《金縢》之"敷佑"爲"撫有",那麼也一定讀"匍有"爲"撫有"。楊樹達也主張讀爲"撫有",並作了詳細闡述,⑨但以爲創見是不對的。

唐蘭讀"匍有"爲"溥有"。他考釋大盂鼎銘文的"匍有四方"説:"匍

---

① 董珊:《略論西周單氏家族窖藏青銅器銘文》,《中國歷史文物》2003年第4期,第42頁。

② 鍾柏生、陳昭容、黃銘崇、袁國華編:《新收殷周青銅器銘文暨器影彙編》,藝文印書館,2006年,第629頁。

③ 《王國維遺書》第四冊,上海書店出版社,1983年,第154頁。

④ (清)王引之:《經義述聞》,江蘇古籍出版社影印,1985年,第88頁。

⑤ (清)俞樾:《群經平議》卷五,《續修四庫全書》第178冊,上海古籍出版社,2002年,第72頁。

⑥ 王國維:《古史新證——王國維最後的講義》,清華大學出版社,1994年,第271頁。

⑦ (清)吳式芬:《攈古錄金文》卷三之三第三十六頁,《金文文獻集成》第十一冊,香港明石文化國際出版有限公司,2004年,第403頁。

⑧ (清)孫詒讓:《古籀拾遺 古籀餘論》,中華書局,1989年,《古籀餘論》部分第43頁上左。

⑨ 楊樹達:《積微居金文説》(增訂本),中華書局,1997年,第44頁。

有四方與《書·金縢》'敷佑四方'句同。匍與敷同音,此處當讀如《詩·北山》'溥天之下'的溥,古書多作普。此句只是説普遍地保有了四方,與《詩·皇矣》、《執競》等的"奄有四方"同義。"①徐中舒也讀"匍"爲"溥"。②

目前學者中同意讀"匍有"爲"撫有"者和同意讀爲"溥有"者大概平分秋色。

我們認爲,"匍有"不能讀爲"溥有",理由有三:

第一,古書中屢見"撫有""奄有",而並無"溥有"的説法。"溥有"雖於文理可通,却於文例無徵。

第二,上舉大盂鼎銘文中的"畯正"、史牆盤銘文中的"會受"和逑盤銘文中的"膺受"都是並列結構,③句式上對應的"匍有"也應該是並列結構,方才對稱,而"溥有"却是偏正結構。

第三,西周金文中對應古書中的"敷"和"溥"的字作"尃"。如毛公鼎銘文(《集成》2841)"尃命于外","尃"讀"敷",義爲"布";番生簋蓋銘文(《集成》4326)"尃求不嗇德","尃求"即《尚書·康誥》"往敷求于殷先哲王"之"敷求",④"敷求"亦即"溥求"。⑤ 而"匍有"之"匍"不寫作"尃",説明當時是有意爲了與"尃"的用法相區分而用"匍"。如果"匍有"之"匍"的用法跟"尃"字是一樣的,那麼很難解釋西周金文中"匍有"無一例作"尃有"。

以上從古書辭例、文法結構和用字習慣三個方面説明了"匍有"不能讀爲"溥有",那麼"匍有"是不是就能毫無問題地讀爲"撫有"呢?

前文已説,古書中"撫有"屢見,如:《左傳》襄公十三年:"赫赫楚國,

---

① 唐蘭:《西周青銅器銘文分代史徵》,中華書局,1986年,第172—173頁。
② 徐中舒:《西周牆盤銘文箋釋》,《考古學報》1978年第2期。
③ 裘錫圭師指出,大盂鼎銘中的"畯正厥民"即《尚書·多士》"俊民甸四方"之"俊民","畯"是動詞,裘錫圭師疑讀爲"悛",義爲"改"。見《古文字論集》,第373頁。史牆盤銘中的"會受萬邦",唐蘭翻譯爲"聚合並接納了萬國"。見《略論西周微史家族窖藏銅器群的重要意義——陝西扶風新出牆盤銘文解釋》,《文物》1978年第3期。
④ 參看楊樹達:《積微居金文說》(增訂本),第87頁。
⑤ 王引之《經義述聞》(第88頁):"言徧求殷先哲王之道也。《大雅·抑》篇'罔敷求先王',鄭箋以敷求爲廣索,是其義也。"

而君臨之,撫有蠻夷,奄征南海,以屬諸夏。"《左傳》昭公三年:"若惠顧敝邑,撫有晉國……""撫有"之"撫"與"有"同義並列。《禮記·文王世子》:"君王其終撫諸?"鄭玄注:"撫猶有也。"①又《廣雅·釋詁一》:"撫,有也。"所以,"匍有"讀爲"撫有"就能消除讀爲"溥有"的前兩個問題,當然第三個問題也是不存在的。

但是,"匍"讀"撫"有一個重大的缺陷,就是語音上的問題。

撫,从手無聲;《說文》古文作"㧑",从辵亡聲;三體石經"撫"的古文作"攼",②从攴亡聲;【編按:又上博簡《曹沫之陳》簡3:"攼(撫)又(有)天下。"】包山164號簡"撫"字作从攴無聲之形。③【編按:又清華簡《治政之道》簡26:"鉊(欽)斅(教)昌(以)㩼(撫)之。"曾侯與鐘銘文(《商周青銅器銘文暨圖像集成續編》1029、1030)"撫定天下"之"撫"作"䍙",亦从無聲。】從諧聲來看,"撫"的上古聲母一定是雙唇鼻音,鄭張尚芳擬爲雙唇送氣清鼻音*mh-,④*mh-後來變爲雙唇送氣清塞音ph-。鄭張先生的擬音能十分合理地解釋"撫"字的諧聲和後來的音變。⑤而"匍"的上古聲母是雙唇濁塞音*b-,其聲旁"甫"的上古聲母是雙唇不送氣清塞音*p-。一般說來,雙唇塞音和雙唇鼻音之間是不能諧聲假借的。⑥事實上,古書中也看不到"無"聲跟"甫"聲相通或者"無"聲跟其他雙唇塞音字相通或者"甫"聲跟其他雙唇鼻音字相通的例子,想當然地把从"甫"聲的"匍"讀爲从"無"聲的"撫"是不夠嚴謹的做法,至少是把問題簡單化了。"匍"和"撫"在諧聲上的隔膜大概是很多人不願意把"匍有"讀爲"撫有"的一個重要原因;相反,"匍"讀爲"溥"在諧聲上相當直接(皆从甫聲)而使人樂於接受。

---

① 以上參看楊樹達:《積微居金文說》(增訂本),第44頁。
② 《說文》作字頭而讀若"撫"。
③ 簡文用爲國名之"䣄(許)"。
④ 《上古音系》,上海教育出版社,2003年,第492頁。
⑤ "撫"字有異體"拊",是爲適應語音變化而後造的。通常看成兩個字,是錯誤的。
⑥ 參看李方桂:《上古音研究》,商務印書館,1980年,第10頁。雙唇塞音和雙唇鼻音相通的例子也有,如从"必"聲的字有幫母的,也有明母的;《說文》認爲"貌"从"豹"省聲(不一定可信)。但正如李方桂所說,這些例外需要另作解釋。我們不能把這種例外無限擴大推廣而成常例,那樣做是十分危險的。

下面對"撫有"一詞從訓詁上再作一下考察。

《說文》:"撫,安也。……一曰循也。"段玉裁改"循"爲"揗",注:"揗,各本作循,今正。揗者,摩也。""撫"的本義即今所謂"摸",由本義引申出安慰、存恤之義。《說文》把"安"作爲本義是錯誤的。《廣雅·釋詁三》:"撫,持也。"是"撫"由本義又引申出握持、把持義。"撫有"之"撫"訓"有",應該是握持、把持義的進一步引申。"撫有"是同義並列的複音詞,整個意思跟我們現在說的"擁有"差不太多。

古書中又有下列三個字可以訓爲"有":

一、荒　《詩·魯頌·閟宮》:"泰山巖巖,魯邦所詹。奄有龜蒙,遂荒大東,至于海邦。……保有鳧繹,遂荒徐宅,至于海邦。"毛傳:"荒,有也。"

二、幠　《爾雅·釋詁上》:"幠,有也。"郭璞注引詩"遂幠大東"。此"幠"是"荒"的異文。荒、幠聲母相同,①韻部陰陽對轉,無疑是一對同源異形詞。"荒"和"幠"除了都有"有"義外,又都有"大"和"覆蓋"義。"荒"和"幠"的"有"義是由"覆蓋"義引申而來的。"幠"和"撫"雖然都从"無"聲,讀音相近,但其"有"義是各自從本義引申的結果,兩者不是一個詞,也沒有同源關係。

三、方　《詩·召南·鵲巢》:"維鵲有巢,維鳩方之。"毛傳:"方,有也。"②又《廣雅·釋詁一》:"方,有也。"詩意是說原本屬於鵲所有的巢被鳩佔有了。王念孫《廣雅疏證》以此"方"與"撫""荒"是所謂一聲之轉,也就是同源詞關係。前人講"一聲之轉"往往過於寬泛。"方"的上古聲母沒有問題是雙唇塞音 *p-,與前面所分析的"撫"和"荒"的上古聲母不是一類,所以不見得就是"撫"或"荒"的同源詞。

我們認爲,《詩》中訓爲"有"的"方"跟金文中的"匍"之間的語音關係正同"荒"和"幠",聲母相近("方"和"甫"相同),韻部陰陽對轉,兩者所記

---

① 中古聲母都是曉母 h-,上古聲母鄭張尚芳擬作帶 h 冠音的雙唇鼻音 *hm-。見鄭張尚芳:《上古音系》,第 483、492 頁。

② 原作"方,有之也"。《釋文》云:"一本無之字。"

録的應該也是一對同源異形詞。

至此,西周春秋金文中"匍有"的面目已經清晰了。"匍有"是同義並列結構,是擁有、佔有的意思。其中"匍"字記録的是一個聲母是雙脣塞音、韻部是魚部(上古音值 a)、義爲"有"的詞,跟《詩經》中的"方"是同源詞,跟古書中其他義爲"有"的"撫""幠""荒"是同義詞。古書中對應於金文"匍有"之"匍"的就是《尚書·金縢》"敷佑四方"之"敷","匍"跟此"敷"記録的才是一個詞。但釋讀金文時,在"匍"後括注"敷"顯然並不合適。我們建議,最好不括注,按原文寫作"匍"即可。不過,這樣做不合釋寫古文字要轉寫爲通行字的常規,如果馬虎一點,以同義換讀之法括注"撫"以明其義也是可以接受的。【編按:"匍"可讀爲"把",與《詩經》中的"方"不一定有同源關係。清華簡《金縢》簡 11:"王捕箸(書)㠯(以)㴷(泣)","甫"聲之"捕"或讀爲"把",可爲佐證。"把有"相當於"持有""控有"。下文提到的秦銘文和清華簡"尃"字亦讀爲"把"。《晏子春秋·内篇諫下第二》:"景公與晏子登路寢之臺而望國,公愀然而嘆曰:"使後嗣世世有此,豈不可哉!"晏子曰:"臣聞明君必務正其治,以事利民,然後子孫享之。《詩》云:'武王豈不事,貽厥孫謀,以燕翼子。'今君處佚怠,逆政害民有日矣,而猶出若言,不亦甚乎!"公曰:'然則後世孰將把齊國?'對曰:'服牛死,夫婦哭,非骨肉之親也,爲其利之大也。欲知把齊國者,則其利之者邪。'"齊景公和晏子的對話前言"有此",後言"把齊國",則"把""有"義近,"把齊國"未嘗不可以説成"把有齊國"。】

秦公編磬銘文云:"竈(肇?)尃蠻夏。"①秦伯喪戈銘文云:"竈(肇?)尃東方。"②對比秦公鎛(《集成》270)之"竈(肇?)又(有)下國"和秦公簋(《集成》4315)"竈(肇?)匍(有)四方",可知磬銘和戈銘中的"尃"也是"有"的意思,此"尃"即"匍有"之"匍"。【編按:又清華簡《治政之道》簡 14:"夫㠯(以)兼尃者(諸)侯。"這些"尃"通常讀爲"撫",對文意的理解是準確的。】這説明春秋時秦文字中義爲"有"的"匍"已經可以寫作"尃",而跟"尃"的

---

① 王輝等:《秦公大墓石磬殘銘考釋》,《中研院歷史語言研究所集刊》第 67 本第 2 分,1996 年。

② 《珍秦齋藏金(秦銅器篇)》,澳門基金會,2006 年,第 42—43 頁。

其他用法相混了,那麼《尚書·金縢》之作"敷"就是很自然的事了。【編按:《尚書·金縢》"敷佑四方"之"敷",清華簡《金縢》作"尃",可知戰國楚文字"匍有"之"匍"也已經寫作"尃"。】

原載《中國文字研究》第九輯,大象出版社,2007年。

讀新出西周金文偶識

一

老簋：隹(唯)五月初吉,王才(在)莽(方)京,魚(漁)于大🐟。①

"大"下一字从水从虍从🐟。🐟係將"子"的圓頭换作"口"旁而成,張光裕先生認爲即"号"字,並認爲此形是"号"的初形,而从口从丂之"号"是訛形。② 此説無疑是正確的。"号"字經典通作"號"(讀平聲,又有後起字作嚎),其本義應該就是"號哭",如《詩・魏風・碩鼠》"誰之永號"。子善號,故"号"字从口从子省(也可以整體看作象張口而號的子)。《説文》將"号"字分析爲从口从丂的會意字,很勉强。"丂"多作聲旁,如"巧""考""攷""朽"等字,"号"所从的"丂"也應是聲旁。不過"号"上古音在宵部,"丂"在幽部,僅是讀音相近,"丂"作"号"的聲旁本不甚切合,但"丂"與原來的"子"的下部字形很接近。這種將就着原字形而把表意字字形的一部分改造成音符的現象在文字演變中是常見的。③ 上引張文認爲銘文此字可隸定爲"灪",可從。【編按：準確隸定應作

---

① 張光裕：《新見老簋銘文及其年代》,《考古與文物》2005年增刊《古文字論集(三)》,第65頁圖二;又中山大學古文字研究所編：《康樂集——曾憲通教授七十壽慶論文集》,中山大學出版社,2006年,第20頁。
② 張光裕：《新見老簋銘文及其年代》,《考古與文物》2005年增刊《古文字論集(三)》,第65頁。
③ 參看裘錫圭：《文字學概要》,商務印書館,1988年,第153頁。

"滹"。】"大瀧"之稱金文中首次見到。張文已舉出數篇記周王在莽(方)京辟雍舉行漁或射獵活動的相關銘文,但其中都稱"池"不稱"瀧",如遹簋(《集成》4207)"乎(呼)䱷(漁)于大沱(池)"、静簋(《集成》4273)"射于大沱(池)"。張文説:"'大瀧'倘非'大池'别稱,亦當與'大池'性質相若,爲當日王室舉行射魚禮之場所。"①我認爲,"大瀧"就是"大池"的别稱。先從"池"義説起。《禮記·月令》"毋漉陂池",鄭玄注:"穿地通水曰池。"《周禮·秋官·雍氏》:"掌溝瀆澮池。"池與溝、瀆、澮並列。知池本是人工開鑿出來的水道(當然可以比較寬),故引申而爲護城河。辟雍周圍環繞有人工開鑿的水道,②自然可以呼之爲"池"。古漢語中"池"有個同義詞,就是"濠",字又作"壕"。《廣韻》平聲豪韻:"濠,城濠。"《玉篇》土部:"壕,城壕也。"在護城河的意思上,濠和池没有問題是一對同義詞。《墨子·備城門》"凡守城之法,厚以高,③壕池深以廣",壕、池同義並列。一般字典辭書據《玉篇》《廣韻》以護城河爲"濠(壕)"的第一義項。我認爲,同"池"一樣,"濠"這個詞的護城河義是由後世常用的壕溝義引申而來的,而不是相反,人工開鑿的水道是"濠"的本義。在人工開鑿的水道這個本義上,濠和池也是一對同義詞。銘文之"瀧",正是"濠"的異構。辟雍周圍環繞的水道可以稱"大池",當然也可以稱"大濠"。《説文》無"濠""壕",溝池之"濠"亦不見於古書,却在西周銅器銘文中出現,這可以作爲説明出土古文字材料對於古漢語詞彙研究的重要性的一個例子。【編按:陳劍先生認爲"瀧"應直接讀爲"沼"。説見《〈容成氏〉補釋三則》,《出土文獻與古文字研究》第六輯,上海古籍出版社,2015年,第374—375頁。此讀文義甚洽,而困難在於需要先證明"沼"的上古聲母是牙喉音而非舌音,或者"號"字有舌尖塞音讀法。】

---

① 張光裕:《新見老簋銘文及其年代》,《考古與文物》2005年增刊《古文字論集(三)》,第66頁。
② 參看楊寬:《古史新探》,中華書局,1965年,第201頁。
③ "厚"上脱"城垣"一類的詞。

二

應公鼎：雁(應)公乍(作)隣(尊)彝䉕鼎，珷(武)帝日丁子子孫孫永寶。①

"䉕"字已見於番生簋蓋(《集成》4326)和毛公鼎(《集成》2841)，均用爲"䉕茀魚服"之"䉕"。此鼎銘"䉕"的字形同番生簋蓋。此"䉕"字，發表者讀爲"禫"，認爲稱"禫鼎"，是表明其爲祭祀用鼎，猶召伯虎簋銘文中的"嘗簋"。② 按：禫爲除喪服之祭的專名，用在此處不太合適。嘗可以泛指祭祀，而禫恐怕不能。我認爲，此"䉕"字當讀爲"燖"。《説文》十上火部："燖，火熱也。"《禮記・內則》："五日則燖湯請浴。"釋文："燖，溫也。"燖是用火煮烤加溫的意思，字又作"燅""尋""燀"。《儀禮・有司》"乃燅尸俎"，鄭玄注："燅，溫也。古文燅皆作尋，記或作燀。"

鼎既有實牲體的功能，又有烹煮的功能。《周禮・天官・亨人》"掌共鼎鑊"，鄭玄注："鑊所以煮肉及魚腊之器，既孰乃脀于鼎。"則實牲體的稱爲鼎，用來烹煮的稱爲鑊。不過，從金文來看，鼎的概念大於鑊，鑊是鼎的一種，如哀成叔鼎(《集成》2782)，既自名爲鑊，又自名爲鼎。鑊是作爲炊具之鼎的專名。③ 此器稱"燖鼎"，大概跟稱鑊差不多，表明是用來烹煮的。

珷，原銘从王从武，是武王之武的專字，而非武和王的合文。"武帝日丁"，發表者指出與剢尊的"文考日庚"結構相當。④ 但發表者囿於"帝"是時王對已故父王的稱呼這一説法，認爲"武帝"是武王之父即文王，⑤這顯然是錯誤的。銘文如果要指稱文王，可以直接説出，完全不必如此迂曲。

---

① 河南省文物考古研究所、平頂山市文物管理局：《河南平頂山應國墓地八號墓發掘簡報》，《華夏考古》2007年第1期，第27頁圖六—1。
② 河南省文物考古研究所、平頂山市文物管理局：《河南平頂山應國墓地八號墓發掘簡報》，《華夏考古》2007年第1期，第45頁。
③ 參看俞偉超：《先秦兩漢考古學論集》，文物出版社，1985年，第63頁。
④ 河南省文物考古研究所、平頂山市文物管理局：《河南平頂山應國墓地八號墓發掘簡報》，《華夏考古》2007年第1期，第46頁。
⑤ 河南省文物考古研究所、平頂山市文物管理局：《河南平頂山應國墓地八號墓發掘簡報》，《華夏考古》2007年第1期，第45頁。

我認爲，"武帝日丁"就是指武王。應國是武王之子的封國，所以銘文説武王的子孫云云。《左傳》文公二年："宋祖帝乙，鄭祖厲王。"知諸侯得祖其始封君之父王，應祖武王是合乎宗法的。①"武帝日丁"這個名稱的結構其實跟商王"文武帝乙"是一樣的。文武帝乙是紂對其父考的稱呼，此"武帝日丁"是西周晚期某代應侯對其所祖之武王的稱呼。能否成立，問題的關鍵是對"帝"的理解。如果"帝"只能是子稱父，那"武帝"就不能指武王了。然而裘錫圭先生在《"花東子卜辭"和"子組卜辭"中指稱武丁的"丁"可能應該讀爲"帝"》一文中已經正確地指出，"帝"並不限於稱父親，父親之前的直系先王都可以稱"帝"，"帝"只是"強調直系繼承的宗族長地位之崇高的一種尊稱"。② 那麼，應公稱其所祖之武王爲"武帝"便是十分合理的。

這篇銘文讓我們知道了周武王的日名是丁，他是周的"武丁"。周人死後用日名當然是模仿自商人的，反映了商周文化的緊密繼承關係。

三

柞伯鼎："才（在）乃聖且（祖）周公繇（繇）又（有）共于周邦。"③西周金文中相同或相近的辭例見於如下諸銘：

录伯𣪘簋蓋（《集成》4302）："自乃且（祖）考又（有）爵于周邦。"師𩛥簋（《集成》4311）："乃且（祖）考又（有）爵于我家。"師克盨（《集成》4467）："則繇（繇）隹（唯）乃先且（祖）考又（有）爵于周邦。"四十二年逑鼎（《文物》2003年第6期第16頁圖二一）、四十三年逑鼎（同上第20頁圖二五）："乃先且（祖）考有（後者作"又"）爵于周邦。"何尊（《集成》6014）："眂（視）于公氏有爵于天。"乖伯簋（《集成》4331）："又（有）䇦于大命。"

從字形和辭例上看，爵、爵、爵顯係一字異體。爵，象雙手奉爵之形，爵是上部加注了聲旁"凡"，爵則是爵省去了"廾"旁。按照文字結構和演

---

① 《禮記·郊特牲》說"諸侯不敢祖天子"，並非事實。
② 《黃盛璋先生八秩華誕紀念文集》，中國教育文化出版社，2005年，第5—6頁。
③ 朱鳳瀚：《柞伯鼎與周公南征》，《文物》2006年第5期，第68頁圖一。

變的一般規律來看,舁是表意初文,舁、嚚是後起形聲字(下文用舁代表此字)。或將"廾"看作舁的聲旁,並不妥當。从"廾"之字甚多,如奉、奠、具、弄、癶(登)等字,"廾"旁都是作爲意符來使用的,舁所从的"廾"旁也以看作純粹的意符爲順當。標示此字讀音的是其聲旁"凡"。我們知道,"凡"形在古文字中有時用作"同"。① 所以,此字的讀音可能跟"同"相近。舁字舊有"爵""恪""勞""勳""悲"等多種讀法,②皆未能兼洽於形音義三方面。裘錫圭先生讀爲"庸",③我認爲是唯一正確的讀法。"庸"與"同"語音上的相近無需多說,④所以从"同"聲的舁字讀爲"庸"十分自然。舁讀爲"庸"能完全讀通所有銘文。《爾雅·釋詁》:"庸,勞也。"《詩·王風·兔爰》:"我生之初尚無庸。"鄭箋:"庸,勞也。"所謂"勞",既是勳勞之勞,又是勤勞之勞。上引出現舁字的銘文,讀爲"有庸于周邦""有庸于我家""有庸于天","庸"理解爲"勞"皆文從字順。這也是前人(如郭沫若、唐蘭)讀此字爲"勞"的原因。西周金文中舁字還有另外一種辭例,即見於毛公鼎(《集成》2841)、四十二年逑鼎、四十三年逑鼎(出處見上文)等銘的"舁勤大命"。"舁勤大命"讀爲"庸勤大命",意即勤勞於上天之命,同樣甚爲允洽。《尚書·堯典》:"汝能庸命。"一般把"庸"理解爲"用",謂舜能奉行帝堯之命,似乎不如把"庸命"跟西周金文中的"庸勤大命"聯繫起來,理解爲謂舜能勤勞於帝堯之命。

下面回到柞伯鼎。"有共于周邦",朱鳳瀚先生讀"共"爲"功"。⑤ "共"和"功"的讀音自然是相近的,意思上似乎也講得過去。但跟上述其他銘文聯繫起來,我認爲這個"共"仍然必須讀爲"庸"。上引乖伯簋銘文中的"有䢼于大命"用了與"共"同音的"䢼"字,⑥同樣應讀爲"庸"。"有庸

---

① 裘錫圭:《古文字論集》,中華書局,1992年,第196頁。
② 前四說參看周法高、李孝定、張日昇編著:《金文詁林附錄》,香港中文大學,1977年,第1456—1471頁;讀爲"悲"是李學勤先生的意見,見氏著:《新出青銅器研究》,文物出版社,1990年,第43頁。
③ 裘錫圭:《古文字論集》,第204頁。
④ 裘錫圭:《古文字論集》,第196頁。
⑤ 朱鳳瀚:《柞伯鼎與周公南征》,《文物》2006年第5期,第69頁。
⑥ 關於"䢼"字,參看徐在國:《隸定古文疏證》附錄一《古文字考釋四則·釋"巷"》,安徽大學出版社,2002年,第308—310頁。其他多位學者也有相同意見。

于大命"意即何尊的"有庸于天",亦即毛公鼎等的"庸勤大命"。或讀爲"有恭于大命",①其實不太合乎語法(比較順的説法是"恭于大命")。

剩下的問題就是"共"與"庸"在語音上的關係。"共"和"庸"韻部相同(並上古東部),而且都是三等字;聲母上,"共"爲見母,"庸"爲余母。説"庸"是余母字,這只是據其中古音而言,實則余母在上古的表現比較複雜,與多種聲母相關涉。但可以肯定,一部分余母字跟見母字關係密切,相諧聲者如:均和匀、舉和與、羔和窑、谷和裕、姜和羊、姬和頤、監和鹽等。各組中前字皆見母字,後字皆余母字。"庸"可能也屬於跟見母字關係密切的一類余母字。古書中"庸"或與"頌""訟"爲異文,②而"頌""訟"从見母字"公"得聲,似可作爲一條積極證據。殷墟甲骨文中有一個从臼从土从用的字,裘錫圭先生從饒宗頤説,讀爲"壅",並認爲"用"是聲旁。③其説可信。"壅"是與見母同屬喉牙音的影母字,"用"聲之字而讀爲影母之"壅",可以證明"庸"確實能與見母字發生關係。另外,我認爲舁的聲符"同"("庸"字亦本从"同"聲④)和"共"極可能是一對同源詞,其意義和用法非常接近,語音本亦相近。【編按:"同""用"與牙喉音相關的證據比較薄弱,"有共于周邦"讀爲"有功于周邦","有帀于大命"讀爲"有功于大命",在語音上更直接。】

原載《古文字研究》第二十七輯,中華書局,2008年。

---

① 徐在國:《隸定古文疏證》附錄一《古文字考釋四則·釋"巷"》,第309—310頁。
② 參看高亨纂著、董治安整理:《古字通假會典》,齊魯書社,1989年,第8頁。
③ 裘錫圭:《古文字論集》,第180—181頁。
④ 裘錫圭:《古文字論集》,第196頁。

毛公鼎銘文補釋一則

毛公鼎(《集成》2841)是西周晚期的重器,其銘文長達將近五百字,不但字數居全部西周青銅器銘文之冠,而且内容也很重要。自從清代道光末年出土以來,毛公鼎銘文歷經諸多前賢和當代學者的考釋,已能基本通讀,但仍留下一些疑難字句,有待繼續探究。本文僅對其中的一個疑難字在前人研究的基礎上略作討論。

銘文第九和第十七行兩處都出現一個从午从廾从心的字。从午从廾之形即"春"字的上部,所以孫詒讓説此字是从心春省聲,即《説文》訓爲"愚"的"惷"字。① 其説正確無疑。下面直接將銘文此字寫作"惷"。"惷"字出現的辭例如下(釋文儘量用通行字):

第一處:今余唯肇經先王命,命汝乂我邦我家内外,惷于小大政。

第二處:雩之,庶出入事于外,敷命敷政,埶小大楚賦,無唯正聞,弘其唯王知,乃唯是喪我國。歷自今,出入敷命于外,厥非先告父厝,父厝舍命,毋或敢惷敷命于外。

如按"惷"字的本義"愚"來理解,這兩處銘文顯然都無法講通。劉心源説:"惷,《説文》云愚也,此即專壹之意。"② "惷"既訓愚,如何又有專壹之意,令人疑惑。王輝先生把第一個"惷"理解爲忠厚,第二個"惷"理解爲

---

① (清)孫詒讓:《古籀拾遺 古籀餘論》,中華書局,1989年,《古籀拾遺》部分第45頁上右。

② 引見周法高主編:《金文詁林》第十二册,香港中文大學,1974年,第6276頁。

魯莽、輕率,認爲都是"惷"的愚義的引申義,亦缺乏訓詁上的證據。① 看來"惷"字必須破讀。

　　高田忠周疑"惷"字讀爲"舂",義爲擊治;又疑讀爲"綜"或"變",皆治理之義。② 三種説法中,只有讀爲"綜"可聊備一説,然亦牽強。

　　王國維讀"惷"爲"蠢",訓爲"出"或"作"。③ 楊樹達贊成王説。④ 按:"蠢于小大政""毋有敢蠢敷命于外",文義上已經都很勉強;況且"惷"和"蠢"讀音並不相近。頗疑王國維是誤將"惷"認作了從春聲的"惷"字,所以才會讀爲"蠢"。吳寶煒正是主張釋爲"惷",反對釋爲"惷"的。⑤ 于省吾也是將"惷"釋作"惷",據《説文》《廣雅》訓"惷"爲"亂"來理解銘文的。⑥ 張亞初《殷周金文集成引得》在前一"惷"字後括注"惷",後者直接釋作"惷",未括注。⑦ 此字既應釋作"惷",則不能讀爲"惷"。

　　《商周青銅器銘文選》讀"惷"爲"擁",説:"擁爲持義,擁於小大政,即執持各種政事。"又讀"毋有敢惷敷命於外"在"惷"下斷句,解釋説:"不得有擁持政事而擅自發布王命於外。"⑧按:"擁於小大政"尚勉強可通,"毋有敢擁,敷命於外"則甚爲不辭。而且"擁"和"惷"雖然上古音韻部相同(皆東部),但聲母相差很遠("擁"是影母;"惷"的聲母屬舌音,詳下),一般來説不能通假。

　　孫稚雛先生的《毛公鼎銘今譯》沒有對"惷"字作解釋説明,但在譯文中據上下文義把"惷于小大政"今譯爲"管理好一切小大的政事",把"歷自今,出入敷命于外,厥非先告父厝,父厝舍命,毋或敢惷敷命于外"今譯爲"從今以後,凡傳布王命到外面去,一定要先告知父厝,父厝同意後由他簽

---

① 王輝:《商周金文》,文物出版社,2006 年,第 265、266 頁。
② 引見周法高主編:《金文詁林》第十二册,第 6276—6277 頁。
③ 《王國維遺書》第四册,上海書店出版社,1983 年,第 91、98 頁。
④ 楊樹達:《積微居金文説》(增訂本),中華書局,1997 年,第 14、17 頁。
⑤ 引見《金文詁林》第十二册,第 6277 頁。
⑥ 于省吾:《雙劍誃吉金文選》,中華書局,1998 年,第 127、129 頁。
⑦ 張亞初:《殷周金文集成引得》,中華書局,2001 年,第 56 頁。
⑧ 馬承源主編:《商周青銅器銘文選》第三册,文物出版社,1988 年,第 318、319 頁。

發命令才去執行,否則不得擅自傳達"。① 這樣的理解應該是大致符合原意的。【編按:高亨《毛公鼎銘箋注》以"專主"解釋兩個"叀"字。見《高亨著作集林》第九卷《文史述林》,清華大學出版社,2004年,第471頁。】上引"第二處"前半部分的"無唯正聞,叀其唯王知",郭沫若讀"聞"爲"昏",解釋爲"不問青紅皂白,一唯王意是從"。② 郭説至今仍被很多人所因循。其實,銘文是説,過去官吏們在外發布政令,設置賦税,不告知其長官,何况王。③ 即王認爲過去官吏們行事都不事先告知長官和王,而是自作主張,專擅獨行,結果導致了亡國。所以,從今往後,官吏們發布政令必須首先告知毛公厝,不能像過去那樣擅自發布。王任命毛公厝爲執政大臣,管理一切政事,當然是希望通過他來控制和約束各級官吏,改變王被臣下蒙蔽架空的局面。

按照上述對銘文的理解,筆者認爲"叀"字所表示的合適的詞大概只有"專"。"專于小大政",意即大小政事皆由毛公厝來主持掌管。"毋或敢專敷命于外",意即無人敢擅布命於外。"專"有主持掌管之義,如《禮記・檀弓下》:"我喪也斯沾,爾專之。"鄭玄注:"專猶司也。""專"又有專擅義,如《淮南子・主術》:"其立君也,所以剬(制)有司,使無專行也。"高誘注:"專,擅也。""專"的這兩個常用義項正好分別用在銘文這兩處,除了"專",恐怕再難找到其他更恰當的詞了。目前古文字材料中似尚未見其他確定的表示"專"這個詞的字。【編按:清華簡用"斷"之異體"剚"爲"專",如《芮良夫毖》簡11:"和剚(專)同心,毋又(有)相放(倣)。"《子儀》簡4:"君及不穀(穀)剚(專)心穆(勠)力㠯(以)左右者(諸)侯。"】戰國時的中山王方壺銘文中有一句過去曾釋讀爲"專任之邦",白於藍先生已經改釋爲"屬任之邦",正確可從。④ 所以,從用字習慣的角度來説,用"叀"字來表示

---

① 廣東炎黄文化研究會編:《容庚先生百年誕辰紀念文集(古文字研究專號)》,廣東人民出版社,1998年,第290頁。
② 《郭沫若全集・考古編》第八卷,科學出版社,2002年,第292頁。
③ 裘錫圭:《古文字論集》,中華書局,1992年,第362頁。
④ 白於藍:《釋中山王䜌方壺中的"屬"字》,《古文字研究》第二十五輯,中華書局,2004年,第290—295頁。

"專"這個詞也不是不可能的。當然,問題的另一個關鍵是"惷"和"專"的語音關係,即兩者的上古讀音是否相近。下面試說之。

"惷"字《廣韻》有四個讀音:鐘韻書容切、丑龍切(見於用韻又音),江韻丑江切,用韻丑用切。其上古聲母屬舌音。"專"的中古聲母是章母,上古亦屬舌音。兩者上古聲母相近蓋無疑問。韻部上,"惷"是東部,"專"是元部合口。東部和元部合口上古偶有通轉,如:"曈"(元部合口),從童(東部)得聲;"竅"(元部合口)與"孔""空"(皆東部)同源;①《尚書·堯典》:"允釐百工,庶績咸熙。""百工"即"百官"。② 訓"愚"之"惷"又作"憧",③比較同從"童"聲的"曈"的讀音,似乎可以作爲"惷"能跟元部合口字相通的積極證據。從音理上分析,東部的主母音是 o,元部合口有一部分字的主元音有人認爲也是 o,"專"字正屬這一類。④ 如此,"專"和"惷"的上古讀音關係是:聲母相近,主要母音相同,韻尾有前後鼻音之別,可見總體上還是比較接近的。所以從語音關係上來說,"惷"讀爲"專"也是可能的。【編按:與"專"同音且相通的"顓"字亦有愚義,可能是"惷"的同源詞。】

除了毛公鼎,"惷"字又見於禹鼎銘文(《集成》2833),辭例爲:"肆武公亦弗遐忘朕聖祖考幽大叔、懿叔,命禹纘朕祖考,政于井邦;肆禹亦弗敢惷,惕恭朕辟之命。"此"惷"字讀爲"專"同樣是通順的。銘文是器主禹說自己雖然受武公之命繼承了其祖考的職位,治理井邦,但他不敢專擅獨行,他會恭敬對待主君的命令。

【編按:张世超等撰《金文形義通解》(中文出版社,1996 年,第 2545 頁)已讀此字爲"專",本文失於徵引。但《通解》以此字爲從"秦"省聲而讀

---

① 《莊子·養生主》:"依乎天理,批大郤,導大竅,因其固然。"成玄英疏:"竅,空也,骨節空處。"大竅即大孔。

② 《史記·五帝本紀》作"信飭百官",《漢書·律曆志》作"允釐百官"。

③ 《大戴禮記·哀公問於孔子》:"寡人惷愚冥煩。"同書《千乘》:"作起不敬,以欺惑憧愚。"《上海博物館藏戰國楚竹書(三)·仲弓》:"雍也憧愚,恐貽吾子羞,願因吾子而辭。"(參看李守奎等:《上海博物館藏戰國楚竹書(一~五)文字編》,作家出版社,2007 年,第 838 頁)

④ 鄭張尚芳:《上古音系》,上海教育出版社,2003 年,第 572 頁。

爲"專",不可從。清華簡《四告》簡 4："翳（肆）隹（唯）喬（驕）惷忘（荒）叴（怠）。"整理者讀"惷"爲"縱"（黃德寬主編：《清華大學藏戰國竹簡（拾）》，中西書局，2020 年，第 113 頁注［一四］）。按"惷"與"縱"聲母不同類，一般不相通，而且讀"縱"不能讀通金文所有辭例。此"惷"字似亦可讀爲"專"，意爲專橫，與"驕"義近。《左傳》桓公十五年："祭仲專，鄭伯患之。"《後漢書·皇后紀下》："后既少聰惠，深覽前世得失，雖以德進，不敢有驕專之心。"《四告》簡 10："弗敢惷覓。"文例與禹鼎銘文相近，"惷"亦當讀"專"。"覓"字之義不明，或當與"惷"相近；班簋銘文："班非敢覓"，文例亦同。】

原載《中國典籍與文化》2011 年第 2 期。

金文从宫从九之字補説

西周金文中有一個从宫从九的字，《金文編》收在"宄"字頭下，字形有 ▢、▢、▢ 三種。① 這三個字形顯然是同一個字的異體，下文統一隸定爲 "宼"。"宼"字不見於《説文》，其相當於何字，前人主要有釋爲"宄"和釋爲 "宫"二説。釋爲"宄"者如林義光和商承祚，②《金文編》將"宼"字列在 "宄"字頭下，即亦主釋"宄"之説。"宼"字的結構可以分析爲从宫九聲，而 "宄"字是从宀九聲，从宫與从宀（古文字象宫室形）同意，所以自然"宼"可 能就是"宄"。釋爲"宫"者有楊樹達和唐蘭。楊樹達認爲"宫"字是純象形 字，而"宼"字則是"於初文象形字外加聲旁九字"而成。③ 唐蘭認爲"宼" 就是"宫"字，是"宫"的繁體。④

下面按"宼"字的不同用法列出所有辭例（儘量用通行字書寫，難以隸 定之字用□代替）：

(1) 師 𡘈 鐘（《集成》141）：師𡘈肇作朕烈祖虢季、宼公、幽叔、朕皇考 德叔大林鐘。

(2) 瑚生鬲（《集成》744）：瑚生作文考宼仲尊鬲。

(3) 羌鼎（《集成》2204）：羌作宼姜齋鼎。

---

① 容庚編著，張振林、馬國權摹補：《金文編》，中華書局，1985年，第532頁。
② 周法高主編：《金文詁林》，香港中文大學，1975年，第九册第4711—4712頁。
③ 楊樹達：《積微居金文説》（增訂本），中華書局，1997年，第179頁。
④ 唐蘭：《論周昭王時代的青銅器銘刻》，《古文字研究》第二輯，中華書局，1981年，第63—64頁。

(4) 剌鼎(《集成》2485)：剌鼎作寶尊,其用盟肆宽嫣日辛。

(5) 師望鼎(《集成》2812)：丕顯皇考宽公/用作朕皇考宽公尊鼎。

(6) 師酉簋(《集成》4288—4291)：用作朕文考乙伯、宽姬尊簋。

(7) 闋卣蓋(《集成》5297、5298)：闋作宽伯寶尊彝。

(8) 追尸簋(《新收》①53)：用作朕皇祖宽仲尊簋。

(9) 師酉鼎(《新收》1600)：用作朕文考乙伯、宽姬寶尊鼎。

(10) □鼎(《新收》1796)：□作考宽公穌齋。

以上是"宽"字最常見的用法,加在尊稱"公"、排行"伯""仲"以及女子之姓前,應該是謐號。② 或以"宽"爲氏名,③殆不可從。

(11) 解子鼎(《集成》2345)：解子作厥宽團宫鼎。

(12) 伯椃簋(《集成》4073)：伯椃作厥宽室寶簋。

(13) 麥方彝(《集成》9893)/麥盉(《集成》9451)：祼于麥宽。

(14) 叡尊、叡卣：余令汝自寡虢來誨魯人爲余宽,有姝具成,亦唯小羞。余既省,余既處,無不好、不龏于朕誨。④【编按：器主之名"叡",董珊先生釋爲"叔",可從。見董珊：《新見魯叔四器銘文考釋》,《古文字研究》第二十九輯,中華書局,2012年。】

以上"宽"字義同"宫",名詞。第11例"解子作厥宽團宫鼎"之"團宫"亦見於召卣(《集成》5416)、召尊(《集成》6004),云:"召萬年永光,用作團宫旅彝。""厥宽團宫"中的"厥宽"是"團宫"的同位語,即"團宫"就是他的"宽"。第12例"宽"與"室"連言,"宽室"無疑就相當於"宫室"。第13例"麥宽",唐蘭讀爲"麥宫",認爲是麥的宗廟。⑤ 唐蘭對此"宽"字的理解没有問題,但能否徑讀爲"宫",詳下文。第14例中的"宽"字,朱鳳瀚先生讀

---

① 鍾柏生、陳昭容、黃銘崇、袁國華編:《新收殷周青銅器銘文暨器影彙編》,藝文印書館,2006年。簡稱《新收》。
② 參看朱鳳瀚:《師酉鼎與師酉簋》,《中國歷史文物》2004年第1期,第8頁。
③ 劉啓益:《西周紀年》,廣東教育出版社,2002年,第412頁。
④ 朱鳳瀚:《叡器銘文與魯國早期歷史》,朱鳳瀚主編:《新出金文與西周歷史》,上海古籍出版社,2011年,第6、10頁。
⑤ 唐蘭:《論周昭王時代的青銅器銘刻》,《古文字研究》第二輯,中華書局,1981年,第63頁。

爲"軌",將"余令汝自寡虩來誨魯人爲余寏"譯爲:"我命令你從寡虩來教育魯人,施行我的法規。"①按"寏"字是否有讀爲"軌"這種用法,值得懷疑。我們認爲,此"寏"字的意義應與上面三例相同。"余令汝自寡虩來誨魯人爲余寏",是説魯侯命令器主敔負責指導魯人營建魯侯的宫室。"有姝具成,亦唯小羞"是魯侯對器主所做工作的肯定,"羞"應理解爲訓爲進的羞,而不是羞恥之羞。②"余既省,余既處,無不好、不釁于朕誨",是説魯侯巡視並居住了新落成的宫室後,覺得十分稱心如意。

(15) 幾父壺(《集成》9721、9722):唯五月初吉庚午,同仲寏西宫,賜幾父……

此"寏"字義同"居",動詞。郭沫若徑讀"寏"爲"居",③不妥。

下面根據以上所揭示的"寏"字的用法,談談我們對這個字的理解。首先,"寏"字不能釋爲"宄"。《説文》:"宄,奸也。外爲盜,内爲宄。……𡧏,古文宄。"金文中有確定無疑的"宄"字,見兮甲盤(《集成》10174),字形作𡧏,從又,同《説文》古文。辭例爲:"其唯我諸侯百姓,厥賈毋不即市,毋敢或入蠻宄賈,則亦刑。"揆之文義,正是奸宄之"宄"。金文"宄"字从"又",楊樹達説:"蓋以手取屋下之物,故从又从宀,《説文》作宄,則失手取之形。"④有一定道理。金文中既已別有"宄"字,"寏"字又無奸宄義,所以"寏"不能釋爲"宄"。其次,"寏"字也不能直接釋爲"宫"。金文中"宫"字偶見用作謚號者,如伯陶鼎(《集成》2630)之"文考宫叔",彧者鼎之(《集成》2662)"文考宫伯",戀簋(《集成》4046)之"宫仲"。這似乎也是釋"寏"爲"宫"的積極證據,但謚號"宫"和謚號"寏"的具體含義都不清楚,兩者是否同一個謚號,恐難遽定。金文"宄"字有異體作𡧏,見舀鼎(《集成》

---

① 朱鳳瀚:《敔器銘文與魯國早期歷史》,朱鳳瀚主編:《新出金文與西周歷史》,第14頁。
② 朱鳳瀚先生把"小羞"解釋爲"少有令人羞恥的惡行發生"。見朱鳳瀚:《敔器銘文與魯國早期歷史》,朱鳳瀚主編:《新出金文與西周歷史》,第12頁。
③ 郭沫若:《扶風齊家村器群銘文匯釋》,陝西省博物館、陝西省文物管理委員會編:《扶風齊家村青銅器群》,文物出版社,1963年,第2頁。
④ 楊樹達:《積微居金文説》(增訂本),中華書局,1997年,第21頁。

2838),也是用作謚號(稱"文考宄伯")。"宎"和"宄"表示同一個謚號的可能性好像更大一些。"宎"字雖然有時和宮室之"宮"同義,如上第12、13、14例所示,但在第11和第15例中,兩個字出現在同一句中,這已能充分説明"宎"有别於"宮"。第15例中"宎"用作動詞,這更是"宮"字所没有的用法。我們認爲,"宎"字从宫九聲,其讀音當與聲旁"九"十分相近,其上古音的聲母必爲見組,韻部必爲幽部,而"宮"字上古音爲見母冬部,幽部與冬部是嚴格的陰陽對轉關係,所以"宎"字所代表的詞是"宮"的一個同源詞,其語音形式很可能就是"宮"去掉鼻音韻尾的音,即讀音同"究"。"宎"與"宮"是一對音義相近的同源詞,所以有完全相同的用法,而又有不同的用法,這正如"在"和"存"的關係。① 只不過"在"和"存"兩者都作爲常用詞流傳下來了,而"宎"與"宮"兩者中的前者最終被淘汰了。

　　金文中"宎"字還有其他的異體。義伯簋(《集成》3619)有字作 [字形],辭例爲"義伯作[字形]婦陸姞",應爲謚號。此字形增加了"又"旁,似是糅合了"宎"和金文从"又"的"宄"字,即以"宄"爲聲也。仲義父鼎(《集成》2541—2545)有字作[字形]、[字形],辭例爲"仲義父作新[字形]寶鼎",舊釋爲"客",《金文編》列在"客"字下。② 楊樹達認爲此字从"咎"聲,是"宎"字的異體。③ "咎"與"九"讀音至近,如果確實是从"咎",那麽此字形當然就是"宎"字的異體。劉釗先生在《釋金文中从夘的幾個字》一文中,認爲此字从增加了羨符"口"的"夘",將此字改釋爲"宛",讀爲"館",新館爲新建的宗廟。④ 按周原甲骨文"咎"作[字形],⑤與上揭銘文第一形所从完全相同,而上揭銘文第二形所从正是古文字中一般的"咎"字,所以楊樹達的説法也不能輕易

---

① "在"和"存"是一對同源詞。"在"上古音從母之部,"存"上古音從母文部,兩者也是鼻音韻尾有無的差别。"在"和"存"在存在義上完全相同,可互訓,兩者也都有問候、省察義,但有些意義是此有彼無的。
② 容庚編著,張振林、馬國權摹補:《金文編》,第530頁。
③ 楊樹達:《積微居金文説》(增訂本),第180頁。
④ 劉釗:《古文字考釋叢稿》,嶽麓書社,2005年,第109—110頁。
⑤ 參看劉釗等:《新甲骨文編》,福建人民出版社,2009年,第463頁。

排除。金文中有"新宫"的説法,如師遽簋蓋(《集成》4214),"新🈳"相當於"新宫",自然可以指新建的宗廟,而以"館"稱宗廟則反而有點可疑。

《上海博物館藏戰國楚竹書(二)・子羔》第十二簡有"玄咎"一詞,我曾撰文加以考釋,指出"玄咎"之"咎"所表示的詞就是金文"宨"字所表示的詞。① 這説明到戰國時代,"宨"這個字所表示的詞還偶爾在使用,只不過不用本字而改用假借字"咎"來表示了。【編按:鄔可晶先生認爲北大漢簡《反淫》"處大廓之究"之"究"讀爲"宨",説明這個詞西漢早中期還在使用。見鄔可晶:《讀簡帛古書札記二則》,《出土文獻研究》第十六輯,中西書局,2017年,第55—56頁。】

郭沫若《兩周金文辭大系》在考釋麥方彝銘文時,謂"宨"是古文"芃",引了《淮南子・原道訓》:"禽獸有芃,人民有室"和《修務訓》:"野彘有芃莦,槎櫛堀虛,連比以像宫室"。② 按高誘注:"芃,蓐也。"謂禽獸巢穴中的薦草。"野彘有芃莦"之"莦"義爲亂草,與"芃"相近。《淮南子》中"芃"的意義與"宨"字迥別,兩者大概没有關係。陳夢家《西周銅器斷代》釋麥方彝、麥盉中的"宨"爲"究",認爲即《廣雅・釋宫》"究,窟也"之"究",乃黄土地帶穴居的複室。③ "宨"是否與訓"窟"之"究"有關,存疑待考。【編按:鄔可晶先生指出,錢大昭《廣雅疏義》、王念孫《廣雅疏證補證》等皆以爲"究"乃《玉篇・穴部》訓"窟"之"㝒"的形訛,則"宨"與訓"窟"之所謂"究"無關。見鄔可晶:《讀簡帛古書札記二則》,《出土文獻研究》第十六輯,第57頁。】

原載《古文字研究》第二十九輯,中華書局,2012年。

---

① 張富海:《上博簡〈子羔〉篇"后稷之母"節考釋》,上海大學古代文明研究中心、清華大學思想文化研究所編:《上博館藏戰國楚竹書研究續編》,上海書店出版社,2004年,第48頁。【編按:已收入本書。】

② 《郭沫若全集・考古編》第八卷,科學出版社,2002年,第101頁。"原道訓",原文誤作"道應訓"。

③ 陳夢家:《西周銅器斷代》,中華書局,2004年,第84頁。

説古文字中的"雩"字

"雩"字从雨于聲,本義是一種求雨的祭祀,今通作"雩"。① 但在古文字中,此字一般假借用爲虚詞(詳下文)。王國維認爲"雩"是古"粤"字,小篆之"粤"即其訛體。② 此説可信。

"粤",古書中通作"越"。在《尚書》《詩經》等比較古老的文獻中,虚詞"越"常見,其用法主要有三種:一、用爲句首語氣詞。如:《尚書·盤庚》:"不服田畝,越其罔有黍稷。"《尚書·高宗肜日》:"高宗肜日,越有雊雉。"《尚書·大誥》:"越予沖人,不卬自恤。"二、用爲介詞,相當於"于"。如:《詩經·周頌·清廟》:"對越在天,駿奔走在廟。"鄭箋:"越,於也。"《尚書·大誥》:"西土人亦不静,越兹蠢。"僞孔傳:"西土人亦不安,於此蠢動。"《尚書·文侯之命》:"亦惟先正,克左右昭事厥辟,越小大謀猷,罔不率從。"③三、用爲並列連詞,義爲"與"。如:《尚書·大誥》:"大誥爾多邦,越爾御事。"這種用法的"越"《尚書》中很常見。另外,《尚書》中"越"經常用在月日前,如:《召誥》:"越若來三月,惟丙午朏,越三日戊申,太保朝至于洛"。這種"越",僞孔傳解作"於",王引之《經傳釋詞》以爲猶"及",楊樹達《詞詮》看作句首語氣詞。

---

① 《説文》小篆"于"訛作"亏",偏旁"于"亦皆作"亏"。楷書中,偏旁"于"或作"亏"。"雩"字亦可徑隸作"雩"。
② 王國維:《毛公鼎銘考釋》,《古史新證——王國維最後的講義》,清華大學出版社,1994年,第129頁。
③ 此句中的"越"也可以看作句首語氣詞。

西周金文中,"雩"字的用法與《詩》《書》中的"越"相合,舉例如下(釋文用寬式):

   1. 逑盤:雩朕皇高祖公叔……雩朕皇高祖新室仲……
            《考古與文物》2003年第3期,第10頁圖一八
   2. 史牆盤:雩武王既戋(翦)殷,①微史烈祖廼來見武王。
            《集成》10175
   3. 禹鼎:雩禹以武公徒馭至于噩。   《集成》2833

以上"雩"字是句首語氣詞。

   4. 大盂鼎:在雩御事。   《集成》2837
   5. 師訇簋:訇龢雩政。   《集成》4342
   6. 善鼎:余用匄純魯,雩萬年,其永寶用之。 《集成》2820

以上"雩"字是介詞,相當於"于"。

   7. 大盂鼎:唯殷邊侯、甸雩殷正百辟。
   8. 毛公鼎:命汝𤔲司公族雩參有司、小子、師氏、虎臣,雩朕褻事。
            《集成》2841
   9. 善鼎:余其用格我宗子雩百姓。

以上"雩"字是並列連詞,義爲"與"。

西周金文中置於月日前的"雩"或"雩若"亦常見。

毫無疑問,西周金文中的"雩"所表示的詞跟《詩》《書》中的"越"所表示的詞是一一對應的。一般把句首語氣詞"雩"讀爲"粵",把介詞"雩"讀爲"于",而有很多人把連詞"雩"讀爲"與"。我們認爲,"雩"讀爲"粵""于"是可以的,但讀爲"與"是錯誤的。"雩"和"與"只是同義,決不是同一個詞。《尚書》中並列連詞用"越"和"暨",基本不用"與",西周金文情況相同。② 爲統一起見,不妨把西周金文中的虛詞"雩"都讀爲"越"。

金文之外,古文字中虛詞"雩"又見於新出的楚簡。

上海博物館藏楚簡《緇衣》第20號簡:"《君陳》云:出入自爾師雩庶

---

① "翦"的釋讀從陳劍:《甲骨金文"戋"字補釋》,《古文字研究》第二十五輯,中華書局,2004年。

② 西周金文中表示連詞"暨"的字是"眔"。

言同。"今《禮記·緇衣》引《君陳》作"出入自爾師虞,庶言同",僞古文《尚書·君陳》同。鄭玄注《緇衣》云:"自,由也。師、庶,皆衆也。虞,度也。言出内政教,當由汝衆之所謀度。衆言同,乃行之。政教當由一也。"按古書中"虞"有料度、戒備、憂患等義,所謂"虞,度也"之"度"本該是料度之義,但放在此句中顯然講不通,故鄭氏大概是把"虞"理解爲謀的,所以説"謀度"。然而"虞"並無謀義。可見今本之"虞"是有問題的。簡文與"虞"相當的"雩",應不必從今本改讀。"雩"字屬下讀。"雩庶言同"之"雩",究竟應如何解釋,則很難作定論。似乎可以理解成"與","雩庶言同"意即"與庶言同"。"出入自爾師,雩庶言同",是説出入的政令,要來自你的民衆,要與民衆的言論一致。但義爲"與"的"雩(越)"《尚書》和金文中都用爲並列連詞,而此簡文則是用作介詞,用法不同,故仍有疑問。理解成介詞,相當於"于",也是一種可能的選擇,郭店簡《緇衣》對應的字正作"于"。是句首語氣詞的可能,同樣不能排除。"出入自爾師,雩庶言同"之"雩",跟上引《尚書·盤庚》"不服田畝,越其罔有黍稷",以及《尚書·高宗肜日》"高宗肜日,越有雊雉"之"越"可以比較。《大盂鼎》"夙夕召我一人烝四方,雩我其遹省先王受民受疆土",其中的"雩"也是加在複句的後一分句前的。

　　上海博物館藏楚簡《鮑叔牙與隰朋之諫》第 8 號簡:"是歲也,晉人伐齊。既至齊地,晉邦有亂。師乃歸,雩平,地至漆復。"①"雩平"的意思很清楚,是説齊國與晉國講和了。陳劍先生讀此"雩"爲"與",②自然是再通順不過了,但恐怕不能視爲定論。楚簡中"與"字常見,似没有假借"雩"的必要。"師乃歸,雩平",句式猶"高宗肜日,越有雊雉"。不過,上述《緇衣》所引《君陳》是西周初的文章,用"雩"這個詞是正常的,而此篇簡文屬戰國時代,如果確實用了"雩"這個虛詞的話,就是古語的孑遺或是有意仿古了,跟戰國時代文獻的一般用詞十分不合。

　　下面談談虚詞"雩"的來源。

---

　　① "漆"的釋讀從何有祖:《上博(五)零釋》,簡帛網,2006 年 2 月 22 日。
　　② 陳劍:《談談〈上博(五)〉的竹簡分篇、拼合與編聯問題》,簡帛網,2006 年 2 月 19 日。【編按: 收入氏著:《戰國竹書論集》,上海古籍出版社,2013 年,第 171 頁。】

"雩"字从于聲,其讀音和"于"相同,假借作虛詞用時本來也應讀同"于"。在殷商、西周時代的語言中,"于"本來就可以用作連詞,義爲"與"。殷墟甲骨文中"于"用爲連詞者,如張玉金先生所舉《合集》36513:"余其比多田于多伯征孟方。"①《尚書》中的連詞"于",如《康誥》"告汝德之説,于罰之行",《多方》"不克敬于和"。② 所以,用作連詞、介詞的"雩"可能本來是專門用來紀録"于"的連詞及部分介詞用法的假借字,以與一般的介詞"于"相區別。至於句首語氣詞"雩",很可能是介詞"于"的進一步虛化(介詞"于"由動詞虛化而來)。像加在日月前的"雩"解釋爲句首語氣詞或介詞是兩可的。有些上文理解爲句首語氣詞的"雩"理解爲介詞亦未嘗不可。"雩"雖然本來跟"于"同音,但後來讀音也發生了分化。從中山王鼎銘文中"雩"用爲"越人"之"越"來看,至遲在戰國時代,虛詞"雩"已經在某些地區讀如"越"了。傳世古書多作"越",應該就是爲了更準確地紀録實際語音而换了一個假借字。下面,對"于"和"越"的語音關係作一下簡單分析。

于,《廣韻》羽俱切,上古音爲云母魚部合口三等。越,《廣韻》王伐切,上古音爲云母月部合口三等。除了韻部有魚、月之別外,其餘都相同。鄭張尚芳先生把"于"的上古音擬作 *gwa,把"越"的上古音擬作 *gwad,③兩者的差別在於後者較前者多了一個-d 韻尾。我們知道,魚部字一般跟鐸部字發生通轉關係,但不能否認,魚部字偶爾也跟月部字發生關係。例如:金文中周厲王胡之名从害聲,"胡"是魚部字,而"害"是月部字;曾侯乙墓鐘銘中律名"姑洗"之"姑"亦从害聲。像疑問代詞"胡"與"何"(歌部)、"曷"(月部)之間的語音關係也是同類情况。另外,之部字跟文部字發生的關係亦可作爲旁證,例如:在和存,旗和旂,騏和騩,這些語音通轉跟"于""越"之間的關係相類。

原載《語言》第六卷,首都師範大學出版社,2006 年。

---

① 張玉金:《甲骨文語法學》,學林出版社,2001 年,第 89 頁。
② 參看張玉金:《西周漢語語法研究》,商務印書館,2004 年,第 160 頁。
③ 鄭張尚芳:《上古音系》,上海教育出版社,2003 年,第 537、548 頁。

"敕"字補説

　　《説文》三下攴部:"敕,誡也。臿地曰敕。从攴束聲。"段注本於"臿地曰敕"前補"一曰"二字,又删去"聲"字。告誡與束義相關,而且"束"與"敕"的上古韻部不同,故段玉裁認爲"敕"是會意字,即所從的"束"是意符,非音符。段改是很有道理的。何琳儀先生認爲"敕"字从束从攴,會整飭之義,束亦聲。① 按整飭義與束義之間的關聯更爲直接,把"敕"的造字本義理解爲整飭比理解爲告誡要合理,但"束亦聲"之説不可信,仍應從段説,以"敕"字爲單純的會意字。

　　據《金文編》和《新金文編》,東周金文中兩見"敕"字:② 一見於春秋晚期的秦公簋銘文(《集成》4315),字形作 ,辭例爲"邁(萬)民是敕",③ "敕"義爲整飭、治理。一見於戰國時的陳純釜銘文(《集成》10371),字形作 ,辭例爲:"命左關帀(師) 敕成左關之釜,節于廩釜。"湯餘惠先生解"敕成"爲"製成"。④ 按"敕"有告誡、謹慎、整飭、治理等義,並無具體實在的製作義,故"敕成"大概不能簡單理解爲"製

---

① 何琳儀:《戰國古文字典——戰國文字聲系》,中華書局,1998年,第55頁。
② 容庚編著,張振林、馬國權摹補:《金文編》,中華書局,1985年,第215頁;董蓮池:《新金文編》,作家出版社,2011年,第384頁。
③ 另有秦公鎛銘文(《集成》270),是摹刻本,字形作 ,从"束",辭例爲"萬生(姓)是敕"。
④ 湯餘惠:《戰國銘文選》,吉林大學出版社,1993年,第16頁。

成"。何琳儀先生訓此"敕"爲"正"(引《小爾雅·廣言》)。① 按《禮記·月令》:"調竽笙篪簧,飭鐘磬柷敔。""飭"與"調"義近。古書"敕"與"飭"通用無別(兩字本是異體關係),銘文"敕成"之"敕"與此"飭"字用法相同。樂器要符合音律,故須"飭"而成;量器要符合量制,故亦須"敕"而成。

秦公簋和陳純釜銘文中的"敕"字所從的"朿"都有兩點(陳純釜之"敕",何琳儀《戰國古文字典》所摹無兩點,蓋將兩點看作泐痕),應屬於無意義的"乘隙加點"的飾筆。雖然這樣的"朿"旁已經混同於"柬",但沒有必要分析爲從"柬","柬"但訓擇(《爾雅·釋詁》"柬,擇也"),於義無所取。金文"刺"字,既作 , 又作 、,②後兩形也加兩點爲飾,情況與"敕"相同,第三形左旁同樣混同於"柬"形。

西周金文尚未見到從朿從攴的"敕"字,但西周晚期晉侯穌鐘銘文有從敕正聲的"整"字,③可知"敕"字西周時代已有。

下面討論西周金文中數見的一個從言從朿或從言從柬的字:

大盂鼎銘文(《集成》2837):"敏諫罰訟。"諫,原形作。孫詒讓《古籀餘論》云:"案舊釋爲諫。考此字從言從朿,明是諫字。《説文》言部:'諫,餔旋促也。'又辵部速,古文作警(引者按:當作警,警是譌體),從敕從言。此云敏諫,似當爲警字省叚字。諫與敏義略同。"④是讀"諫"爲"速"。楊樹達用孫説,云:"此敏諫二字同義連文,敏諫罰訟,謂刑獄之事當急速處之,毋有留獄也。"⑤按:"敏速"連言,頗爲可怪,亦古書所無。陳夢家讀"諫"爲《説文》訓"謹"之"妹",謂"敏諫罰訟"即慎罰。⑥ 吴大澂《愙

---

① 何琳儀:《戰國古文字典》,第55頁。
② 容庚編著,張振林、馬國權摹補:《金文編》,第423—424頁。
③ 馬承源:《晉侯穌編鐘》,《上海博物館集刊》第七期,上海書畫出版社,1996年,第9頁。
④ (清)孫詒讓:《古籀拾遺 古籀餘論》,中華書局,1989年,《古籀餘論》部分第44頁上右。
⑤ 楊樹達:《積微居金文説》(增訂本),中華書局,1997年,第43頁。
⑥ 陳夢家:《西周銅器斷代》,中華書局,2004年,第104頁。

齋集古録》讀爲"敕"。① 唐蘭同，云："《説文》：'諫，鋪旋促也。'此處當讀爲敕，《説文》：'誡也。'《周易·噬嗑》：'先王以明罰勑（勅）法。'"②于省吾亦讀爲"敕"，云："諫勑飭通，言對於罰懲訟獄須明敏整飭。"③郭沫若亦讀"諫"爲"敕"。④ 按：銘文"敏諫罰訟"讀"敏敕罰訟"，意即努力整頓刑罰獄訟之事，文意極爲順暢，比讀爲"速"或"妹"要好得多。

大克鼎銘文（《集成》2836）："諫辥（乂）王家。"諫，原形作，或釋寫作"諫"。跟大盂鼎銘文一樣，郭沫若讀此"諫"爲"敕"。⑤ 于省吾亦讀爲"敕"，云："勑謂整勑。"⑥《商周青銅器銘文選》云："敕乂王家，整治王家之事。"⑦敕、乂同義連用，意即整治，可謂文從字順。新見的春秋時晉公盤銘文云："䜣（敕）辥（乂）爾家，宗婦楚邦。"⑧與大克鼎銘文辭例相同，證明過去讀大克鼎銘文的"諫"爲"敕"是正確的。晉公盤銘文的"敕"作從言敕聲之形，是毫無疑問的"敕"字異體，似可以作爲橋梁來溝通"諫"和"敕"的字形關係，證明"諫"也是"敕"的異體。顯然，西周金文中的"諫"字與《説文》中的"諫"字是結構不同的同形字（分別是會意字和形聲字），兩者並非如唐蘭等人所理解的假借關係。作爲"敕"字異

---

① 《金文文獻集成》第十二册，綫裝書局，2005 年，第 204 頁。
② 唐蘭：《西周青銅器銘文分代史徵》，上海古籍出版社，2016 年，第 188 頁。
③ 于省吾：《雙劍誃吉金文選》，中華書局，1998 年，第 117 頁。
④ 郭沫若：《兩周金文辭大系圖録考釋》，《郭沫若全集·考古編》第八卷，科學出版社，2002 年，第 85 頁。
⑤ 郭沫若：《兩周金文辭大系圖録考釋》，《郭沫若全集·考古編》第八卷，第 259 頁。
⑥ 于省吾：《雙劍誃吉金文選》，第 142 頁。
⑦ 馬承源主編：《商周青銅器銘文選》第三卷，文物出版社，1988 年，第 216 頁。
⑧ 吴鎮烽：《商周青銅器銘文暨圖像集成續編》第三卷，上海古籍出版社，2016 年，第 308 頁。同銘的晉公䤤銘文（《集成》10342）中相當於晉公盤銘文"䜣"的字的原形作，一般釋爲"整"。吴鎮烽先生《晉公盤與晉公盆銘文對讀》（復旦大學出土文獻與古文字研究中心網站，2014 年 6 月 22 日）一文認爲䤤銘此字中間也從"言"，與盤銘相同。按：中間部分筆畫不太清楚，但明顯不從"正"，可能從"言"，也可能從"足"，無論如何都應讀爲"敕"。兩篇銘文既然相同，不應有用詞上的這種歧異。況且"敕乂"應該是當時的成語，不應隨便改爲"整乂"。【編按：或説晉公盤屬於僞器。不可信。參看管文韜：《試論晉公盤銘文及相關問題》，《青銅器與金文》第三輯，上海古籍出版社，2019 年，第 94—97 頁。】

體的"諫"从言从束,會以言語約束之意,其造字本義當爲告誡義,與"敕"的造字本義有所不同。

逨盤銘文:"保奠周邦,諫辥(乂)三(四)方。"此"諫"字,李學勤先生讀爲"簡",引《爾雅·釋詁》訓爲大。① 如此,"簡乂四方"即大治四方,文例上既不能與"保奠周邦"相對,文意上也難説妥當,況且訓爲大的"簡"能否作狀語修飾動詞也是不能肯定的,故此讀法不爲人所信。王輝先生據《廣雅·釋詁》"諫,正也",認爲此"諫"爲治理義。② 王輝先生對銘文意思的把握是十分準確的,但《廣雅》所謂"諫,正也"之"正",應是糾正義(與諫諍義的聯繫仍然緊密),並非治理義;把"諫"理解爲治理,缺乏訓詁依據。王輝先生又引番生簋蓋銘文(《集成》4326)"用諫四方"來證明"諫"爲治理義。番生簋蓋銘文的"諫四方"相當於逨盤銘文的"諫乂四方",可以證明"諫"確實是動詞,而且與"乂"同義。既然元部的"諫"無治理義,③那麼逨盤和番生簋蓋銘文的"諫"字實際上是"諫",只是因爲加了兩點飾筆而與元部的"諫"字相混,逨盤銘文之"諫乂"即大克鼎銘文之"諫(敕)乂","諫"讀爲"敕",確實是治理義。"諫乂"又見於作册封鬲和曶鼎銘文。作册封鬲銘文:"虔夙夕卹(恤)周邦、保王身,諫辥(乂)三(四)或(國)。"④曶鼎銘文:"匍(輔)保王身,諫辥(乂)三(四)方。"⑤文例皆同,其中的"諫"無疑也都是"敕"字異體。⑥

親簋銘文:"女(汝)廼▨訊有舜。"(《中國歷史文物》2006年第3期

---

① 李學勤:《眉縣楊家村新出青銅器研究》,《文物》2003年第6期。又見李學勤:《中國古代文明研究》,華東師範大學出版社,2005年,第143頁;李學勤:《新出青銅器研究》(增訂本),人民美術出版社,2016年,第310頁。
② 王輝:《逨盤銘文箋釋》,《考古與文物》2003年第3期。
③ 孟蓬生先生《〈尚書·盤庚〉"亂越"新證》(《語文研究》2017年第3期)一文把西周金文中的"諫乂"和《尚書·盤庚》"亂越我家"的"亂越"聯繫起來,認爲"諫"與"亂"所記爲一詞的可能性極大,爲治理義。按孟蓬生先生的説法雖然頗有理致,但畢竟"諫"與"亂"的讀音不完全密合,缺乏相通的堅強證據,而且《盤庚》和金文的文例也不完全相同,"諫"讀爲"亂"不無可疑之處。
④ 王冠英:《作册封鬲銘文考釋》,《中國歷史文物》2002年第2期。
⑤ 吳鎮烽:《曶鼎銘文考釋》,《文博》2007年第2期。此文中,吳鎮烽先生亦引《廣雅·釋詁》"諫,正也"來證明"諫"有治理義。
⑥ 作册封鬲銘文的"諫"字,吳鎮烽《晉公盤與晉公盆銘文對讀》已括讀爲"敕"。

封二)"訊"前一字王冠英和李學勤先生均釋爲"諫"。① 王冠英先生云："'諫訊有粦',即審訊有貪吝罪行或阻難禮法政策施行的人。"似乎認爲"諫訊"是同義連用,但"諫"並無審訊義。此字形右旁有殘泐,筆畫不清,不一定能釋寫作"諫",也可能應是"勅"。不管是"諫"還是"勅",如讀爲"敕",理解爲整飭,"敕訊有粦"猶大盂鼎銘文之"敕罰訟",意即整飭"訊有粦"之事,似乎可通。

西周金文中還有若干"諫"字形,或用作人名而無義可説,或文意不甚明白,本文不再作討論。

戰國金文中,另有假借"飤"或"來"爲"敕/飭"的例子。前者見楚大府鎬銘文,辭例爲:"大府爲王飤(敕/飭)晉(薦)鎬。"②後者見十九年邦大夫史賈戈銘文,辭例爲:"上庫工帀(師)椁(郭)鳳所來(敕/飭)收器。"③

綜上述,西周時代"敕"字多作"諫"或"勅"形,由於其形易與元部的"諫"字相混(大盂鼎銘文"敏朝夕入諫"之"諫"作從言闌聲之形,則不混),所以可能春秋以後就被淘汰了。④ 東周金文中的"敕"字作"勅""敕"或"警"等形,或假借"飤""來"爲"敕"。

下面主要討論戰國楚簡中的"敕"字以及讀爲"敕/飭"的字。

清華簡《越公其事》簡 53:"雩(越)邦多兵,王乃整民、攸(修)命(令)、審刑。"又簡 59:"民乃整齊。"其中的"整"字,從止敕聲,整理者讀爲"敕",釋其義爲整治、整飭,⑤可從。"王乃敕民",可與前引秦公簋銘文的"萬民是敕"相比照。"民乃敕齊"是敕民的結果,可對照郭店簡《緇衣》的"民咸敕"(詳下)。

---

① 王冠英:《親簋考釋》,《中國歷史文物》2006 年第 3 期;李學勤:《論親簋的年代》,《中國歷史文物》2006 年第 3 期。
② 李家浩:《楚大府鎬銘文新釋》,《著名中年語言學家自選集・李家浩卷》,安徽教育出版社,2002 年,第 122 頁。
③ 李家浩:《十九年邦大夫史賈戈銘文考釋》,《出土文獻》第十一輯,中西書局,2017 年,第 105 頁。
④ 春秋晚期齊國叔弓鐘、叔弓鎛銘文(《集成》272、285)"諫罰朕庶民"之"諫",是否可以讀"敕",待考。
⑤ 李學勤主編:《清華大學藏戰國竹簡(柒)》,中西書局,2017 年,第 141 頁、144 頁注[二一]。

清華簡《封許之命》簡 5:"女(汝)隹(唯)臧(臧)耆尔(爾)猷,虔(虔)卹(恤)王豪(家),柬肦(乂)三(四)方不斁,㠯(以)堇(勤)余一人。"柬,整理者李學勤先生讀爲"簡",訓大。① 簡文的"柬乂四方不斁"無疑即述盤、眚鼎銘文的"諫乂四方"。前文已經論證西周金文"諫乂"之"諫"是與"乂"同義連用的動詞(番生簋蓋銘文單用),不是"乂"的修飾語,所以此簡文的"柬"也不能讀爲訓大之"簡"。② 據上文,金文之"諫"實爲"敕"字的異體,但是簡文之"柬"却難以視作"敕"字的省文,兩者存在不可調和的矛盾。但如果反過來以簡文之"柬"證明金文之"諫"是從"柬"聲的元部字,像上文所引到的有些學者那樣認爲元部之"諫"就有治理義(或讀爲"亂"),也是難以接受的。如何解決這個矛盾？我認爲,簡文之作"柬"極有可能是出於誤認字形,不足以推翻前文的結論。《封許之命》是周初文獻,有古老的文本來源,其西周時代的文本應該有跟西周金文一樣寫作"敕"的異體"諫"的,清華簡《封許之命》的祖本應該也是寫作"諫"的。由於這樣寫的"敕"早已淘汰,不爲人所熟悉,清華簡的抄寫者便想當然地以爲是元部的"諫"字,所以按照當時存在的書寫習慣直接省寫成了"柬"。假借"柬"爲諫靜之"諫",是楚簡中比較常見的用字習慣。

郭店簡《緇衣》簡 1:"夫子曰:好娧(美)女(如)好玆(緇)衣,亞₌(惡惡)女(如)亞(惡)逆(巷)白(伯),則民臧〈咸〉放而荆(刑)不屯。"其中的"放"字,根據一般的漢字構形規律,顯然是一個從攴力聲的形聲字。馮勝君先生讀"放"爲"飭"。③ 文義允洽,十分可信。"民咸飭",也可以寫作"民咸敕",意即人民皆整飭,與上文所引清華簡《越公其事》簡 59"民乃敕齊"可對讀。應該指出,這個"放"字事實上可以看作"敕"的異體,即把"敕"的意符"柬"替換爲音符"力"而改造成的形聲字。《廣韻・職韻》所收"敕"字異體"勅"(《金文編》第 902 頁"勅"字頭下收兩個字形,但皆非從柬從力),則是把意符"攴"替換爲音符"力"而成的形聲字。把會意字的一個

---

① 李學勤主編:《清華大學藏戰國竹簡(伍)》,中西書局,2015 年,第 120 頁注[二二]。
② 參孟蓬生:《〈尚書・盤庚〉"亂越"新證》,《語文研究》2017 年第 3 期,第 25 頁。
③ 馮勝君:《郭店簡與上博簡對比研究》,綫裝書局,2007 年,第 75 頁。

意符替换爲音符，是形聲字産生的重要途徑。①

上博簡《仲弓》簡 11＋13：“迪（申）之備（服）之，緩（緩）惩（施）而恙（遜）放之。”②此“放”字，亦應從馮勝君先生讀爲“飭”，即“敕”。③

清華簡《芮良夫毖》簡 11：“和剸（摶）同心，母（毋）又（有）相放。”放，鄔可晶先生讀爲“飾”，謂掩飾，④可從。“飭”（即“敕”）與“飾”音義皆相近，古書中常相通用，⑤是一對同源詞。

上博簡《緇衣》簡 1：“[夫]子曰：玗（好）𩒨（美）女（如）玗（好）紂（緇）衣，亞₌（惡惡）女（如）亞（惡）𧗓（巷）白（伯），則民咸扐而型（刑）不刺。”其中與郭店簡《緇衣》“放”對應的“扐”字原形作，李零先生釋爲“扐”，⑥可從。“扐”可以看作“放”的異體，也就是“敕”的異體。

上博簡《容成氏》簡 28：“天下之民居奠（定），乃飭（飭）飤（食），乃立句（后）禝（稷）目（以）爲緹（田）。”飭，原形作，整理者未釋，何琳儀先生釋讀爲“飭”。⑦ 陳劍先生説：“諦審圖版，此字上端正當竹簡開裂處，右半上端筆畫應與下部連接，就是‘力’形。‘飭’應即‘飭’字異體，亦見於馬王堆漢墓遣策，用爲‘飾’。”⑧“飭”字，《説文》分析爲从人从力食聲，裘錫圭先生認爲應該分析爲从力飤聲。⑨ 按：“飭”與“敕”音義皆同，是一字異體，既然“敕”有从力聲的異體，那麼“飭”所从的“力”也應該是聲旁，所以“飭”是一個兩聲字，簡文之“飭”也是兩聲字。

---

① 参裘錫圭：《文字學概要》（修訂本），商務印書館，2013 年，第 149—150 頁。

② 陳劍：《戰國竹書論集》，上海古籍出版社，2013 年，第 108 頁。

③ 馮勝君：《郭店簡與上博簡對比研究》，第 75 頁。

④ 鄔可晶：《讀清華簡〈芮良夫毖〉札記三則》，《古文字研究》第三十輯，中華書局，2014 年，第 409 頁。

⑤ 参高亨纂著，董治安整理：《古字通假會典》，齊魯書社，1989 年，第 416 頁。

⑥ 李零：《上博楚簡校讀記（之二）：〈緇衣〉》，上海大學古代文明研究中心、清華大學思想文化研究所編：《上博館藏戰國楚竹書研究》，上海書店出版社，2002 年，第 408 頁。

⑦ 何琳儀：《第二批滬簡選釋》，上海大學古代文明研究中心、清華大學思想文化研究所編：《上博館藏戰國楚竹書研究續編》，上海書店出版社，2004 年，第 453 頁。

⑧ 陳劍：《戰國竹書論集》，第 67 頁注①。

⑨ 裘錫圭：《文字學概要》（修訂本），第 155 頁。

清華簡《越公其事》簡 3：“虐（吾）君天王，目（以）身被甲冑（胄），戟（敦）力鈠鎗（槍）。”整理者注：“敦力，致力。”①或讀“力”爲“飭”，②可從。

清華簡《耆夜》簡 5：“复（作）訶（歌）一夼（終）曰輶=乘=（《輶乘》：輶乘）既戜，人備（服）余{不}羣（胄）。”整理者注：“戜，讀爲‘飭’，整治的意思。‘輶乘既飭’與《詩·六月》‘戎車既飭’句式相同。”③其説可從。不過，“戜”字从玉弋聲，本應是“飾”字異體。上博簡《容成氏》簡 38：“戜爲枲（瑶）臺（臺）”，即讀爲“飾”。

清華簡《晉文公入於晉》簡 4：“命寬（蒐）攸（修）先君之輶（乘），貣車虢（甲）。”“貣”字，黄德寬先生讀爲“飭”，④可從。北大漢簡《周馴》簡 1：“䎊（恭）大（太）子朝，周昭文公自身貣之。”整理者注引陳劍先生説，認爲此“貣”即“貣”字，讀爲“敕”，意爲誡。⑤ 兩例可以互證。

清華簡《説命下》簡 10：“王曰：敀（説），母（毋）蜀（獨）乃心，尃（敷）之于朕政。褢（欲）女（汝）亓（其）又（有）𧮽（友）𧮽朕命𢇛（哉）。”𧮽，整理者括注“勑”，注云：“《書·益稷》‘勑天之命’，孔傳訓‘勑’爲‘正’，云：‘奉正天命以臨民。’”⑥此“勑”與《説文》訓“勞”之“勑”（通作“來”）無關，而是“敕”之俗字，⑦不能通過這個字形來證明“𧮽”可以讀爲“敕”。不過“來”與“敕”音亦相近（韻部陰入對轉），簡文以從日來聲之字表示“敕”，可與上引十九年邦大夫史賈銘文之假借“來”爲“敕”相互證明。

綜上述，戰國楚簡中表示“敕”這個詞的字形有“𢾭”“㚇”“扐”“飭”

---

① 李學勤主編：《清華大學藏戰國竹簡（柒）》，第 115 頁注[九]。
② 簡帛網“簡帛論壇—簡帛研讀”《清華七〈越公其事〉初讀》2017 年 4 月 27 日 zzusdy 的發言。
③ 李學勤主編：《清華大學藏戰國竹簡（壹）》，中西書局，2010 年，第 153 頁注[一五]。
④ 黄德寬：《在清華簡〈算表〉吉尼斯世界紀録認證儀式暨〈清華簡（七）〉成果發布會上的講話》，清華大學出土文獻研究與保護中心網站“學術動態—會議信息”，2017 年 4 月 29 日。
⑤ 北京大學出土文獻研究所編：《北京大學藏西漢竹書（叁）》，上海古籍出版社，2015 年，第 124 頁注[四]。
⑥ 李學勤主編：《清華大學藏戰國竹簡（叁）》，中西書局，2012 年，第 131 頁注[三九]。
⑦ 《周易·噬嗑》：“先王以明罰勑法。”《釋文》：“勑，恥力反。此俗字也。”

"力""弋""貣""賫"等,相當不固定。加上兩周金文中的"諫""諫""勑""勑""警""飤""來"等寫法,以及傳世文獻中的"飭""勒""勑"等寫法,表示"勑"這個詞的字形可謂變化多端,其中既有"勑"字的異體,也有音近通假字,是字詞關係中一詞對多形的典型例子。

原載趙平安主編、石小力副主編:《訛字研究論集》,中西書局,2019年。

説　　"矣"

"矣"是古漢語中常用的虚詞。《説文》謂之"語已詞",一般研究古漢語虚詞的書稱"矣"爲語末助詞,表示已然或必然之事實,大致相當於現代漢語的"了"。"矣"這個詞出現得很早,傳世文獻中,像《尚書·牧誓》有"逖矣,西土之人",《詩經》包括一般認爲時代在西周初的《大雅》《周頌》中也有不少"矣"。

《説文》以解釋文字的本義爲主旨,從《説文》對"矣"字的解釋來看,許慎是把"語已詞"作爲"矣"字的本義的。這顯然難以相信。因爲抽象的虚詞很難根據意義造字,可以説虚詞基本上都是用假借字來表示的("也"字,古文字本作"口"下加一豎筆之形,大概就是爲虚詞"也"而造的字,這種情況恐怕是絶無僅有的)。① 《説文》把"矣"字列於矢部,分析爲"从矢目聲",但从矢之意未作解釋,事實上也看不出"矣"這個詞和字形"矣"有意義上的聯繫。所以用來表示虚詞"矣"肯定是"矣"這個字的假借用法。

雖然從傳世文獻看,虚詞"矣"出現得很早,但在古文字材料中,目前看到的虚詞"矣"的最早用例是戰國時代的。秦漢文字資料,比如睡虎地秦簡、秦刻石、②銀雀山漢簡、馬王堆帛書等等,出現的虚詞"矣"都用"矣"字來表示,其字形也與《説文》小篆没有出入。③ 中山王䓕鼎銘文中有一

---

① 關於"也"字,參看黄德寬:《説"也"》,《第三届國際中國古文字學術研討會論文集》,香港中文大學,1997年。
② 商承祚:《石刻篆文編》,中華書局,1996年,第259頁。
③ 個别字形不很清楚,可以不論。

說"矣" 173

處用到虛詞"矣",詳下文。近年公布的郭店竹簡和上博竹簡因爲都是古書,虛詞"矣"大量出現,而其所用字形又不像秦漢文字中的"矣"那樣單純,這爲我們解釋"矣"字、考察"矣"字的來源提供了綫索。

郭店簡和上博簡中用爲虛詞"矣"的字有以下幾個:

1. 矣　　這是最普遍的用字,字形結構也與《說文》小篆相同。

2. 㲻　　此字大多數用爲疑惑之"疑",但在郭店簡《成之聞之》中,虛詞"矣"都用此字來表示。

3. 壴　　見於郭店簡《老子丙》《性自命出》和《六德》。《郭店楚墓竹簡·老子丙》注[二一]裘按:"簡文似以'壴'爲'喜'。"① "喜"與"矣"音近,故可以讀爲"矣"。

4. 歖　　見於郭店簡《唐虞之道》。"歖"是《說文》"喜"字的古文。

5. 㠯　　見於郭店簡《語叢二》50號簡和上博簡《緇衣》23號簡。前者原形作 [字形],後者作 [字形]。前者下所從"矢"形省去兩筆,後者上部多出一筆。

6. 矤　　見於郭店簡《語叢三》62號簡。原形作 [字形],所從"矣"亦省。

按金文中有以下字形:

A1. [字形]　A2. [字形]（《金文編》107頁）

B. [字形]　[字形]（《金文編》989頁）

C. [字形]　（《金文編》1057頁）

D. [字形]（《金文編》1057頁）

上列字形一般都釋爲"疑"。D象人站立顧視之形,C有杖,A1是在D上加了意符"辵",A2是在C上加了意符"辵",B是在A1上加注了聲符"牛"。這些字形都應該是疑惑之"疑"的本字;其所從的人形訛作"矢",於是D演變成"矣",C演變成"矤",B去掉"彳"演變成"疑"(小篆"疑"所

---

① 荆門市博物館編:《郭店楚墓竹簡》,文物出版社,1998年,第122頁。

从的"子"是"牛"的訛形)。① 《說文》對"㠯""䇞""疑"三個字形的解釋都是錯誤的,不俱引。②

在郭店簡、上博簡中,疑惑之"疑"除了"**惫**"這種常見寫法以外,還有兩種寫法:

E. ▨(郭店簡《語叢二》49 號簡)　▨(上博簡《緇衣》2 號簡)　▨(上博簡《緇衣》22 號簡)

F. ▨(郭店簡《語叢二》36 號簡)　▨(郭店簡《語叢二》37 號簡)

E 形是在"㠯"上加注了意符"心",F 形是在"䇞"上加注了意符"心"。

上舉用爲虛詞"矣"的"㠯""䇞"及用爲"疑"的字形 E、F 都只見於郭店《語叢二》《語叢三》和上博簡《緇衣》,這三篇的字形在郭店簡和上博簡中屬於比較特殊的一類,與一般的楚文字有所不同,而具有齊魯系文字的特點。③

我們認爲,具有齊魯系文字特點的郭店簡《語叢二》《語叢三》和上博簡《緇衣》中用爲"矣"和"疑"的字形,與上舉殷周金文的"疑"字一脉相承,可謂淵源有自,而楚文字中的"矣"和"惫(疑)"應該就是其訛變之體,即:"矣"字上所從"厶"是"㠯"上部所從之形的訛變。

同樣的變化見於"舜"字:

郭店簡和上博簡中出現的"舜"字一般作▨,而郭店簡《唐虞之道》篇中的"舜"字寫作▨,和《說文》古文較近;兩者相比,上部的區別正與"矣"

---

① "疑"字所從的"止"也有可能是"䇞"所從的"匕"的變體。秦詔權中的"疑"字從"䇞"從"子"(參看孫慰祖、徐谷甫:《秦漢金文彙編》,上海書店出版社,1997 年,第 358 頁)。"老"字所從的"匕"在楚文字中都變作"止",是同樣的變化。

② 《說文》字頭没有"㠯",在"䇞"字下説是古文"矢"字。關於古文"矢"的問題,參看《著名中年語言學家自選集·李家浩卷》,安徽教育出版社,2002 年,第 85—87 頁。

③ 參看周鳳五:《郭店竹簡的形式特徵及其分類意義》,武漢大學中國文化研究院編:《郭店楚簡國際學術研討會論文集》,湖北人民出版社,2000 年;馮勝君:《論郭店簡〈唐虞之道〉、〈忠信之道〉、〈語叢〉一~三以及上博簡〈緇衣〉爲具有齊系文字特點的抄本》,北京大學博士後出站工作報告,2004 年。

和"㠯"的區別相同。《唐虞之道》篇的字形也有齊魯系文字的特點,可見這種變化是有地域性的,即齊魯系文字保持了較早的字形,而楚文字發生了變化。

上文已經提到中山王譻鼎銘文中也用到了虛詞"矣",①其所用字形作 ,上從"丩"形。此字形《金文編》直接隸定作"矣"。商承祚認爲是"疑"字所從。② 審視其形,上部所從並不是"㠯",而是跟"矣"的上部相近,只是把横筆向下引長了。可見商説是正確的。所以中山王譻鼎銘文此字也是"矣",還没有像楚文字和秦漢文字那樣訛變成從㠯的"矣"。

戰國文字中的"冶"作 、 等形,而秦漢文字則把"刀"形變作"㠯"形。另外,晉系文字的"冶"字有把"刀"形變成"丩"形的。③ "冶"字的這些變化跟上述"矣"字的變化是完全平行的,這也可以作爲一個旁證。

我們認爲"矣"是"矣"的訛體,不但是解決了"矣"字的字形來源問題,而且在語音上也有好處。

《説文》對"矣"字的分析是從矢㠯聲。但從"矣"和"㠯"的音韻地位來看,"㠯"作"矣"的聲符實際上是有些勉强的。韻部上,兩者都是之部,當然没有問題,但兩者在聲母上有較大差距。"㠯"字是"以"的異體,聲母是喻四,即以母;肯定以之爲聲首的字如"台""似""始""殆""怡""答"等字的聲母基本不出以、邪、書、定、透、澄、徹七個中古聲母的範圍。④ 而"矣"的聲母是喻三,即云母,上古屬喉音,歸入"㠯"的諧聲系列顯得十分特異。而"疑"的聲母是疑母(韻部也是之部),與匣云母同屬牙喉音一類,關係比較密切,如"僞"(疑母)從"爲"(云母)得聲,"完"(匣母)從"元"(疑母)得聲,所以用"矣(疑)"的訛體"矣"假借爲虛詞"矣"從語音上講是比較順的。

---

① 文例爲"閑於天下之物矣,猶迷惑於子之而亡其邦"。參看《朱德熙古文字論集》,中華書局,1995年,第102—103頁。
② 商承祚:《中山王譻鼎、壺銘文芻議》,《古文字研究》第七輯,中華書局,1982年,第48頁。
③ 參看何琳儀:《戰國古文字典——戰國文字聲系》,中華書局,1998年,第542—544頁。
④ 有相同諧聲分佈現象的還有"易""俞""余""由"等聲首。

鷹節銘文中的"矣"字,李家浩先生讀爲"郵"(云母之部),"矣"和"郵"的聲母關係正同"疑"和"矣"。① 上述語音上的關係,也可以證明我們對"矣"字的字形解釋是合理的。

　　追記: 本文草就之後,發現李守奎先生在《〈説文〉古文與楚文字互證三則》(《古文字研究》第二十四輯,中華書局,2002年,第468頁)一文中已經提出"'矣'與'矣'當是一字之分化",本文失於徵引。但李守奎先生對他的觀點未作論證,本文或可當之。

　　原載《古文字研究》第二十六輯,中華書局,2006年。

---

① 《著名中年語言學家自選集・李家浩卷》,第87—88頁。

説 "㕙" "冤"

　　《説文》十篇上兔部："㕙，疾也。从三兔，闕。"段玉裁注："此闕謂闕其讀若也，然其音固傳矣。"段氏所謂固傳之音，即《説文》大徐音及《廣韻》的芳遇切，芳遇切也就是"赴"字的讀音。"㕙"讀同"赴"，係同義換讀的結果，與"俛""頫"讀同"俯"情形相同。① 《廣韻》中，"㕙"又音普伯切，與"迫"音近，② 也應該是後起的讀音。③

　　"㕙"字出現在了近年出土的楚簡中，方才使我們知曉其本音。《上海博物館藏戰國楚竹書（二）·容成氏》38號簡："不量其力之不足，起師以伐岷山氏，取其二女暋、㕙。"整理者李零先生根據《竹書紀年》所記岷山氏二女之名，讀"㕙"爲"琬"。④ 可信。《上海博物館藏戰國楚竹書（六）·平王問鄭壽》3號簡："殺左尹㕙、少師無忌。"陳偉先生指出"左尹㕙"即見於《左傳》昭公二十七年的楚左尹郤宛。⑤ 《上海博物館藏戰國楚竹書（二）·性情論》26號簡："門内之治欲其㕙也。"李天虹先生讀

---

① 關於同義換讀以及"俛""頫"讀同"俯"，參看裘錫圭：《文字學概要》，商務印書館，1988年，第219—220頁。
② "迫"在《廣韻》中是幫母字，但今讀滂母，則正是普伯切的音。
③ 《説文》闕音讀，而後人注了音的，又如：《説文》五篇下入部："氽，入山之深也。从山从入，闕。"段玉裁注："此闕謂闕其音讀也。大徐鉏箴切，《篇》《韻》同。乃後人强爲之音。以其字似岑，因謂音岑耳。"
④ 馬承源主編：《上海博物館藏戰國楚竹書（二）》，上海古籍出版社，2002年，第280頁。原釋文"㕙"字隸定有誤。
⑤ 陳偉：《讀〈上博六〉條記》，簡帛網，2007年7月7日。【編按：又見陳偉：《新出楚簡研讀》，武漢大學出版社，2010年，第278頁。】

"毚"爲"匽"或"宛"。① 按：應讀爲"宛"。《上海博物館藏戰國楚竹書（一）·孔子詩論》8號簡："小毚，②其言不惡，而小有詭焉。""小毚"即《詩經》篇名"小宛"。③ 郭店簡《性自命出》與《性情論》26號簡對應的字作雙兔形，無疑就是"毚"的省形。④

根據以上五例"毚"字及其省形的用法，可以確知"毚"字本音與"宛"字相同或相近。至於"毚"字的結構，學者們曾有不同的分析。李學勤先生把《孔子詩論》中的"毚"隸定爲上從兔下從二肉，分析爲"冤"省聲；⑤李守奎先生懷疑"毚"字與《説文》列在"毚"字前的"娩"（音芳萬切，訓兔子）爲一字異體，本義是小兔，小兔叢居，故從三兔以會意。⑥ 按李學勤先生對"毚"字的隸定不準確，省聲之説自不可信；李守奎先生認爲"毚"是會意字，符合文字的一般構造規律，但把"毚"字看作"娩"字的異體字，根據顯然不足。而且，"娩"字雖然是元部字，與"宛"韻部相同，但其聲母屬滂母，與影母的"宛"有很大距離；"毚"同"娩"，並不能用來解釋其在楚簡中的讀音。其他説法如認爲"毚"從"肙"聲，是由於沒有認出楚文字中的"兔"字，就更不可信了。

我們認爲，"毚"字的造字結構與"麤""猋""驫"三個字完全相同，《説文》的字形分析和釋義不誤。《説文》十篇上鹿部："麤，行超遠也。從三鹿。"同篇犬部："猋，犬走皃。從三犬。"同篇馬部："驫，衆馬也。從三馬。"段玉裁注："《廣雅》曰：驫驫，走皃也。⑦《吳都賦》'驫駥麤矞'，善曰：衆

---

① 李天虹：《郭店竹簡〈性自命出〉研究》，湖北教育出版社，2003年，第28—29頁。
② 此"毚"字下所從兩"兔"皆省去頭部。參看李天虹：《郭店竹簡〈性自命出〉研究》，第27頁；李守奎：《楚簡〈孔子詩論〉中的《詩經》篇名文字考》，上海大學古代文明研究中心、清華大學思想文化研究所編：《上博館藏戰國楚竹書研究》，上海書店出版社，2002年，第343頁。
③ 馬承源主編：《上海博物館藏戰國楚竹書（一）》，上海古籍出版社，2001年，第136頁。
④ 參看李天虹：《郭店竹簡〈性自命出〉研究》，第27頁。
⑤ 引見李天虹：《郭店竹簡〈性自命出〉研究》，第27頁。
⑥ 李守奎：《楚簡〈孔子詩論〉中的《詩經》篇名文字考》，《上博館藏戰國楚竹書研究》，第343—344頁。
⑦ 《廣雅》作"走也"，無"皃"字。

馬走皃也。"""麤""猋""驫"都是形容奔跑。同鹿、犬、馬一樣，兔亦以善走名，所以从三兔的"毚"《說文》訓爲"疾"，與"麤""猋""驫"義近。根據"毚"字在楚簡中與"宛"讀音相同或相近，及其與文字構造相合的"疾"義，我們推測"毚"應該就是《詩·王風·兔爰》"有兔爰爰"之"爰"的本字。

《兔爰》首章："有兔爰爰，雉離于羅。我生之初，尚無爲；我生之後，逢此百罹，尚寐無吪。"毛傳："爰爰，緩意。鳥網爲羅。言爲政有緩有急，用心之不均。"鄭箋："有緩者，有所聽縱也。有急者，有所操蹙也。"馬瑞辰說："'有兔爰爰'以喻小人之放縱，'雉離于羅'以喻君子之獲罪。"①按毛傳據《爾雅·釋訓》訓"爰爰"爲緩，恐怕是望文生義。鄭言"聽縱"，實異於毛。韓詩訓"爰爰"爲"發縱之貌"，②"發縱之貌"意即快速奔跑的樣子。韓詩所釋應是"爰爰"的正確含義。《說文》訓"毚"爲疾，正與《詩》之"爰爰"同義；不過，"爰爰"是重疊式，猶"驫"之爲"驫驫"（見上文）。

"爰"字上古音匣母（云母）元部合口，"宛"字上古音影母元部合口，讀音至近；所以作爲"有兔爰爰"之"爰"的本字的"毚"在楚簡中可以讀爲"宛""琬"。

既知"毚"字的構形，下面說與之相關的"冤"字的構形。

《說文》"冤"與"毚"同在兔部，云："屈也。从兔从冖（引者按：冖同冪，《說文》訓覆），兔在冖下不得走，益屈折也。"意思是兔子被罩住，不能逃脫，所以身體蜷曲不得舒展。兔子被罩住的形象，是很難讓人看出屈折之義的，許慎不過強爲之說而已。

先秦古文字中至今尚未見"冤"字，最早的"冤"字出自漢代文字資料。《漢印文字徵》十·五"冤"作 ![圖], 从冖③从兔；漢碑作 ![冤]（校官碑）、![冤] （夏承碑），④亦从冖从兔。漢代文字資料中另有以"冤"爲偏旁的字：銀雀

---

① （清）馬瑞辰：《毛詩傳箋通釋》，中華書局，1989年，第239頁。
② 參看（清）馬瑞辰：《毛詩傳箋通釋》，第239頁。
③ 中間微凸起，非从"冖"，漢印中"冖"旁多如此，參看羅福頤：《漢印文字徵》七·十三～十七，文物出版社，1978年。
④ 漢語大字典字形組編：《秦漢魏晉篆隸字形表》，四川辭書出版社，1985年，第694頁。

山漢簡《孫子兵法》"婉"（讀爲"畹"）作🔲，①所從"宛"作從宀從兔之形；漢簡"甈"作🔲，②所從"宛"作從宀從免之形。"兔"和"免"兩字在隸楷中僅一筆之差，作偏旁時"兔"往往省去一筆而混同於"免"，如漢印中"逸"作🔲，漢碑中"逸"或作🔲，皆从免。③所以，"冤"字本應作"寃"。④"寃"傳統以爲"冤"的俗字，實際上反倒是正確的字形。《説文》"冤"字从冖，可能是許慎或其他文字學家爲了解釋字形而篡改的。《説文》出於字形解釋的需要而篡改字形，這種例子並不鮮見。⑤

"冤"本从宀从兔，那麽如何解釋其構形呢？許全勝先生在考釋《孔子詩論》"小宛"時把"毚"直接釋爲"冤"，他説："今以其對應今本'宛'字推之，頗疑其古讀若'冤'。'冤'，从兔冖（冕）聲，疑本从三兔，後加注聲符，並省二兔而成今形。"⑥其説"冤"从冖（冕）聲，不可信；但説"冤"由"毚"變來，則是可信的。"冤"與"毚"音相近，乃是由"毚"分化出來的一個字。古文字中，有些字可以加"宀"繁化，⑦如"中"字、"集"字，都有加"宀"的繁體。⑧ "毚"先有加"宀"的繁體，然後又省去二兔——猶"麤"省作"麈"，即成"冤"形。"冤（寃）"訓屈，自是其假借義。⑨

原載《古文字研究》第二十八輯，中華書局，2010年。

---

① 參駢宇騫：《銀雀山漢簡文字編》，文物出版社，2001年，第384頁。
② 漢語大字典字形組編：《秦漢魏晉篆隸字形表》，第719頁。
③ 漢語大字典字形組編：《秦漢魏晉篆隸字形表》，第694頁。
④ 劉釗先生曾經解釋過"冤"字的構形，他認爲"冤"字本是"从冖免聲"的形聲字。見氏著：《古文字構形學》，福建人民出版社，2006年，第216頁。我們認爲其説不可信。
⑤ 參看裘錫圭：《文字學概要》，第62頁。
⑥ 許全勝：《〈孔子詩論〉零拾》，廖名春編：《新出楚簡與儒學思想國際學術研討會論文集》，清華大學，2002年3月31日—4月2日，第135頁。【編按：此文正式發表於上海大學古代文明研究中心、清華大學思想文化研究所編：《上博館藏戰國楚竹書研究》，但未見這段話。】
⑦ 參看劉釗：《古文字構形學》，第340頁。
⑧ 參看湯餘惠主編：《戰國文字編》，福建人民出版社，2001年，第506、512頁。
⑨ 从宀毚之形似亦可以分析爲从宀毚聲，則是"冤"的異體。"宛""冤（寃）"音義並近：皆有屈折義，讀音上僅聲調不同。

試說"盜"字的來源

《説文》八下次部:"盜,私利物也。从次,次,欲皿者。"解釋字形部分,段玉裁注本改爲:"从次皿(原注:會意),次,欲也,欲皿爲盜。"次即垂涎之"涎"的表意字。垂涎於器皿而欲盜取之,這是自許慎以來對"盜"字構造的普遍理解,似未見有人提出過有效的駁議。① 不過,拿一般的造字規則來衡量,這種解釋的牽强附會不可信從也是極爲明顯的,"盜"字的來源需要再作研究。

殷墟甲骨文中有一個从次从舟的字(𦨶,僅見於《甲骨文合集》8315),于省吾先生釋爲"盜",字形上的主要依據是古文字中"舟"旁和"皿"旁經常通用。② 劉釗等《新甲骨文編》及李宗焜《甲骨文字編》皆從之。③ 張政烺先生也曾考釋過這個字,他根據卜辭中𦨶和"次"辭例相同(此種用法的"次",張先生讀爲羨,義爲河水漫溢),説:"這裏的𦨶字下从舟、上从次。按照上引兩條卜辭推斷,也應該讀作羨。依六書條例當是从舟次聲,其本義是什麽可以不管,在這裏則是假借爲羨。自然,關於這個

---

① 于省吾先生認爲"盜"是从皿次聲的形聲字,以盜、次雙聲爲説,不可信。見于省吾:《甲骨文字釋林》,中華書局,1979年,第383—384頁。
② 于省吾:《甲骨文字釋林》,第382—387頁。
③ 劉釗、洪颺、張新俊:《新甲骨文編》,福建人民出版社,2009年,第499頁;李宗焜:《甲骨文字編》,中華書局,2012年,第1229頁。【編按:劉釗主編《新甲骨文編》(增訂本)(福建人民出版社,2014年,第507頁)僅將此字隸定作从次从舟之形,不釋爲"盜"。】

字也還可以作些別樣的推測。一種設想，[圖]就是次，因爲用作水羨，寫字的人隨手給它加上了一個舟旁用來表明水漲。再一種設想，這個字从次舟聲，是説明水羨的專用字，它表示水羨的一種程度（級別），不過這個可能性不是很大。因爲只有這一條材料，不能作出確切的答案，只有等待將來有更多材料的發現。"①張先生此説十分圓通，令人信服，甲骨文此字應當與"盗"字無關。

甲骨文中有字形作[圖]（《甲骨文合集》3042）、[圖]（《甲骨文合集》4284）、[圖]（《殷墟花東莊東地甲骨》92），②象一人俯身張口就皿之形，口下的筆畫表示水液。姚萱女士引黃天樹先生説，認爲此字从次从皿，可能釋爲"盗"。③但此字甲骨文中用作人名，無義可説，不能確定其讀音，即使能隸定爲"盗"，也不一定就是後來的"盗"字。姚孝遂先生認爲此字是"飲"的異體，④是否成立，有待更多材料的證明。古文字"飲"一般从酉，表示飲酒；此字从皿，如果確是"飲"的異體，則表示飲水。

《金文編》無"盗"字。《新金文編》卷八"盗"下收四形，第一形見於西周晚期的逑盤（2003年陝西眉縣出土），作[圖]；另三形見於春秋早期的秦公鎛（1978年陝西寶鷄出土。事實上同時出土的秦公鐘上亦有），其中最清晰的作[圖]（反相處理後）。⑤這兩個字形釋爲"盗"，本來並無異議，但近來蔣玉斌先生撰文作了否定。⑥下面簡述蔣先生的觀點：

西周早期的毀觥（《集成》9299，摹刻本）有字形[圖]（反相處理後），《漢達文庫·金文資料庫》釋爲"鑄"。殷、西周文字中已經確認的"鑄"字有兩

---

① 張政烺：《殷虚甲骨文"羨"字説》，《甲骨探史録》，三聯書店，1982年，第35頁。
② 以上甲骨文字形皆采自李宗焜《甲骨文字編》。
③ 姚萱：《殷墟花園莊東地甲骨卜辭的初步研究》，綫裝書局，2006年，第256頁。
④ 于省吾主編：《甲骨文字詁林》，中華書局，1996年，第2674頁，2688號按語。
⑤ 董蓮池：《新金文編》，作家出版社，2011年，第1247頁。
⑥ 蔣玉斌：《釋西周春秋金文中的"討"》，《古文字研究》第二十九輯，中華書局，2012年，第274—281頁。

種：▨（《英國所藏甲骨集》2567，反相處理後）和▨（《甲骨文合集》29687，反相處理後）。第一個字形即西周金文常見的"鑄"（《金文編》，第908—909頁）。第二形下從"注"的表意初文，右從一張口伸手的人。殷甗的▨，左旁基本同第一種"鑄"字省去雙手後的部分，右旁同第二種"鑄"字，也是一張口伸手的人（摹刻稍走樣），所以釋之爲"鑄"是正確的。西周晚期五祀𠙦鐘（《集成》358）有字形▨（采自蔣文），就是殷甗中的字形省去"火"而成，也是"鑄"字；其辭例是"鑄不廷方"，讀爲"討不廷方"。述盤的▨與殷甗中的字形差不多（未省"火"，但左上部分變成"潮"的象形初文，是變形音化），也是"鑄"字；其辭例是"鑄政四方"，讀爲"討征四方"。秦公鐘、鎛的▨，與述盤中的字形相比，僅僅是左上部分多加了數點，沒有問題也是"鑄"字；其辭例是"鑄百蠻"，讀爲"討百蠻"。

　　上述蔣玉斌先生的考釋於字形和辭例兩方面都順暢無礙，當可信從。但是，這並不意味着上列字形就不能釋爲"盗"。

　　《石鼓文·汧殹》有字形作▨（郭沫若摹寫），①用法不明，其除去"竹"頭剩下的部分即毫無疑問的"盗"字，碧落碑古文"盗"字②與之完全相同。③▨這種字形跟秦公鐘、鎛的▨相比，區別在於省去了"火"（這一點同五祀𠙦鐘中的▨），而且把不太成字的偏旁▨稍加改變而成爲二"水"，兩者在字形上的前後演變關係是顯而易見的，恐怕很難否認。因此，我們只能承認述盤的▨和秦公鐘、鎛的▨這類字形既是"鑄"字，同時又是"盗"字；也就是說，"盗"字其實正是由這類寫法的表意的"鑄"分化而來的，表示盗竊之盗跟讀爲"討"一樣是假借用法。許慎以來的文字學家不了解"盗"字的上述來源，誤將盗竊義當作"盗"字的本義，依此來理解

---

① 《郭沫若全集·考古編》第九卷，科學出版社，1982年，第43頁。
② 參徐在國：《傳抄古文字編》，綫裝書局，2006年，第872頁。
③ 以上參看上引蔣玉斌文，第278頁。

其字形，所以只能作出"欲皿爲盜"之類很勉强的解釋。

　　石鼓文的▲形，進一步簡化（省去一"水"），就成了小篆的▲。可知"盜"上部雖然形同"次（涎）"，却本來與"次（涎）"無關。石鼓文的▲當然也不能認爲从《説文》籀文的"次（涎）"。甲骨文"次（涎）"作▲、▲（采自李宗焜《甲骨文字編》），象人張口流涎，並不从水。西周金文中的▲（《金文編》，第622頁），有"次"和"次"兩種釋法。《金文編》釋爲"次"，《新金文編》把出現在西周晚期夐戒鼎中的這個字形▲置於"次"下（第1247頁），其他都置於"次"下（1244頁）。夐戒鼎"獄▲"，陳佩芬先生釋讀爲"伺次"，意爲伺察六師之舍次（銘文前言"用政于六師"）。① 吴振武先生釋▲爲"次"，讀爲"盜"，"伺盜"即伺捕盜賊。② 按"次"和"盜"讀音相差較遠，"次"不大可能讀爲"盜"。③

　　在秦漢簡中，"盜"字一般作▲、▲，④即"水"旁隸變爲三短横或二短横，偶爾同於小篆，見張家山漢簡。⑤ 戰國時，秦文字使用"盜"字來表示盜竊之"盜"。【編按：睡虎地秦簡《日書》乙種有"朝兆得""朝兆不得"之語，李家浩先生讀"兆"爲"盜"，可信。見李家浩：《讀睡虎地秦簡〈日書〉"占盜疾等"札記三則》，《北京大學古文獻研究所集刊》第一輯，北京燕山出版社，1999年；收入《安徽大學漢語言文字叢書·李家浩卷》，安徽大學出版社，2013年，第324—326頁。】而在其他國家，從已知古文字資料來看，應該是不用"盜"這個字的。在楚文字中，盜竊之"盜"這個詞用"覘"字或"逃"字來表示，如：郭店楚簡《老子甲》第1號簡"覘惻亡又"，即"盜

---

　　① 陳佩芬：《釋夐戒鼎》，《第三届國際中國古文字學研討會論文集》，香港中文大學，1997年，第320頁。
　　② 吴振武：《夐戒鼎補釋》，《史學集刊》1998年第1期。
　　③ 吴振武先生告知，李家浩先生有讀此字爲"讖"的意見。
　　④ 字形采自張守中：《睡虎地秦簡文字編》，文物出版社，1994年，第140頁。
　　⑤ 參張守中：《張家山漢簡文字編》，文物出版社，2012年，第246頁。

賊無有";九店 56 號墓楚簡第 30 號簡"利於寇逃",即"利於寇盜"。

下面簡單談談"盜"和"鑄"的語音關係。既然字形上"盜"字來源於表意的"鑄"的一種異體,那麼這兩個字的讀音(實際上是語言中的兩個詞的語音)一定是很相近的。盜,《廣韻》去聲号韻徒到切,上古音定母宵部。【編按:從古文字假借"兆"或"𪊺"聲字爲"盜"來看,"盜"的上古聲母應爲流音 *l-,而非塞音 *d-。】中古号韻的字有上古幽部和宵部兩個來源,因爲《詩經·小雅·巧言》"君子信盜,亂是用暴",盜與暴(藥部,宵部對應的入聲)爲韻,故諸家一致歸"盜"於宵部。① 楚文字假借宵部的"覜""逃"表示"盜",也能證明"盜"確實應該歸宵部。鑄,《廣韻》去聲遇韻之戍切,與"注"同小韻。"鑄"的聲母中古是章母,上古歸入端母,與"盜"只有清濁之別。至於韻部,"鑄"的聲旁"壽"上古屬於幽部,所以一般根據"同聲必同部"的原則(這個原則當然不能看死,例外亦非鮮見),歸"鑄"於上古幽部。古文字中還有從"肘"(幽部)的初文得聲的"鑄"字,② 這也是"鑄"歸幽部的證據。但"鑄"的中古音韻地位(包括今天的讀音)與其諧聲是相矛盾的:除了"孚""俘""郛""孵"等幾個字外,③中古虞韻系只有上古侯部和魚部的來源,並無幽部的來源,"鑄"既然與"注"同音(而且"鑄"本來就是由"注"派生的一個詞④),那麼也應該跟着"注"字歸入侯部。⑤ 所以,"鑄"的上古韻部有幽部和侯部兩種可能,好像很難抉擇。幽部和宵部上古音偶有相通,如"摇""瑶"等屬於宵部,而"繇"屬於幽部;"教"和"學"都從"爻"(宵部)聲,但"教"屬於宵部,"學"屬於覺部(幽部對應的入聲)。侯部和宵部上古音也偶有相通,如"夭"屬於宵部,但"飫"(《廣韻》依倨切)屬於侯部;⑥《禮記·投壺》"毋踰言",鄭注:"踰,或爲遥。""踰"和"遥"分別屬

---

① 參陳復華、何九盈:《古韻通曉》,中國社會科學出版社,1987 年,第 58 頁。
② 參看上引蔣玉斌文,第 277 頁。
③ "孚""俘""郛""孵"等字《廣韻》入虞韻,而"浮""蜉""桴"等字《廣韻》入尤韻,"罦"字虞、尤兩讀。"孚"聲上古歸幽部,這些字中古應入尤韻,入虞韻是不規則的演變。
④ 裘錫圭:《殷墟甲骨文字考釋(七篇)·釋"注"》,《裘錫圭學術文集·甲骨文卷》,復旦大學出版社,2012 年,第 360 頁。
⑤ 鄭張尚芳先生根據"鑄"的中古音韻地位,歸之於侯部,與"注"同音。見鄭張尚芳:《上古音系》,上海教育出版社,2003 年,第 467 頁。
⑥ 參陳復華、何九盈:《古韻通曉》,第 340 頁。

於侯部和宵部；"舀"字《廣韻》有以沼切、以周切、羊朱切三音，推到上古音分別屬於宵部、幽部和侯部。總之，上古音幽、宵、侯三部相鄰，相互之間都偶有交涉，"鑄"字不管歸幽部還是侯部都跟宵部的"盜"語音接近。上引蔣玉斌先生文認爲逑盤的 ![字] 从"潮"的表意初文爲音符，"潮"和"盜"一樣是宵部字，"盜"跟"鑄"的語音關係正同"潮"跟"鑄"的關係。

【編按：鄔可晶《釋"鑠"》(《出土文獻與古文字研究》第九輯，上海古籍出版社，2020 年）釋甲骨文中舊釋爲"鑄"的 ![字] 爲"鑠"，金文中上引蔣玉斌文讀爲"討"的字亦釋讀爲"鑠"，"鑠"與"盜"的語音更近。其説可從。】

原載《中國文字學報》第六輯，商務印書館，2015 年。

説 字 二 則

一、東

《説文》六上："東，動也。从木。官溥説，从日在木中。""動也"是聲訓，許慎應即以東方爲"東"之本義。甲骨文"東"作 、、等形；①金文"東"作、等形。② 許引官溥"从日在木中"之説雖符合小篆字形，却與甲骨金文"東"字之形明顯不合，所以今人對"東"字的形體結構提出了新的解釋。

丁山《説文闕文箋》引徐中舒説："東，古橐字。《埤蒼》曰：無底曰橐，有底曰囊。"③古文字"東"確實象一個兩頭紮束且裝滿物品之"橐"。作爲"橐"字象形初文的"東"何以能表示東方之"東"？丁山説："橐與東爲雙聲，故古文借之爲東方。"④李孝定在《甲骨文字集釋》按語中認爲徐、丁之説確不可易。⑤ 姚孝遂在《甲骨文字詁林》按語中亦贊同此説。⑥

---

① 李宗焜：《甲骨文字編》，中華書局，2012年，第1267—1268頁。
② 容庚編著，張振林、馬國權摹補：《金文編》，中華書局，1985年，第404—405頁。
③ 丁山：《説文闕文箋》，中研院歷史語言研究所單刊乙種之一，1930年；于省吾主編：《甲骨文字詁林》，中華書局，1996年，第3011頁。
④ 于省吾主編：《甲骨文字詁林》，第3011頁。
⑤ 李孝定編述：《甲骨文字集釋》，中研院歷史語言研究所專刊之五十，1970年，第2030—2031頁。
⑥ 于省吾主編：《甲骨文字詁林》，第3011頁。

林義光《文源》認爲"東"所從的 ⊖ 跟"束"所從的 ◯ 同意,都是"象圍束之形",並舉了金文中"東""束"偏旁通用的例子爲證,謂"是東與束同字,東、束雙聲對轉"。① 唐蘭《釋四方之名》在引了徐中舒、丁山"東爲古橐字"之說後,批評此說"猶爲未達一間",而其説同林義光:"余謂金文偏旁,束東二字每通用,東即束之異文。……束與東爲一字者,東(引者按:當作束)字古當讀爲透母字,聲轉而爲東也。"②于省吾贊成林義光說,但又認爲"東"是所謂附劃因聲指事字,"東字的造字本義,係于束字的中部附加一横,作爲指事字的標志,以别于束,而仍因束字以爲聲。"③與林義光、唐蘭說並無本質差别。姚孝遂否定林、唐說,謂:"古文字偏旁相混者比比皆是,不得據以論述正字。金文正字東與束判然有别,從不相混,甲骨文亦然。"④

"東"字之象橐形極爲明顯,如果"束"與"東"本爲一字,那麼"束"當然也應該是象橐形,而非林義光所説"象圍束之形"。李孝定說:"字(引者按:指"束"字)象囊橐括其兩端之形,與'橐'字(引者按:指甲骨文⦶形)同出一源。"⑤此說被廣泛接受。⑥

綜上所述,關於"東"字的構形,有兩說:一說"東爲古橐字",即"東"本讀"橐",表示東方之"東"是假借;一說"東""束"同字,即"東"本是"束"字異體,表示東方之"東"是假借。從字形來看,兩説都有道理。前引李孝定說"束"與"橐"字同源,又同意"東"本是"橐"字,那麼實際上他是認爲三字都同源。

文字上的假借需要以語音相同或相近爲必備條件。"橐"(他各切)上

---

① 林義光:《文源》,中西書局影印,2012年,第277頁。按:《文源》寫定於1920年。
② 唐蘭:《釋四方之名》,考古學社編:《考古學社社刊》第四期,1936年,第2頁。
③ 于省吾:《甲骨文字釋林》,中華書局,1979年,第448頁。
④ 于省吾主編:《甲骨文字詁林》,第3011頁。
⑤ 李孝定:《甲骨文字集釋》,第2105頁。
⑥ 何景成先生認爲"束"字象纏束樹木形,並不是橐形。説見何景成:《試釋甲骨文字"棥"——從楚文字"棥"字説起》,復旦大學歷史學系、復旦大學出土文獻與古文字研究中心編:《簡帛文獻與古代史——第二届出土文獻青年學者國際論壇論文集》,中西書局,2015年,第6頁。

古音是透母鐸部,"束"是書母屋部,"東"是端母東部。"橐"和"東"僅是聲母相近而已,不能說語音相近。丁山以雙聲假借爲說,不可信。所以,作爲古"橐"字的"束"能否假借來表示東方之"東",令人懷疑。"束"與"東",我覺得也很難說得上語音相近。兩者的韻部雖然陽入對轉,但已是有隔,且古書中"束"聲字未見與端系字相通者。本來讀"束"的字能否假借來表示東方之"東",同樣令人懷疑。

字形上同源的兩個字,可能有完全不同的語音,耳熟能詳者如"夕"和"月","大"和"夫"。前引李孝定說"束"與"橐"同出一源,又謂:"'橐'爲名詞,於六書屬象形;'束'爲動詞,於六書屬會意。"① 是"橐"和"束"雖然字形上同源,但因爲結構類型不同,所以可表示語音上無關的兩個詞。同樣,"東"字雖然字形上和"橐""束"同源,但不代表"東"跟"橐"或"束"一定有語音上的關係,東方之"東"完全有可能是表示"橐"或"束"之外的另一個詞的"東"字的假借用法。我懷疑,"東"這個字形本可表示{重}。"東"字形像裝滿物品的橐,作爲象物字,可以表示{橐};而作爲象物字式的象事字,②取"橐"的一種屬性,就可以表示{重}。這在文字學上是完全講得通的。較古的"重"字作 ,③象人負橐形,後來的"重"字即由之演變。但恐怕不能因此否定少了人形的"東"字也可以表示{重}。"東"和"重"(定母東部)語音至近,古人用表示{重}的"東"字假借來表示東方之"東"是十分自然的。

二、孔

《說文》十二上乞部:"孔,通也。从乞从子。乞,請子之候鳥也。乞至而得子,嘉美之也。古人名嘉字子孔。"其說迂曲不可信。郭沫若《金文叢

---

① 李孝定:《甲骨文字集釋》,第 2105 頁。
② 關於象物字式的象事字,參裘錫圭:《文字學概要》(修訂本),商務印書館,2013年,第 123—124 頁。
③ 董蓮池:《新金文編》,作家出版社,2011 年,第 1132 頁。

考·釋孔》謂:"此乃指事字,與本、末同例,乃指示小兒頭上有孔也。古孔之本義當爲囟。囟者象形文,孔則指事字。引申之,則凡空皆曰孔。有空則可通,故有通義。通達宏大每相因,故有大義。通達宏大則含善意,故有善義。此古人所以名嘉字子孔也。"①此説法影響較大,今人多從之,如黄德寬先生主編的《古文字譜系疏證》、②李學勤先生主編的《字源》。③按孔穴義不可能引申自小兒囟門,實際上小兒囟門從表面上也看不出有什麽孔穴。説"孔"字的本義是囟,僅是從字形上所作的猜測,缺乏訓詁上的證據。所以郭説同樣不可信。

　　商代甲骨文未見"孔"字,"孔"字最早見於西周春秋金文,字形作:𡥀、𡥀、𡥀等。④林義光《字源》:"孔,通也。古作𡥀,本義當爲乳穴,引申爲凡穴之稱。乚象乳形,𡥀就之,以明乳有孔也。"⑤林義光認爲"孔"的本義是乳穴,這是牽就於"孔"的孔穴義,不可信,但他説"乚象乳形,𡥀就之",對字形的理解應該是最直觀、最符合實際的。我認爲,"孔"字確是象子就乳之形,其本義正是哺乳,即"孔"與"乳"同義。甲骨文"乳"作𡥀,⑥象人攬子於懷而哺乳之形,較僅有子就乳之象的"孔"字更爲直觀明白。小篆"乳"字爪形和人身相脱離,即其右旁之"乚"是人身形的省變(《説文》以爲亦是玄鳥之乙),⑦而"孔"字的右旁是乳形之變,兩者有不同的來源,不能如《説文》據訛變的篆文混爲一談。但是"孔"和"乳"兩字在形體上的

---

① 郭沫若:《郭沫若全集·考古編》第五卷,科學出版社,2002年,第454頁。
② 黄德寬主編:《古文字譜系疏證》,商務印書館,2007年,第1157頁。
③ 李學勤主編:《字源》,天津古籍出版社,2012年,第1035頁。
④ 容庚編著,張振林、馬國權摹補:《金文編》,第761頁。《金文編》"孔"字第一形作"𡥀",與一般的"孔"有别。方濬益《綴遺齋彝器考釋》認爲𡥀象束髮形,與"孔"字(方説象玄鳥集於子首之形)殊異,劉心源《古文審》釋"孔",非。見《金文文獻集成》第十四册,綫裝書局,2005年,第63頁。
⑤ 林義光:《文源》,第101頁。
⑥ 李宗焜:《甲骨文字編》,第13頁。
⑦ 郭永秉:《從戰國楚系"乳"字的辨釋談到戰國銘刻中的"乳(孺)子"》,陳致主編:《簡帛·經典·古史》,上海古籍出版社,2013年,第351頁;收入氏著:《古文字與古文獻論集續編》,上海古籍出版社,2015年。

關係還是很密切的，"孔"字有可能就是截取"乳"的一部分而成。

"孔"字在古書中並無哺乳義，然而古書中有讀音與"孔"相近而義同"乳"或意義與哺養相關的字。《左傳》宣公四年："楚人謂乳穀。"穀，《釋文》音奴口反。奴口反與"乳"音（上古音日母侯部）極近。楊伯峻《春秋左傳注》："金澤文庫本'穀'作'榖'，蓋用本字。"①《説文》十四下子部："榖，乳也。"大徐音古候切。《漢書·敍傳上》"楚人謂乳穀"，如淳注："穀音構。牛羊乳汁曰構。"②同《説文》大徐音。顏師古注："穀讀如本字，又音乃苟反。"③乃苟反同乃口反。"穀（榖）"讀構（見母侯部或屋部）或榖（見母屋部），均與"孔"（溪母東部）語音相近：其聲母相近，韻部有對轉關係。又《説文》四上鳥部："鷇，鳥子生哺者。"大徐音口豆切。《爾雅·釋鳥》："生哺，鷇。"《釋文》："鷇，謝（引者按：指謝嶠）苦候反。《字林》工豆反，郭音同。"《廣韻》"鷇"在"寇"小韻。"鷇"是須哺而食的幼鳥，與"榖"應是同源詞（"榖"有幼兒義）。既然"鷇"有溪母和見母兩讀，那麼"榖"也可能本有溪母的異讀。如果"榖"讀溪母的話，那"孔"字與之聲母完全相同，兩字的語音關係就更爲密切了。總之，"孔"本義爲乳，所表示的詞應該是古書中訓爲乳的"穀（榖）"，或者是其同源詞。"孔"的孔穴、甚、嘉、大等義，都是其假借義。

【編按：鄭張尚芳説："孔，金文象子就乳，與古候切榖字（《説文》乳也）同源。"見氏著：《上古音系》第二版，上海教育出版社，2013年，第393頁。本文失於徵引。】

原載《中國文字學報》第七輯，商務印書館，2017年。

---

① 楊伯峻：《春秋左傳注》（修訂本），中華書局，1990年，第683頁。
② 《漢書》第十二册，中華書局，1962年，第4197頁。
③ 《漢書》第十二册，第4197頁。

説 "難"

"難"是一個很古老的詞,見於周初文獻,如《尚書·盤庚》"予告汝于難",《康誥》"小人難保",《無逸》"先知稼穡之艱難";《詩·大雅·大明》"天難忱斯",《周頌·訪落》"未堪家多難"。"難"和"艱"是同義詞,除了"艱"不用作副詞之外(如"小人難保"不能説成"小人艱保"),兩者往往可以互易。"難"的上古音是泥母元部,有平聲(那干切)和去聲(奴案切)兩讀,可分別構擬爲 *naan 和 *naans;① "艱"的上古音是見母文部,可構擬爲 *kruuun。② 可見兩者的語音有很大的差别。據已知的語音形式應該可以確認,"難"與"艱"並無語言上的同源關係,僅僅是同義詞而已。有的學者因爲"難"與"艱"在字形上的聯繫,以元、文旁轉爲説,又不顧兩者聲母的不同,把"難"與"艱"説成同源詞,這是缺乏根據的。字形上同源或有聯繫的兩個字所代表的詞,未必就是同源詞,字形源流跟語源不可混爲一談。③

《説文》四上鳥部:"鸛,鳥也。从鳥堇聲。難,鸛或从隹。"隸楷"難"字左旁作"莫",與"堇"爲一形之分化。④ "堇"(巨巾切,*gruun)⑤與"艱"的

---

① 鄭張尚芳:《上古音系》(第二版),上海教育出版社,2013年,第348頁。naan,原誤作 nhaan。
② 鄭張尚芳:《上古音系》(第二版),第331頁。
③ 參裘錫圭:《文字學概要》(修訂本),商務印書館,2013年,第147頁。
④ 參陳劍:《嶽麓簡〈占夢書〉校讀札記三則》第二則,復旦大學出土文獻與古文字研究中心網站,2011年10月5日。
⑤ 鄭張尚芳:《上古音系》(第二版),第380頁。

讀音相近，而與“難”的讀音並不相近。《説文》从“堇”而隸楷从“𦰩”的元部字還有：嘆（* nhaans）、歎（* nhaans）、暵（呼旰切，* hnaans；呼早切，* hnaanʔ）、熯（呼旰切，* hnaans；呼旱切，* hnaanʔ；人善切，* njanʔ）、漢（* hnaans）、鸈（* naal）。① 其語音形式皆相近。歎，《説文》以爲“難”省聲。嘆，《説文》以爲歎省聲。暵，《説文》以爲“堇”聲。熯，《説文》以爲“漢”省聲（小徐本“堇”聲）。漢，《説文》以爲“難”省聲。鸈，同“儺”，《説文》以爲“難”省聲。《説文》對這些字的諧聲分析的混亂和自相矛盾是顯而易見的；如果“難”从“堇”聲，那麽上列其他字也應該統一分析作“堇”聲。《説文》之所以不把“歎”“漢”等字直接分析爲“堇”聲，正是因爲這些字的讀音與“堇”有很大距離的緣故。朱駿聲《説文通訓定聲》把“暵”字分析爲从日从堇的會意字（會日曬黏土則乾燥之意），列爲聲首，“難”“漢”“歎”“熯”等字則俱从“暵”省聲。此説目的是要把這些元部字跟“勤”“謹”等文部字從諧聲上徹底分開來，自然有其合理之處，因此得到了現今一些古音學者的贊成；但是從古文字來看，朱駿聲對“暵”字的分析却是完全不可信的，以其他字爲“暵”省聲也就落了空。

《説文》十三下土部：“堇，黏土也。从土从黄省。”《説文》把“堇”的上部看作“黄”之省，從古文字來看，“堇”的上部並非“黄”之省，而是另外一個獨立的字，該字通常隸定爲“𦰩”，實應從陳劍先生的意見隸定爲“英”。② 此外，“堇”本从火，不从土。商代甲骨文“英”作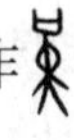、（前形之省），“堇”即“𦰩”作。③ “英”和部分“堇”在甲骨文中應讀爲“艱”，孫俊、趙鵬《“艱”字補釋》一文已經作了充分論證，④十分可信。西周金文“英”

① 以上擬音見鄭張尚芳：《上古音系》（第二版），第 348 頁。其中“鸈”字該書未收，據“儺”字之音補。

② 陳劍：《嶽麓簡〈占夢書〉校讀札記三則》第二則。

③ 中國社會科學院考古研究所編輯：《甲骨文編》，中華書局，1965 年，第 520—521 頁。

④ 孫俊、趙鵬：《“艱”字補釋》，宋鎮豪主編：《甲骨文與殷商史》新二輯，上海古籍出版社，2011 年，第 131—142 頁。

194　古文字與上古音論稿

作🅰️，用作人名；①"堇"即"𦰩"作🅰️、🅰️、🅰️、🅰️、🅰️等形，②除了用作人名外，讀作"觀"或"勤"。🅰️、🅰️形所從的"𦰩"已經近於"黄"，而七年趙曹鼎（《集成》2783）"冏黄"之"黄"作🅰️，與"𦰩"無別。看來"𦰩"和"黄"很早就相混了，所以獨立的"𦰩"也很早就遭到了淘汰。

　　从"𦰩"或"堇"聲而讀元部的字出現於古文字中的只有"漢"和"難"。西周早期的中甗（《集成》949，傳世刻本）"漢中州"之"漢"作🅰️，字形稍有訛誤，可能是傳刻所致。春秋晚期楚之敬事天王鐘（《集成》74、79）"江漢之陰陽"之"漢"作🅰️、🅰️，其右旁與"黄"無別，似可以看作"𦰩"。"難"字出現得較晚。最早見於西周晚期的史季良父壺（《集成》9713），字形作🅰️，右似從"鳥"旁，左旁可看作"𦰩"，辭例爲"其萬年霝終難老"。春秋時期齊大宰歸父盤（《集成》10151）"霝命難老"之"難"作🅰️，左旁也可看作"𦰩"。春秋金文中"難"字還見於䣄子姜首盤（公典盤）和戯鐘，③辭例分別爲"用祈眉壽難老"和"余臣兒難得"。以上四例西周春秋金文中的"難"恰好都用作副詞。

　　根據漢字結構的一般規律，"漢"和"難"兩個字必定是以"𦰩""𦰩（堇）"爲聲旁的形聲字，那麼，可反推出"𦰩""𦰩（堇）"字本有元部的讀音（聲母亦爲泥母或近似的音）。既然"𦰩""𦰩（堇）"在商代甲骨文中讀爲文部的"艱"，其元部的讀音又從何而來呢？這個問題大概很難有確切的答案，我們只能得出一些推測性的結論。商代甲骨文之🅰️（西周金文之🅰️形同），何琳儀先生以爲"從口從黑，會刑徒嘆息之意，黑亦聲"，又說"𦰩、嘆

---

① 容庚編著，張振林、馬國權摹補：《金文編》，中華書局，1985年，第888頁。
② 容庚編著，張振林、馬國權摹補：《金文編》，第888—889頁。後兩形，下部的火形有省變，或釋"𦰩"（即"𦰩"），以下部筆畫爲飾筆，非是。或說見何琳儀：《戰國古文字典——戰國文字聲系》，中華書局，1998年，第975頁。
③ 參董蓮池：《新金文編》，作家出版社，2011年，第452頁。

爲古今字"。①"黑亦聲"之説不可信，但以"莫"爲"嘆"之初文，似有一定道理。黄德寬先生主編的《古文字譜系疏證》云："或説莫乃艱之初文，從黑（原注：墨本字，本以爲受墨刑的人），從口爲别意符號，表示受刑之人之艱難，與弘（原注：彊之初文）和古（原注：固之初文）的構形類似。"②以"莫"所從之"口"旁爲像"弘""古"字中的"口"旁那樣的義符，而不看作形符，此點恐不可從，但以"莫"之本義就是"艱"，似有成立之可能。"莫"象縛手呼號之人，表示艱難之意，當可理解。艱與難同義，既然可以表示"艱"，當然也可以表示"難"，這屬於早期表意字一形多用現象。甲骨文的"莫（堇）"（ ），唐蘭先生釋爲"燻"，③得到很多學者的贊同。④ 從字形上看， 確實可以釋爲"燻"。《説文》："燻，乾皃。從火，漢省聲。《詩》曰：我孔燻矣。""漢省聲"之非上文已述，所引《詩》之"燻"假借爲"戁"，與"燻"之本義無關。《周易·説卦》"燥萬物者莫燻乎火"，"燻"確有乾燥之義，但甲骨文中此字讀爲"燻"或"嘆"（兩字音義皆同）則不可通。⑤ 按 象火燒被縛呼號之人，有可能本來也可以表示燃燒之義。除了乾燥義，"燻"還有燃燒義，乾燥義可能只是燃燒義的引申。《管子·霸形》："楚人攻宋、鄭，燒焫燻焚鄭地，使城壞者不得復築也，屋之燒者不得復葺也。"焫同爇，燒、焫、燻、焚四字同義連用。然則 是一個會意兼形聲字。"燻"（擬音見前文）與"燃"（njen）音義皆近，⑥應有同源關係。《説文》"然"（"燃"之初文）之或體作"蘽"，古書中或作"爇"，可爲佐證。綜上述，"莫"可能是"嘆"之

---

① 何琳儀：《戰國古文字典——戰國文字聲系》，第975頁。
② 黄德寬主編：《古文字譜系疏證》，商務印書館，2007年，第3655頁。
③ 唐蘭：《殷墟文字記》，中華書局，1981年，第86頁。
④ 于省吾主編：《甲骨文字詁林》，中華書局，1996年，第292、295頁；季旭昇：《説文新證》，福建人民出版社，2010年，第785頁；劉釗主編：《新甲骨文編》（增訂本），福建人民出版社，2014年，第588頁；李宗焜：《甲骨文字編》，中華書局，2012年，第80頁。
⑤ 參孫俊、趙鵬：《"艱"字補釋》，宋鎮豪主編：《甲骨文與殷商史》新二輯，第137頁。
⑥ 鄭張尚芳：《上古音系》（第二版），第451頁。按"然（燃）"字之上古音亦可擬作*njan。

初文，也可能本就可以表示"難"，而从火从英之"莫（堇）"同時也是燃烧義之"爆"字。這些都證明除了文部的讀音外，"英""莫"同時有元部的讀音（聲母亦爲泥母或近似的音）。

下面談談戰國楚簡中的"難"及从"難"之字。

（一）難

字形多數作 [字形]、[字形]、[字形]、[字形] 之類，从隹从英，而所从"英"與楚簡中的"黄"無別。① "難"从"黄"形，純粹是字形上的相混，與讀音無關。清華簡《厚父》9 號簡"民心難測"之"難"作 [字形]，所从"英"寫法特別。② 上博簡《用曰》5 號簡"難之而亦弗能弃"之"難"作 [字形]，所从"英"稍有訛變。包山簡 236 號"疾難瘧（瘥）"之"難"作 [字形]，从"堇"，同《説文》。這樣寫的"難"又見於上博簡《姑成家父》5 號簡和《用曰》1 號簡。郭店簡《老子甲》14 號簡"多惕（易）必多難"之"難"作 [字形]，又增从土，大概是無意義的羨符。15 號簡作 [字形]，是在一般的"難"字上增从土，結構與从"堇"的"難"不同。這樣增从土的"難"又見於上博簡《姑成家父》6 號簡、《弟子問》10 號簡和《用曰》14 號簡。信陽簡 1—08 號"難"作 [字形]，偏旁位置左右互易，是很特殊的寫法。

楚簡中的"難"字絶大多數即用爲難易之"難"或危難之"難"，偶爾有其他用法。上博簡《性情論》15 號簡："聖（聽）鋚（琴）惡（瑟）之聖（聲），則悸女（如）也斯難。"20 號簡："難，思之方也。"兩個"難"字，郭店簡《性自命

---

① 楚簡及其他楚文字中的"黄"，參李守奎：《楚文字編》，華東師範大學出版社，2003 年，第 785—786 頁；徐在國：《上博楚簡文字聲系》，安徽大學出版社，2013 年，第 1637—1638 頁；李學勤主編，沈建華、賈連翔編：《清華大學藏戰國竹簡（壹—叁）文字編》，中西書局，2014 年，第 329 頁。

② 趙平安先生認爲《厚父》保有晉系文字的元素，其底本可能是晉系文字寫本。見趙平安：《談談戰國文字中值得注意的一些現象——以清華簡〈厚父〉爲例》，《出土文獻與古文字研究》第六輯，上海古籍出版社，2015 年，第 303—309 頁。

出》對應的字都作"戁"。裘錫圭先生疑讀爲"歎"。①《説文》:"歎,吟也。""嘆,吞歎也。一曰:太息也。"分"歎""嘆"爲兩字,實際上"歎""嘆"應無別,是異體字關係。濮茅左先生讀上博簡之"難"爲"戁","戁"訓爲恐、敬和動。②

(二) 戁

字形多數作[圖]、[圖],从心難聲。清華簡《祭公之顧命》19 號簡作[圖],《芮良夫毖》16 號簡作[圖],所從之"難"从"堇"。郭店簡《老子甲》16 號簡作[圖],所從之"難"下部兩"土"連筆,頗爲特異。

"戁"字在楚簡中多數讀爲"難"。清華簡中"戁"字出現七次(《祭公之顧命》出現一次,《芮良夫毖》出現六次),全部讀爲"難",而"難"字僅一見於《厚父》(見上文)。清華簡《祭公之顧命》19 號簡"我亦不目(以)我辟欿(陷)于戁(難)",整理者注:"師詢簋(《集成》四三四二)'欲汝弗以乃辟函(陷)于艱',毛公鼎(《集成》二八四一)同。"③此句今本《祭公》作:"我亦維丕以我辟險于難。""艱"與"難"同義,可互作,故《祭公之顧命》作"陷于難",而西周金文作"陷于艱",顯然不得據金文把簡文之"戁"讀爲"艱"。《逸周書·祭公》"丕則無遺後難"(此句簡本抄脱"難"字),《詩·大雅·鳧鷖》"無有後艱","後難"即"後艱",也是"艱"與"難"互作的例子。《法言·問神》有"艱易",即難易。

郭店簡《性自命出》"戁"字三見。24—25 號簡:"聖(聽)琴(琴)㺇(瑟)之聖(聲)則諄(悸)女(如)也斯戁。"戁,裘錫圭先生疑讀爲"歎"(見上文)。32 號簡:"戁,思之方也。"亦應讀爲"歎"。34—35 號簡"戠(感)斯戁-(戁,戁)斯[圖](撫)",④可與《禮記·檀弓下》"戚斯歎,歎斯辟"對照,

---

① 荆門市博物館編:《郭店楚墓竹簡》,文物出版社 1998 年,第 183 頁注[二三]。
② 馬承源主編:《上海博物館藏戰國楚竹書(一)》,上海古籍出版社,2001 年,第 241 頁。
③ 李學勤主編:《清華大學藏戰國竹簡(壹)》,中西書局,2010 年,第 178 頁注[四九]。按師詢簋原銘文"艱"作"𩂣",毛公鼎原銘文作"𩂣"。
④ [圖],整理者隸作从"亡"。龐樸先生讀爲"撫",見龐樸:《撫心日辟》,《中國哲學》第二十輯,遼寧教育出版社,1999 年,第 365 頁。

證明"戁"應讀爲"歎"。上博簡《弟子問》4 號簡:"子戁曰:烏(嗚),莫我智(知)也夫。""戁"讀爲"歎"。《孔子見季桓子》26 號簡"卬〈卯—仰〉天而戁曰","戁"亦讀爲"歎"。

(三) 漢

楚簡中用"灘"字爲江漢之"漢",即從水難聲(《說文》以"漢"爲"難"省聲),而與《說文》訓"水濡而乾"之"灘"及灘頭之"灘"爲同形字(但偏旁位置關係有所不同,見下)。目前楚簡中"灘(漢)"字共出現六次,分別見於:新蔡簡甲三 268 號,上博簡《孔子詩論》10、11 號簡,《容成氏》27、28 號簡,以及清華簡《繫年》12 號簡,都能據辭例確定用爲江漢之"漢"。字形作上下結構的 ▨,其中新蔡簡作 ▨,增從口旁,稍特殊。楚文字中"灘(漢)"又見於鄂君啓舟節及楚璽印"灘(漢)東旅鈢"。①【編按:安大簡《詩經·周南·漢廣》之"漢"四見,結構同上。】

以上是戰國楚簡中"難""戁""灘(漢)"三字的形體及其用法的概況。值得特別指出的是,古音屬於元部的{歎}、{漢},楚文字都用"難"聲之字形表示,而不用"莫"聲之字形。這是由於戰國楚文字單獨的"莫"旁已經與"黃"相混,失去了作爲聲旁的表音功能,遂改用讀音明確的"難"旁來代替"莫"旁,雖然使字形增繁,却是對文字結構的一種優化。《說文》"歎"之籀文作 ▨,從鸛(難)聲,情況與楚文字相同,亦應是晚起的字形。

郭店簡《窮達以時》1—2 號簡:"又(有)亓(其)人,亡(無)亓(其)殜(世),唯(雖)臤(賢)弗行矣。句(苟)又(有)亓(其)殜(世),可(何)慬之又(有)才(哉)?"此"慬"字,整理者以爲从"莫"之誤,讀爲"難"。學者多從之。根據前文的論述,戰國楚文字中恐怕不會有从心莫聲讀爲"難"的字,只會有从心難聲讀爲"難"的"戁"字(見前文)。所以"慬"字不可能是从心从莫之字的誤寫。"慬"字又見《窮達以時》3 號簡,讀爲"巾"。還兩見於郭店簡《緇衣》,都讀爲"謹"。此處"慬"字,白於藍先生云"似當讀爲

---

① 容庚編著,張振林、馬國權摹補:《金文編》,第 729 頁;許雄志:《鑒印山房藏古璽印菁華》,河南美術出版社,2006 年,第 218 頁。

'艱'",①可從。"巾""謹"和"艱"都是見母文部字。上博簡《周易》22號簡"利堇(艱)貞",用"堇"表示"艱";清華簡《周公之琴舞》10號簡"思輔舍(余)于勤(艱)",《芮良夫毖》26號簡"民多勤(艱)戁(難)",皆假借"勤"爲"艱"。此簡文假借從堇聲的"懂"讀爲"艱",也很自然,説明戰國楚文字表示{艱}的字並不固定。當然根據一般的語感,此處確實用"難"比較順口順耳,但如前文所述,"艱""難"同義,古書中不乏互作之例,説成"何艱之有",亦未嘗不可。

最後談談郭店簡《語叢三》45號簡的"雖"。原形作󰀀,從壴(鼓之象形初文)從佳。《説文》"難"字古文或作󰀀,徐在國先生指出即簡文"雖"之訛變。②"雖"字所在辭例爲"卯則雖墼(犯)也",也能證明其確爲"難"字異體。郭店簡《語叢三》爲具有齊魯文字特點的抄本,③《説文》古文亦多齊魯文字,所以這樣寫的"難"應該屬於戰國時代齊魯文字或即魯國文字的特殊寫法。李守奎先生和劉洪濤先生都專門撰文討論過這個字形。④ 他們都信從唐蘭之説,以古文字"鼙(艱)"所從之"壴"爲聲旁,又認爲"難"與"艱"古音相近,故"雖"所從的"壴"也是聲旁。"艱""難"古音並不相近,已見上文;唐蘭"鼙"從"壴"聲的説法也難以采信。甲骨文字"艱"或作"嫷""卲",主要用於指外族入侵之艱。⑤ 郭沫若説:"象於壴(原注:即鼓字)旁有人跽而戍守之,乃象形之文,非形聲字。"⑥"象形之文"即表意字。陳劍先生説:"一般認爲,古人以鼓聲傳訊報警。《史記·周本紀》

---

① 白於藍:《戰國秦漢簡帛古書通假字彙纂》,福建人民出版社,2012年,第884頁。
② 徐在國:《隸定古文疏證》,安徽大學出版社,2002年,第84頁。
③ 參馮勝君:《郭店簡與上博簡對比研究》,綫裝書局,2007年,第250—320頁。
④ 李守奎:《郭店楚簡"雖"字蠡測》,《古文字研究》第二十六輯,中華書局,2006年,第297—302頁;劉洪濤:《〈説文〉"艱"字籀文、"難"字古文考——兼談古文字中的一種一形表示多詞現象》,《中國文字學會第八屆學術年會論文集》上册,中國人民大學2015年8月,第361—366頁。【編按:劉文正式發表於《勵耘語言學刊》2016年第1輯,第266—276頁。】
⑤ 參孫俊、趙鵬:《"艱"字補釋》,宋鎮豪主編:《甲骨文與殷商史》新二輯,第140頁。
⑥ 郭沫若:《卜辭通纂》,第88頁,《郭沫若全集·考古編》第二卷,科學出版社,2002年,第391頁。

'幽王爲烽燧大鼓,有寇至則舉烽火','大鼓'與報警之'烽燧'並行,可證。故娵和卲字畫出人跪坐守鼓之形作爲'艱'的表意字。其中'壴'是會意部件,並非聲符。"①此説並無可疑之處。所以,"雖"所從的"壴"也不會是聲旁。裘錫圭先生説:"'雖'也許是'難'字之訛。"②因艱、難同義,又常連用,"難"字受古文字"艱"即"嘆"之形的影響,而改從"壴"旁,是完全可能的。因爲有"隹"旁的制約,"難"寫作"雖"也不至於誤認,故能被作爲"難"之異體使用。總之,實在没有把"雖"字看作形聲字的必然性。

原載復旦大學出土文獻與古文字研究中心編:《戰國文字研究的回顧與展望》,中西書局,2017年。

---

① 陳劍:《甲骨金文考釋論集》,綫裝書局,2007年,第333頁。
② 荆門市博物館編:《郭店楚墓竹簡》,第213頁注[八]。

説 "坤"

坤爲八卦之一，其卦畫是三個陰爻，與三個陽爻的乾卦相反，乾象徵天、男、父、馬等，而坤象徵地、女、母、牛等（見《周易・説卦》）。《漢語大詞典》中"坤"有五個義項，分別是：卦名、地、女、母和西南方。卦名是"坤"這個詞的本義，其他義項都是直接由本義引申出來的引申義，地、女、母三義來自坤卦的象徵意義，西南方之義來自坤卦在八卦方位中的位置（坤位在西南，見《説卦》）。《説文》云："坤，地也，《易》之卦也。"先以"地"爲訓，是爲了解釋字形之从"土"，非"坤"本有地之義，"《易》之卦"才是真正的本義。王筠《説文句讀》"坤"字下云："此兩説也，故用兩'也'字。然知許君合兩説爲一者，不説以地，則從土無著，而坤自是卦名，非地之別名也。"其説甚是。

坤卦得名的來由，即坤之語源，傳統的説法認爲是"順"。《説卦》："乾，健也；坤，順也。"一般看作聲訓，而傳統的聲訓都有揭示語源的目的。段玉裁《説文解字注》"坤"字下云："《象傳》曰：'地勢坤，[1]君子以厚德載物。'《説卦傳》曰：'坤，順也。'按伏羲取天地之德爲卦名曰乾坤。"《乾・象傳》曰："天行健，君子以自強不息。"健爲天之德，順爲地之德。乾卦象徵天，天有健德，故名之爲乾，乾即健；坤卦象徵地，地有順德，故名之爲坤，

---

[1] 按：順是坤卦的屬性，而語言上"坤"這個詞並無順之義，"地勢坤"不辭，"坤"應爲"順"之誤，"地勢順"與"天行健"相對爲文。《周易・繫辭下》："夫乾，天下之至健也，德行恒易以知險；夫坤，天下之至順也，德行恒簡以知阻。"亦以"順"與"健"對舉。疑此處"坤"本作"川"，而應讀爲"順"（"川"讀"順"，楚簡常見），轉寫者誤讀爲"坤"。

坤即順。循此思路,也未嘗不可以説乾坤之名取自男女之德。乾卦象徵男,男子剛健,故名之爲乾,乾即健;坤卦象徵女,女子柔順,故名之爲坤,坤即順。但是,這種説法的可信度我認爲並不高。如果坤卦得名於順,那麽爲何不直接命名爲順卦,而用讀音並不相同的"坤"來稱呼? 高亨《周易古經今注》有《周易卦名來歷表》,其説明云:"《周易》之卦名,猶《書》《詩》之篇名,疑筮辭在先,卦名在後,其初僅有六十四卦形以爲別,而無六十四卦名以爲稱,依筮辭而題卦名,亦後人之所爲也。"謂《周易》之卦名取自卦爻辭,如乾卦之名取自九三爻辭"君子終日乾乾"(乾乾是疊音詞,敬慎貌或勉力貌)。但有個別卦名與卦爻辭無關,坤卦即其中之一,"莫明其所以名命之故"。"吾人研究《周易》,不必深究其卦名。而《易十翼》之作者不明乎此,往往講論卦名,輕下定義,以致陷於紕謬"。① 高亨的説法是可信的,坤卦得名的來由還有待考索。

下面討論記録"坤"這個詞的字。傳世文獻及字典中表示{坤}的字共有四個,即:坤、巛、奥、堃。

《古文四聲韻》卷一"坤"字古文最後一形引《崔希裕纂古》作"堃",②當即"堃"。"堃"字《集韻》和《類篇》未收,楷書字典中最早見於金代邢準的《新修絫音引證羣籍玉篇》引《川篇》,③其字形來源不詳,應是後起的俗體。④

"巛"是"川"字的異體,傳世文獻偶見用來表示{坤}。《經典釋文·周易音義》:"坤,本又作巛。巛,今字也。"⑤《詩·周頌·天作》鄭箋:"《易》曰:乾以易知,坤以簡能。"《釋文》本"坤"作"巛"。⑥《大戴禮記·保傅》:"《春秋》之元,《詩》之《關雎》,《禮》之冠婚,《易》之乾巛,皆慎始敬終云爾。"《孔子家語·執轡》:"倮蟲三百有六十而人爲之長,此乾巛之美也。"《廣雅·釋詁》:"巛,順也。"又:"巛,柔也。"皆用"巛"字。南宋以來的學者

---

① 高亨:《周易古經今注》(重訂本),中華書局,1984年,第24—45頁。
② 《汗簡 古文四聲韻》,中華書局,2010年,第79頁。
③ 《續修四庫全書》第229册,上海古籍出版社,2002年,第14頁。
④ 參看李春桃:《古文異體關係整理與研究》,中華書局,2016年,第355頁。
⑤ (唐)陸德明:《經典釋文》,上海古籍出版社影印,1985年,第76頁。
⑥ (唐)陸德明:《經典釋文》,第394頁。

或以"巛"爲坤卦卦畫之縱寫，很荒謬，清代訓詁大家王引之有正確的考釋，見《經義述聞》卷一《周易上》"巛"條，摘錄如下：

> 坤，《釋文》："坤，本又作巛。巛，今字也。"毛居正《六經正誤》曰："巛字三畫作六段，象小成坤卦。巛，古坤字。陸氏以爲今字，誤矣。"鄭樵《六書略》曰："坤卦之☷，必縱寫而後成巛字。"引之謹案：《說文》："坤，地也，《易》之卦也。從土從申，土位在申。"是乾坤字正當作坤，其作巛者，乃是借用川字。考漢孔龢碑、堯廟碑、史晨奏銘、魏孔羨碑之乾坤，衡方碑之剝坤，鄐閣頌之坤兌，字或作ılı、或作ııı、或作ııı，皆隸書川字。是其借川爲坤，顯然明白。川爲坤之假借，而非坤之本字，故《說文》坤字下無重文作巛者。《玉篇》坤下亦無巛字，而於川部巛字下注曰："注瀆曰川也。古爲坤字。"然則本是川字，古人借以爲坤耳。……《廣韻‧二十二魂》坤下列巛，注曰古文，始誤以假借之字爲本字，而《集韻》《類篇》並沿其誤矣。坤得借用川字者，古坤川之聲並與順相近。……《乾‧象傳》"天行健"，健即是乾。《坤‧象傳》"地勢坤"，坤即是順。是坤與順聲相近也。《大雅‧雲漢》篇"滌滌山川"，與焚、熏、聞、遯爲韻。《說文》順、訓、馴、紃、靴、巡等字，皆從川聲。是川與順聲亦相近也。坤、順、川聲並相近，故借川爲坤。川字篆文作巛，故隸亦作巛。淺學不知，乃謂其象坤卦之畫，且謂當六段書之。夫坤以外尚有七正卦，皆有畫，豈嘗象之以爲震、巽、坎等字乎？甚矣其鑿也。盧氏紹弓《周易音義考證》謂巛六畫，中不連，連者是川字。殆爲曲說所惑。①

王引之首先利用漢魏碑刻上的字形證明了讀作"坤"的"巛"就是"川"字，而非坤卦卦畫的變形，這一點當然是毫無疑問的。其次，他利用聲訓證明"坤"與"順"讀音相近，利用諧聲和《詩經》韻文證明"順"與"川"讀音

---

① （清）王引之：《經義述聞》，江蘇古籍出版社影印，1985年，第4—5頁。按王氏所謂"爲曲說所惑"而六段書之的"巛（坤）"在楷書字典中大概始見於明末張自烈《正字通》（清康熙二十四年刻本，《續修四庫全書》第234冊，第333頁），與讀同"川"的"巛"有別，《康熙字典》沿襲之。不過，北魏墓誌銘文中已見六段書之的"巛（坤）"（參看臧克和主編：《漢魏六朝隋唐五代字形表》，南方日報出版社，2011年，第221頁）。

相近，再推出"坤"與"川"讀音相近，所以"川"能假借爲"坤"。按《說卦》的"坤，順也"並不能絕對證明"坤"與"順"音近，因爲也可以不承認這是聲訓，而認爲是跟"震，動也""艮，止也"一樣對卦名含義的一般解釋；即使是聲訓，也不能保證語音相近，因爲很多聲訓的語音關係很寬疏，如《釋名·釋道》"五達曰康，康，昌也"，"康"和"昌"只是疊韻而已。其實，用"川"字表示{坤}屬於音近假借，這一點無需語音上的證明，因爲並不存在任何其他解釋的可能性。我們應該倒過來利用這一假借來證明"川"和"坤"的上古音相近。從中古音來看，"川"讀 tɕhwjen，"坤"讀 khun，聲母和韻母都有較大的距離，所以也難怪古人没有想到用作"坤"的"巛"字其實就是借用"川"字。從王引之提到的《詩經》韻文和"川"的諧聲系列來看，"川"字的上古韻部應該是文部（合口），而非據中古音推出的元部（合口），①即中古"川"字讀仙韻而不讀諄韻是不規則的演變（如果規則演變，則"川"與"春"同音）。中古的昌母 tɕh-大部分來自上古的 th-，但從諧聲看，有一小部分當來自上古的 kh-，如"瘛""樞""出"等字。"川"字也應屬此列，鄭張尚芳先生即把"川"字的上古聲母構擬爲 kh-。② "坤"的上古韻部無疑是文部（合口），上古聲母同中古，也是 kh-。所以，"川"和"坤"的上古音確實是極爲接近的，差別僅僅在於前者屬於三等韻，後者屬於一等韻。實際上，"川"是古人所能找到的讀音最近"坤"的一個假借字。

假借"川"字來表示{坤}，除了見於王引之提到的漢魏碑刻外，③現在還見於西漢早期的馬王堆帛書，時代大大提前。在馬王堆帛書《周易》中，{乾}全部用"鍵"字表示，而{坤}全部用"川"字表示。④ 假借"川"字來表示{坤}的用字習慣可能是從先秦沿襲下來的，並且直到南北朝時仍然通

---

① 古音學家一般把"川"字歸入文部，鄭張尚芳先生據中古音歸入元部[《上古音系》（第二版），上海教育出版社，2013年，第 292 頁]。

② 鄭張尚芳：《上古音系》（第二版），第 292 頁。按"畎"有从"川"聲的異體"甽"（已見於上博簡《子羔》簡 8），是"川"的上古聲母爲 kh-的又一明證。

③ 其他東漢石刻，如石門頌、乙瑛碑、熹平石經等，都假借"川"爲"坤"（參看臧克和主編：《漢魏六朝隋唐五代字形表》，第 221 頁）。

④ 參看白於藍：《戰國秦漢簡帛古書通假字彙纂》，福建人民出版社，2012 年，第 808—809、875 頁。

行,所以陸德明《經典釋文》以"巛"爲"坤"之今字,與後世以"巛"爲古字的看法不同。

碧落碑"坤"作▨(《汗簡》《古文四聲韻》引碧落文同),①《玉篇·廾部》隸作"與",字典中又作"與""與",字形稍變。此字出現在清華簡《筮法》中,共七見,字形作▨。兩形相比較,碧落碑中的字形是將上部中間的團塊改成了綫條。清華簡整理者注:"與,即'坤'字,見《碧落碑》《汗簡》等,也是輯本《歸藏》的特徵。"②整理者對"與"的字形結構未作解釋,後來程燕女士有專文討論。她認爲▨是一個形聲字,下部的"大"是意符,古人有"天大、地大"的說法,坤象徵地,故從"大"。除去"大"的部分,則是古文"昆"字,作音符,"昆"與"坤"讀音相近。③ 按此說雖有一定道理,但也不無可疑之處。首先,"大"旁在古文字字形中大多表示具體的人形,用來表示這麼抽象的哲學概念恐怕不太符合造字的一般規則。其次,所謂的古文"昆",郭店簡中作▨、▨、▨(另有"悃"字作▨),④清華簡《芮良夫毖》簡4作▨,與▨的上部相較,不能說沒有距離,如手形的位置有所不同。我認爲,"與(▨)"去掉雙手的部分是一個整體(象某種人),不應拆開來分析,整個字形當是會意結構,而非形聲。"與"表示{坤},應該是其假借用法,其造字本義待考。⑤

最後討論"坤"字。《説文》十三下土部:"坤,地也,《易》之卦也。從土從申,土位在申也。"是以"坤"爲會意字。段玉裁《説文解字注》在"土位在申"下注曰:"此説從申之意也。《説卦傳》曰:'坤也者,地也,萬物皆致養

---

① 《汗簡 古文四聲韻》,第43、79頁。該書後附唐代碧落碑拓本,"與"爲倒數第五行倒數第七字。
② 李學勤主編:《清華大學藏戰國竹簡(肆)》,中西書局,2013年,第109頁。
③ 程燕:《談清華簡〈筮法〉中的"坤"字》,《周易研究》2014年第2期。
④ 參看張守中、張小滄、郝建文:《郭店楚簡文字編》,文物出版社,2000年,第207頁。
⑤ 范常喜先生面告,他懷疑此字形的本義是"髡"。我也曾過有同樣的想法,不敢自是。姑識之以待後考。

焉,故曰致役乎坤。'坤正在申位,自倉頡造字已然。後儒乃臆造乾南坤北爲伏羲先天之學,《説卦傳》所定之位爲文王後天之學,甚矣人之好怪也。"按從"土"比較容易理解,但從"申"實不可解,"土位在申"的玄説不管如何解釋都絶不合造字之理。王筠《説文釋例》卷二十:"案云從土申聲可矣。許君曲爲之解,段氏又極力助成之,非也。即其所引《説卦傳》,亦正在西南,不能在正西也。"是王氏以"坤"爲從土申聲的形聲字。朱駿聲《説文通訓定聲》"坤"字下注云:"按申非意,從土申聲,實即籀文陳字,從阜從土同。蒼頡於伏羲所畫八卦斷無獨造坤巺二字之理。"①亦以"坤"爲形聲字,而且認爲"坤"字是籀文"陳"(從阜申聲)的異體,假借作卦名。將"坤"字分析爲從土申聲的形聲字似乎更合乎一般的造字規律,但問題在於"坤"和"申"的讀音並不相近,兩者的上古韻部及開合不同(分別是文部合口和真部開口),聲母也有牙舌之别。"申"字是絶没有資格作"坤"的聲旁的。

"坤"既非從申聲,又非從土從申會意,那麽應該如何解釋這個字形呢?朱駿聲謂"蒼頡於伏羲所畫八卦斷無獨造坤巺二字之理",八卦之名確應都是假借,坤卦名即本來假借"川"或"巽",但"坤"字從土,似乎就是專門爲坤卦名造的字,非假借字。疑"坤"字是由"巽"改造而來的後起字,即把"巽"所從"大"形改成"土"旁以起到表意作用,而保留上部的"申"形,如此即成"坤"字。從土從申的"坤"字最早見於東漢中期的開母闕銘文,原形作 坤。②但既然《説文》有"坤"字,則"坤"字應造於許慎之前。在戰國三晉璽印中,有一個從立從申的"竤"字(後來又見於温縣盟書),吴大澂《説文古籀補》釋爲"坤",③後來的古文字工具書大都從之,如《古文字類編》《古璽文編》《戰國古文字典》《戰國文字編》《三晉文字編》等。④ 按:

---

① 巺,《説文》以爲巽卦之巽的本字。朱駿聲《説文通訓定聲》以爲假借。
② 漢語大字典字形組編:《秦漢魏晉篆隸字形表》,四川辭書出版社,1985年,第964頁。
③ 《説文古籀補三種》,中華書局,2011年,第63頁。
④ 高明:《古文字類編》,中華書局,1980年,第421頁;羅福頤主編:《古璽文編》,文物出版社,1981年,第317頁;何琳儀:《戰國古文字典——戰國文字聲系》,中華書局,1998年,第1120頁;湯餘惠主編:《戰國文字編》(修訂本),福建人民出版社,2015年,第878頁;湯志彪:《三晉文字編》,作家出版社,2013年,第1799頁。

"呻"字在古璽及盟書中均用作人的姓名,没有辭例能證明讀乾坤之坤,釋"坤"無據。"呻"可能只是"申"字的繁構,猶如䎡羌鐘、中山王器銘文等"長"作"䛫"。①《古璽彙編》2574"呻成息","呻"爲姓氏,即常見的申氏,坤氏則無可考。先秦古文字中出現"坤"字的可能性不大。

原載《中國文字學報》第十輯,商務印書館,2020年。

---

① 參看容庚編著,張振林、馬國權摹補:《金文編》,中華書局,1985年,第665頁。

《尚書·多方》校讀一則

　　《尚書·多方》:"今我曷敢多誥,我惟大降爾四國民命。爾曷不忱裕之于爾多方,爾曷不夾介乂我周王享天之命。"末句中的"夾介乂"三字連用,頗爲可怪,舊有多種解釋,撮述如下:

　　僞孔傳云:"夾,近也。汝何不近大見治於我周王以享天之命,而爲不安乎?"陸德明《經典釋文》:"夾音協。"據顔師古《匡謬正俗》卷二,夾音協爲東晉徐邈音。① 夾訓近,最早見《廣雅·釋詁三》,王念孫《廣雅疏證》即引此文作爲例證。② 僞孔傳又訓"介"爲大,訓"乂"爲治,且解爲被動句。但"近大見治於我周王"云云,實在是不辭,解爲被動句也不合語法。③ 孔穎達《正義》據傳申講曰:"言汝衆方諸侯何不崇和協,相親近,大顯見治道於我周王,以享愛上天之命,而執心不安乎?"增字爲訓,且非傳意。

　　蔡沈《書經集傳》云:"夾,夾輔之夾。介,賓介之介。爾何不誠信寬裕於爾多方乎? 爾何不夾輔介助我周王享天之命乎?"蔡傳以"夾輔介助"來解釋"夾介",等於説"夾介"猶"輔助",是同義連用。比起僞孔傳,此説顯然要合理得多。奇怪的是,對"乂"字,蔡傳竟視而不見,略去不釋,大概是因爲覺得"乂"字難以講通的緣故。

　　江聲《尚書集注音疏》云:"夾,持也。介,善也。爾何不夾持善道以聽

---

① 劉曉東:《匡謬正俗平議》,齊魯書社,2016年,第46—47頁。
② (清)王念孫:《廣雅疏證》,中華書局影印,2013年,第92頁。
③ 俞樾《群經平議》云:"枚以夾介爲近大,不辭殊甚。又訓乂爲治而加見字以成其義,亦非經旨。"《續修四庫全書》第178册,上海古籍出版社,2002年,第94頁。

治于我周王以享天之命乎？"夾訓持，見《説文》；介訓善，見《爾雅·釋詁》。按訓善之介，即《詩·大雅·板》"价人惟藩"之"价"，應該不作名詞用，所以持善恐怕不能説成"夾介"，故此説難以成立。

孫星衍《尚書今古文注疏》云："夾者，《廣雅·釋詁》云：'近也。'介者，《釋詁》云：'善也。'乂與艾通，《釋詁》云：'相也。'言今我何敢多誥？我惟大下汝四方民之教令。汝何不以誠道之于衆國？汝何不近善相我周王，共享天命？"訓乂爲相，比訓爲治要合理。但解"夾介"爲"近善"，跟"持善"有同樣的問題。

王先謙《尚書孔傳參正》云："夾者，《衆經音義》十二引《倉頡》云：'輔也。'介者，《釋詁》：'善也。'乂、艾字通，《釋詁》：'相也。'言汝何不惟善是輔，相我周王共享天命乎？"解"夾介"爲"輔善"，亦不可信。

王引之《經義述聞·爾雅上》"艾歷覬胥相也"條云："艾與乂同。乂爲輔相之相。《君奭》曰'用乂厥辟'，謂用相厥辟也。《多方》曰'爾曷不夾介乂我周王享天之命'，'夾介乂'皆輔相之義也。"以"夾介乂"爲三字同義並列，猶言輔相。

楊筠如《尚書覈詁》云："夾，《一切經音義》引《蒼頡》云：'輔也。'介，《釋詁》：'右也。'謂佑助也。'乂'與'艾'同，《釋詁》：'相也。'"①與王引之説相同。

曾運乾《尚書正讀》云："夾介，猶洽比也，亦雙聲連辭。"②吳汝綸《尚書故》云："夾介，雙聲連綿字，與《詩》之'洽比'義同。"③"洽比"見《詩·小雅·正月》："洽比其鄰，昏姻孔云。"義爲融洽、親近。以"夾介"爲雙聲連綿詞，並無依據。

周秉鈞《尚書易解》及金兆梓《尚書詮譯》以"夾介"二字爲"夼"字之訛，"夼乂周王"即大相周王（訓大，同僞孔傳）。④ 按"夼"字見《説文》和

---

① 楊筠如：《尚書覈詁》，陝西人民出版社，2005年，第388頁。
② 曾運乾：《尚書正讀》，中華書局，1964年，第242頁。
③ 吳汝綸：《尚書故》，中西書局，2014年，第257頁。
④ 周秉鈞：《尚書易解》，華東師範大學出版社，2010年，第244頁；金兆梓：《尚書詮譯》，中華書局，2010年，第235頁。

《方言》,訓爲"大",古書中通作"介"。但古書中如"介福""介圭"之"介"都是修飾名詞的形容詞,未見副詞用法,故而"奔(介)乂周王"也難以成立。

以上諸說,從文義上看,以王引之、楊筠如說最爲合理。

"夾"字象兩人夾扶一人形,本義當爲從左右兩邊扶持,意義比較具體,引申出抽象的輔助之義。《左傳》僖公二十六年:"昔周公、大公股肱周室,夾輔成王。"宣公十二年:"昔平王命我先君文侯曰:'與鄭夾輔周室,毋廢王命。'"這兩處"夾輔"的主語都是兩個人,似乎"夾"字可以看作"輔"的修飾語,義爲在左右兩邊。《左傳》僖公四年:"昔召康公命我先君大公曰:'五侯九伯,女實征之,以夾輔周室。'"只對齊太公一人而言,故"夾輔"就是輔佐,"夾"與"輔"是同義並列。除了傳世文獻中的"夾輔"外,出土文獻中還有"夾召"①"夾卲"之辭。禹鼎銘:"禹曰:丕顯趄＝(桓桓)皇且(祖)穆公,克夾召先王奠四方。"(《集成》2833)師訇簋銘:"王若曰:師訇,丕顯文武雁(膺)受天命,亦則繇隹(唯)乃聖且(祖)考克夌(股)厷(肱)先王,乍(作)毕(厥)叉(爪)牙,用夾召毕(厥)辟奠大令(命)。"(《集成》4342)②逑鼎銘:"王若曰:逑,丕顯文武雁(膺)受大令(命),匍有三(四)方,則繇隹(唯)乃先聖且(祖)考夾召先王舝(庸)堇(勤)大令(命),奠周邦。"逑盤銘:"逑曰:丕顯朕皇高且(祖)單公,趄＝(桓桓)克明悊(慎)毕(厥)德,夾召文王、武王達(撻)殷,雁(膺)受天魯令(命),匍有三(四)方。"(《文物》2003年第6期)清華簡《祭公之顧命》簡5—7:"我亦隹(唯)又(有)若且(祖)周公縈(暨)且(祖)卲(昭)公,茲(兹)由(迪)遡(襲)孝(學)于文武之曼惪(德),克夾卲城(成)康,甬(用)臧(畢)城(成)大商。""召"和"卲"表示同一個詞,是輔相的意思。這個詞《尚書》《詩經》寫作"昭",《周禮》《爾雅》寫作"詔"。如《尚書·君奭》:"乃惟時昭文王。"又:"惟兹四人昭武王。"《文侯之命》:"亦惟先正,克左右昭事厥辟。"《詩·大雅·大明》:"維此文王,小心翼翼。昭事上帝,聿懷多福。"《周禮·天官·大宰》:"以八柄詔王馭群臣。"《爾雅·釋詁》:"詔、亮、左、右、相,導也。"又:"詔、相、導、左、右、助,

---

① 此"召"字西周金文中原形較繁,不易隸定,通常用"召"代替。
② 釋文據陳劍:《釋西周金文中的"厷"字》,收入氏著:《甲骨金文考釋論集》,綫裝書局,2007年,第235、242頁。

勵也。""詔"與"相""助"同義。總之,"夾輔"和"夾召""夾卻"都是同義詞並列的雙音節結構,其中的"夾"是輔助之義。

《尚書》中的"乂"字,凡"乂民""乂王家""乂厥辟""保乂"等,舊皆訓治。這是因爲《爾雅·釋詁》"乂"只訓治,訓"相"和"養"的是"艾"字(《詩·小雅·南山有臺》"樂只君子,保艾爾後"之"艾",毛傳亦訓"養")。清代學者王引之、孫星衍等始因聲求義,看到"乂"和"艾"同聲通用,"乂"字也有相義。此《多方》的"乂我周王"以及《君奭》的"用乂厥辟"之"乂",理解爲輔相則文從字順,理解爲治理則扞格不通。相當於傳世文獻中的"乂"或"艾"的字,西周金文作"䛐""辥""辥",如何尊銘"自之䛐民"(《集成》6014),大克鼎銘"諫(敕)辥王家""保辥周邦"(《集成》2836),毛公鼎銘"命女(汝)辥我邦、我家内外"(《集成》2841),這些都是治義。毛公鼎銘:"亦唯先正🅧辥氒(厥)辟嬰(庸)堇(勤)大命。"王國維《釋辥》指出《君奭》之"用乂厥辟"即毛公鼎銘之"🅧辥氒(厥)辟"。①

如上所述,"夾介乂我周王"中的"夾"和"乂"都可以肯定是輔助的意思。那麽,中間的"介"字是否也確有輔助之義呢？答案應該是否定的。

《爾雅·釋詁》:"亮、介、尚,右也。"郭璞注:"紹介、勸尚,皆相佑助。"這是昔人認爲"介"有輔助義的根據。古書中跟《爾雅》所訓"右也"有關者即《尚書》蔡傳提到的賓介之介,以及介子、介婦、保介之介。《左傳》成公十三年:"孟獻子從,王以爲介。"杜預注:"介,輔相威儀者。"介是賓方的輔助人員,是賓的副手。《禮記·聘義》:"聘禮,上公七介,侯、伯五介,子、男三介,所以明貴賤也。介紹而傳命,君子於其所尊,弗敢質,敬之至也。"介要負責傳遞賓主之言,所以説"介紹而傳命";紹者,繼也。《戰國策·趙策三》:"平原君遂見辛垣衍曰:'東國有魯連先生,其人在此,勝請爲紹介而見之於將軍。'"又《新語·資質》:"夫窮澤之民,據犁接耜之士,或懷不羈之能,有禹、皋陶之美,綱紀存乎身,萬世之術藏於心,然身不容於世,無紹介通之者也。"兩處所謂"紹介",義爲充當媒介的人。"介紹"後來凝固爲

---

① 王國維:《觀堂集林》,中華書局,1959年,第280頁。

一個動詞,"紹介"也由名詞變成動詞,但不能因此認爲賓介之"介"本來可以有義爲輔助的動詞用法。《禮記·曾子問》:"孝子某爲介子某薦其常事。"鄭玄注:"介,副也。"《禮記·内則》:"介婦請於冢婦。"鄭玄注:"介婦,衆婦。"介子、介婦之"介"與賓介之"介"同義。《詩·周頌·臣工》:"嗟嗟保介,維莫之春。"鄭箋:"保介,車右也。⋯⋯介,甲也。車右,勇力之士,被甲執兵也。""保介"又見於《禮記·月令》,鄭玄注同。《吕氏春秋·孟春紀》高誘注:"保介,副也。"朱熹《詩經集傳》:"保介見《月令》《吕覽》,其說不同,然皆爲籍田而言,蓋農官之副也。"按"保介"指人而言,此"介"亦當爲助手義,非甲義,亦非輔助義。不過,《爾雅》以"右"訓"介"並無不妥,因爲"右"可以理解爲佑者,如車右之右。【編按:新出曾國銅器嬭盤銘文"余周室叚俌"之"叚"讀作"介",亦爲名詞。見趙平安:《嬭盤及其"邡君"考》,《中國史研究》2016年第3期。】

《詩經》中的一些"介"字,鄭箋並訓"助",如:《豳風·七月》:"爲此春酒,以介眉壽。"《小雅·小明》:"神之聽之,介爾景福。"《甫田》:"以祈甘雨,以介我稷黍。"《大雅·既醉》:"君子萬年,介爾景福。"《周頌·載見》:"率見昭考,以孝以享,以介眉壽。"毛傳在《小雅·小明》"介爾景福"下訓"介"爲"大",其他的此類"介"字應該也是理解爲大的。"景"亦大義,"大爾大福"顯然不通,所以鄭箋改訓爲"助",其所依據當即《爾雅》之訓"右"。但如上文所論,訓"右"之"介"非動詞,且"助眉壽""助景福"之類同樣不通。《詩經》中的這些"介"字,近人林義光的《詩經通解》根據金文辭例作了正確的釋讀。其在《七月》"以介眉壽"下注云:"介讀爲匄,乞也。金文多言'用祈匄眉壽',祈匄者祈乞也。"①《小明》"介爾景福"下注云:"介讀爲匄。彝器每言'用匄眉壽'、'蘄匄眉壽'。《詩·七月》篇'以介眉壽',借介字爲之。則詩中凡言'介爾景福'、'以介景福'、'報以介福'者,介亦匄字之假借也。《說文》:'匄,乞也。'《廣韻》:'匄,予也。'是匄訓爲乞,又爲予。《詩》之'以介眉壽'、'以介景福',介訓爲乞;'介爾景福'、'報以介

———

① 林義光:《詩經通解》,中西書局,2012年,第164頁。

福',介皆訓爲賜予。"①所論至確,今已成共識。《多方》"我有周惟其大介賚爾"之"介",昔人訓"大"、訓"助",唯楊筠如《尚書覈詁》讀"匄",②亦其例。

總之,"介"字並無輔助之義。

"夾介乂我周王"之"介"既然不能解釋爲輔助,又不能解釋爲"大"或"善",讀"匄"也不通,那麼唯一的可能就是這個"介"字是多餘的,是衍文。去掉"介"字後,句子變成"夾乂我周王享天之命",可謂文從字順,且"夾乂"構成同義並列的雙音節結構,一如"夾召""夾輔",符合漢語的韻律。

"夾"字的上古韻部屬葉部,收-p韻尾,其上古音可以構擬爲*kreep。"介"字的上古韻部一般歸屬月部(去聲),收-ts韻尾,其上古音可以構擬爲*kreets。但"介"有鎧甲義,③如"甲冑"又稱"介冑","介"與"甲"可能有同源詞關係。④"甲"的上古音是*kraap,則"介"的上古音本來應該是*kreeps,讀*kreets是後來的演變。如果"介"讀*kreeps,那麼正與"夾*kreep"構成動名相因的去聲別義關係,即輔助義的動詞"夾kreep"加上-s韻尾,變成名詞"介kreeps",義爲助手。非去聲的動詞變成去聲即加-s韻尾而轉化爲名詞(轉指動詞所表示的動作行爲相關的事物),這是上古漢語常見的形態變化。"夾"和"介"的這種形態關係,決定了兩者難以構成詞義相同的並列結構。

正因爲"夾"和"介"音義密切相關,所以古文字資料中有兩字通用之例。東周石磬銘文律名"夾鐘"作"介鐘"。⑤ 這是用"介"爲"夾"的例子。清華簡《耆夜》簡1—2"卲(召)公保睪(奭)爲夾",整理者訓"夾"爲"介",謂指助賓客行禮者。⑥ 學者多直接讀"夾"爲"介",⑦可從。這是用"夾"

---

① 林義光:《詩經通解》,第257頁。
② 楊筠如:《尚書覈詁》,第392頁。
③ "介"字的本義不明。鄔可晶先生面告,他懷疑"介"本是"夾"的異體。
④ 參看俞敏:《論古韻合帖屑沒曷五部之通轉》,《燕京學報》第三十四期,1948年,第43頁。
⑤ 胡小石:《考商氏所藏古夾鐘磬》,《胡小石論文集》,上海古籍出版社,1982年,第201—202頁。
⑥ 李學勤主編:《清華大學藏戰國竹簡(壹)》,中西書局,2010年,第151頁注[四]。
⑦ 參看李家浩:《清華竹簡〈耆夜〉的飲至禮》,《出土文獻》第四輯,中西書局,2013年,第20頁。

爲"介"的例子。蓋《多方》原作"夾乂我周王享天之命",而句中的"夾"有作"介"的異文,即一本作"介乂我周王享天之命",傳抄過程中兩種寫法糅合,遂致"夾介乂"三字連文而不可通。具體的致誤過程,大概是先在作"介"的本子上旁記"夾"字(也可能相反),後旁記字誤入正文。這種衍文情況在古書中不乏其例,可參看王引之《經義述聞・通說下》"衍文"條、俞樾《古書疑義舉例》卷五"兩字義同而衍例"及"以旁記字入正文例"。① 下面抄錄《經義述聞・通說下》"衍文"條中王念孫的一段話:

> 書傳多有旁記之字誤入正文者。《墨子・備城門》篇"令吏民皆智之",智,古"知"字也,後人旁記"知"字,而寫者並存之,遂作"吏民皆智知之"。《趙策》"夫董閼于,簡主之才臣也","閼"與"安"古同聲,即董安于也,後人旁記"安"字,而寫者並存之,遂作"董閼安于"。《史記・曆書》"端蒙者,年名也",端蒙,旃蒙也,後人旁記"旃"字,而寫者並存之,遂作"端旃蒙者,年名也"。《刺客傳》"臣欲使人刺之,衆莫能就","衆"者,"終"之借字也,後人旁記"終"字,而寫者並存之,遂作"衆終莫能就"。《漢書・翟方進傳》"民儀九萬夫","儀"與"獻"古同聲,即民獻也,後人旁記"獻"字,而寫者並存之,遂作"民獻儀九萬夫"。是其例矣。

《尚書・多方》"夾乂我周王享天之命",因"夾""介"古通用而遂作"夾介乂我周王享天之命",亦其例矣。

原載復旦大學出土文獻與古文字研究中心編:《出土文獻與傳世典籍的詮釋》,中西書局,2019年。

---

① 俞樾等:《古書疑義舉例五種》,中華書局,2005年,第86—88、96—98頁。

《緇衣》二題

一、郭店簡《緇衣》與《禮記·緇衣》比較

郭店簡《緇衣》與《禮記·緇衣》在章數、章序及文句方面多有不同。郭店簡的整理者以及其他多位學者都指出了這一點，並作了比較研究。本文擬在前賢研究的基礎上，作稍爲詳細的分析。

郭店簡《緇衣》有二十三個墨釘作爲分章號，並於篇末記章數"二十又三"，無疑應分爲二十三章。

《禮記·緇衣》的分章歷來有分歧。如以每一"子曰"（首章是"子言之曰"）所屬文句爲一章，則可以把全篇分成二十五章。但《經典釋文》及《禮記正義》都説此篇凡二十四章。① 或以爲這二十四章到底是如何劃分的不清楚，②其實只要細讀孔疏，我們還是能夠弄清楚的。現在通行的阮刻《十三經注疏》本的《緇衣》有三處在兩個"子曰"所屬文句之下只有一段疏文（爲了稱説的方便，下文即用二十五章的分法，以每一"子曰"所屬爲一章），即第四章和第五章之下有一段疏，第十四章和第十五章之下有一段疏，第十八章和第十九章之下有一段疏文（其他都是每一章之附一段疏文）。但是，這三處"合疏"的實際情況並不相同。第四、五章下的疏文云："此一節（按疏文中稱章爲節）申明上文，以君者民之儀表，不可不慎，故此

---

① 見《禮記正義》卷五十五《緇衣》首章的《釋文》和孔疏。
② 李二民：《〈緇衣〉研究》，北京大學2001年碩士學位論文（指導教師：李零教授），第3頁。

兼言上有其善,則下賴之。"很明顯,"此一節"和"此"所指是第五章,並不包括第四章,而所謂"上文"就是指第四章;而且以下的疏文也沒有解釋第四章中的語句。可見,《正義》並沒有把第四章和第五章合爲一章,只是沒有爲第四章作疏而已。至於第十四、十五章的"合疏"其實是注、疏合刻時分散疏文不當造成的,《正義》自然沒有把這兩章合成一章的意思。第十八、十九章下的疏文云:"此一節明下之事上,當守其一。""下之事上"之語在第十八章,而"守其一"之意是從第十九章所引詩句"淑人君子,其儀一也"得出來的,所以毫無疑問,疏文所謂"此一節"包含了第十八、十九兩章,即《正義》是把第十八、十九兩章看成一章的。《正義》二十四章的分法就是如此,《釋文》的二十四章亦應同此。這是已知最早的《禮記·緇衣》的分章方式。元代陳澔《禮記集説》的分章與之相同。王夫之的《禮記章句》分爲二十五章,孫希旦《禮記集解》同。朱彬的《禮記訓纂》亦分二十四章,但不是合第十八、十九章爲一章,而是合第四、五章爲一章。① 黃道周的《緇衣集傳》把第四、五章以及第十八、十九章分別合爲一章,因此分了二十三章,是章數最少的。產生分歧的原因其實很簡單,那就是《禮記·緇衣》的第四章和第十八章末尾都沒有引詩書,與全篇的體例不合,於是導致一些人認爲這兩段文字不是獨立的一章。② 第四、五兩章旨意大同,所以黃道周和朱彬就理所當然地把它們合爲一章了。《正義》合第十八、十九章,是因第十八章沒有引詩書,又比較短,而且錯誤地認爲這兩章表達的是一個意思。③我們認爲,王夫之《禮記章句》以每一"子曰"爲一章,凡二十五章的分章方式是最合理的。以下稱説《禮記·緇衣》某章時,都用這種分法。

與郭店簡《緇衣》的二十三章相比,《禮記·緇衣》的二十五章多出了第一章、第十六章和第十八章;另外,《禮記·緇衣》的第七、八兩章和簡本

---

① 根據中華書局點校本《禮記訓纂》。
② 首章也沒有引詩書,卻從來沒有人把它和第二章合起來,既是因爲"首章宜異",也是因爲這兩章的文義相差較大。
③ 這兩章所表達的意思其實並不相同。第十八章明言"下之事上"如何如何,第十九章則就君子之言行立意。從郭店簡《緇衣》沒有相當於《禮記·緇衣》第十八章的文句來看,這兩章更應是各自獨立的。

的第十四、十五、十六章三章文字相對應。

《禮記·緇衣》的第一章作:"子言之曰:爲上易事也,爲下易知也,則刑不煩矣。"其主張"爲上易事、爲下易知"與《禮記·緇衣》的第十章和第十二章相同,而"刑不煩"又與第二章的"刑不試"意近,可見這一章的旨意與全篇完全合拍。邢文認爲這一章可能原出於《表記》。① 但細讀《表記》各章,可以發現,其實無一章與《緇衣》這一章意近。② 所以,邢文此説是缺乏根據的。整理者和其他多位學者已指出,根據古書取篇首之字作篇題的命名通例,《禮記·緇衣》的第一章應是在《緇衣》篇題既定之後所加。③ 這顯然是可以肯定的。

《禮記·緇衣》的第十八章作:"子曰:下之事上也,身不正,言不信,則義不壹,行無類也。"按《緇衣》主要講的是爲君之道和爲君子之道,而這一章"下之事上"云云,講的却是爲臣民之道,與全篇旨意不太協調。可以肯定,這一章也是後加的,而且加得不合適。④

《禮記·緇衣》的第十六章作:"子曰:小人溺於水,君子溺於口,大人溺於民,皆在其所褻也。夫水近於人而溺人,德易狎而難親也,易以溺人。口費而煩,易出難悔,易以溺人。夫民閉於人,而有鄙心,可敬不可慢,易以溺人。故君子不可以不慎也。《太甲》曰:'毋越厥命以自覆也;若虞機張,往省括于厥度則釋。'《兑命》曰:'惟口起羞,惟甲胄起兵,惟衣裳在笥,惟干戈省厥躬。'《太甲》曰:'天作孽,可違也;自作孽,不可以逭。'《尹吉》曰:'惟尹躬天見於西邑夏,自周有終,相亦惟終。'"其主旨是誡大人君子慎言敬民,與《緇衣》全篇旨意是相合的。彭浩和周桂鈿都指出,這一章文句特別長,引文也特別多,與它章體例不類,應是後加。⑤ 我們贊同這種

---

① 邢文:《楚簡〈緇衣〉與先秦禮學》,武漢大學中國文化研究院編:《郭店楚簡國際學術研討會論文集》,湖北人民出版社,2000年。
② 可以參看孫希旦《禮記集解》中《表記》的解題。
③ 廖名春:《荊門郭店楚簡與先秦儒學》;周桂鈿:《荊門竹簡〈緇衣〉校讀札記》。皆收入《中國哲學》第二十輯,遼寧教育出版社,1999年。又邢文:《楚簡〈緇衣〉與先秦禮學》。
④ 參看彭浩:《郭店楚簡〈緇衣〉的分章及相關問題》,《簡帛研究》第三輯,廣西教育出版社,1998年。
⑤ 彭浩:《郭店楚簡〈緇衣〉的分章及相關問題》;周桂鈿:《荊門竹簡〈緇衣〉校讀札記》。

説法。

　　對於《禮記·緇衣》的第七、八兩章包含楚簡本的第十四、十五、十六章三章這一情況，學者有不同意見。周桂鈿認爲是今本錯簡；①廖名春也認爲今本分章有誤；②李二民則認爲今本是有意的改寫，簡本未必比今本合理。③　我們認爲，錯簡的說法雖然可商，但今本之誤却是可以肯定的。《禮記·緇衣》的第七章作："子曰：王言如絲，其出如綸；王言如綸，其出如綍。故大人不倡游言。可言也，不可行，君子弗言也；可行也，不可言，君子弗行也。則民言不危行，而行不危言矣。《詩》云：淑慎爾止，不愆于儀。"郭店簡《緇衣》在"可言也"以下另爲一章，"故大人不倡游言"（簡本脱"言"字）下有"詩云：慎爾出話，敬爾威儀"（此句今本在第八章）。按今本此章前半部分講大人出言必須謹慎，後半部分講君子必須言行相符，可以說是義不相承的兩截，如果硬要把它們統一起來，只能說都與言相關，但這樣說有點勉強；而且像這樣一章之內有並列的兩個因果關係的情況也是不見於他章的，這是較明顯的誤合之迹。簡本引詩以"慎爾出話"之"出"緊扣"其出如綸""其出如綍"之"出"，十分合適。因此，我們相信，簡本的分章必是原貌，《禮記·緇衣》分章有誤。今本如何會錯成這個樣子？我們猜測，大概先是引詩之文"詩云：慎爾出話，敬爾威儀"一句發生錯置，被移到了後面的章節，然後下一章開頭的"子曰"兩字又被抄脱，於是本來的兩章就被合成了一章。今本與楚簡本在一章之中引兩句以上詩書時，各句引文的先後關係往往不同，可見發生這種引文文句的錯置是可能的。今本第四章沒有引詩書，也是因爲引文被錯置到了下一章。與簡本對照後，這一點可以看得很清楚。

　　除了章數上的區別外，郭店簡《緇衣》和《禮記·緇衣》在章序上也頗有不同。從章與章之間在文義上的聯繫看，今本的章序是不如簡本的。這一點整理者已經指出。分析簡本各章主旨，可以發現其章序相當合理，即旨意相同的章節必定相鄰。簡述如下：

---

　　①　周桂鈿：《荆門竹簡〈緇衣〉校讀札記》。
　　②　廖名春：《荆門郭店楚簡與先秦儒學》。
　　③　李二民：《〈緇衣〉研究》，第5—6頁。

第一、二章言君上好惡分明,則人民會誠實、效力;第三、四章言上下相知;第五章言民爲君存亡之本;第六、七、八、九章言君主是人民的表率;第十、十一章言親賢;第十二、十三章言明德慎罰;第十四至第十九章言君主及君子之言行;第二十章以後言君子交友之道。①

對照簡本,《禮記·緇衣》的章序明顯缺乏條理。簡述如下:

今本第三章言明德慎罰,却接在講好惡的第二章之後,而與同樣講慎刑罰的第十三章相距甚遠;同樣講好惡的第十一章却未能與第二章相連;講言行的章節分別爲第七、八、十九、二十三、二十四章,相當分散;第九章講長民者的表率作用,與第四、五、六章旨意大同,而與前後章皆不同;第十章和第十二章皆言上下相知,却隔了第十一章;如果承認最後一章與交友之道有關,那麼在同樣講交友之道的第二十、二十一、二十二章之間插入講言行的兩章也是不太合適的。當然,有一部分簡本排在一起的章節今本仍然排在一起,如今本第四、五、六章,講的都是君主的表率作用;第十四、十五章皆言親賢;第二十、二十一、二十二皆言交友之道。而且,從總體上看,簡本靠前的章節今本大多數也靠前,居後的章節今本亦居後。可以説,今本章序雖亂而尚未大亂。

郭店簡《緇衣》和《禮記·緇衣》在文句上的不同需要作詳細的對勘,下面述其一二。

今本的有些語句爲簡本所無,如:今本第三章在引書後又有"是以民有惡德,而遂絶其世也"一句,與以引詩數作結的體例不合,此句顯係後加。今本第十四章多"邇臣不可不慎也,是民之道也","毋以遠言近,毋以内圖外","邇臣不疾,而遠臣不蔽矣"數句。此章的主旨是要君主親敬大臣,簡本甚爲明白,今本橫添了這些與章旨相背或無關的話,很明顯是後來加上去的,而且加得不合適。今本第十七章多"心莊則體舒,心肅則容敬"一句。此章主旨是民爲君存亡之本,而此句大概是以心對體的主導作用比喻君對民的表率作用,與章旨不合;今本把簡本的"心好則體安之,君

---

① 最後一章云"龜筮猶弗知,而况於人乎",意爲無恒之人不能知龜筮,更不能知人。其意亦與交友相關。

好則民欲之"改爲"心好之,身必安之;君好之,民必欲之",也是改變了此章本來所表達的意思。所以,可以肯定,此句也是後加的,而且是在誤解章旨之後所加。末章今本在引詩後又引了《兑命》和《易》。《禮記·緇衣》全篇只有這一處引《易》,其他地方只引詩書,應該可以説至少引《易》是後加的。

今本有些字句雖然能與楚簡本相對應,但比楚簡本要詳明,如:今本第二章"爵不瀆而民作愿,刑不試而民咸服",對應簡本的"民臧〈咸〉㩻(飭)而刑不屯",今本應該是對簡文的擴充。今本第十七章以"心以體全,亦以體傷;君以民存,亦以民亡"對應於楚簡本的"心以體廢,君以民亡",更是明顯的補足文義。邢文指出:"今本《緇衣》對簡本《緇衣》的文字多有疏通説明之處,應該是今本《緇衣》的成書晚於郭店簡本的痕迹。"①其説至確。

今本有字句比楚簡本少的地方,如:今本第三章未引詩,而簡本有。今本應係抄脱。

出土文獻與可相對照的傳世文獻的關係往往是比較複雜的。比如馬王堆三號墓所出帛書《周易·繫辭》與今本《繫辭》之間的關係,學者們就有不同看法。一説帛書《繫辭》與今本《繫辭》不分先後,是同時而異地的不同傳本,張岱年、李學勤等主之;一説帛書《繫辭》早於今本《繫辭》,今本是在帛書本的基礎上改編而成,陳鼓應、樓宇烈等主之;一説今本《繫辭》早於帛書《繫辭》,帛書《繫辭》是對今本《繫辭》的節録,廖名春主之。② 按道理,郭店楚簡《緇衣》和《禮記·緇衣》的關係也應該有上述三種可能。但是通過上文在章數、章序及文句上對兩種本子的比較,我們没有理由對郭店簡本要早於今本產生疑問,整理者以及後來幾位學者所作郭店簡《緇衣》比《禮記·緇衣》原始、更近原貌的論斷是完全可信的。上海博物館藏《緇衣》與郭店簡《緇衣》的高度一致性更加有力地增强了這一判斷的可信度。③

---

① 邢文:《楚簡〈緇衣〉與先秦禮學》,武漢大學中國文化研究院編:《郭店楚簡國際學術研討會論文集》,第156—157頁。
② 參看邢文:《帛書〈周易〉研究》,人民出版社,1997年,第52—54頁。
③ 除了用字習慣多有不同外,上海博物館藏《緇衣》和郭店楚簡《緇衣》章數、章序完全一致,文句方面也基本無别。

我們肯定今本《緇衣》是簡本之後的改寫本，那麼今本是在什麼時候改寫的呢？這是值得討論的問題。邢文認爲今本《緇衣》是在輯入《禮記》時爲經師所改，即今本《緇衣》的改寫在今本《禮記》成書之際。① 此説其實不能成立。邢文没有説今本《禮記》成書於何時，也就是没有説明《緇衣》的改寫時代。我們認爲，今傳大、小戴《禮記》肯定是漢代人編的，而《緇衣》的改寫必非漢時人所爲，把《緇衣》的改寫與《禮記》的成書聯繫起來是没有必要的。

　　我們説《緇衣》之改寫必非漢人所爲，理由主要有以下兩點：第一，漢人承秦火之後，務在搜羅故籍，抱殘守缺，似乎没有必要對好不容易得到的先秦古書作如此大的改動。第二，簡本所無的《禮記·緇衣》第十六章引了《大甲》和《兑命》，最後一章也加引了《兑命》，而《尚書》的這兩篇既不見於伏生所傳的今文《尚書》二十九篇，也不在孔壁古文多出來的十六篇之内，②所以漢人恐怕是看不到的。因此，我們可以肯定，《緇衣》的改寫是在簡本流傳之後的戰國晚期。

二、《緇衣》撰人考論

　　《緇衣》的撰人自古有兩説，一説是子思，一説是公孫尼。

　　《隋書·音樂志上》所載沈約上梁武帝奏章云："案漢初典章滅絶，諸儒捃拾溝渠牆壁之間，得片簡遺文，與禮事相關者，即編次以爲禮，皆非聖人之言。《月令》取《吕氏春秋》，《中庸》《表記》《防記》《緇衣》皆取《子思子》，《樂記》取《公孫尼子》，《檀弓》殘雜，又非方幅典誥之書也。"

　　陸德明《經典釋文·禮記音義》《緇衣》題下引南齊劉瓛云："公孫尼子所作也。"

　　子思和公孫尼都是孔子的再傳弟子，③而《緇衣》記録孔子之言，自然

---

① 邢文：《楚簡〈緇衣〉與先秦禮學》。
② 關於今文《尚書》的篇數及孔壁古文所獨多之篇的篇目，參看蔣善國《尚書綜述》第三編《尚書的發現》，上海古籍出版社，1988年。
③ 《漢書·藝文志》以公孫尼爲"七十子之弟子"，但《隋書·經籍志》却説"似孔子弟子"，我們取前者。

他們兩位都有編撰《緇衣》這篇文章的可能，關鍵是要看哪一説的現存證據更加充分。我們認爲，《緇衣》出於《子思子》説比出於《公孫尼子》説可信。① 申説如下：

沈約和劉瓛時代相近，且都是當時有名的博學之輩，我們究竟相信哪種説法，大概不能據這種説法出於何人之口而定，而是要根據實實在在的可靠的證據。程元敏認爲："《緇衣》作者，劉、沈異説，而劉説勝。知者，劉早沈晚；劉是當代碩儒，沈是詞府文士；劉畢生志業在經書，不慕榮利，沈平生志業在文章，縈心仕進；劉授經業，通羣經，而甚專禮學，有專著，沈未嘗講經，無經學專著。職是，吾寧信專家之確説，不信文士之空談。"② 因人造論，有失公允。

清人及近代學者用來證明《緇衣》出於《子思子》的證據不外乎三條引文：

其一，《意林》卷二引《子思子》："小人溺于水，君子溺于口也。"

其二，《文選》卷二十四張茂先《答何劭二首》之第二首"其言明且清"句下李善注引《子思子》："詩云：昔吾有先正，其言明且清。國家以寧，都邑以成。"

其三，《文選》卷五十一王子淵《四子講德論》"君者中心，臣者外體……"句下李善注引《子思子》："民以君爲心，君以民爲體。心正則體修，心肅則身敬也。"

第一條引文見於《禮記·緇衣》第十六章，第二、三兩條見於第十七章（唯"心正則體修，心肅則身敬"句，今《禮記·緇衣》作"心莊則體舒，心肅則容敬"）。

《漢書·藝文志》著録《子思》二十三篇，至《隋書·經籍志》則著録《子思子》七卷，宋晁公武《郡齋讀書志》同，可知馬總和李善都能見到七卷本的《子思子》。上列三條文句既見於《子思子》，又見於《禮記·緇衣》，那麽大概只能得出《子思子》也有《緇衣》一篇的結論，從而《禮記》中的《緇衣》

---

① 這也是清代以來多數學者的看法。
② 程元敏：《〈禮記·中庸、坊記、緇衣〉非出於〈子思子〉考》，《張以仁先生七秩壽慶論文集》，學生書局，1999年。以下引程説皆同。

本出於《子思子》的説法就是信而有徵的。第三條引文與《禮記·緇衣》的文字稍有不同,可證李善引用的確實是《子思子》中的《緇衣》,而不是《禮記·緇衣》。收入不同書的同一篇文章在流傳過程中字句略有差異的現象是頗爲常見的。

程元敏力駁《緇衣》出於《子思子》説,認爲上列引文第一、二兩條不見於簡本《緇衣》,所以不能作爲證據;第三條引文"民以君爲心,君以民爲體"句雖亦見於簡本《緇衣》,但程氏認爲是《子思子》和《緇衣》用句偶同,也不能用來證明《緇衣》出於《子思子》。程氏關於第一、二條引文的看法實際上不能成立,關於第三條引文的説法更是無根之談。

上文已經説過,今本《緇衣》很多地方與簡本不同,是經過了有意的改寫,而改寫的時代則必在戰國晚期,《緇衣》編入《禮記》却是漢代的事情,也就是説漢代以來,《子思子》中的《緇衣》與《禮記》中的《緇衣》並無重大差別,都是簡本的改寫本,那麽唐代人引《子思子》中的文句不見於簡本,怎麽能反證《緇衣》出於《子思子》説呢?這是極簡單的道理。不管見不見於簡本,上列引文都是證明《緇衣》出於《子思子》的堅強證據。

除了上列三條引文可作確證外,我們還能爲《緇衣》出於《子思子》説找到其他積極證據。

第一,《孔叢子·公儀》載魯穆公謂子思:"子之書所記夫子之言,或者以謂子之辭。"子思答:"臣所記臣祖之言,或親聞之者,有聞之於人者,雖非正其辭,然猶不失其意。"《荀子·非十二子》批評子思:"案飾其辭而祗敬之曰:此真先君子之言也。"可見子思作爲孔子唯一的孫子,確實曾從事纂集乃祖之言的工作。古書中未見公孫尼曾從事這項工作的記載。

第二,《坊記》《中庸》《表記》《緇衣》四篇,《禮記》正好編在一起,而且這四篇有共同的特點,即全部或大部分記録孔子之言(《中庸》有些文句前未冠以"子曰"),而且各條語録相對獨立,無嚴格的邏輯關聯(這一點與《論語》相似)。與《禮記》其他各篇相比照,甚至與同樣是以紀録孔子之言爲主的《哀公問》《孔子燕居》《孔子閒居》等篇相比照,這四篇在體例上的一致性是非常明顯的。王夫之曾説《坊記》《表記》《緇衣》三篇"本末相資,脉絡相因，文義相肖，蓋共爲一書"，①是有道理的。沈約説"《中庸》《表記》《防記》《緇衣》皆取《子思子》"，正與這一點相符。如果要否定《緇衣》出於《子思子》，那最好能同時否定《中庸》《表記》《防記》出於《子思子》。但子思作《中庸》之説首見於《史記・孔子世家》，再見於《孔叢子》，三見於鄭玄《三禮目録》(《正義》引)，唐代以前無異詞，宋代以來才因語言風格和思想上的原因受到某些人的懷疑，但要完全否定子思作《中庸》説恐怕是有困難的。②

第三，郭店簡中有《五行》一篇，竹簡形制及字體與《緇衣》篇皆同，這一點可以作爲這兩篇關係密切、可能有同一來源的佐證。今人已據《荀子・非十二子》批評子思"案往舊造説，謂之五行"，肯定了《五行》與子思的關係，③那麽郭店簡中《緇衣》篇與《五行》篇在竹簡形制及字體上的一致性可以作爲《緇衣》出於《子思子》的一條積極證據。

程元敏力主《緇衣》出於《公孫尼子》説，其理由除認爲劉瓛是經學大師，其所説比較可靠外，還有一條所謂確證，即《古今圖書集成・經籍典》卷一百五十一所載鄭樵《詩辨妄》云："古者長民，衣服不二，從容有常，以齊其民，其文全出《公孫尼子》，則《詩序》之作實在於數書既成之後明矣。"這條詩序確實見於《禮記・緇衣》及簡本《緇衣》(三者略有不同)，但鄭樵的話並不能作爲這句話又見於《公孫尼子》的證據。我們這樣説的理由如下：

《漢書・藝文志》著録《公孫尼子》二十八篇，《隋書・經籍志》《舊唐書・經籍志》《新唐書・藝文志》皆著録《公孫尼子》一卷(應是殘本)，但《宋史・藝文志》已不見著録。查《崇文總目》、晁公武《郡齋讀書志》、高似孫《子略》、尤袤《遂初堂書目》及陳振孫《直齋書録解題》等現存宋代公私

---

① 見《禮記章句》卷三十三《緇衣》解題，《船山全書》第四册，嶽麓書社，1991年。王夫之把《中庸》排除在外，以爲《中庸》與其他三篇排在一起是傳者亂了次序，則是没有道理的。

② 參看郭沂：《郭店竹簡與先秦學術思想》，上海教育出版社，2001年，第423—443頁。

③ 見《馬王堆漢墓帛書》(壹)所收《五行》篇的注釋及龐樸《馬王堆帛書解決了思孟五行説古謎》(《文物》1977年第10期)。

書目,均不見《公孫尼子》的蹤迹。那麼,鄭樵能否看到《公孫尼子》呢？我們認爲是不大可能的。從著録情況看,《公孫尼子》最遲至隋代已殘,而至南宋就基本亡佚了,①南宋時的鄭樵是不大可能見到《公孫尼子》的。程元敏以爲鄭樵能見到《公孫尼子》,所以其《通志·藝文略》著録《公孫尼子》一卷。殊不知鄭樵的《藝文略》並非只著録見存之書,而是要"紀百代之有無""廣古今而無遺",他編《藝文略》是參考了古今一切書目,著録亡書是一大目的,②所以《通志·藝文略》著録《公孫尼子》一卷不過是照抄前代書目,而並不意味着鄭樵真的見到了此書。

既然鄭樵不大可能見到《公孫尼子》,那麼他爲什麼要説那句見於《禮記·緇衣》的詩序出於《公孫尼子》呢？原因很簡單,就是鄭樵認爲《禮記》中的《緇衣》本來在《公孫尼子》中,所以他就直接説出於《公孫尼子》,而不説出於《禮記》。按劉瓛的《緇衣》出於《公孫尼子》説被《經典釋文》所引,故而廣爲傳播,大概是唐宋以來一般人的共識。王夫之甚至進而懷疑與《緇衣》體例相同的《坊記》和《表記》也是公孫尼子所作。③而沈約的《緇衣》出於《子思子》説大概是少有人知的。清代乾嘉以後考據學大興,沈約説才廣爲人所注意,進而被多數人接受。因此,鄭樵直接把見於《禮記·緇衣》的一句話説成出於《公孫尼子》在當時應該是比較自然的。

看來,程元敏所説的確證是有問題的。那麼,《緇衣》出於《公孫尼子》説的唯一依據就只是《經典釋文》所引劉瓛的話了。

李學勤説:"《緇衣》本在《子思子》,劉氏疑爲公孫尼作,必是由於《緇衣》的論點與公孫尼相似。又如《朱子語類》載朱子嘆《樂記》'天高地下'一段'意思極好,非孟子以下所能作,其文如《中庸》,必是子思之辭',也表明公孫尼子和子思一派有接近之處。"④此説很有道理。

基於上述論證,我們認爲《緇衣》出於《子思子》説是可信的,故《緇衣》

---

① 北宋初修的《太平御覽》所録《經史圖書綱目》尚列《公孫尼子》。
② 參看高路明:《古籍目録與中國古代學術研究》,江蘇古籍出版社,1997年,第142—144頁。
③ 見《禮記章句》卷三十三《緇衣》解題。
④ 李學勤:《周易經傳溯源》,長春出版社,1992年,第87頁。

篇的撰人爲孔子之孫子思子,或者子思子之門弟子,而以子思子的可能性爲較大。

《漢書·藝文志·諸子略》著録《子思》二十三篇,《緇衣》一篇當在其中。然則《緇衣》如何又被編入《禮記》一書呢？這涉及今傳大、小戴《禮記》的編纂成書問題。這個問題在學術史上一直聚訟紛紜,莫衷一是。下面我們簡單地談一下對這一問題的個人看法。

《漢志·六藝略》禮類載古經五十六卷,經十七篇(原作七十,一般認爲是十七之誤),記百三十一篇。按禮之古經五十六卷得自孔壁及魯淹中,除與今文經相同的十七篇(即今傳《儀禮》十七篇)外,尚有所謂《逸禮》三十九篇。所謂"經十七篇"即今傳《儀禮》十七篇。這兩者都是清楚的,唯所謂"記百三十一篇"所指爲何頗爲不明。錢大昕説:"小戴《記》四十九篇,《曲禮》《檀弓》《雜記》皆以簡策重多,分爲上下,實止四十六篇。合大戴之八十五篇,正協百三十一篇之數。"① 以爲"記百三十一篇"就是指大、小戴《禮記》。李學勤信從此説。② 但是大、小戴記兩者之間,以及大、小戴記與《漢志》著録的其他書如《禮古經》《明堂陰陽》《樂記》《孔子三朝》《荀子》《曾子》等書篇章重出實在太多,③ 經劉向父子精心整理而且作過校重工作的書出現這種情况,恐怕是不大可能的。因此,我們的意見是,《漢志》所著録的記百三十一篇是與大、小戴記不同的禮之記,其特點大概是篇章基本上不與《漢志》所録其他書重複,亦即記百三十一篇中可能没有如《禮古經》《明堂陰陽》《樂記》《孔子三朝》《荀子》《曾子》等書中的篇目,方不背劉向父子整齊六藝之旨。記百三十一篇的來源大部分應是孔壁所出及河間獻王所得古文禮記,也有少量漢初作品,如《王制》。④

《禮記正義·序》引鄭玄《六藝論》云:"戴德傳記八十五篇,則《大戴禮》是也,戴聖傳記四十九篇,則此《禮記》是也。"謂大、小戴記編纂成書於

① 見《廿二史考異》卷七。
② 李學勤:《郭店簡與〈禮記〉》,《中國哲學史》1998年第4期。
③ 參看李學勤:《郭店簡與〈禮記〉》。
④ 文帝命博士作《王制》,見《漢書·郊祀志》。【編按:關於《王制》的年代,學術界有戰國中期、秦漢之際、漢文帝時等多種意見。參王鍔:《〈禮記〉成書考》,中華書局,2007年,第178—188頁。】

西漢，在劉向之前。今人或不信，認爲必在劉向之後，鄭玄之前。① 李學勤和郭沂則同意傳統的説法。② 我們認爲西漢時的戴德、戴聖作爲禮學博士，是完全有可能編纂《禮記》以教授弟子的，不過他們編的《禮記》取材較廣，因而比較駁雜。劉向父子没有在其書目中著録大、小戴記，或是因爲大、小戴所編《禮記》太過駁雜，更主要的原因恐怕是因爲禮記本是禮經之附庸，没有絶對固定的篇目，劉向父子完全可以根據自己的編目原則編出一個禮記之篇目來，而不管有無已經編成的《禮記》存在。

由上所論，《緇衣》雖被小戴編入《禮記》，但不能肯定在《漢志·六藝略》禮類的記百三十一篇之中，而可肯定在《諸子略》儒家類之《子思》二十三篇之内。李學勤認爲郭店簡《緇衣》等儒家作品不宜稱爲《禮記》，③這是極有見地的看法。

本文爲筆者的碩士學位論文《郭店楚簡〈緇衣〉篇研究》（北京大學 2002 年，指導教師：沈培副教授）的一部分；原載荆門郭店楚簡研究（國際）中心編：《古墓新知——紀念郭店楚簡出土十周年論文專輯》，國際炎黄文化出版社，2003 年。

---

① 如洪業、錢玄、王文錦。洪説見《禮記引得序》，《洪業論學集》，中華書局，1981 年；錢説見《三禮通論》，南京師範大學出版社，1996 年，第 39 頁；王説見《大戴禮記解詁·前言》，中華書局，1983 年。
② 李説見李學勤：《郭店簡與〈禮記〉》；郭説見郭沂：《郭店竹簡與先秦學術思想》，第 410 頁。
③ 李學勤：《先秦儒家著作的重大發現》，《荆門郭店楚簡中的〈子思子〉》，兩篇皆收入《中國哲學》第二十輯，遼寧教育出版社，1999 年；又見李學勤：《郭店簡與〈禮記〉》。

古文經説略

　　兩漢學術的中心是經學,即圍繞《詩》《書》《禮》《易》《春秋》等經典展開的一套學問。兩漢經學又有古文經學和今文經學之分。兩派的分際,前人有種種説法,無論如何,古文經學的得名本由其經書所用的文字是所謂"古文"而來。

　　今文是指漢代的隸書,從來没有問題,而對"古文"的真實性質,却有一個漫長的認識過程。漢代古文經學者認爲,古文是最古的文字,是自倉頡造字以來五帝三王時代所用的文字;孔子雖然生活在春秋末,但聖人書寫經書仍有意使用"古文"。對古文的這種認識,一直被後代學者所接受,直等到二千年後的清末,才有吴大澂提出懷疑,認爲漢人看到的古文"疑皆周末七國時所作,言語異聲,文字異形,非復孔子六經之舊簡"。① 其後王國維進一步揭出古文實際是戰國時代的六國文字,②可謂鑿破鴻蒙的偉大發現。王氏之説開始並不爲多數學者接受,但其身後數十年來戰國文字資料的大量出土,不斷證明着他對古文性質判斷的正確性。時至今日,古文是六國文字,幾乎已經成爲學界的常識了。

　　我們曾以《説文解字》中所收的古文和魏三體石經中的古文爲主要考察對象,通過與出土古文字的逐一對比,對漢人所謂"古文"的性質作了比較細緻的分析。得出的結論是:古文的主體確實是戰國時代的六國文

---

① 見吴大澂:《説文古籀補叙》。
② 見《史籀篇疏證序》(《觀堂集林》卷五)、《桐鄉徐氏印譜序》(《觀堂集林》卷六)、《戰國時秦用籀文六國用古文説》(《觀堂集林》卷七)等文。

字;更準確一點説,古文的主要成份是戰國晚期的魯文字,而兼有三晋文字和楚文字的成份,同時還有少量西周文字、秦文字、隸書和漢代學者編造拼湊的文字。①

我們對古文性質的上述認識是基於《説文》古文和魏三體石經古文,至於西漢人看到的古文書籍原本中的文字,無疑是純粹的六國文字,或齊或魯或晋或楚,而不是雜湊的。從這個角度看,"古文"就是戰國時代的東方六國文字。

西漢時代去六國甚近,發現用六國文字書寫的古文書籍自屬極正常的事。劉歆《七略》:"孝武皇帝敕丞相公孫弘,廣開獻書之路,百年之間,書積如丘山。故外有太常、太吏、博士之藏,内有延閣、廣内、祕室之府。"(《太平御覽》卷八十八引)積如丘山的書中應該有很大一部分是傳自先秦的古文寫本。作爲太史令的司馬遷在《史記》中屢屢提到古文,他應該看到過很多古文書籍。王國維《史記所謂古文説》(《觀堂集林》卷七)認爲太史公修《史記》所據古書若《五帝德》《帝繫姓》《諜記》《春秋歷譜諜》《國語》《春秋左氏傳》《弟子籍》等都是古文寫本。《漢書·景十三王傳》載河間獻王劉德得書多,皆先秦古文舊書,有《周官》《尚書》《禮》《禮記》《孟子》《老子》之屬。《漢書·藝文志》易類著錄《古五子》十八篇、《古雜》八十篇,顧實《漢書藝文志講疏》以爲其名曰古,蓋是古文。② 可見西漢時古文書籍數量多,範圍廣,不僅僅限於幾部經書。可惜經歷西漢末年的兵燹,收藏於秘府的衆多古文書籍一時化爲灰燼,孑遺者無幾。古文書籍中,古文經傳以其特殊的地位,被原樣傳抄流傳的機會最大。下面主要參考王國維《漢時古文本諸經傳考》(《觀堂集林》卷七)略述西漢時古文經傳的情况。

《史記·儒林列傳》:"孔氏有古文《尚書》,而安國以今文讀之,因以起其家。逸《書》得十餘篇,蓋《尚書》滋多於是矣。"是孔安國藏有古文寫本的《尚書》,且比當時立博士的今文《尚書》二十九篇多出十幾篇。但司馬遷没有説明孔安國所持有的古文本得自何處。《漢書·藝文志》著錄《尚

---

① 張富海:《漢人所謂古文之研究》,綫裝書局,2007年,第331頁。
② 顧實:《漢書藝文志講疏》,商務印書館,1925年,第17頁。

書》古文經四十六卷五十七篇,云:"《古文尚書》者,出孔子壁中。武帝末,①魯共王壞孔子宅,欲以廣其宮,而得《古文尚書》及《禮記》《論語》《孝經》,凡數十篇,皆古字也。……孔安國者,孔子後也,悉得其書,以考二十九篇,得多十六篇。"知《古文尚書》出於孔家老宅墻壁之中,多今文《尚書》十六篇;除了《古文尚書》外,孔壁中古文經傳另有《禮記》《論語》和《孝經》。《禮記》,王國維認爲指《禮經》。此"禮記",也可能本作"禮禮記",如上引《漢書·景十三王傳》所記,後奪一"禮"字,或即抄脱重文號。

《漢書·藝文志》著録《禮》古經五十六卷,云:"《禮》古經者,出於魯淹中及孔氏,與十七篇文相似,多三十九篇。"出孔氏者,大概就指上文孔壁所出。又《漢書·楚元王傳·劉歆傳》載劉歆《讓太常博士書》稱:"及魯恭王壞孔子宅,欲以爲宫,而得古文於壞壁之中,《逸禮》有三十九篇,《書》十六篇。"是西漢時有古文《禮經》五十六篇,比今文《禮》多出三十九篇。又著録《記》百三十一篇,未云是古文。《隋書·經籍志》:"漢初,河間獻王又得仲尼弟子及後學者所記一百三十一篇獻之,時亦無傳之者。至劉向考校經籍,檢得一百三十篇,向因第而叙之。而又得《明堂陰陽記》三十三篇、《孔子三朝記》七篇、《王史氏記》二十一篇、《樂記》二十三篇,凡五種,合二百十四篇。"《經典釋文·序録》引劉向《别録》云:"古文《記》二百四篇。"②據劉向《别録》,則《禮》之《記》《明堂陰陽記》《孔子三朝記》(《藝文志》著録於《論語》類)《王史氏記》《樂記》(《藝文志》著録於樂類),此二百多篇皆係古文。

《漢書·藝文志》著録《論語》古二十一篇,云"出孔子壁中";又著録《孝經》古孔氏一篇二十二章,亦謂出孔壁,皆與上文相應。

《漢書·景十三王傳》載河間獻王劉德所得古文經傳有《周官》《尚書》《禮》《禮記》。

綜上述,西漢時古文經傳已有《尚書》《禮》《禮記》《周官》《論語》《孝

---

① "武帝末",與魯恭王生活的年代不合,其時當爲"景帝末"或"武帝初"。參看陳國慶:《漢書藝文志注釋彙編》,中華書局,1983年,第31—32頁。

② 《經典釋文》,上海古籍出版社影印,1985年,第41頁。

經》六種,另外又有《春秋經》《左傳》和《周易》。

《漢書·藝文志》著錄《春秋》古經十二篇,未記其來源,許慎《說文解字·叙》則繫之於孔壁。

《漢書·楚元王傳·劉歆傳》:"及歆校祕書,見古文《春秋左氏傳》,歆大好之。"是西漢時秘府收藏有古文本的《春秋左氏傳》。《說文解字·叙》在解釋"古文"時說:"又北平侯張蒼獻《春秋左氏傳》。"是許慎認爲古文本的《左傳》是西漢初的張蒼所進獻的。段玉裁《説文解字注》認爲《春秋經》不出於孔壁,而是和《左傳》一起由張蒼所獻。①

《漢書·藝文志》著錄《易經》十二篇,施、孟、梁丘三家,未著錄古文《易》。但《易》類小序云:"劉向以中古文《易經》校施、孟、梁丘經,或脱去'無咎'、'悔亡',唯費氏經與古文同。"是西漢秘府藏有古文本《周易》,劉向曾用以校正今文本。《前漢紀·孝成皇帝紀》河平三年:"東萊人費直,治《易》長於筮,無章句。徒《彖》《象》《繫辭》《文言》十篇解説上下經。沛人高相,略與費氏同,專説陰陽災異。此二家,未立於學官。唯費氏經與魯古文同。"且説此古文本《周易》是魯古文。《後漢書·儒林傳》:"又有東萊費直,傳易,授琅邪王橫,爲費氏學。本以古字,號《古文易》。"王國維説:"然《漢書》無此語,或後人因劉向校費氏經與古文經同,遂附會爲説與?"費氏本的《周易》並非古文本,這是完全可以肯定的,只是没有脱字,本子較好而已。

綜上所述,西漢時存在的古文經傳共計九種,分别是:《尚書》《禮經》(後世稱《儀禮》)《禮記》(不同於傳世的大小戴《禮記》)《周官》(後稱《周禮》)《周易》《春秋》《左傳》《論語》《孝經》。

下面討論《毛詩》是否爲古文經和《周官》是否確爲古文經的問題。

王國維認爲漢代《毛詩》沒有古文本,這是合乎事實的論斷。《漢書·藝文志》詩類首先著錄《詩經》二十八卷,齊、魯、韓三家,最末才著錄《毛詩》二十九卷、《毛詩故訓傳》三十卷。如果按通常説法《毛詩》是古文經,那麼應像《尚書》《禮》等經那樣,先著錄《毛詩》,而且還應特别標明"《詩》

---

① 段玉裁:《説文解字注》,上海古籍出版社影印,1988年,第762頁。

古經"。可見,至少《漢志》著錄的《毛詩》不是古文經。詩類小序僅說"又有毛公之學,自謂子夏所傳,而河間獻王好之,未得立",没有像《周易》那樣雖未著錄古文《周易》,而序中提到秘府藏有古文本,所以我們不能肯定西漢秘府藏有古文本《毛詩》。《漢書·景十三王傳》所記河間獻王所得先秦古文舊書中没有《毛詩》,只説:"其學舉六藝,立《毛氏詩》《左氏春秋》博士。"又《漢書·楚元王傳·劉歆傳》載劉歆《讓太常博士書》只稱《逸禮》《逸書》及"《春秋》左氏丘明所修"爲"古文舊書",未提到《毛詩》。或以《汗簡》中有《古毛詩》來證明《毛詩》有古文本。① 可《汗簡》連《古史記》都有,《汗簡》有《古毛詩》豈足爲證?馬瑞辰《毛詩傳箋通釋》卷一《毛詩古文多假借考》云:"《毛詩》爲古文,其經字類多假借。……齊、魯、韓用今文,其經文多用正字。"其所舉例子,如《衛風·芄蘭》"能不我甲",《韓詩》作"能不我狎"。如果"甲"假借爲"狎"確實是古文的用字習慣,這也只能證明《毛詩》偶爾保留了一點古文的用字,而不能證實漢代《毛詩》有古文寫本。相反,《毛詩》有可被證明屬後起的用字習慣。《周南·螽斯》:"螽斯羽,薨薨兮。"據王先謙《詩三家義集疏》,《韓詩》"薨薨"作"甍甍"。② 戰國寫本的安大簡《詩經》作"厷厷",③《韓詩》與之相合。從語音上來看,《毛詩》作"薨薨"(反映漢代產生的 *m->hw-音變),當是後起的寫法,無先秦古文的來源。

《周官》在漢代有古文本的唯一明確證據是《漢書·景十三王傳》所載河間獻王所得古文舊書中有之。《經典釋文·序録》:"河間獻王開獻書之路,時有李氏上《周官》五篇。"明確獻書者爲李氏。賈公彦《序周禮興廢》引馬融《周官傳》僅説《周官》在漢武帝時出於"山巖屋壁"。④ 山巖之於屋壁相去甚遠,不可能既出於山巖,又出於屋壁。馬融只是泛泛而論,意在說明《周官》是所謂"出土文獻"。《漢書·藝文志》著錄《周官經》六篇,没

---

① 劉立志:《漢代〈詩經〉學史論》,中華書局,2007年,第79頁。
② 王先謙:《詩三家義集疏》,中華書局,1987年,第39頁。
③ 安徽大學漢字發展與應用研究中心編,黄德寬、徐在國主編:《安徽大學藏戰國竹簡(一)》,中西書局,2019年,第10、78頁。
④ 《十三經注疏》,上海古籍出版社影印,1997年,第635頁。

有注明是古文。王國維認爲《漢志》注明某經爲古文是爲了區別於今文本，《周官》只有古文本，沒有今文本，所以便無需冠以"古文"二字。其意蓋以爲《漢志》著録的《周官》是古文本。我們認爲，河間獻王所得的《周官》原本應該是古文寫本，但著録於《漢志》的《周官》恐怕早已轉寫成隸書本了。鄭玄注《周禮》有二百餘條"故書某作某"或"故書某或作某"。徐養原《周官故書考·叙》説："以鄭注考之，凡杜子春、鄭大夫、鄭司農所據之本並是故書，故書今書，猶言舊本新本耳。……故書今書皆非一本。"①故書很明顯是隸書抄本。杜子春親受《周官》於劉歆，②劉歆在秘府看到並著録於《七略》的《周官》應該也是隸書本。今本《周禮》的文字確殘存少量應該來自古文的寫法，如"美"作"媺"、"視"作"眡"、"筵"作"簭"、"祇"作"示"等，這可以作爲《周官》原本是古文的一條積極證據。

　　古文經在西漢早期的復出對整個經學產生了全面而深刻的影響，首先是增加或改變了經書的文本，以下按《書》《禮》《易》《春秋》《論語》《孝經》的次序略述如下。

　　漢代由秦博士伏勝所傳、立於學官的今文《尚書》只有二十九篇，而古文《尚書》多出十六篇，③有四十五篇。④ 古文《尚書》不僅篇目較今文本多，共有的二十九篇的文句也有所不同。《漢書·藝文志》載："劉向以中古文校歐陽、大小夏侯經文，《酒誥》脱簡一，《召誥》脱簡二。率簡二十五字，脱者亦二十五字，簡二十二字，脱亦二十二字，文字異者七百有餘，脱字數十。"古文本可以用來校正今文本的脱字，應該較今文本爲優。不知劉向以後的今文《尚書》是否已據古文本補上脱字。古文《尚書》多出的十六篇所謂《逸書》大概在東漢時就已經亡失了，没有產生多少影響。今傳僞《古文尚書》不但没有十六篇《逸書》，且又用僞造的《泰誓》取代漢代今古文《尚書》所共有的真《泰誓》，所以漢代所有的《尚書》僅傳下了今古文

---

① 《續修四庫全書》第 81 册，上海古籍出版社，2002 年，第 113 頁。
② 《經典釋文·序録》："王莽時，劉歆爲國師，始建立《周官》爲周禮。河南緱氏杜子春受業於劉歆。"
③ 篇目參看蔣善國：《尚書綜述》，上海古籍出版社，1988 年，第 41 頁。
④ 蔣善國：《尚書綜述》，第 43 頁。

共有的二十八篇。這二十八篇的文本應該主要來源於古文《尚書》。

　　古文經傳中,《禮》類文獻數量最大。漢初魯高堂生傳《禮》十七篇,此爲立於學官的今文《禮》。而古文《禮》達五十六篇,多出三十九篇,篇數是今文《禮》的三倍多。三十九篇所謂《逸禮》大概東漢以後也漸漸亡失了,而今傳大、小戴《禮記》尚保存了幾篇,如《奔喪》《投壺》《諸侯釁廟》。今古文共有的十七篇《禮經》字句上亦多有參差,早在西漢時就出現了兩本互相校勘、融合而成的《武威漢簡》本,魏晋以來流傳至今的《禮經》十七篇就是鄭玄作注的這種今古文合成本。① 若據劉向《別録》,《禮》之古文《記》多至二百餘篇,是十分豐富的文獻資料。《漢書·藝文志》禮類小序在叙述完《禮》古經後,接着説:"及《明堂陰陽》《王史氏記》所見,多天子諸侯卿大夫之制,雖不能備,猶瘉倉等推士禮而致於天子之説。"也是將《明堂陰陽》《王史氏記》看成古文《禮經》之同類,與今文《禮》家之説作對比。這些《記》大部亡失,而今傳大小戴《禮記》中的相當一部分篇目來源於古文《記》。《周官》是一部講官制的書,與禮本不是一回事,但後來成爲《周禮》,且列在《三禮》之首,無疑係古文經對《禮》類文本的一大增益。

　　《周易》雖有古文本,劉向曾用以校出三家《易》的脱文(見上文),但今傳《周易》的文本是否受到過古文本的影響,實在難以確定。《後漢書·儒林列傳》以東漢馬融、鄭玄所注的《易》爲費氏《易》,《隋書·經籍志》又以三國時王肅、王弼所注的《易》亦爲費氏《易》,則今傳《周易》文本源自費氏《易》,而《漢志》稱"唯費氏經與古文同",那麽似乎也可以説今傳《周易》的文本與古文較相近。不過,徐復觀否定馬鄭二王所注《易》爲費氏,②其説可信(詳下文)。《經典釋文·周易音義》有"古文作某"若干條,此古文大概不會是劉向所見的古文本,可能是指費氏經文。《經典釋文·序録》著録《費直章句》四卷(云"殘缺"),當時一般都把費氏《易》看作古文,所以引用《費直章句》中的經文時,便稱爲"古文"。

---

① 參看沈文倬:《〈禮〉漢簡異文釋》,《宗周禮樂文明考論》(增補本),浙江大學出版社,2006年,第276頁。

② 《徐復觀論經學史二種》,上海書店出版社,2002年,第80—83頁。

古文《春秋經》是《左傳》所依據的經文，文字上與《公羊傳》《穀梁傳》的經文略有出入，記事又多出二年，記至孔子之卒。隨着《左傳》地位的提高，古文《春秋經》也成爲魏晉以後最重要的《春秋》文本了。《左傳》是一部以史事解經的偉大歷史著作。桓譚《新論》説："《左氏傳》之於經，猶衣之表裏，相待而成。經而無傳，使聖人閉門思之，十年不能知也。"（《太平御覽》卷六百十引）《左傳》最終取代公、穀二傳而獨盛，良有以也。

古文《論語》有二十一篇，較《魯論》多一篇，有兩《子張》。《漢書·藝文志》顏師古注引如淳曰："分《堯曰》篇後子張問'何如可以從政'已下爲篇，名曰《從政》。"則古文《論語》多出一篇僅是由分篇的不同造成的，内容上可能並沒有大的增加，不像《齊論》那樣多出《問王》《知道》兩篇。古文《論語》和《魯論》同出於魯地，内容多寡自然相近。古文《論語》和《魯論》《齊論》在字句上則有較多歧異。《經典釋文·序録》："《新論》云：文異者四百餘字。"魏何晏《論語集解·叙》："漢末大司農鄭玄就《魯論》篇章，考之齊、古，爲之注。"《經典釋文·論語音義》注"魯讀某爲某，今從古"者二十三條。① 可知今傳《論語》雖以《魯論》爲主，但有些文字采用了古文《論語》。特別緊要的如：《述而》："子曰：加我數年，五十以學《易》，可以無大過矣。"《魯論》"易"作"亦"，《齊論》也應作"亦"，定州漢墓竹簡《論語》同樣作"亦"。② 古文《論語》這句話，是孔子與《周易》有密切關係的最重要證據。

古文《孝經》有二十二章，多出今文《孝經》四章。《漢書·藝文志》孝經類小序云："唯孔氏壁中古文爲異。'父母生之，續莫大焉'，'故親生之膝下'，諸家説不安處，古文字讀皆異。"顏師古注引桓譚《新論》："古《孝經》千八百七十二字，今異者四百餘字。"據《隋書·經籍志》，古文《孝經》亡於梁時，今存古文《孝經》係僞造之本。僞古文《孝經》把"故親生之膝下"改成"是故親生毓之"，而"父母生之，續莫大焉"未改。今傳《孝經》没有多少不安處。《隋書·經籍志》云："至劉向典校經籍，以顏本（引者按：

---

① 徐養原：《論語魯讀考》，《清經解續編》卷八十二。
② 《定州漢墓竹簡·論語》，文物出版社，1997年，第33頁。

即今文本)比古文,除其繁惑,以十八章爲定。鄭衆、馬融,並爲之注。"似乎今傳《孝經》是劉向用古文本校勘過的。

"古文"在經學上的最大影響無疑是由古文經而形成了古文經學,與漢代立博士的今文經學相對立。古文經學和今文經學的區別,前人有很多論述,説法比較綜合的如周予同《經今古文學》,云:"它們的不同,不僅在於所書寫的字,而且字句有不同,篇章有不同,書籍有不同,書籍中的意義有不同;因之,學統不同,宗派不同,對於古代制度以及人物批評各各不同;而且對於經書的中心人物,孔子,各具完全不同的觀念。"① 概括言之,一般認爲古文經學和今文經學的區別在於經書文本之異以及學説之異這兩方面。我們認爲,這種區分實際上是有很大問題的,文字文本和學説恐怕都不能成爲區分今古文經學的絕對標準。

今文經學是在西漢文帝、景帝、武帝、宣帝、元帝時立博士的經學:《詩》有魯、齊、韓三家,《書》有歐陽、大夏侯、小夏侯三家,《禮》有大戴、小戴、慶氏三家,《易》有施氏、孟氏、梁丘、京氏四家,《春秋》有《公羊》嚴、顔以及《穀梁》三家。② 西漢時立博士的今文經學共十六家。到東漢初,廢王莽所立諸博士(莽稱講學大夫),恢復西漢之舊,但未立《春秋穀梁傳》和《禮》慶氏(據《後漢書·儒林列傳》),遂有今文經十四博士。

古文經學作爲經學上的一個學派,出現於王莽時期,以劉歆爲其代表人物;王莽雖敗,但古文經學却發揚光大,盛行於東漢。古文經學之得名本來是由於古文經傳,不過,作爲一個學派,古文經學實際上超出了古文經傳的範圍,而差不多就是與博士相對立的經學的總稱。東漢時有所謂"古學"的名稱,"古學"既可以看作古文經學的省稱,又可以看作官方立博士的"今學""時學""俗學"的對稱。

屬於古學範疇的有:《毛詩》、古文《尚書》、《周官》、古文《禮》(包括《逸禮》)、《左傳》、古文《論語》、古文《孝經》。其中最重要的是《毛詩》、古文《尚書》、《周官》和《左傳》,此四經是古文經學的核心内容,東漢許慎《五

————————
① 朱維錚編:《周予同經學史論著選集》(增訂本),上海人民出版社,1996年,第2頁。
② 參看朱維錚編:《周予同經學史論著選集》(增訂本),第2—3頁。

經異義》舉古説主要是此四經(另有古《孝經》説)。① 《穀梁傳》屬於今文經學範疇,自古没有異議,許慎《五經異義》中《穀梁》也是跟《公羊》並列而與古文經相對的。但因爲《穀梁傳》在東漢未立,故與一般的今文經又有所不同,而常與古學諸經並提。如《後漢書·儒林列傳》:"建初中……又詔高才生受《古文尚書》《毛詩》《穀梁》《左氏春秋》,雖不立學官,然皆擢高第爲講郎,給事近署,所以網羅遺逸,博存衆家。"《穀梁》與《古文尚書》等並稱,待遇相同。又同篇《尹敏傳》:"尹敏字幼季,南陽堵陽人也。少爲諸生。初習歐陽《尚書》,後受古文,兼善《毛詩》《穀梁》《左氏春秋》。"直接把《穀梁》説成了古文之一,蓋行文之疏。民國初的崔適著《春秋復始》,倡言《穀梁》是古文經;其弟子錢玄同贊同之,並説《穀梁》和《左傳》一樣是劉歆僞造,"穀"與"公"音近,"梁"與"羊"音近,"穀梁"這個姓就是從"公羊"兩字之音幻化出來的。② 崔、錢之説荒謬不可信。費氏《易》並非古文經,是可以肯定的(詳上文),但費氏《易》是否屬於古學範疇,也就是説《易經》是否存在今古文之争,則是一個頗爲複雜的問題。按照《後漢書·儒林列傳》《經典釋文·序録》《隋書·經籍志》的説法,東漢古文經學家如陳元、鄭衆、馬融、鄭玄等所傳的《易》都是費氏《易》,三國時的王肅、王弼所注的也是費氏《易》。但據徐復觀的考證(出處見上文引),這些記載其實都不可信,是後人的誤會,就像把費氏《易》説成是古文經一樣。我們傾向於徐説,即《易》並無今學、古學之分。所以,許慎的《五經異義》没有引古《周易》説,許慎《説文解字·叙》注明其所稱引的《易》是孟氏,乃是今文學。③ 據《漢書·儒林傳》,費氏《易》"長於筮卦,亡章句,徒以彖、象、繫辭十篇文言解説上下經",是比較原始的《易》學。王弼以玄學解《易》,自然在學説上跟費氏《易》無干。或認爲鄭玄、王弼以來的《周易》文本用了費氏《易》,這其實也没有太大根據。上文提到《經典釋文·周易音義》引了若干"古文作某",此古文可能指費氏《易》,那麼今傳《周易》就不會是費氏《易》的

---

① 陳壽祺:《五經異義疏證》,《清經解》第 147 種。
② 錢玄同:《重論經今古學問題》,《古史辨》第 5 册,海南出版社影印,2005 年,第 42—46 頁。
③ 近人或改"孟氏"爲"費氏",無據。

文本。

　　古文經學成立於劉歆,但古學諸經在劉歆之前大多已有漫長的傳授發展歷史。

　　《漢書·藝文志》説《毛詩》"自謂出於子夏"。《經典釋文·序録》記載了子夏以後的兩種傳承統緒,一種是:子夏傳高行子,高行子傳薛倉子,薛倉子傳帛妙子,帛妙子傳大毛公,大毛公傳小毛公;另一種是:子夏傳曾申,曾申傳魏人李克,李克傳魯人孟仲子,孟仲子傳根牟子,根牟子傳趙人孫卿子(按即荀子),孫卿子傳大毛公。這種單綫傳承本來就十分不可信,而且子夏至漢初近三百年時間也不大可能只傳了五六代,顯然是後人編造出來的。但《毛詩》在先秦已有流傳應是可信的。西漢時,《毛詩》曾被河間獻王立博士。《漢書·儒林傳》:"毛公,趙人也。治《詩》,爲河間獻王博士,授同國貫長卿,長卿授解延年,延年爲阿武令,授徐敖。敖授九江陳俠,爲王莽講學大夫。"不過,西漢傳習《毛詩》的也不可能只有這幾個人,如《後漢書·儒林列傳》説:"孔僖字仲和,魯國魯人也。自安國以下,世傳《古文尚書》《毛詩》。"則傳《毛詩》的尚有孔氏家族。

　　古文《尚書》發現於孔壁後,即歸孔安國所有。《漢書·儒林傳》:"孔氏有古文《尚書》,孔安國以今文字讀之,因以起其家逸《書》,得十餘篇,蓋《尚書》兹多於是矣。遭巫蠱,未立於學官。安國爲諫大夫,授都尉朝,而司馬遷亦從安國問故。遷書載《堯典》《禹貢》《洪範》《微子》《金縢》諸篇,多古文説。都尉朝授膠東庸生(據《後漢書·儒林列傳》,名譚),庸生授清河胡常少子,以明《穀梁春秋》爲博士、部刺史,又傳《左氏》。常授虢徐敖。敖爲右扶風掾,又傳《毛詩》,授王璜、平陵塗惲子真。子真授河南桑欽君長。王莽時,諸學皆立。"古文《尚書》有四十五篇,孔安國以今文讀之的一般認爲只有同今文的二十九篇,逸十六篇未傳。但《史記·商本紀》載《湯誥》文,在逸十六篇之中,是司馬遷向孔安國問故不限於二十九篇。

　　古文《禮》並無單獨的傳承系統,但個别篇目曾被宣帝時的博士大小戴編入《禮記》,而大小戴《禮記》的大部分篇目是采自古文《記》的(詳上文)。《周官》一書則一直藏於秘府,"五家之儒莫得見焉"(賈公彦《序周禮廢興》引馬融《周官傳》語)。不過《周官》本是河間獻王所得,《漢書·藝文志》樂類小序云："武帝時,河間獻王好儒,與毛生等共采《周官》及諸子言樂事者,以作《樂記》,獻八佾之舞,與制氏不相遠。"是河間獻王以《周官》爲素材之一作了一篇《樂記》(非今《禮記》中之《樂記》)。

《左傳》以其對史事的詳細記載而十分吸引人,故在整個西漢都傳承不絶,且頗興盛。《經典釋文·序録》記録了《左傳》從左丘明至西漢張蒼、賈誼的傳承統緒,跟《毛詩》的傳承一樣不可信。司馬遷在《史記》中多次提到《春秋》古文,即指《左傳》;《史記》大量利用了《左傳》中的材料。河間獻王立《毛詩》博士同時也立了《左傳》博士。《漢書·儒林傳》："漢興,北平侯張蒼及梁太傅賈誼、京兆尹張敞、太中大夫劉公子皆修《春秋左氏傳》。誼爲《左氏傳》訓故,授趙人貫公,爲河間獻王博士,子長卿爲蕩陰令,授清河張禹長子。禹與蕭望之同時爲御史,數爲望之言左氏,望之善之,上書數以稱説。後望之爲太子太傅,薦禹於宣帝,徵禹待詔,未及問,會疾死。授尹更始,更始傳子咸及翟方進、胡常。常授黎陽賈護季君,哀帝時待詔爲郎,授蒼梧陳欽子佚,以《左氏》授王莽,至將軍。而劉歆從尹咸及翟方進受。"記載了西漢一代《左傳》的傳承統緒。

《論語》《孝經》因爲是傳記不是經(《左傳》有所傳的《春秋經》,與兩書情形自不相同),所以《漢書·儒林傳》没有記載其傳授情況。古文《論語》和古文《孝經》同出於孔壁,據《經典釋文·序録》,孔安國爲古文《論語》和古文《孝經》都作過注。《史記·孔子世家》："孔子晚而喜《易》,……讀《易》,韋編三絶。曰：'假我數年,若是,我於《易》則彬彬矣。'"蓋據古文《論語》"加我數年,五十以學《易》,可以無大過矣"。

古文經學作爲與今文經學對立的一個學派的建立,應以劉歆在哀帝時爲立古文《尚書》《毛詩》《逸禮》《左傳》與博士的爭論爲標誌。

西漢宣成時代,今文經學確立了政治和思想文化上的統治地位。但也因此而日益腐朽墮落。[①]《漢書·藝文志》六藝類序云："古之學者耕且養,三年而通一藝,存其大體,玩經文而已,是故用日少而畜德多,三十而

[①] 參看金春峰:《漢代思想史》(增補第三版),第九章《宣成時代今文經學統治地位的確立》,中國社會科學出版社,2006年。

五經立也。後世經傳既已乖離,博學者又不思多聞闕疑之義,而務碎義逃難,便辭巧説,破壞形體;説五字之文,至於二三萬言。後進彌以馳逐,故幼童而守一藝,白首而後能言;安其所習,毁所不見,終以自蔽。此學者之大患也。"説的是今文經學的繁瑣化。今文經學的腐朽,再加上哀帝時深刻的社會危機,必然促使有識之士站出來,圖謀改變經學的狀況,爲學術和政治尋找新的道路。劉歆欲立古文諸經,正是應了時代的呼唤。

《漢書·楚元王傳·劉歆傳》:"歆及向始皆治易。宣帝時,詔向受《穀梁春秋》,十餘年,大明習。及歆校祕書,見古文《春秋左氏傳》,歆大好之。時丞相史尹咸以能治《左氏》,與歆共校經傳。歆略從咸及丞相翟方進受,質問大義。初《左氏傳》多古字古言,學者傳訓故而已,及歆治《左氏》,引傳文以解經,轉相發明,由是章句義理備焉。……歆以爲左丘明好惡與聖人同,親見夫子,而公羊、穀梁在七十子後,傳聞之與親見之,其詳略不同。歆數以難向,向不能非間也,然猶自持其《穀梁》義。及歆親近,欲建立《左氏春秋》及《毛詩》《逸禮》《古文尚書》皆列於學官。"但建立某經博士須得到博士們的認可,故當時哀帝下詔試問博士,又"令歆與五經博士講論其義",然而結果是"諸博士或不肯置對",最後逼得劉歆寫了一封責讓博士們的公開信。劉歆的這封《讓太常博士書》對當時的今文博士進行了深刻的批判,如"苟因陋就寡,分文析字,煩言碎辭","信口説而背傳記,是末師而非往古","猶欲保殘守缺,挾恐見破之私意,而無從善服義之公心。或懷妬嫉,不考情實,雷同相從,隨聲是非"。今文博士反對經古文諸經的學術理由"以《尚書》爲備,謂《左氏》爲不傳《春秋》"並不能成立,則其反對完全是出於劉歆所説的"私意"和"妬嫉",不願意失去自己的學術地位。劉歆並不反對今文經學,只是要求兼容並包,擴大學術資源,却得不到博士的支持,反而因此而忤逆執政大臣,遭諸儒怨恨,甚至於因懼誅而乞外放。但古文經學的興起是無法阻擋的歷史潮流,哀帝的去世,王莽的重新掌權,終於使古文經學得到了政治上強有力的支持,而最終得立。

　　古文經學建立的歷史背景是西漢後期直至王莽時代爲解決社會矛盾逐漸興起而至高潮的托古改制運動。王莽既鋭意托古改制,自然全力支持古文經學。《漢書·儒林傳·贊》:"平帝時,又立《左氏春秋》《毛詩》《逸禮》《古文尚書》。"平帝在位有五年,不知具體哪一年立此四經。《周官》之立,見於《漢書·藝文志》禮類《周官經》六篇本注:"王莽時劉歆置博士。"馬融《周官傳》説劉歆早年鋭精於《春秋》(按指《左傳》),末年乃知周公致太平之迹具在《周官》。《周官》之立大概稍晚,孫詒讓認爲"疑在莽居攝,歆爲羲和以前"(《周禮正義》卷一)。

王莽、劉歆建立《左傳》《周官》《逸禮》《古文尚書》《毛詩》,本欲利用這些經書進行種種改制(並不意味着不利用今文經),以實現致太平的理想,却最終反致天下大亂,兩人都不得善終。然而,自平帝元始元年至王莽之敗有二十三年之久,已是一代人的時間,古文經學足以變得羽翼豐滿,成長爲一個具有強大影響力的學術派別。《漢書·王莽傳》平帝元始四年:"徵天下通一藝教授十一人以上,及有逸《禮》、古《書》、《毛詩》、《周官》、《爾雅》、天文、圖讖、鍾律、月令、兵法、《史篇》文字,通知其意者,皆詣公車。網羅天下異能之士,至者前後千數,皆令記説廷中,將令正乖繆,壹異説云。"可見王莽時古文經學的盛況。

東漢建立後,應該主要是出於政治上的原因,没有復立王莽時的古學諸經。據《後漢書·儒林列傳》,東漢立於學官的有十四博士,即:《易》施、孟、梁丘、京氏,《書》歐陽、大夏侯、小夏侯,《詩》齊、魯、韓,《禮》大戴、小戴,《春秋》《公羊》嚴、顔。十四博士都是今文經學,而且《春秋》獨尊《公羊》,不僅《左傳》,連《穀梁》亦廢。東漢官方之尊今文經學自然有其深刻的政治文化背景,①但政治不能完全左右學術,在學術上古文經學反而壓倒了今文經學,逐漸成爲東漢經學的主流。

《後漢書·儒林列傳》:"(章帝)建初中,大會諸儒於白虎觀,……又詔高才生受《古文尚書》《毛詩》《穀梁》《左氏春秋》。雖不立學官,然皆擢高第爲講郎,給事近署,所以網羅遺逸,博存衆家。"又《賈逵傳》:"肅宗(按即章帝)立,降意儒術,特好《古文尚書》《左氏傳》。"是古文經學雖然不能納入博士系統,却得到了官方的實際支持。東漢初,即有一批著名的古文經

---

① 參看陳蘇鎮:《漢代政治與〈春秋〉學》,第五章《漢室復興的政治文化意義》,中國廣播電視出版社,2001年。

學家活躍於當時的學術和政治舞臺,如杜子春、杜林、陳元、賈逵、鄭興、衛宏。

《經典釋文·序録》:"王莽時劉歆爲國師,始建立《周官》爲周禮。河南緱氏杜子春受業於歆,還教門徒好學之士,鄭興父子等多往師之。"馬融《周官傳》稱杜子春在明帝永平初年且九十,家居南山,鄭衆、賈逵往受《周官》。

據《後漢書·杜林傳》,杜林之祖母爲張敞之女,杜林從張敞之孫張竦學,"博洽多聞,時稱通儒"。王莽之亂時,杜林避難河西,得漆書《古文尚書》一卷。後傳《古文尚書》於衛宏和徐巡,"於是古文遂行"。

據《後漢書·陳元傳》,陳元乃授王莽《左傳》的陳欽之子,幼從其父習《左傳》,爲訓詁,"鋭精覃思,至不與鄉里通"。光武帝建武初,陳元曾爲爭立《左傳》上疏,反駁今文梁丘《易》博士范升。

據《後漢書·賈逵傳》,賈逵之父賈徽,從劉歆受《左傳》,兼習《國語》《周官》,又受《古文尚書》於塗惲,學《毛詩》於謝曼卿,而賈逵悉傳父業,尤明《左傳》《國語》,爲之解詁五十一篇。

據《後漢書·鄭興傳》,鄭興少學《公羊傳》,晚善《左傳》。王莽時,率門人從劉歆講《左傳》大義,頗得劉歆賞識,命之撰《左傳》條例、章句、訓詁。鄭興的《左傳》學東漢時與賈逵之學並列,時號稱鄭、賈之學。鄭興又明《周官》。其子鄭衆能傳其學。

據《漢漢書·儒林列傳·衛宏傳》,衛宏少與鄭興俱好古學,從謝曼卿學《毛詩》,又從杜林受《古文尚書》,爲作訓旨。

到了東漢中後期,又出現了像馬融、鄭玄這樣的古文經學大家。而當時的今文博士却是倚席不講,甚至有學舍成菜園之事(《後漢書·儒林列傳》)。鄭玄以古學爲主,而又融合今文經學和讖緯,結束了漢代今古文經學的對立局面,開創了經學的新時代。以後的《五經》,《詩》是《毛詩》,《書》是《古文尚書》,《禮》以《周禮》爲首,《春秋》以《左傳》爲主——此四經即古學的核心内容——《易》本無對立於今文的古學。漢代今古文經學之爭最終是以古學的勝出而落幕的。

曹魏代漢以後,今文經學在政治上亦失去了支持,立古文經學就成了新王朝必然的舉措。王國維《漢魏博士考》(《觀堂集林》卷四)說:"古文學之立於學官,蓋在黃初之際。自董卓之亂,京洛爲虛;獻帝托命曹氏,未遑庠序之事。博士失其官守,垂三十年。今文學日微,而民間古文之學乃日興月盛。逮魏初復立太學博士,已無昔人。其所以傳授課試者,亦絶非曩時之學。蓋不必有廢置明文,而漢家四百年學官今文之統已爲古文家取而代之矣。"

下面略述古文經文本的流傳情况。

上文已説,《毛詩》屬古學而非古文經,《周官》可能劉歆所見就已非古文本,則劉歆所見藏於秘府的古文寫本的經書可以肯定的應有:古文《尚書》、古文《禮經》、古文《周易》、古文《春秋經》及《左傳》、古文《論語》、古文《孝經》。

古文經書雖有古文寫本,但漢時流行於社會的還是轉寫成隸書的本子。如孔安國的以今文讀古文《尚書》,是史書上的明確記載;孔安國傳古文《論語》和古文《孝經》想必也是以今文讀之的。古文《禮經》本有五十六篇,而主要流傳的還是同今文的十七篇,且是轉寫成隸書的本子。隸寫的武威漢簡《儀禮》都在十七篇之内,據沈文倬考證係古文或本,①可以爲證。《左傳》在整個西漢流行頗盛,流行的不可能是古文寫本。劉歆於秘府見古文寫本的《左傳》而大好之,也可證明外間流傳的不是古文寫本。

《後漢書·儒林列傳》云:"昔王莽、更始之際,天下散亂,禮樂分崩,典文殘落。"《光武帝紀》建武二年正月載赤眉軍焚長安宫室。王莽、更始間的大動亂對西漢秘府藏書的損壞肯定異常嚴重,甚至是毀滅性的。東漢時,古文寫本的經書還能有多少流傳於世呢?我們認爲大概只是數量有限的殘存而已。

古文《尚書》本四十五篇,而東漢杜林以來古文家所傳的《尚書》只有今古文共有的二十九篇。二十九篇古文《尚書》是否都有古文寫本呢?大概也没有。《後漢書·杜林傳》載杜林在避難河西時得漆書古文《尚書》一卷,僅一卷,則係殘本。這卷古文《尚書》應該確實是古文寫本,所以杜林

---

① 沈文倬:《〈禮〉漢簡異文釋》,《宗周禮樂文明考論》(增補本),第 276 頁。

至爲寶愛。但隸書寫本的古文《尚書》二十九篇,杜林手頭必定是全的,否則他也傳不了古文《尚書》。

《逸禮》三十九篇,錢玄認爲亡於魏晋時。① 但古文寫本的古文《禮經》恐怕更早就亡失了。鄭玄注《禮經》叠今古文,其所謂"古文"不是指古文字體,而是指已轉寫成隸書的古文本。②

《周禮·小宗伯》注引鄭衆云:"古文《春秋經》'公即位'爲'公即立'。"看來東漢時古文寫本《春秋經》至少部分尚存。關於古文本《左傳》,王國維《漢時古文本諸經傳考》(《觀堂集林》卷七)云:"服虔注襄二十五年傳云:'古文篆書,一簡八字。'蓋子慎之時,其原本或傳寫古文之本猶有存焉者。"東漢服虔所說引見《儀禮正義》卷二十四賈疏。③ 缺乏語境,好像很難肯定服虔說的"古文篆書,一簡八字"就是指他親眼所見的古文本《左傳》。諸經傳中《左傳》的部頭最大,單字數目亦多,如果《左傳》有完整的古文寫本,那東漢時的古資料的豐富程度會超過我們的估計。

總之,我們認爲,東漢古文經學家手頭的古文寫本並不全。古學大家賈逵的弟子許慎撰《説文解字》,所收古文僅五百左右,不算多。到魏正始年間,刻三體石經,但僅刻古文《尚書》和古文《春秋經》兩部,而且所刻"古文"字形稍嫌駁雜。至於其他古文經書,恐怕是因爲很難用古文全部刻出,只好作罷了。

東晋時,豫章内史梅賾向朝廷獻上了一種冒充孔安國作傳的全本《古文尚書》。這個來歷不明的僞本分真古文《尚書》二十八篇(二十九篇去《泰誓》)爲三十三篇(《堯典》分出《舜典》,《皋陶謨》分出《益稷》,《顧命》分出《康王之誥》,又《盤庚》分三篇),又僞造二十五篇,共五十八篇。這本僞《古文尚書》竟然得到了當時學者的承認,與真古文《尚書》二十九篇共立太學,最後又取代真古文《尚書》(鄭玄作注的真古文《尚書》大約亡於宋代)成爲《尚書》的唯一傳本。辨這本《古文尚書》之僞後來成了學術上的一件大事,至今不衰。

---

① 錢玄:《三禮通論》,南京師範大學出版社,1996年,第15頁。
② 參看張富海:《漢人所謂古文之研究》,第330—331頁。
③ 《十三經注疏》,第1072頁上。

偽《古文尚書》在字體上有其特點，即使用了所謂"隸古定"。古文原形過於難寫，而用隸楷的筆畫寫古文字形既能直觀地顯示其爲古文而易取信於人，書寫又較爲方便，所以作偽者采用了這種字體。不過，"隸古定"早已有之，不是新發明。相對於隸書、楷書，隸古定畢竟還是難寫難認的，所以早在東晉時就出現了范甯改寫的今字本（《經典釋文·序錄》）；到了唐代天寶年間，又詔命衛包悉改隸古爲今字。此後流行的偽《古文尚書》就是今字本了。但隸古寫本的偽《古文尚書》仍然不絕如縷。現在我們能看到的隸古定本偽《古文尚書》種類頗多，有敦煌、新疆出土的唐寫本，有日本的各種寫本，以及刻入《通志堂經解》的南宋初薛季宣的《書古文訓》。① 各種隸古定本中的古字或多或少，而以《書古文訓》爲最多。《經典釋文·序錄·條例》："《尚書》之字，本爲隸古。既是隸寫古文，則不全爲古字。今宋、齊舊本及徐、李等音，所有古字，蓋亦無幾。穿鑿之徒，務欲立異，依傍字部，改變經文，疑惑後生，不可承用。"則陸德明所見的隸古寫本偽《古文尚書》就有古字很少和古字較多兩種本子。東晉梅賾所獻原本的面貌如何？有兩種可能。一是原本就是陸德明所批評的"務欲立異"的本子，古字很多，只是後來越來越多的古字被改成今字了；一是原本是古字較少的本子，而在流傳過程中有好事者把今字儘量改成隸古定字體，產生了古字較多的本子。《書古文訓》屬於被陸德明否定的古字多的一類。清李遇孫《尚書隸古定釋文》將其中古字與《説文》《玉篇》《汗簡》《集韻》中的古文相比，證明其字形皆有根據，非向壁虛造。② 孫星衍《尚書隸古定釋文序》認爲此書"足以存晉代舊文，唐宋相傳字體"。③ 顧頡剛《尚書隸古定本考辨》認爲此書"雖不必曰宋人所造，要之含有唐宋人之成分殆爲無疑之事。"④根據我們的初步考察，《書古文訓》中的所謂隸寫"古文"確實真贋雜陳，如"方"必作"匸"，"三"必作"弎"，"考"必作"丂"（包括

---

① 參看劉起釪：《尚書源流及傳本考》，第九章第二節《〈尚書〉的隸古定本古寫本》，遼寧大學出版社，1997年。

② 顧頡剛、顧廷龍輯：《尚書文字合編》附錄一，上海古籍出版社，1996年。

③ 《尚書文字合編》附錄一，第3頁。

④ 此文爲《尚書文字合編》之《代序》，引文見第21頁。

考察之"考"和祖考之"考")之類,真是"務欲立異"的典型。不過,西漢以來古文寫本經書漸漸淪亡澌滅,既已不得覩其面貌,則隸古定本僞《古文尚書》仍可以看作古文寫本經書的孑遺而予以重視。

原載《出土文獻與古文字研究》第九輯,上海古籍出版社,2020年。

略論釋讀古文字應注意的語音問題

釋讀古文字的主要依據是字形和辭例，通常兩方面結合起來就能確定某一個古文字形體在具體語言環境中的音義。但在兩種情況下，釋讀古文字還需要考察語音關係：一是當這個古文字不用其本義或引申義或通行的假借義，而表示一個後來不通行的假借義時；二是當這個古文字雖然用其本義或引申義，但字形上是一個不見於後世的形聲字時。這兩種情況其實本質相同，即都是先根據字形確定大致的讀音，然後結合辭例來確定具體的音義。比如：清華簡《金縢》簡 8 "周公石東三年"，"石"在字形上毫無問題，今本《尚書·金縢》與之對應的字是"居"，文義上也確定無疑。但"石"音 dak，而"居"音 ka，兩者相差較大，所以"石"不能讀"居"；而與"居"同義的"宅"音 draak，恰與"石"音相近，①所以簡文之"石"無疑應從整理者的意見讀爲"宅"。② 郭店簡《性自命出》和上博簡《性情論》都有"不又(有)夫奮犰之情則悉(侮)"句，其中的"犰"字是需要考釋的。根據一般的文字結構分析，此字應該是從犬亡聲的形聲字。"亡"音 maŋ，與"猛 mraaŋʔ"語音很近，所以"犰"可以看作是"猛"的異體字，辭例上"猛"這個詞用在簡文中也是合適的。③

---

① 本文所標上古音皆據筆者的構擬意見，擬音前均省去 * 號。
② 李學勤主編：《清華大學藏戰國竹簡(壹)》，中西書局，2010 年，第 158 頁、第 160 頁注[一九]。
③ 參馮勝君：《郭店簡與上博簡對比研究》，綫裝書局，2007 年，第 235 頁。

古文字釋讀中的語音分析當然必須依據漢語的上古音,而不能依據後世讀音,所以了解上古音是釋讀古文字的一個必備條件。衆所周知,以古音求古義,是清代學者訓釋古書的基本方法。以段玉裁、王念孫爲代表的清代訓詁大家之所以能取得超越前人的成就,很大程度上是因爲他們懂古音。比起段、王的時代,今天的上古音研究又有了長足的進步,我們應比段、王更懂古音,那麽在釋讀古文字時,我們應該能更好地運用"因聲求義"的方法。但是,一方面由於種種原因,上古音研究在很多地方不能取得共識,影響了新成果的傳布和應用;另一方面多數古文字研究者對上古音所知甚淺,未能及時掌握研究的新進展,抱殘守缺,甚至堅持錯誤的舊觀念。因此,古文字釋讀中存在的語音問題可謂觸目皆是。要避免古文字釋讀中出語音上的問題,我認爲需要做到如下三點:第一,遵守諧聲假借的音近原則,不隨心所欲地通轉;第二,掌握上古音研究的新進展;第三,注意上古漢語的複雜性。下面分別舉例來說明。

一、遵守諧聲假借的音近原則

兩個字的整體語音相同或相近才能互相諧聲假借,如果僅僅是聲母相近或韻母相近,必然是不能相通的,更不用說聲母、韻母都有差距的情況。

例 1:于省吾《甲骨文字釋林·釋𡉉、正》讀甲骨文中的祭名"𡉉"爲"禳",讀祭名"正"爲"禜"。①

按"𡉉(往)"音 ɢwaŋʔ,"禳"音 naŋ,"正"音 teŋs,"禜"音 ɢwreŋ(與"榮"字同音),都僅僅是韻母相近,無由通假。蓋于老誤信叠韻即可假借的舊說。

例 2:趙平安《續釋甲骨文中的"乇"、"舌"、"栝"》認爲"昏(舌)"字從"乇"聲,說"乇"在鐸部 ak,"昏(舌)"在月部 at,主要元音相同,故音近。②

按"乇"音 traak(陟格切),"昏(舌)"音 kwaat 或 koot(據《説文》大徐音及《集韻》古活切。《廣韻》下刮切),聲母、韻母、開合皆異,僅僅元音相

---

① 于省吾:《甲骨文字釋林》,中華書局,1979 年,第 154—159 頁。
② 趙平安:《新出簡帛與古文字古文獻研究》,商務印書館,2009 年,第 41 頁。

同（也可能不同），不可能有諧聲關係。

例 3：郭店簡《忠信之道》簡 3："君子女（如）此，古（故）不皇生，不怀（背）死也。"《郭店楚墓竹簡》裘按讀"皇"爲"誆"。① 陳偉《郭店竹書別釋》讀"皇"爲"忘"，引《大戴禮記·禮察》"喪祭之禮廢，則臣子之恩薄，而倍死忘生之禮衆矣"。②

按"皇"音 gwaaŋ，"忘"音 maŋ/maŋs，聲母差別甚大，無由通假。

例 4：上博簡《鮑叔牙與隰朋之諫》簡 3："乃命又（有）嗣（司）箸紧浮，老嫋（弱）不型（刑）。"王志平先生讀"浮"爲"傅"。③

按"浮"音 bu，"傅"音 pas，僅聲母相近，而韻母差別甚大，無由通假。

例 5：清華簡《楚居》簡 8 有地名"湫郢"。趙平安先生釋"湫"爲"黍"，認爲即《左傳》中的地名"湫"（李學勤説），云："湫是幽部清母字，黍是魚部書母字。魚幽兩部或合韻或通假，清母書母常相通轉。讀音相近，加大了湫（黍）訛變爲湫的可能性。也正是由於語音上的聯繫，後世才可能循音找到它的地望所在。"④

按《左傳》楚地名"湫"音 tsiwʔ（《經典釋文》子小反），而"黍"音 taʔ，兩者讀音相差甚遠，無由通假。最近黃德寬先生據安大簡《詩經》釋"湫"爲"湛（沉）"，⑤可從。

例 6：清華簡《繫年》"逜"，整理者讀爲"適"。⑥

按"逜"從"石"聲，應即訓"適"的"蹠"的異體，不得讀爲"適"。"蹠"（之石切）音 tak，"適"音 tek，兩字不同部，主要元音不同。

---

① 荆門市博物館編：《郭店楚墓竹簡》，文物出版社，1998 年，第 163 頁注 5。
② 陳偉：《郭店竹書別釋》，湖北教育出版社，2003 年，第 76 頁。《禮記·經解》作："喪祭之禮廢，則臣子之恩薄，而倍死忘生者衆矣。"據王引之《經義述聞》，"生"爲"先"之誤。【編按：劉傳賓《"倍死忘生"解詁》（《古文字研究》第三十三輯，中華書局，2020 年）認爲《禮記·經解》的"倍死忘生"應讀作"背死罔生"，"罔"與"誆"同義。其説可從。】
③ 王志平：《〈容成氏〉"專爲正戉"與〈鮑叔牙與隰朋之諫〉"箸紧浮"試解》，《古文字研究》第三十一輯，中華書局，2016 年，第 300 頁。
④ 趙平安：《試釋〈楚居〉中的一組地名》，《中國史研究》2011 年第 1 期。
⑤ 黃德寬：《釋新出戰國楚簡中的"湛"字》，《中山大學學報（社會科學版）》2018 年第 1 期。
⑥ 李學勤主編：《清華大學藏戰國竹簡（貳）》，中西書局，2011 年，第 150 頁。

例 7：清華簡《周公之琴舞》簡 10—11："隹（唯）克少（小）心，命不彝（夷）䈞，叀天之不易。"整理者讀"叀"爲"對"。①

按"叀"（陟利切）音 trits，"對"音 tuups＞tuuts，主要元音差別甚大，此讀可疑。或讀爲"質 tit"（之日切），②語音相近，比較可信。

例 8：清華簡《封許之命》簡 6："綟（鑾）鈴（鈴）索（素）旂，朱笄。"石小力先生讀"朱笄"爲"朱旃"。③

按"笄"音 keej（"开"音 keen），"旃"音 tan，相差甚大，無由通假。羅小華先生讀爲旗杆之"杆"，④較爲可信。

例 9：清華簡《殷高宗問於三壽》簡 20："上下毋倉。"整理者讀"倉"爲"攘"，訓爲亂。⑤

按"倉"音 tshaaŋ，"攘"音 naŋʔ，聲母相差甚大，無由通假。"倉"應讀"爽"，⑥見清華簡《尹至》簡 2。

例 10：清華簡《子犯子餘》簡 11："若鼂雨方奔之而󰀀雁（膺）女（焉）。"整理者讀"鼂"爲"濡"。⑦

按"鼂"從"黽"聲，"黽"音 bo，而"濡"音 no，兩字韻母相同而聲母相差太大，無由通假。

例 11：清華簡《越公其事》簡 23："余丌（其）與吴科（播）弃（棄）悁（怨）亞（惡）于㵳（海）盬江沽（湖）。"整理者讀"盬"爲"濟"。⑧

---

① 李學勤主編：《清華大學藏戰國竹簡（叁）》，中西書局，2012 年，第 133 頁、第 140 頁注［六四］。

② 張崇禮：《"叀"字解詁》，復旦大學出土文獻與古文字研究中心網站，2015 年 1 月 26 日。

③ 石小力：《清華簡（伍）〈封許之命〉"朱旃"考》，《古文字論壇》第二輯，中西書局，2016 年，第 233 頁。

④ 羅小華：《試論望山簡中的"彤开"——兼論戰國簡册中的旗杆》，《出土文獻》第九輯，中西書局，2016 年，第 145 頁。

⑤ 李學勤主編：《清華大學藏戰國竹簡（伍）》，中西書局，2015 年，第 151 頁、第 158 頁注［七二］。

⑥ 參簡帛網簡帛論壇：《清華五〈殷高宗問於三壽〉初讀》29 樓（2015 年 4 月 13 日）網友"紫竹道人"代發郭永秉先生的意見。

⑦ 李學勤主編：《清華大學藏戰國竹簡（柒）》，中西書局，2017 年，第 92 頁、第 97 頁注［四五］。

⑧ 李學勤主編：《清華大學藏戰國竹簡（柒）》，中西書局，2017 年，第 122 頁、第 125 頁注［三〇］。

按"濫"的聲旁"皆"音 krii,"濟"音 tsiiʔ,聲母相差太遠,無由相通。

例 12：清華簡《越公其事》簡 31—32:"王甶(聞)之,乃目(以)篙(熟)飤(食)鹽(脂)鹽(醯)脊(脯)肫多從。"整理者讀"肫"爲"羹"。①

按"亡"音 maŋ,"羹"音 kraaŋ,聲母差別甚大,無由相通。"肫"即"膴"字異體,《說文》:"膴,無骨腊也。"②

二、掌握上古音研究的新進展

近幾十年來,上古音研究有很多新的進展。韻母方面,如六元音系統的構擬,一些韻部的再分等。釋讀古文字過程中討論不同韻部的關係時,要特別注意一些韻部包含不同的元音。比如論月部與質部的關係時,注意僅僅是月部中的 et 類與質部 it 相近,at 類和 ot 類就不大可能與質部相通。異部間的通轉關係不能任意擴大化。聲母方面,如清鼻音、清流音聲母的構擬,複輔音聲母的構擬,中古章組聲母、以母、定母、透母等的離析(即這些中古聲母有不止一個上古來源)等。下面舉聲母方面的例子來說明問題。

例 13：郭店簡《尊德義》簡 16:"恁(教)目(以)懽(權)慼(謀),則民淫悃遠豊(禮)亡(無)新(親)悬(仁)。"李零先生讀"悃"爲"昏",云:"'昏'是曉母文部字,'昆'是見母文部字,讀音相近。"③

就王力的上古聲母系統(基本等同於中古聲母系統)而言,確是如此。但"昏"的上古聲母並非曉母 h-,而是清鼻音 m̥-,則與"昆"的聲母 k-差別很大,無由通假。《方言》卷十:"悃,愔也。楚揚謂之悃。"悃,音同昆(古渾切),又古本切,與"愔(昏)"是同義詞關係。

例 14：清華簡《鄭武夫人規孺子》簡 14:"今君定,鞏(恭)而不言,二

---

① 李學勤主編:《清華大學藏戰國竹簡(柒)》,中西書局,2017 年,第 130 頁、第 131 頁注[七]。

② 參簡帛網簡帛論壇《清華七〈越公其事〉初讀》1 樓(2017 年 4 月 23 日)網友"暮四郎"的發言。

③ 李零:《郭店楚簡校讀記》(增訂本),北京大學出版社,2002 年,第 142 頁。

三臣史(事)於邦,远=女=宵昔器於異贊之中,母(毋)乍(措)手止。"中間一句,整理者讀作:"惶惶焉,焉削錯器於選藏之中……"①

按呼光切的"㡿"从"亡 maŋ"聲,故上古聲母非 qh- /h-,而是清鼻音 m̥-,則與"惶 gwaaŋ"的聲母差別很大,無由通假。簡文"远=女=",疑可讀作"茫茫焉如……",形容模糊不清。《鹽鐵論・西域》:"茫茫乎若行九皋未知所止。"

例 15:上博簡《陳公治兵》簡 9:"既聖(聽)命,乃瞽整帀(師)徒。"整理者讀"瞽"爲"噬",或讀"誓""逝"。林清源先生疑讀爲"設",認爲"設"爲書紐月部,與禪紐月部的"瞽(噬)"讀音相近。②

按中古書母的上古來源複雜,"設"在古文字中用"埶"來記録,故其上古聲母爲清鼻音 n̥-,③則與"瞽(噬)"的上古聲母 d-相差很大,兩者無由通假。

例 16:甲骨文 ,从壴(鼓)从丑。蔣玉斌先生認爲"丑"與"叉"爲一字,故甲骨文此字即《説文》之"鼜"(倉歷切)。④

按"丑"音 nruʔ,與"叉 tsruuʔ"有距離,是否一字,尚有疑問。"丑"與"手 nuʔ"音近。

例 17:大万尊 字,李家浩先生釋爲"魯",讀爲"舞"。認爲古音"魯"爲來母,"舞"爲明母,聲母關係密切,且韻部相同,故"魯"能讀爲"舞"。⑤

按從中古音看,來母和明母,確實有些字關係密切,但這是上古複輔音 mr-的反映,如"戀"和"蠻","來"和"麥","翏"和"謬"。而"魯"和"舞"的上古聲母應各爲 r-和 m-,不存在"魯"或"舞"是複輔音 mr-的證據,所以

---

① 李學勤主編:《清華大學藏戰國竹簡(陸)》,中西書局,2016 年,第 105 頁。
② 林清源:《〈上博簡・陳公治兵〉通釋》,《古文字與古代史》第四輯,中研院歷史語言研究所,2015 年,第 419—421 頁。
③ 參白一平:《"埶"、"勢"、"設"等字的構擬和中古 sy(書母=審三)的來源》,《簡帛》第 5 輯,上海古籍出版社,2010 年,第 176 頁。
④ 蔣玉斌:《甲骨文"臺"字異體及"鼜"字釋説》,《古文字研究》第三十一輯,中華書局,2016 年,第 43 頁。
⑤ 李家浩:《大万尊銘文釋讀》,《出土文獻》第八輯,中西書局,2016 年,第 33 頁。

從上古音來看,"魯"讀"舞"是存在疑問的。

例 18：清華簡《說命下》簡 3:"王曰：敓(說),罙亦脂乃備(服),勿易卑(俾)邲(越)。""脂"字,整理者讀爲"詣",①白於藍、段凱先生改讀爲"祇"。②

按"脂"和"祇"均爲中古章母字,兩字的中古音相同,但從諧聲假借的情況看,"脂"的上古聲母應是 k-,"祇"的上古聲母應是 t-,差別很大,所以"脂"恐怕不能讀爲"祇"。

例 19：叔尸鐘:"敎(陸)穌三軍徒旜。"楊樹達讀"旜"爲"衆"。③

按"旜"字的聲旁"同"音 looŋ,"衆"音 tuŋ /tuŋs,韻母不相同,且聲母有流音 l-(中古定母來源之一)和塞音 t-的區別,一般不相諧聲假借,故"旜"讀"衆"可疑。郭沫若讀爲"幢",④存在同樣的問題。"旜"似應讀爲"庸 loŋ"。"徒庸"之稱見《左傳》。《左傳》昭公三十二年:"己丑,士彌牟營成周,計丈數,揣高卑,度厚薄,仞溝洫,物土方,議遠邇,量事期,計徒庸,慮材用,書餱糧,以令役於諸侯。""庸"又作"傭",指"從事比較重的、地位較低的勞動者"。⑤

例 20：清華簡《良臣》簡 7:"雩(越)王句踐(踐)又(有)大同。""大同",整理者以爲"大夫種"。⑥

按"同"音 looŋ,"種"音 toŋʔ,聲母有流音和塞音之別,一般不相諧聲假借。廣瀨薰雄先生讀爲《左傳》《國語》中之"舌庸",⑦可信。《越公其事》簡 61 此人名作"太甬","甬"與"庸"聲韻皆同。

---

① 李學勤主編:《清華大學藏戰國竹簡(叁)》,第 128 頁。
② 白於藍、段凱:《清華簡〈說命〉三篇校釋》,《中國文字研究》第二十三輯,上海書店出版社,2016 年,第 74 頁。
③ 楊樹達:《積微居金文說》(增訂本),中華書局,1997 年,第 34 頁。
④ 《郭沫若全集·考古卷》第八卷,科學出版社,2002 年,第 434 頁。
⑤ 裘錫圭:《說"僕庸"》,《裘錫圭學術文集·古代歷史、思想、民俗卷》,復旦大學出版社,2012 年,第 109 頁。
⑥ 李學勤主編:《清華大學藏戰國竹簡(叁)》,第 161 頁注[三七]。
⑦ 廣瀨薰雄:《釋清華大學藏楚簡(叁)〈良臣〉的"大同"——兼論姑馮句鑃所見的"昏同"》,《古文字研究》第三十輯,中華書局,2014 年,第 415 頁。

三、注意上古漢語的複雜性

上古漢語非一時一地的語言系統，前後有變化，也有方言歧異，即使在一時一地的語言系統中，也有一些同源異形詞的存在，古文字材料所反映的語言現象自然是非常複雜的。在釋讀古文字時不應忽視這一點。

例 21：清華簡《耆夜》簡 1—2："邵（召）公保奭（奭）爲夾。""夾"字顯然應該讀爲"介"，義爲助手。① "夾"音 kreep，而"介"通常歸月部，音 kreets。整理者謂"夾"訓爲"介"，沒有讀成"介"，②可能是因爲兩字不同部。但助手義的"介"其實就是從夾輔之"夾"分化出來的一個詞，語音上 kreep>kreeps，加-s 尾，動詞變名詞，轉指動作相關的事物。kreeps 在戰國時肯定已經因同化作用而變 kreets，簡文大概是存古的寫法，與戰國時的實際讀音不合。這個例子不能拿來證明葉部和月部可通轉。古文字中常見的"瀘"讀爲"廢"，也是同樣的情況。

例 22：西周金文有从宫九聲的"宽"字，義同"宫"，上博簡《子羔》簡 12"玄咎"之"咎"表示的詞與"宽"相同。或直接讀"宽"和"咎"爲"宫"，是把問題簡單化了。"宽"和"咎"所記錄的詞的語音形式可能是 ku，是"宫 kuŋ"的一个同源異形詞，③兩者的語音關係正與訓爲勞的"劬 go"和"邛 goŋ"相同。

例 23：西周晚期至戰國銘文中自名爲"匜"的青銅器就是文獻記載的"簠"，亦即"胡""瑚"。可能"匜"所表示的詞的語音形式本來是 ka /kaʔ / gaa，也有加 p-冠音的形式，則是 pka /pkaʔ /pgaa＞pa /paʔ /baa（三個讀音中的最後一音見《經典釋文》，不見於《廣韻》），所以後來另造"甫"聲或"夫"聲的字來表示。郭店簡《窮達以時》簡 3"河匜"讀爲"河浦"，④表明當

---

① 參李家浩：《清華竹簡〈耆夜〉的飲至禮》，《出土文獻》第四輯，中西書局，2013 年，第 20 頁。
② 李學勤主編：《清華大學藏戰國竹簡（壹）》，第 151 頁。
③ 參張富海：《金文从宫从九之字補説》，《古文字研究》第二十九輯，中華書局，2012 年，第 283—285 頁。
④ 李家浩：《讀〈郭店楚墓竹簡〉瑣議》，《中國哲學》第 20 輯，遼寧教育出版社，1999 年，第 354 頁。

時"臣"字已有脣音讀法。

例 24：清華簡《鄭文公問於太伯》簡 5："昔虔(吾)先君逗(桓)公逡(後)出自周，㠯(以)車七䡄(乘)，徒卅=(三十)人，故亓(其)腹心，奋(奮)亓(其)股挩(肱)。""故其腹心"句，整理者讀爲"鼓其腹心"，①大概理解爲鼓勵其心腹之臣，不妥。《左傳》宣公十二年"敢布腹心，君實圖之"，又昭公二十六年"敢盡布其腹心及先王之經，而諸侯實深圖之"。"腹心"指至誠之心（下句股肱即手足，皆指桓公而言，非指其臣下）。"故"與"鼓"開合有別，其通假在語音上也有疑問。對照《左傳》，"故"應相當於"布"，但恐怕難以直接讀爲"布"或"敷"。② 然"故"音 kaas，"布"音 paas，僅有聲母發音部位的不同，大概不是偶然的。p->k-，或許是一種特殊的音變，性質不明，有待進一步研究。同樣，郭店簡《窮達以時》簡 11"造父"寫作"造古"，可能"古"表示 kaʔ，是"父 paʔ"的特殊音變。

例 25：清華簡《命訓》簡 12："霝(臨)之㠯(以)忠，行之㠯(以)尚。""尚"，今本《逸周書·命訓》作"權"，整理者從今本讀爲"權"。③ 按"尚"與"權"聲母相差甚遠，無由通假。簡文之"尚"表示的詞當是"權 gron"的同源異形詞，即"權"發生 gron>dron 音變後的語音形式。

原載田煒主編：《文字·文獻·文明》，上海古籍出版社，2019 年。

---

① 李學勤主編：《清華大學藏戰國竹簡（陸）》，第 119 頁。
② 蔡一峰《讀清華簡第六輯零札（五則）》(《古文字論壇》第二輯，第 260 頁)疑讀爲"敷"。
③ 李學勤主編：《清華大學藏戰國竹簡（伍）》，第 126 頁、第 130 頁注[二九]。

諧聲假借的原則及複雜性

傳統六書中,形聲又稱諧聲(出《周禮·地官·保氏》鄭衆注),但諧聲在命名上偏重於形聲字的聲旁,所以人們習慣用諧聲來指稱形聲字的聲旁跟形聲字的關係,如甲字諧乙聲,則甲乙有諧聲關係。段玉裁創製十七部諧聲表,即以諧聲爲名。假借即音借,也是一種"諧聲"。諧聲和假借雖然是漢字的兩種造字結構,但在利用語音關係這一點上,兩者具有完全相同的性質。甲字能充當乙字的聲旁,必定是因爲甲字的讀音與乙字相同或相近;本來爲甲詞造的字形能用來表示乙詞,必定是因爲甲詞和乙詞語音相同或相近。這是諧聲假借的本質屬性。

音同就是兩者語音完全相同。需要注意的是,有些人説的音同並非全同,可能只是上古聲母相同且韻部相同,如林澐先生説"既雙聲又疊韻的字便是同音字",[1]這當然是不夠準確的。

諧聲假借選擇音同的字無疑是最理想的,但在多數情況下,音同的字其實並不存在。因爲上古漢語的音節數目比較多,同音詞本來就相對較少,適合用來諧聲假借的字更少。所以,諧聲假借選擇音近的字是勢所必然。比如,商代甲骨文假借"鳳"的象形初文表示{風},但我們決不能因此得出這兩個詞在商代同音的結論,{鳳}和{風}兩個詞始終只是音近。商代人假借本來表示{鳳}的字來表示{風},已經是最佳選擇,因爲不存在哪個字與{風}同音。漢字畢竟不是表音文字,表音的準確度要受到字形系

---

[1] 林澐:《古文字學簡論》,中華書局,2012年,第125頁。

統的嚴重制約。

音近的標準可嚴可寬，並沒有一個人爲的規定。諧聲假借的音近標準需要通過歸納已經確認的諧聲假借得出，當然也要結合音理。清代以來傳統小學家通常認爲雙聲或叠韻即可諧聲假借，標準定得太寬，完全不合音理，顯然難以置信。對於假借的音近標準過寬的問題，王力先生有一段爲人熟知的批評，至今仍有警示意義，抄錄如下：

> 同音字的假借是比較可信的。讀音十分相近的假借也還是可能的，因爲可能有方言的關係；至於聲母發音部位很遠的叠韻字與韻母發音部位很遠的雙聲字，則應該是不可能的。而談古音通假的學者們却往往喜歡把古音通假的範圍擴大到一切的雙聲叠韻，這樣就讓穿鑿附會的人有廣闊的天地，能夠左右逢源，隨心所欲。雙聲叠韻的機會是很多的，字與字之間常常有這樣那樣的瓜葛，只要注釋家靈機一動，大膽假設一下，很容易就能攀上關係。曾經有人認爲楊朱就是莊周，因爲"莊""楊"叠韻，"周""朱"雙聲；這樣濫用古音通假，不難把雞説成狗，把紅説成黄，因爲"雞""狗"雙聲，"紅""黄"雙聲；又不難把松説成桐，把旦説成晚，因爲"松""桐"叠韻，"旦""晚"叠韻。這好像是笑話，其實古音通假的誤解和濫用害處很大，如果變本加厲，非到這個地步不可。①

下面分單輔音聲母、複輔音聲母、韻母三個部分，闡述諧聲假借的原則及複雜性，最後討論所謂的"一聲之轉"。

一、單輔音聲母

李方桂就上古單輔音聲母的諧聲歸納了兩條原則：

（一）上古發音部位相同的塞音可以互諧。

（a）舌根塞音可以互諧，也有與喉音（影及曉）互諧的例子，不常

---

① 王力：《訓詁學上的一些問題》，《王力語言學論文集》，商務印書館，2000年，第526—527頁。

與鼻音（疑）諧。

（b）舌尖塞音互諧，不常跟鼻音（泥）諧，也不跟舌尖的塞擦音或擦音相諧。

（c）唇塞音互諧，不常跟鼻音（明）相諧。

（二）上古的舌尖塞擦音或擦音互諧，不跟舌尖塞音相諧。①

李方桂所歸納的上古聲母的諧聲原則基本上是符合實際的。如果用我們構擬的上古單輔音聲母作具體化説明的話，音近標準如下：

1. p-、ph-、b-之間音近可諧聲假借；
2. t-、th-、d-之間音近可諧聲假借；
3. k-、kh-、g-之間音近可諧聲假借；
4. q-、qh-、ɢ-之間音近可諧聲假借；
5. k-組和 q-組之間音近可諧聲假借（即李方桂所説的舌根塞音與喉音相諧）；
6. ts-、tsh-、dz-、s-之間音近可諧聲假借；
7. m-、m̥-之間音近可諧聲假借；
8. n-、n̥-之間音近可諧聲假借；
9. l-、l̥-之間音近可諧聲假借；
10. r-、r̥-之間音近可諧聲假借；
11. ŋ-、ŋ̊-之間音近可諧聲假借；
12. ʔ-自爲諧聲假借。【編按：ʔ-聲母也可能是 q-的變體。】

【編按：概括言之，調音部位和方法都相同的輔音聲母互諧，而發聲上的送氣與否和清濁的差別可以忽略。但有兩處例外：ts-、tsh-、dz-和 s-的調音方法不同，不過塞擦音和擦音的差別不算太大。】k-組和 q-組調音部位不同，大致來説，諧聲假借也是分開的，但兩者之間交涉較多，實際上與李方桂的第一條原則相矛盾。這大概是因爲 q-組字相對較少，很難完全在本組内使用音符。比如要爲聲母爲 ɢ-的｛雄｝造字，只能選擇聲母爲 k-的"厷"作音符，因爲並没有其他表音更準確的字可供

---

① 李方桂：《上古音研究》，商務印書館，1980 年，第 10 頁。

選擇。

以上標準只能算是理想狀態,不合標準者亦往往有之。

1. p-組和 m-組偶爾有諧聲假借。比如:"賦 p-""賦 p-"從"武 m-"得聲,①"宓 m-"從"必 p-"得聲,"邊 p-"從"臱 m-"聲;郭店《老子甲》簡 8"古之善爲士者,必非(微)溺(妙)玄達","非 p-"通"微 m-";上博簡《凡物流形》甲簡 7"歀(飽)p-"從"卯 m-"聲,同《説文》古文。

2. t-組和 n-組偶爾有諧聲假借。比如:"踮 n-""碾 n-""輾 n-"從"展 t-"聲;②"淖 n-"從"卓 t-"聲;郭店簡《語叢四》簡 23—24"士又(有)㥁(謀)友則言談不勺(弱)",假借"勺 d-"爲"弱 n-";清華簡《繫年》簡 103"晉公目(以)豸(弱)","弱"從"勺"聲。

3. k-、q-組和 ŋ-組有相對較多的諧聲假借的例子。比如:"澆 k-"從"堯 ŋ-"聲,"僞 ŋ-"從"爲 ɢ-"聲,"跪 g-"從"危 ŋ-"聲,"岸 ŋ-""豻 ŋ-"從"干 k-"聲,"完 ɢ-"從"元 ŋ-"聲;"矣"本即"㠯(疑)ŋ-"字的變形,假借爲語氣詞"矣 ɢ-"。

以上是塞音和同部位鼻音之間的諧聲假借。

4. t-組和 ts-組偶爾有諧聲假借。如:"崔 tsh-"從"隹 t-"聲;③郭店簡《尊德義》簡 24"爲邦而不目(以)豊(禮),猷(猶)怃(御)之亡(無)適(策)也",假借"適 t-"爲"策 tsh-";上博簡《曹沫之陣》簡 52"龜簹(策)","策"寫作從"啻 t-"聲的異體。【編按:又"叱 th-"從"七 tsh-"聲。】

以上是舌尖塞音和舌尖塞擦音之間的諧聲假借。

5. m-和 n-偶爾有諧聲假借。如:"彌 m-"從"爾 n-"聲,"柔 n-"從"矛 m-"聲;【編按:"柔"字本不從"矛"聲。】上引郭店《老子甲》簡 8"溺 n-"讀"妙 m-";郭店簡《五行》簡 41"矛(柔),悬(仁)之方也",假借"矛"爲"柔";上博簡《恒先》簡 8—9"先又(有)叐(柔),女(焉)又(有)剛",用"叐"爲

---

① 清華簡《鄭武夫人規孺子》簡 3"賦"作"賵",從"甫 p-"聲。
② 《説文》:"輾,轢也。""踮""碾""輾"字後起。
③ 傳抄古文假借"衺 s-"爲"催";清華簡《繫年》簡 95"齊襄(崔)芧(杼)殺亓(其)君臧(莊)公目(以)爲成於晉",假借"襄"爲"崔";安大簡《詩經·卷耳》"崔"作"嶅",從"衺"聲。可證"崔"的上古聲母是 tsh-。

"柔", 而"叒"通常用爲"務 m-"或"侮 m-"。

6. n-和ŋ-偶爾有諧聲假借。如："撓 n-"從"堯 ŋ-"聲；"熱 nat"與"然 nan"可能有語源關係, 又郭店簡《太一生水》假借"然"爲"熱", 但"熱"從"埶 ŋ-"聲；【編按："熱"與"然"的關係存疑。"熱"的上古音應構擬作 ŋet。】上博簡《武王踐阼》簡 9"毋曰可(何)戔(殘), 柰(禍)酒(將)言(然)", 假借"言 ŋ-"爲"然 n-"；【編按：此讀存疑。】甲骨金文"埶"從"埶"聲, 用作"邇 n-", ①楚簡既用"埶"爲"邇", 又寫作"迩"。

以上是不同發音部位的鼻音之間的諧聲假借。

7. l-和 r-偶爾有諧聲假借。如："藥 l-"從"樂 r-"聲, "律 r-"從"聿 l-"聲, "䊶(耒)l-"的《説文》重文從"里 r-"聲作"梩"；《説文》"凌 r-"之正篆作"淩", 從"朕 l-"聲；清華簡《金縢》之"縢 l-"作"㱃", 從"凌"之初文得聲；"予 l-"是"吕 r-"的分化字。

8. n-和 l-偶爾有諧聲假借。如：上博簡《容成氏》簡 44"不能述(遂)者内(墜)而死", 假借"内 n-"爲"墜 l-"；【編按："内"當從整理者讀爲"人"。】《容成氏》簡 36"弔(强)溺(弱)不綹(辭)諹(讓)", 假借"易 l-"聲的"諹"(或即"讓"之異構)爲"讓 n-"；帛書《周易·同人》"服(伏)容(戎)于莽", 假借"容 l-"爲"戎 n-"；清華簡《厚父》簡 6"湳(沉/淫)湎于非彝", "湳"從"南 n-"聲而用作"沉 l-"或"淫 l-"。【編按：湳, 可能是从水从牛从羊的"沉"字之訛。見黄德寬：《清華簡新見"湛(沈)"字説》, 《清華大學學報(哲學社會科學版)》2020 年第 1 期。】

9. l-和 t-組偶爾有諧聲假借。如："移 l-"從"多 t-"聲；楚簡假借"逃 l-"爲"盗 d-"；【編按："盗"字的上古聲母應是 l-。】周原甲骨文"兆 l-"作"叴", 從"召 d-"聲；郭店簡《六德》簡 27、28 假借"實 l-"爲"經 d-"；上博簡《周易》簡 57"東鄰(鄰)殺牛, 不女(如)西鄰(鄰)之礿(禴)祭", 用"礿 t-"爲"禴 l-"；上博簡《容成氏》簡 1"斳(神)戎(農)是(氏)", 用通常讀作"慎 d-"的字爲"神 l-"。

10. r-和 t-組偶爾有諧聲假借。如：上博簡《容成氏》簡 14、15 用"埶

---

① 甲骨金文"埶"本來表示與"邇"同義的另一個詞的可能性也不能完全排除。

t-"聲的"䎽"爲"笠 r-"；上博簡《柬大王泊旱》簡 15 和清華簡《趙簡子》簡 9 用"執"聲的"𥬳"爲"笠 r-"；清華簡《皇門》簡 12"厸（媢）夫先受吝（殄）罰"，假借"吝 r-"爲"殄 d-"。

以上是不同發音方法的流音之間或流音與同部位的鼻音、塞音之間的諧聲假借。

出現這些聲母上不夠嚴格的諧聲假借的原因應該有多種，有的可能由於方言的緣故，有的可能由於文字上的不嚴謹，有的可能是因爲沒有更合適的音符，只能將就。最後一種原因的例子，如："宓 mit"從"必 pit"得聲，是因爲沒有 m-聲母的質部字可作聲旁；"熱 nat"，選擇"埶 ŋets"是因爲沒有 n-聲母的月部字可作聲旁。①【編按："熱"的上古音應構擬作 ŋet。】

二、複輔音聲母

構擬複輔音聲母是爲了解釋單輔音聲母無法解釋的諧聲假借。如："穌"從"魚"聲，前者爲中古心母字，後者爲中古疑母字，如果僅根據中古音將兩字的上古聲母分別構擬爲 s-和 ŋ-，則無法解釋其諧聲關係。s-之與 ŋ-，再怎麽馬虎也不能認爲兩者音近（除非承認叠韻即可諧聲）。構擬"穌"的上古聲母爲 sŋ-，則既能解釋其中古聲母 s-的來源，又能解釋與"魚 ŋ-"的諧聲關係，是比較合理的選擇。趙彤先生認爲，上古複聲母與單聲母不相諧聲，複聲母只能與複聲母諧聲。② 這樣的原則固然嚴謹，却難以實行。當古人爲聲母是 sŋ-的{穌}造一個形聲字時，能找到的最合適的聲旁也只能是聲母爲 ŋ-的"魚"字而已，聲母同樣是 sŋ-的字當然更爲音近，但實際上並不存在。

複輔音聲母有兩種類型：一種是聲幹加流介音的 Cr-、Cl-型，另一種是冠音（前置輔音）加聲幹的類型，如 sC-。兩種類型的複輔音聲母的諧聲假借原則有所不同。Cr-、Cl-型複輔音聲母的諧聲假借除了依據聲幹外，

---

① 本文中的上古擬音皆據筆者的意見。擬音前均不加 * 號。
② 趙彤：《諧聲、假借和通假的語音性質》，朴慧莉、程少軒編：《古文字與漢語歷史比較音韻學》，復旦大學出版社，2017 年，第 8—9 頁。

也可以僅僅依據流介音。① 冠音加聲幹類型的複輔音聲母只能依據聲幹諧聲假借，而與冠音無關。換言之，流介音參與諧聲假借，而冠音不參與諧聲假借。這是因爲冠音距韻母遠而介音距韻母近的緣故。

依據流介音諧聲的例子，如：

"涼 raŋ"從"京 kraŋ"聲。

"各"音 kaak，但"各"本是"來格"之"格 kraak"的本字，"洛 raak"從"各 kraak"聲。

"龔 kroŋ"從"龍 roŋ"得聲，楚簡中"龍"可讀爲"恭 kroŋ"，"龐 brooŋ"亦從"龍"得聲。

"睦"從"六 ruk"聲，所以其讀音應爲 mruk。

"數 sroʔ/sros"從"婁 roo"聲，"屨 kros""窶 groʔ"亦從"婁"聲。"婁"從"角 krook"聲。

清華簡《金縢》簡 6、《説命上》簡 2 假借"力 rək"爲"陟 trək"。【編按：安大簡《詩經·兔罝》"敊（椓）之正=（丁丁）"，"椓 trook"的異體"敊"從"彔 rook"聲。】

三、韻　　母

諧聲假借的音近原則除了上述聲母上的要求，當然還需要同時滿足韻母上的一定要求。段玉裁發現了漢字諧聲和上古韻文押韻分部的一致性，提出"同聲必同部"，即發生諧聲關係的兩個字必定屬於同一個韻部。"同聲必同部"的説法基本合理，不過韻部的概念不夠嚴密，應換用韻母這一概念來分析。諧聲假借在韻母方面的基本原則應該是：1. 有相同的韻（主要元音和韻尾）；2. 開合口相同。

韻尾不包括作爲中古去聲來源的-s 尾，因爲-s 尾大多與形態變化相關，如聞、問本來用同一個字形，好、好去一直用一個字形，-s 尾的有無在文字上不必反映，或説難以反映。

---

① 參鄭張尚芳：《上古音系》（第二版），上海教育出版社，2013 年，第 81 頁。

長短元音（或常態元音與咽化元音）理論上是不同的元音，諧聲假借上應有所表現。有些諧聲確實表現出長短元音的區分，比如"光""黄"聲的字基本上是-waaŋ韻，而"王""兄"聲的字基本上是-waŋ韻。又如Kaa（姑胡枯）用"古"聲，而Ka（鋸琚裾渠拒）用"居""巨"聲。但是要在諧聲假借上全面區分長短元音，現實條件是不允許的，因爲並沒有那麽多滿足要求的音符可供選擇。所以，諧聲假借通常不需要區分長短元音，從中古音的角度看，就是不區分三等韻與非三等韻。

　　諧聲假借對開合口的要求還是比較嚴格的，有-w-介音的韻母通常自相諧聲假借。由於上古的-w-介音只出現於牙喉音聲母後，開合口韻的區別也可以視爲聲母的不同，那麽上列第二條原則可以歸入聲母方面，即圓脣牙喉音聲母自相諧聲假借。

　　兩條原則都有例外，先説第二條原則的例外。開合口諧聲假借的例子，如："佳 kree""街 kree"从"圭 kwee"聲，"庪 kwreʔ"从"支 ke"聲；清華簡《繫年》簡99、105、107假借"閒（間）kreens"爲"縣 gweens"；清華簡《芮良夫毖》簡15"𧫊（熒）蜀（獨）"，用"坙 keeŋ"聲之字爲"熒 gweŋ"；《芮良夫毖》簡20"肩 kweeŋ"字作"屋"，从"坙"聲；清華簡《殷高宗問於三壽》簡7"傾 khweŋ"作"𦣻"，从"聖 qhleŋs"聲。值得注意的是，這些例子都是主要元音爲e者，不知何故。主要元音不是e的例子當然也有，但比較少見，如"憬 kwraŋʔ"从"景 kraŋʔ"聲，"醢 qhəəʔ"从"右 ɢwəʔ"得聲，【編按：也可能"醢"本來是合口。】清華簡《金縢》簡9、14"穫 gwaak"从"壑 qhaak"聲。

　　第一條原則的例外是比較常見的。就韻尾來説，傳統有所謂對轉説，包括陰陽對轉、陰入對轉、陽入對轉，即主要元音相同而韻尾不同（但發音部位相同）的韻母可以諧聲假借。

　　楚簡中陰入對轉的例子：望山簡等楚墓遣策中"翠 tshuts"字从羽"皋 dzuujʔ"聲；郭店簡《老子甲》簡2假借"豆 doos"爲"屬 dok"，楚簡多用"𧪞"爲"屬"；楚簡多假借"卑 pe"爲"臂 pheks"；楚簡多假借"即 tsit"爲"次 tshis"；假借"伊 ʔi""殹 ʔiis"爲"抑 ʔit"；郭店簡《窮達以時》簡4假借"垶（來）rəə"爲"棘津"之"棘 krək"；清華簡《芮良夫毖》簡12"昔才（在）先王，幾(既)又(有)槃俑(庸)",假借"幾 kəj?"爲"既 kəts"。

楚簡中陰陽或陽入對轉的例子:"重 droŋ?"作"𡈼",从"主 to?"聲;郭店簡《老子甲》簡 9、14 假借"朿 tsheks"爲"静 dzeŋ?";郭店簡《唐虞之道》簡 26"耳目取(聰)明衰",假借"取(取)tsho?"爲"聰 tshooŋ";上博簡《民之父母》簡 6:"系(奚—傾)耳而聖(聽)之,不可寻(得)而餾(聞)也",假借"奚 gee"爲"傾 kwheŋ";郭店簡《老子乙》簡 15、《太一生水》簡 4 假借"然 nan"爲"熱 nat";上博簡《孔子詩論》簡 27"子立 rəp"即《詩經》篇名"子衿 krəm"。

另外還有其他的主要元音相同而韻尾不同的通轉(王力《同源字典》就稱之爲通轉,與對轉、旁轉區別),如:"媼 ʔuu?"从"昷 ʔuun?"聲;"粤(雩) Gwat"从"于 Gwa"聲;"忝 liim?"从"天 liin"聲。楚簡中的例子,如:"瘥 dzaaj"作"瘥""疽",从"且 tsha?"聲;郭店簡《窮達以時》簡 10"騏 gə"作"驩",①从"堇 grən"聲;郭店簡《成之聞之》簡 35"津 tsin/tsən"作"礁",加注"才 dzəə"聲;上博簡《孔子詩論》簡 16"葛覃"之"覃 luum"作"䡇","由 lu"爲聲旁;上博簡《武王踐祚》簡 7"[殷]諫不遠",假借"諫 kraans"爲"鑒 kraams"(或係義近寫誤);清華簡《金縢》簡 11"泣 khrəp"作"湆",从"亟 krək"聲;上博簡《性情論》簡 32"人之不能吕(以)愚(僞)也,可智(知)也。不𢘓(過)直②[舉],其心必在焉。察其見者,情焉失哉","直 drək",郭店簡《性自命出》對應的字作"十 dəp";③清華簡《金縢》《皇門》等假借"滝(沈)drum"爲"冲人"之"冲 druŋ"。

主要元音相鄰而韻尾相同的通轉稱爲旁轉,楚簡中諧聲假借的例子,如:信陽簡等"圓 Gron"作"囩",从"云 Gun"聲;楚簡"融 luŋ"字作"䮶",从"䏎(墉)loŋ"聲;楚簡或用"悉"爲"務 mos""侮 mo?",从"矛 mu"聲;郭店簡《老子乙》簡 17"攸(修)之邦,丌(其)惪(德)乃奉(豊)",假借"奉 boŋ?"爲"豊 phuŋ";清華簡《繫年》簡 93 地名"絳 kruuŋs"作"鄴",从"芇 kroŋ"

① 字見《荀子·性惡》,楊倞注讀爲"騏"。
② 直,原形作 [圖], 不从"目",與一般的"直"有所不同,釋"直"有疑問。
③ 郭店簡作"迻(過)十㠯(舉)",無"不"字。

聲；清華簡《殷高宗問於三壽》簡19"謹(讒)繇(諛)則妝(屏)"，假借"繇 lu"爲"諛 lo"；上博簡《容成氏》篇名作"訟城氏"，用"氐 tii/tiiʔ"爲"氏 deʔ"；上博簡《容成氏》44"貝(視)diʔ/dis"讀爲"實 tes"。上博簡《柬大王泊旱》簡3、4"詘"讀"蔽 pets"，"詘"從"必 pit"聲。

另有主要元音相鄰而韻尾不同的通轉(旁對轉之類)，楚簡中諧聲假借的例子，如："禍 goojʔ"作"𩓣"，從"骨 kuut"聲；上博簡《武王踐阼》簡9"忿連(戾)"，假借"連 ren"爲"戾 riits"；清華簡《繫年》簡59"褫 lree/lreeʔ/lreeʔ"作"貤"，從"它 laaj"聲；上博簡《容成氏》簡28"乃立句(后)禝(稷)目(以)爲經(田)"，假借"呈 lreŋ"聲之字爲"田 liin"；上博簡《慎子曰恭儉》簡5"送(遵)畎備(服)畮(畝)"，用"送 sooŋs"爲"遵 tsun"。①

跟聲母一樣，這些韻母上不夠嚴格的諧聲假借出現的原因應該也不是單純的，有的只能歸因於文字上的不嚴謹，有的實際上是某些特殊音變的反映。如：幼義之"沖"，可能本來就讀 drum，故西周金文和楚簡都用"沈 drum"來表示，後來才音變爲 druŋ(-m 尾變異爲-ŋ 尾，同"贛""風"等字)，不過音變的時間不能確定。"湿"所記錄的詞的語音形式大概就是"khrək"，是"泣 khrəp"的特殊音變，兩者爲同源異形詞關係。這與"急 krəp"和"亟 krək"、"澀 srəp"和"濇 srək"的關係相同。《方言》卷九："戟，楚謂之孑。"孑音 krat，戟音 krak，差別也僅在塞音韻尾的不同，兩者也是同源詞關係。上列有些例子不容易確定是因爲文字上的不嚴謹還是因爲特殊音變，如以"驕"表"騏"、以"貤"表"褫"。

四、關於"一聲之轉"

清代學者好言"一聲之轉"，或説"聲轉""聲之轉""語轉""語之轉""一語之轉"。今舉段、王之例如下：

《説文》："窆，葬下棺也。"又："堋，喪葬下土也。《春秋傳》曰：朝而

---

① 楚簡用"夲"爲"寸"，"悉(遜)"作"憃"，"尊"作"嵞"，皆從"夲"聲，則"夲"可能本有"送"的音，音近而與文部字諧聲假借。【編按：此說不確。關於"夲"字，參看鄔可晶、施瑞峰：《説"朕"、"夲"》，未刊稿。】

堋。《禮》謂之封,《周官》謂之窆。"段玉裁注:"按堋窆封三字分蒸侵東三韻,而一聲之轉。""禮"指《儀禮》,但今本作"窆",而鄭注云今文作"封"。《禮記·曾子問》:"遂既封而歸。"鄭注:"封當爲窆。"即讀"封"爲"窆"。《左傳》之"堋"、《周禮》之"窆"以及《禮記》之"封"都是下棺的意思,讀音亦不遠(聲母相同,韻母亦相近),應是同源詞,段説"一聲之轉"是可信的。但下面兩例就不可信了。

《説文》:"濛,微雨也。"又:"溦,小雨也。"又:"溟,小雨溟溟也。"段玉裁改"濛"字注爲"溦雨皃",説:"溦溟濛三字,一聲之轉。"按:三字僅聲母相同,無同源關係。

王念孫《廣雅疏證》卷三上"薄、怒、文、農,勉也"條:"農猶努也,語之轉耳。《洪範》云'農用八政',謂勉用八政也。"按:農、努雙聲,但韻母差得遠,無同源關係。

一聲之轉的"聲"本指語音,包含聲母和韻母。同源詞是同一語音的分化,用"一聲之轉"來説明詞的同源關係本來並没有問題。但是,由於語音通轉中聲母的關係相對簡單,韻母關係相對複雜,清代以來學者多將一聲之轉的"聲"狹義地理解爲聲母,①於是"一聲之轉"最終蜕變爲"雙聲假借"。

錢大昕《十駕齋養新録》卷五"沈休文不識雙聲"條云:"《禮記疏》:'昕天,昕讀曰軒,言天北高南下,如車之軒。'是吴時姚信所説。②《宋書·天文志》云:'按此説,應作軒昂之軒,而作昕,所未詳也。'大昕案:昕、軒雙聲,漢儒所謂聲相近也。古書聲相近之字即可假借通用,如《詩》'吉蠲爲饎'或作'吉圭'……"③

王國維《〈爾雅〉草木蟲魚鳥獸名釋例自序》(《觀堂别集》卷四)云:"近儒皆言古韻明而後訓詁明,然古人假借轉注多取諸雙聲。段、王二君雖各自定古音部目,然其言詁訓也,亦往往舍其所謂韻而用雙聲。其以叠韻説

---

① 此由宋末元初的戴侗開其端。參党懷興:《〈六書故〉"因聲以求義"論》,《陝西師範大學學報(哲學社會科學版)》1992年第1期,第61—68頁。
② 按:姚信有《昕天論》。
③ 《嘉定錢大昕全集》(柒),江蘇古籍出版社,1997年,第117頁。

詁訓者,往往扞格不得通。然則謂古韻明而後詁訓明,毋寧謂古雙聲明而後詁訓明歟?"①

錢玄同云:"竊謂古今語言之轉變,由於雙聲者多,由於疊韻者少。不同韻之字,以同紐之故而得通轉者往往有之,此本與韻無涉。"②

洪誠《訓詁學》總結通假條例,其中第二條爲:"凡古韻部不同而聲紐相同的字可以通用,這就是雙聲通用。"③

可見,這種聲母相同甚至相近即可通轉的"一聲之轉"曾經被很多人接受。即使王力先生,本來是不贊成這種"一聲之轉"的,但仍不免受其影響。在《同源字典》中,有些大概就是以雙聲定爲同源詞的,如"更"與"改","剛"與"堅","疆"與"界","籠"與"笭"。裘錫圭先生在《談談〈同源字典〉》一文中説:"應該説,王先生定爲同源的字,在語音上都是有同源的可能的。不過在韻母的關係上,旁轉、旁對轉、通轉這類稍嫌疏遠的關係,其出現次數似乎還是多了一些。"④批評是中肯的。

諧聲假借既有基本的原則,又有諸多特殊情況,尤其在出土古文字資料中,諧聲假借所反映的語音現象更加複雜。因此"一聲之轉"即雙聲假借説在學者中特別是古文字研究者中至今仍不乏擁護者。如何琳儀先生認爲楚王領鐘之"領"是楚王熊囏(堵敖),即以"堇""今"雙聲爲説。⑤ 又最近劉波先生《由出土楚文獻中的音轉現象看古人的"一聲之轉"》一文試圖根據楚簡和楚金文中的通假材料證明雙聲假借説,共舉了17個例證。⑥ 但是所舉17例都不無疑問,並不足以證實雙聲假借説。比如:

第1例:上博簡《競建内之》簡3+8:"不出三年,狄人之怀者七百邦。"怀,從李天虹讀爲"附"。"不"爲幫母之部,"附"爲並母侯部,兩者韻

----

① 《王國維遺書》第三册,上海書店出版社,1983年,第209—210頁。
② 《錢玄同文字音韻學論集》,上海古籍出版社,2011年,第238頁。
③ 洪誠:《訓詁學》,江蘇古籍出版社,1984年,第122頁。
④ 《裘錫圭學術文集·語言文字與古文獻卷》,復旦大學出版社,2012年,第171頁。
⑤ 何琳儀:《楚王領鐘器主新探》,《安徽大學漢語言文字研究叢書·何琳儀卷》,安徽大學出版社,2013年,第65頁。
⑥ 朴慧莉、程少軒編:《古文字與漢語歷史比較音韻學》,第53—65頁。

部遠隔,而聲母相近,故爲雙聲假借。按:"伓"字,陳劍先生讀爲"服"。①即使讀爲"附",也不能説韻部遠隔。

第 3 例:九店簡 M56—32"迈四方野外",秦簡《日書》738 作"之四方野外","石"爲禪母鐸部,"之"爲章母之部,兩者韻部遠隔,而聲母相近,故爲雙聲通轉。按:"迈""之"僅屬於同義詞關係,兩者不存在通轉。

第 4 例:清華簡《耆夜》1"保睪"即"保奭","睪"爲喻母鐸部,"奭"爲書母職部,兩者韻部遠隔,而聲母相近,故爲雙聲假借。按:"奭"亦鐸部字,過去多歸職部,是根據《說文》之从"皕"聲,不可信。

第 6 例:清華簡《金縢》簡 8"周鶚"即今本之"鴟鶚"。"周"爲章母幽部,"鴟"爲昌母脂部,韻部遠隔,而聲母相近,故爲雙聲假借。按:"周"的上古音爲 tiw,"鴟"爲 thi,則兩者的主要元音相同,並非僅雙聲關係。"鴟鶚 thi graw",前一音節大概受後一音節的同化作用而變爲 thiw,故楚簡用"周"字假借。

第 8 例:楚文字多以"鹿"用作"離""麗",兩者韻部遠隔,而聲母相同,故爲雙聲假借。按:這些"鹿"字大概是當作"麗"字來用的,屬於字形上的問題,不必看作假借。

第 17 例:楚王領鐘、瓶中"領"即楚靈王名"虔","今"爲見母侵部,"虔"爲羣母元部,兩者韻部遠隔,而聲母相近,故爲雙聲通轉。按:楚王領爲楚靈王虔,恐怕還不能看作定論。即使楚王領確爲楚靈王虔,也不一定能證明"領"讀"虔"。

第 5 例提到的新蔡簡以"睘""還""嬛"記錄地支之"亥",是以元部或耕部的字來代替之部字,非常特殊,但並非只能用所謂的雙聲假借來解釋,或許另有原因。

總之,雙聲假借說不合音理,缺乏科學性。不能因爲段玉裁、王念孫、王國維等大家都贊成,就盲目信從;更不能爲了通轉的方便,就樂意採用。諧聲假借所反映的語音現象是複雜的,有很多難題有待解決,需要深入研

---

① 陳劍:《戰國竹書論集》,上海古籍出版社,2013 年,第 170 頁。

究,但無論如何都必須使用語言學的科學方法來做出合理的解釋,而不能乞靈於帶有極大任意性的"一聲之轉"。

原載《嶺南學報》復刊第十輯《出土文獻:語言、古史與思想》,上海古籍出版社,2018年。

試論"豕"字的上古韻部歸屬

考證具體某個字的上古韻部歸屬的傳統方法,一是根據其在上古韻文特別是《詩經》中的押韻情況,二是根據《説文》諧聲。如果某個字既不曾入韻,又没有可資判斷韻部的可靠的諧聲系列,那麽這個字的上古韻部歸屬就往往很難判定。"豕"字就屬於這種情況。

《説文》九篇下:"豕,彘也。……讀與豨同。"段玉裁大概據"讀與豨同",入"豕"字於十五部。① 江有誥把"豕"字歸入脂部,②並注明"豙"字從豕聲,作爲歸部的理由。③ 王力、周祖謨等亦歸入脂部。④ 鄭張尚芳先生同樣因襲前人之説,定"豕"字的上古韻部爲脂部。⑤ 但是我們認爲"豕"字入脂部的兩條證據都是有疑問的。

第一,關於《説文》的"讀與豨同"。古書中有"豕"與"豨"互爲異文之例,如:《左傳》定公四年"吳爲封豕長蛇",《淮南子·修務》"豕"作"豨";《左傳》襄公二十四年"豕韋氏",《莊子·大宗師》作"豨韋氏"。《方言》卷八:"豬,北燕、朝鮮之間謂之豭,關東西或謂之彘,或謂之豕,南楚謂之豨。"可見"豨"是"豕"在南楚的説法。《淮南子》《莊子》屬於南方作品,所

---

① 段氏的十五部相當於後來的脂、微、祭、月等部。以"豕"字歸十五部,見段氏《説文解字注》"豕"字下及《六書音均表·古十七部諧聲表》。但段氏在"豙"字下注却説"豕"在十六部。前後不一致。當以前者爲準。
② 江氏的脂部相當於後來的脂、微兩部。
③ 見(清)江有誥:《音學十書·諧聲表》,中華書局影印,1993年。
④ 參看陳復華、何九盈:《古韻通曉》,中國社會科學出版社,1987年,第71頁。
⑤ 鄭張尚芳:《上古音系》,上海教育出版社,2003年,第463頁。

以可能是用楚地方言。那麽"豕"之與"豨"應是方言的不同，而不是同音通用的關係。《説文》認爲"豕"字"讀與豨同"，跟後世讀音不合，是很可懷疑的。《説文》讀若的性質頗爲複雜，有些是純粹的注音，有些是注明古書假借。我猜想，大概是因爲古書中有"豕"與"豨"互爲異文的現象，許慎認爲是通假或一字異體，所以說"豕讀與豨同"。也有可能在許慎的方言裏"豕"就是與"豨"同音的。

第二，關於"㒸"从"豕"聲的問題。"㒸"字係在"豕"字上方加一"八"形而成，①字形結構並不是很清楚，很難說"豕"就是聲符。如"兄"上加"八"形而成"兌"，但"兌"並不从"兄"聲。從語音上看，"㒸"音徐醉切，無疑是物部合口字，如果"豕"是脂部字（而且可以肯定是開口字），則兩字主要母音不同，韻尾不同，聲調舒促不同，"豕"作"㒸"的聲符的可能性也是極小的。段、江區分古韻尚不密，脂、物兩部不分，他們由"㒸"从"豕"聲所得出的結論仍屬合理推斷，但以今日的上古音研究水準，而根據物部合口的"㒸"从"豕"聲得出"豕"歸脂部的結論，則顯然是不夠嚴密的。

既然把"豕"字歸入脂部的兩條證據都不可靠，那麽"豕"字的上古韻部歸屬問題就值得重新考慮了。

《廣韻》紙韻弛小韻收"豕"字，反切是"施是切"。可知"豕"字在《切韻》音系中的音韻地位與"弛"字完全相同，都是紙韻開口三等上聲書母。我們知道，《廣韻》的支韻系字主要有兩個上古來源：一是上古支部，一是上古歌部。那麽從"豕"字在中古的音韻地位來看，其所屬上古韻部最有可能的就是支部和歌部。事實上，確實有人把"豕"字歸入支部。像段玉裁，雖然最終把"豕"字定爲脂部字，但在《説文解字注》"㒸"字下，他把"豕"歸入十六部，即後來的支部；對於"豕"作十五部的"㒸"的聲符，則視

---

① 金文中，表示"遂"這個詞都用"述"，金文中可靠的"㒸"字可以說没有。《金文編》第 49 頁前兩欄，舊所釋之豕上加一筆的"㒸"，實乃"彖"字（陳劍：《金文"彖"字考釋》，《甲骨金文考釋論集》，綫裝書局，2007 年，第 241—272 頁），跟豕上从八的"㒸"無關。第三欄字形不从"豕"，顯與"㒸"無關。

爲合韻。郭錫良先生也把"豕"字歸入支部。① 鄭張尚芳先生爲"豕"字同時擬了支部的音,作爲上古較晚的不規則變音。② 他們大概都是根據"豕"字在《廣韻》中是支韻系字而這樣做的。段氏後來找到了他認爲十分可靠的證據而把"豕"字改入脂部。郭錫良先生應該是看到了"豕"字入脂部沒有可靠根據,所以就據其在《切韻》音系中的地位而歸入支部。鄭張尚芳先生因"豕"字的中古音跟他所構擬的上古脂部音不太吻合,只好又構擬了一個支部的不規則變音。但如前文所指出,《廣韻》的支韻系字主要有兩個上古來源,除了上古支部以外,還有一半字來源於上古歌部,有什麽理由能説"豕"字就一定來源於上古支部呢？我們認爲,把"豕"字歸入支部缺乏其他證據,而歸入歌部則是頗能找到一些證據的。下面説明我們認爲"豕"字應該歸歌部的其他理由。

　　先從"地"字説起。"地"字的上古韻部歸屬也曾有争議,朱駿聲歸入支部,而段玉裁、王念孫、孔廣森、王力等都把"地"字歸入歌部。③ 何九盈先生的《古韻三十部歸字總論》綜合前人之説,定"地"爲歌部字,④可信。此外,從古文字包括秦漢文字來看,"地"字所從的聲旁"也"本來是"它","也"是"它"之訛,⑤而"它"是毫無疑問的歌部字,那麽"地"字歸歌部也是没有問題的。戰國文字中,"地"或以"豕"字爲聲旁,見於行氣玉銘、侯馬盟書、中山王圓壺等,⑥郭店簡《忠信之道》4、5號簡中兩個"地"字也是從"豕"聲。戰國三晉璽印文字中有從阜從豕從它的字,"豕""它"皆聲,是兩聲字,可能就是"地"字的異體。⑦ 既然"地"字入歌部,那麽能作"地"字聲旁的"豕"字也應該以歸入歌部爲宜。【編按：謝明文先生《説"狄"》一文認爲"地"在西周金文中從"豸"聲(《説文》籀文同),戰國文字中"地"所從

---

① 郭錫良：《漢字古音手册》,北京大學出版社,1986年,第56頁。
② 鄭張尚芳：《上古音系》,第463頁。
③ 參看陳復華、何九盈：《古韻通曉》,第347—348頁。
④ 陳復華、何九盈：《古韻通曉》,第347—348頁;何九盈：《音韻叢稿》,商務印書館,2002年,第72—73頁。
⑤ 參看裘錫圭：《文字學概要》,商務印書館,1988年,第77—78頁。
⑥ 參看何琳儀：《戰國古文字典——戰國文字聲系》,中華書局,1998年,第1223頁。
⑦ 參看何琳儀：《戰國古文字典——戰國文字聲系》,第1224頁。

"豕"是"彖"之省變(《文史》2019年第1期,第20頁)。按:西周金文"隊"讀爲歌部開口的"施",則其聲旁恐怕並非元部合口的"彖",而是一個歌部開口字,實即"豕"字繁體。鄔可晶先生說:"戰國文字'墜(地)'或從'豕'聲,可以從音韻學上得到合理的解釋,不必看作'彖'之省訛。"見鄔可晶:《釋上博楚簡中的所謂"逐"字》,氏著:《戰國秦漢文字與文獻論稿》,上海古籍出版社,2020年,第107頁。】

《說文》九篇下彑部有"彖"字,①訓爲"豕",讀若弛,而《廣韻》中"弛"與"豕"同音,那麼這個"彖"與"豕"本是完全同音同義的。② 朱駿聲《說文通訓定聲》認爲這個"彖"就是"豕"的異體。馬王堆漢墓遺策和木牌中"豕"字正作"彖"形,③可證古人確實曾把"彖"字用作"豕"。《說文》同篇同部又有另一個"彖"字,④訓爲"豕走",讀音是通貫切,就是經典中的彖象字。這兩個"彖"其實就是一個字。由於古人曾用"彖"爲"豕",於是"彖"就有了"豕"的音義,《說文》遂因此而分爲兩字,但字形究竟難分,結果造成大小徐本互相乖謬的局面。通貫切的"彖"上古音顯然是元部,那麼與之關係如此密切的"豕"字最可能的就是歌部。歌元陰陽對傳,能較好地解釋兩字的通用關係。【編按:元部的"彖"和歌部的"彖"(即"豕"字)主元音不同,不存在語音上的陰陽對轉關係,並非一字。】

"蠡"字,江永《古韻標準》歸歌部,引劉向《九歎》與"峨"韻,揚雄《長楊賦》與"駝"韻。又引顧炎武說,《文子》之"蠡蚌"即"螺蚌"。《廣韻》中"蠡"又音落戈切。可見,"蠡"字確應歸入歌部。而"蠡"字有異體作"蟸",從"豕","豕"應該是聲旁,這也可以作爲"豕"入歌部的一條積極證據。【編按:此亦可證明"彖"有歌部的讀音,即讀同"豕"。】

古音學家根據《說文》"彘"從"矢"聲,一般把"彘"字歸入脂部或質部。但是說"彘"從"矢"聲其實並不可信。"彘"字象矢貫入豕身之形,古人以矢射取豕,所以如此,"矢"並不一定就是聲符。《廣韻》"彘"字直例切,從

---

① 據大徐本。此字小徐本作从彑从豕形,即"彖"中間多出一橫。
② 《廣韻》此字"尺氏切",與"豕"字音稍有別,恐是後起讀音。
③ 陳松長等:《馬王堆簡帛文字編》,文物出版社,2001年,第389頁。
④ 據小徐本。此字大徐本與"彖"混同。

其中古音韻地位看,上古音應入祭部。《荀子·成相》"毳"與"蔽""制"韻,即可爲證。【編按:清華簡《禱辭》簡19"毳"與"外"韻。】鄭張尚芳先生把"毳"字歸入祭部,是正確的。① 《説文》"豕,毳也","毳,豕也",兩字互訓;又《方言》卷八:"關東西或謂之毳,或謂之豕。""豕"與"毳"極有可能是一對同源詞。② 既然"毳"在祭部,那麼"豕"歸歌部是最合適的。這兩個字一在祭部,一在歌部,陰入對轉,聲母亦相近,它們的密切關係就能得到合理的解釋。

總之,把"豕"字歸入脂部的證據並不可靠;我們主要依據"豕"字的中古音韻地位及其在古文字中的諧聲關係,認爲應該把"豕"字歸入上古歌部,這樣歸部才能使各方面得到最合理的解釋。

原載《漢字文化》2007年第2期。

---

① 鄭張尚芳:《上古音系》,第463頁。
② 王力:《同源字典》,商務印書館,1982年,第423頁。

上古韻部歸字辨析三則

一、利

利,《廣韻》立至切,中古音脂韻系開口去聲字。中古脂韻系去聲字(至韻)的上古來源比較複雜,有質部(如"至""疐"等字)、物部(如"醉""墜"等字)、緝部(如"位""摯"等字)、職部(如"備"字)和脂部(如"二""次"等字)。"利"字的上古韻部歸屬有質部和脂部二説。王力的諧聲表把"利聲"歸入質部,①唐作藩《上古音手册》、郭錫良《漢字古音手册》、陳復華及何九盈《古韻通曉》、鄭張尚芳《上古音系》都把"利"字歸入質部,但鄭張尚芳同時構擬了質部和脂部兩個讀音。② 曾運乾《音韻學講義》和周祖謨的諧聲表把"利聲"歸入脂部。③ 我認爲"利聲"歸入脂部是正確的,事實上從"利"得聲的字如"黎""犁""梨"等字各家皆歸脂部而不歸質部,獨獨把聲首"利"字歸入質部是不妥當的。"黎""犁""梨"等字没有被歸入質部是因爲它們是平聲字,上古音不可能是入聲;而"利"字被歸入質部,是因爲它的中古音是去聲字,去聲字有很大一部分來源於上古的入聲韻部;但這只有可能性而無必然性,中

---

① 王力:《王力文集》第五卷《漢語音韻》,山東教育出版社,1986年,第177頁。
② 唐作藩:《上古音手册》(增訂本),商務印書館,2013年,第92頁;郭錫良:《漢字古音手册》(增訂本),商務印書館,2010年,第133頁;陳復華、何九盈:《古韻通曉》,中國社會科學出版社,1987年,第242頁;鄭張尚芳:《上古音系》(第二版),上海教育出版社,2013年,第401頁。
③ 曾運乾:《音韻學講義》,中華書局,1996年,第184頁;周祖謨:《問學集》,中華書局,1966年,第241頁。

古的去聲字上古音也可以仍是去聲。從諧聲來看，"利"字應以歸入脂部爲宜，是上古脂部的去聲，與"二""次"等字同類。郭店簡《緇衣》17 號簡，"利"字假借爲"黎民"之"黎"，是"利"字歸脂部在通假方面的證據。

《詩·小雅·大田》："彼有不穫稚，此有不斂穧。彼有遺秉，此有滯穗，伊寡婦之利。""利"字與"稚""穧""穗"韻，"稚"和"穧"也是脂部去聲字，"穗"字則是質部去聲字，可以看作脂質合韻，但四字中古都是去聲，上古音皆有*-s尾。如果以"穗""利"爲韻，而不與"稚""穧"韻（王力《詩經韻讀》即如此分析），①則此韻文似乎是"利"歸質部的一條證據。但這樣分析韻腳恐怕並不合適。

清華簡《殷高宗問於三壽》20—21 號簡："内亞（基）而外比，上下毋倉（爽），𢌿=（左右）愳（毋）比，弜（强）戕丩出，經緯忎（順）齊，土（妒）悁（怨）毋复（作），而天目毋眉（迷），寺（時）名曰利。"②"利"與脂部字"比""齊""迷"韻，這條韻文也是"利"歸脂部的證據。

二、扁

扁，《廣韻》有方典、薄泫、符善、芳連四切，前兩音在先韻系，後兩音在仙韻系。從"扁"得聲的字也主要在這兩個韻系。中古先韻系有上古真部、文部和元部的來源，中古仙韻系只有上古元部的來源。從中古音來看，"扁"及"扁"聲字的上古音應在元部。但是，《詩·小雅·巷伯》："緝緝翩翩，謀欲譖人。慎爾言也，謂爾不信。"《大雅·桑柔》："菀彼桑柔，其下侯旬。捋采其劉，瘼此下民。不殄心憂，倉兄填兮。倬彼昊天，寧不我矜。四牡騤騤，旟旐有翩。亂生不夷，靡國不泯。民靡有黎，具禍以燼。於乎有哀，國步斯頻。"都是"扁"聲的"翩"與真部字韻，所以從江永開始，③都

---

① 王力：《王力文集》第六卷《詩經韻讀》，第 339 頁。
② 李學勤主編：《清華大學藏戰國竹簡（伍）》，中西書局，2015 年，第 151 頁。倉，整理者讀爲"攘"，從郭永秉先生讀爲"爽"。郭説見簡帛網"簡帛論壇—簡帛研讀"《清華五〈殷高宗問於三壽〉初讀》"紫竹道人"2015 年 4 月 13 日的發言。【編按：眉，整理者讀爲"迷"，恐不可信。但此字從"𠙵"聲《玉篇》以爲古文"夷"字），屬於脂部字是沒有疑問的。】
③ （清）江永：《古韻標準》，中華書局影印，1982 年，第 26 頁。

把"扁聲"歸入上古真部,王力、周祖謨、唐作藩、郭錫良、陳復華及何九盈皆如此。① 董同龢《上古音韻表稿》、張日昇及林潔明編《周法高上古音韻表》則把"扁"及"扁"聲字改歸入元部,②鄭張尚芳《上古音系》所列諧聲分部表把"扁聲"歸入真部,但在古音字表中把"扁"及"扁"聲字歸入元部。③ 我認爲,只能根據中古音韻地位把"扁聲"歸入元部。至於《詩經》中"翩"與真部字押韻,完全可以用合韻來解釋。《詩·小雅·四月》:"匪鶉匪鳶,翰飛戾天,匪鱣匪鮪,潛逃于淵。"元部字"鳶"與真部字"天""淵"合韻,是同樣的情况。《楚辭·湘君》:"石瀨兮淺淺,飛龍兮翩翩。交不忠兮怨長,期不信兮告余以不閒。""翩"與元部字"淺""閒"韻,這是"翩"歸元部在上古韻文方面的積極證據。

古文字資料中也有"扁聲"歸元部的證據。上博簡《鷂鶉》:"㝃(鷂)栗(鶉)羇(翩)飛含可(兮),不戠(織)而欲衣含可(兮)。"④"羇"字,從羽鼻聲,是"翩"的異體;"鼻"是元部字,可以證明"翩"也是元部字。郭店簡《老子丙》8號簡"是目(以)支(偏)酒(將)軍居右(左)",馬王堆帛書《老子》甲本157行"是以便(偏)將軍居左",分別用元部字"支"(古文"鞭")和"便"假借爲"偏",證明"偏"也是元部字。

總之,除了可以解釋爲真元合韻的《詩經》押韻之外,韻文、假借、諧聲、中古音四方面的材料無不能證明"扁聲"應歸入元部(元$_2$)。

三、並

並,《廣韻》蒲迥切,中古音青韻系上聲。中古青韻系僅來源於上古耕

---

① 王力:《王力文集》第五卷《漢語音韻》,第177頁;周祖謨:《問學集》,第263頁;唐作藩:《上古音手册》(增訂本),第10頁;郭錫良:《漢字古音手册》(增訂本),第338頁;陳復華、何九盈:《古韻通曉》,第302頁。
② 董同龢:《上古音韻表稿》,《中研院歷史語言研究所集刊》第18本,1948年,第207—208頁;張日昇、林潔明編:《周法高上古音韻表》,三民書局,1973年,第175、179頁。
③ 鄭張尚芳:《上古音系》(第二版),第257、276—277頁。此元部爲主元音作e的元$_2$部,與真部較近。
④ 復旦吉大古文字專業研究生聯合讀書會:《上博八〈鷂鶉〉校讀》,復旦大學出土文獻與古文字研究中心網站,2011年7月17日。"羇"字的釋讀是陳劍先生的意見。

部，所以如據中古音韻地位，"並"字的上古音理應歸入耕部。《說文》："並，併也。"段玉裁《說文解字注》："人部'併'下曰：並也。二篆爲轉注。鄭注禮經，古文'並'今文多作'併'。是二字音義皆同之故也。古書亦多用爲'傍'字者，傍，附也。"《說文解字注》"並"字入十一部（耕部），同"并""併"；但在段氏《六書音均表》中，"並聲"却列在十部（陽部）。嚴可均《說文聲類》云："並，《廣韻》誤入迥均。按'普'入魚類，'竝'在蕩部，魚陽對轉，'並'字非耕類無疑也。古讀若防上聲。"①所以嚴可均把"並"字列在陽部。朱駿聲《說文通訓定聲》、江有誥《諧聲表》、②王力、周祖謨、董同龢、唐作藩、郭錫良皆同。③ 陳復華、何九盈《古韻通曉》把"並"列在耕部；④張日昇、林潔明編《周法高上古音韻表》"並"字既入陽部，又入耕部；⑤鄭張尚芳《上古音系》諧聲分部表中"並"列入陽部，但古音字表中"並"入耕部。⑥

我認爲，"並"字應據其中古音歸入耕部，其歸陽部的理由均難成立。嚴可均以《廣韻》爲誤入迥韻，顯然不可信。動輒以唐韻爲誤，是自顧炎武以來清代古音學家的一大毛病。"並"跟耕部的"并""併"的音義關係很密切（見上文引《說文》段注），自應同部。至於"並"和"傍"，大概只是同義詞關係，不是音近通假關係。《集韻》"並"有蒲浪切的又音（音同"傍"），應是同義換讀爲"傍"，非其本音。⑦ 普，《說文》分析爲會意字，非从"並"聲。【編按：小徐本作"從日並聲"。徐鍇曰："日無光則近遠皆同，故從並。有聲字，傳寫誤多之也。會意。"】从"並"聲的"髮"字，《廣韻》有薄庚、北朗二

---

① （清）嚴可均：《說文聲類》，《續修四庫全書》第 247 册，上海古籍出版社，2002 年，第 31 頁。
② （清）江有誥：《音學十書》，中華書局影印，1993 年，第 257 頁。
③ 王力：《王力文集》第六卷《詩經韻讀》，第 25 頁；周祖謨：《問學集》，第 260 頁；董同龢：《上古音韻表稿》，第 170 頁；唐作藩：《上古音手册》（增訂本），第 12 頁；郭錫良：《漢字古音手册》（增訂本），第 443 頁。
④ 陳復華、何九盈：《古韻通曉》，第 282 頁。
⑤ 張日昇、林潔明編：《周法高上古音韻表》，第 51、74 頁。
⑥ 鄭張尚芳：《上古音系》（第二版），第 255、281 頁。
⑦ 《史記·秦始皇本紀》三十三年："自榆中並河以東，屬之陰山，以爲十四縣，城河上爲塞。"裴駰《集解》引服虔曰："並音傍。傍，依也。"說明"並"有"傍"音即同義換讀爲"傍"，早至東漢。但"並河"即與河相並，引申而有依傍義，本不必讀爲"傍"。

278　古文字與上古音論稿

切,《説文》大徐音蒲浪切。推到上古音,"髈"確在陽部,但僅此一例諧聲證據不足以證明"並"也在陽部。

　　郭店簡《老子甲》24 號簡:"萬勿(物)方乍(作),居目(以)須复(復)也。"方,今本及北京大學藏西漢竹簡本《老子》作"並",馬王堆帛書本甲本和乙本《老子》作"旁"。馬王堆帛書整理者依今本讀"旁"爲"並"。① 郭店簡整理者讀"方"爲"旁",② 李零《郭店楚簡校讀記》讀爲"並"。③ 按《説文》:"旁,溥也。""旁"有普遍義。王引之《經義述聞》卷二"旁行而不流"條:"《周官·男巫》曰'旁招以茅',謂徧招於四方也。《聘義》曰'孚尹旁達',謂玉之色彩徧達與外也。《晉語》曰'乃使旁告於諸侯',謂徧告於諸侯也。《楚語》曰'武丁使以夢象旁求四方之賢',謂徧求四方之賢也。《逸周書·大匡》篇曰'旁匡於衆,無敢有違',謂徧匡於衆也。……""萬物旁作"即萬物遍起,文自可通,不必從今本讀爲"並"。如上文所論,"並"應歸耕部,那麼"方""旁"讀爲"並"在語音上也是有疑問的。

　　【編按:葛陵簡乙一 14 等的"邮並",甲三 8、18 作"邮邡","並"與"邡"通用,是"並"歸陽部的證據。本文跟據"並"的中古音韻地位及其與"并""併"的音義關係,同意"並"歸入耕部。但"並"歸陽部確實也有一些證據,恐難一概予以否定,故"並"之歸部問題仍有待進一步研究。】

原載《上古漢語研究》第二輯,商務印書館,2018 年。

---

　　① 國家文物局古文獻研究室編:《馬王堆漢墓帛書(壹)》,文物出版社,1980 年,第 11、96 頁。
　　② 荆門市博物館編:《郭店楚墓竹簡》,文物出版社,1998 年,第 112 頁。
　　③ 李零:《郭店楚簡校讀記》(增訂本),北京大學出版社,2002 年,第 4、6 頁。

據出土文獻證"羔"字當歸幽部

　　清代以來古音學家主要根據《詩經》爲主的韻文的韻腳字歸類以及《說文》小篆的諧聲系統，落實了絕大多數字的上古韻部歸屬。但如果某字從未入韻或無可靠的諧聲關係，那麼就可能難以確定其韻部，"羔"字就屬於這種情況。《廣韻》"羔"字在豪韻古勞切，與"高""皋""鼛"在同一個小韻。中古的豪韻有宵部和幽部兩個上古來源，像"高"字屬宵部，"皋""鼛"兩字則屬幽部。單從中古音看，"羔"字的上古音既可能與"高"相同，也可能與"皋""鼛"相同，即有歸宵部和幽部兩種可能。清代古音學家將"羔"字歸入宵部，如段玉裁《說文解字注》"羔"字所注韻部爲"二部"（段氏的"二部"包含宵部和藥部），①朱駿聲《說文通訓定聲》將"羔"字列在小部（朱氏的小部包含宵部和藥部）。②"羔"字在傳世先秦兩漢文獻中未見入韻，所以不能依靠韻文來判斷其韻部，段、朱歸部的依據是《說文》對"羔"字的諧聲分析。《說文》四上羊部："羔，羊子也。從羊，照省聲。"因爲"照"是宵部字，所以段、朱認爲"羔"也是宵部字。當然，"羔"和"照"的諧聲關係是完全靠不住的，"羔"歸宵部的這條證據不能成立。③

---

　①　（清）段玉裁：《說文解字注》，中華書局，2013年，第147頁。段玉裁《六書音均表·古十七部諧聲表》未列"羔"聲，不知何故。按照段氏諧聲表的體例，次級聲首也列出，比如既列"刀"聲，又列出"召"聲、"到"聲，所以並不是因爲"羔"從"照"省聲而不列出。
　②　（清）朱駿聲：《說文通訓定聲》，武漢市古籍書店影印，1983年，第323頁。
　③　既然《說文》認爲"羔"從"照"省聲，或許能說明許慎口中"羔"和"照"是同韻的（聲母肯定不同），但是東漢時幽部一等可能已經轉入宵部，即幽部一等和宵部一等已經合流（參看王力：《王力文集》第十卷《漢語語音史》，山東教育出版社，1987年，第102頁），故許慎口中"羔"和"照"同韻並不能作爲"羔"歸宵部的證據。

對於"羔"從"照"省聲,清代《說文》學家已經有懷疑者。桂馥《說文解字義證》云:"照省聲者,疑後人亂之,當云從火。《月令》'食麥與羊'注云'羊,火畜也',《周禮》羊人屬夏官,故羔從火。"①王筠《說文釋例》云:"羔之從火也,或古篆之形近似乎火,小篆整齊之以致然耳。"②王氏連"羔"下之"火"旁也懷疑,當然更不會信"照"省聲。徐灝《說文解字注箋》云:"照省聲似未確。疑羔之本義爲羊炙,故從火。小羊味美,爲炙尤宜,因之羊子謂之羔。《楚辭·招魂》'臑鼈炮羔'是也。"③徐説"羔"字的本義是羊炙,屬於望文生義,缺乏訓詁上的根據,"羔"並無羊炙義,其本義應該就是小羊。林義光《文源》云:"火爲照省不顯,羔小可炰,象羊在火上形。"④此説當可信,義爲小豕的"豚"字可與之相比照。"豚"字《説文》正篆作![image],西周金文作![image]、![image]等形,⑤皆从豕从又从肉。《説文》釋字形云:"从又持肉,以給祠祀。"因爲豚適宜作祭品,故"豚"字从又从肉,因爲羔適宜炮炙,故"羔"字从火,造字之理相同,可以互相印證。莫伯峰先生釋出甲骨文中的"羔"字,原形作![image],其上部作倒全羊之形,⑥圖畫意味甚濃,炮炙羔羊之意更加明顯。

現代的上古音研究者幾乎都因襲清代學者而將"羔"字歸入宵部,⑦僅有個別研究者例外。高本漢《漢文典》没有爲"羔"字構擬上古音,而是用問號表示不確定。⑧鄭張尚芳先生將"羔"字歸入幽部,⑨高亨、董治安

---

① (清)桂馥:《説文解字義證》,齊魯書社,1987年,第300頁。
② (清)王筠:《説文釋例》,中華書局,1987年,第378頁。
③ 丁福保編纂:《説文解字詁林》,中華書局影印,1988年,第4094頁。
④ 林義光:《文源》,中西書局,2012年,第261頁。
⑤ 容庚編著,張振林、馬國權摹補:《金文編》,中華書局,1985年,第669頁。
⑥ 莫伯峰:《〈殷墟花園莊東地甲骨〉中新見的"羔"字》,《甲骨文與殷商史》新三輯,上海古籍出版社,2013年,第227—230頁。
⑦ 周祖謨:《問學集》,中華書局,1966年,第229頁;陳復華、何九盈:《古韻通曉》,中國社會科學出版社,1987年,第152頁;郭錫良:《漢字古音手冊》(增訂本),商務印書館,2010年,第240頁;唐作藩:《上古音手冊》(增訂本),中華書局,2013年,第49頁;董同龢:《上古音韻表稿》,《中研院歷史語言研究所集刊》第18本,1948年,第142頁;張日昇、林潔明編:《周法高上古音韻表》,三民書局,1973年,第100頁。
⑧ 高本漢原著,潘悟雲等編譯:《漢文典》(修訂版),上海辭書出版社,1997年,第547頁。
⑨ 鄭張尚芳:《上古音系》(第二版),上海教育出版社,2013年,第328頁。

《古字通假會典》亦歸入幽部。① "羔"字歸入幽部的理由,未見鄭張先生作出詳細說明,僅在"溔"字下注《上林賦》"灝溔""浩溔"爲證(按《文選·上林賦》作"灝溔"),②蓋"灝溔""浩溔"爲疊韻連綿詞,"灝""浩"是幽部字("灝"與"浩"通,"灝"字或歸宵部,非是),即可證"溔"亦幽部字,所以其聲旁"羔"當歸幽部。《古字通假會典》列有"羔"與"皋"、"禚"與"郜"相通例,③而"皋"和"郜"皆幽部字,這大概是高亨、董治安先生將"羔"字歸入幽部的原因。由於傳世文獻存在時代不明確的問題,上述"羔"歸幽部的證據也很難説是確證,但其實出土文獻已經爲"羔"字歸幽部提供了一些確切的證據。

北京大學藏西漢簡《蒼頡篇》16—23 簡押幽部韻,入韻的字依次是:苞、擾(擾)、麀、袍、愁、④勠、籌、詢、橐、膠、鰌、羔、求、炮、聊、鏊。⑤ "羔"字與十五個幽部字押韻,且除了"擾"字爲上聲外,皆爲平聲字("勠"字《廣韻》有力求切的又音),這是"羔"字歸幽部的一個强證。又簡 14—15"包""衷""警""窯"幽宵合韻,整理者以前兩字爲幽部,後兩字爲宵部。⑥ 但"窯"从羔聲,若"羔"屬於幽部,則"窯"字也應該屬於幽部。以上是"羔"歸幽部在上古韻文方面的證據。

訇伯達簋器銘"訇白(伯)達乍(作)寶羔",楊樹達根據訇伯達簋蓋銘"羔"作"啟(簋)",讀器銘之"羔"爲"簋",⑦無疑是正確的。索爵銘文"索諆(其)乍(作)有羔曰辛刪(肆)彝",謝明文先生讀"羔"爲"舅",亦正確可從。⑧ "羔"字和"簋""舅"的聲母一相同一相近,至於韻部關係,楊樹達和

---

① 高亨纂著,董治安整理:《古字通假會典》,齊魯書社,1989 年,第 728 頁。
② 鄭張尚芳:《上古音系》(第二版),第 328 頁。
③ 高亨纂著,董治安整理:《古字通假會典》,第 710、728 頁。
④ "愁"字在奇句末,整理者未計入韻腳。
⑤ 北京大學出土文獻研究所編:《北京大學藏西漢竹書(壹)》,上海古籍出版社,2015 年,第 85 頁。
⑥ 北京大學出土文獻研究所編:《北京大學藏西漢竹書(壹)》,第 83 頁。
⑦ 楊樹達:《積微居金文説》(增訂本),中華書局,1997 年,第 172—173 頁。
⑧ 謝明文:《金文叢考(二)》,《出土文獻綜合研究集刊》(第三輯),巴蜀書社,2016 年,第 26—27 頁;收入氏著:《商周文字論集》,上海古籍出版社,2017 年,第 333—334 頁。諆,讀爲"其",從謝明文先生的意見。

謝明文先生都以爲宵幽相近旁轉,當然是因爲囿於"羔"歸宵部的成說。實際上,這兩個通假正是"羔"字歸幽部的明證。又武威漢簡《甲本士相見之禮》簡8"上大夫相見以翆",①"翆"即"皋"字,假借讀爲今本之"羔"("皋""羔"相通,古書中多見,參看上文提到的《古字通假會典》"羔"與"皋"通假例)。"皋"是幽部字,可以證明"羔"也是幽部字。② 以上西周金文中"羔"讀爲幽部字兩例,西漢簡中幽部字讀爲"羔"一例,是"羔"屬於幽部在通假方面的證據。

既然出土文獻已經提供了押韻和通假兩方面的可靠證據,那麼"羔"字歸屬於上古幽部這一結論就完全可以確定下來。相反,"羔"歸宵部的舊說没有任何像樣的證據,應該予以拋棄。

確定"羔"歸幽部後,其上古音可以構擬作*kuu,與"駒"之音*ko,"狗"之音*kooʔ,③語音都比較接近,三者當是一組音義相近的同族詞。

《説文》中從"羔"聲之字有"窯""顤""稬"三個。"窯"和"顤",《廣韻》在宵韻(後者有蕭韻的異讀),其上古音也應據聲旁歸入幽部,中古宵韻字歸入上古幽部的還有"椒""茮""擾""舀""愀"等。"稬"字,《廣韻》之若切(藥韻),又古沃切(沃韻),其上古音應歸覺部;《説文》訓禾皮,《集韻》《類篇》有異體字作"䅹";作爲齊地名,今本《左傳》和《穀梁傳》莊公二年經文訛作"禚",《公羊傳》經文作"郜"。

古文字中有更多從"羔"聲的字。《古文字譜系疏證》所收録以"羔"爲聲首之字不見於《説文》者共六個:愮、塝、闍、槔、鞽、瘝。④

"愮"字見於二十年鄭令戈,用作人名,疑爲"愬"字異體。《説文》:"愬,怨仇也。"通作"咎"。

"塝"字見於晉璽(《古璽彙編》0071),辭例爲"戰塝司寇","戰塝"爲地

---

① 甘肅省博物館、中國社會科學院考古研究所編:《武威漢簡》,中華書局,2005年,第89頁。
② 需要指出的是,西漢後期幽部一等與宵部一等是否已經合流,這一點不容易確定,如果已經合流,則武威漢簡的這一條通假不能作爲"羔"字歸幽部的證據。
③ 《爾雅·釋畜》:"(犬)未成豪,狗。"郝懿行《爾雅義疏》:"狗、犬通名,若對文則大者名犬,小者名狗。"
④ 黄德寬主編:《古文字譜系疏證》,商務印書館,2007年,第807—808頁。

名。《國語》有地名"橐皋",《戰國策》有地名"成皋",疑"墧"相當於"皋",義爲水邊高地。

"闟"字見於睡虎地秦簡《法律問答》。《法律問答》簡 25:"公祠未闟,盗其具,當貲以下耐爲隸臣。"簡 27:"可(何)謂祠未闟?置豆俎鬼前未徹乃爲未闟。"可知"闟"義爲撤除祭品,但是此詞語不見於傳世文獻。《集韻·蕭韻》馨幺切:"闟,門大開皃。"此義與秦簡的動詞"闟"無關,是另一個詞。

"樔"字見於晉璽(《古璽彙編》3214),用作人名。《集韻·小韻》以沼切:"樔,木長皃。"晉璽的"樔"字也可能是"樔"的異體,而與《集韻》中的"樔"只是同形字關係。《説文》:"樔,木也。"見於《石鼓文·作原》。

"韇"字見於天星觀楚簡,可能是"櫜"字異體。《説文》:"櫜,車上大櫜。"《左傳》僖公二十三年:"若不獲命,其左執鞭、弭,右屬櫜、鞬,以與君周旋。"杜預注:"櫜以受箭,鞬以受弓。"櫜和鞬是同類的器物,既然"鞬"字从革,那麼"櫜"字造从革的異體也是很合理的。《集韻》"櫜"字有異體作"韇",包山簡中有从韋旮聲的字,施謝捷先生釋"櫜",①从"韋"與从"革"同意。

"瘧"字見於晉璽(《古璽彙編》2347),用作人名,疑爲"瘩"字異體。《玉篇》:"瘩,病也。"通作"咎"。"瘩"字見於春秋時代齊國的國差𦉢銘文。

以上古文字中从"羔"聲的若干字,除了"闟"字外,都可以是某個幽部字的異體,進一步證實了"羔"字當歸幽部。

原載《古文字研究》第三十三輯,中華書局,2020 年。

---

① 施謝捷:《楚簡文字中的"櫜"字》,《語文研究》2002 年第 4 期。

據古文字確定幾個魚部一等字的開合

　　上古魚部的一等韻開口*-aa 和合口*-waa 兩個韻母演變爲中古的模韻系，其元音高化爲 o；由於 o 元音之前很難保持有無-w-介音的對立，故上古的開合兩韻在中古相混，如："姑*kaa"爲開口，"孤*kwaa"爲合口，但中古音兩字完全同音。這個演變結果造成了判斷某些字的上古開合的困難。由於舌齒音聲母上古不拼魚部合口韻母（即不存在 twaa 之類的音節），脣音聲母開合不對立，故魚部一等韻存在開合口不同的僅限於牙喉音聲母字。

　　魚部一等韻牙喉音聲母字包含如下聲首：

　　古聲、鼓聲、兆聲、及聲、蠱聲、賈聲、瓜聲、庫聲、户聲、互聲、壺聲、五聲、午聲、吴聲、虎聲、乎聲、于聲、烏聲。

　　另有"股""殳"兩字，《説文》以爲"殳"聲，非是（詳下）。

　　首先應該肯定，同一聲首的字，開合口相同，如"瓜"字爲合口，則"孤"字必是合口。不同於一等韻，魚部二等韻和三等韻牙喉音聲母的開合口，中古音仍然保持了對立。魚部二等韻開口演變爲中古麻二韻系開口，魚部二等韻合口演變爲中古麻二韻系合口。魚部三等韻開口演變爲中古魚韻系，魚部三等韻合口演變爲中古虞韻系。所以，上列聲首的魚部字大部分僅僅根據其中古音及諧聲假借等關係就能判斷出開合口。比如：從"古"聲的"居"字於中古魚韻，上古音爲開口，故"古"字亦爲開口。"于"字屬於中古虞韻，上古音爲合口，故從"于"聲的"污""刳"等字亦爲合口。

从"吴"聲的"虞"字屬於中古虞韻,上古音爲合口,故"吴"字亦爲合口。从"虎"聲的"虛"字屬於中古魚韻,上古音爲開口,故"虎"字亦爲開口。"虖"字爲"虎""乎"兩聲,故"乎"字亦爲開口。"賈"又讀麻二韻系開口,故一等韻的"賈"亦爲開口。"烏"與"於"本一字,"於"屬於中古魚韻,上古音爲開口,故"烏"字亦爲開口。"及"字,《説文》引《詩》"我及酌彼金罍","及"通作"姑",故亦爲開口。"庫"字,《説文》以爲會意,但應與"車"有語源關係,"車"爲開口字,故"庫"字亦應爲開口。"蠱"字,古書中與"冶"通,①"冶"是開口字,故"蠱"亦爲開口。"壺"字,古書中常與"狐"通,②又"壺"與"瓠"同源,"狐""瓠"爲合口字,故"壺"亦爲合口。

上列少數聲首的開合口不太容易判斷,包括:鼓聲、兆聲、户聲、互聲。另外,"股""殺"兩字的開合也不容易判斷。"兆"字,《説文》讀若"瞽",其開合同於"鼓"。下面依次討論這些字的開合口。

一、鼓

《説文》五上壴部:"鼓,郭也。春分之音。萬物郭皮甲而出,故謂之鼓。从壴,支,象其手擊之也。……𪔛,籀文鼓。从古聲。"許慎以"郭"訓鼓,屬於聲訓;"郭"讀廓,擴張之義。以"郭"訓鼓又見於《釋名·釋樂器》。《説文》另有从攴的"皷",以爲動詞,實際上與"鼓"是一字之變。

對於"鼓"字的開合,學者有不同意見。王力歸開口,③白一平—沙加爾亦歸開口,④而董同龢、周法高、郭錫良、鄭張尚芳、陳復華、何九盈等學

---

① 高亨纂著,董治安整理:《古字通假會典》,齊魯書社,1989年,第394—395頁。"蠱"通"冶",又見馬王堆帛書《養生方》。參白於藍:《戰國秦漢簡帛古書通假字彙纂》,福建人民出版社,2012年,第226頁。

② 高亨纂著,董治安整理:《古字通假會典》,第858頁。

③ 王力:《王力文集》第十卷《漢語語音史》,山東教育出版社,1987年,第62頁;王力:《同源字典》,商務印書館,1982年,第126、130頁。

④ Baxter-Sagart Old Chinese reconstruction, version 1.1 (20 September 2014), http://ocbaxtersagart.lsait.lsa.umich.edu.下引白一平—沙加爾的擬音皆同此出處。

者都歸合口。① 按：根據《說文》和《釋名》的聲訓，"鼓"字應屬於合口，因爲"郭"是鐸部合口字。但如果依據籀文从"古"聲，則"鼓"應屬於開口。兩者有矛盾，需要利用更多材料加以辨正。西周春秋金文中"鼓"字作 [字形]、[字形]、[字形] 等形，②其左旁之"壴"即鼓之象形，右旁象手執鼓槌（或省去鼓槌）。又有 [字形] 形，左旁鼓形之下增口旁，即作"喜"形。古文字中加口旁往往是無意義的增飾。《說文》籀文从"古"，於古文字無徵，應該就是口旁的訛變。③ 對籀文"鼓"的字形解釋，小徐本《說文》僅作"從古"，無"聲"字，而徐鍇注認爲"古"是聲旁。大徐本大概是根據徐鍇説改的。否定籀文"鼓"从"古"聲之後，"鼓"字就可以依據聲訓判定爲合口了。"鼓"是合口，那麽从"鼓"聲的"瞽"和《說文》讀若瞽的"兆"同樣是合口字。

郭店簡《唐虞之道》9 號簡："古者吴（虞）夒（舜），管（篤）事[字]寞，乃弋（試）丌（其）孝。""[字]寞"又見於 24 號簡，無疑都是指舜父瞽瞍（或作"瞽叟"）。④ [字]，李家浩先生釋爲"兆"，⑤黄德寬、徐在國先生認爲此字从"瓜"得聲。⑥ "瓜"聲之説應可信。"瓜"是合口字，證明"瞽"和"鼓"確屬於合口。

---

① 董同龢：《上古音韻表稿》，《中研院歷史語言研究所集刊》第 18 本，1948 年，第 160 頁；張日昇、林潔明編：《周法高上古音韻表》，三民書局，1973 年，第 34 頁；郭錫良：《漢字古音手册》（增訂本），商務印書館，2010 年，第 148 頁；鄭張尚芳：《上古音系》（第二版），上海教育出版社，2013 年，第 338 頁；陳復華、何九盈：《古韻通曉》，中國社會科學出版社，1987 年，第 170 頁。唐作藩《上古音手册》（增訂本）（中華書局，2013 年）魚部一等韻未分出開合口。
② 容庚編著，張振林、馬國權摹補：《金文編》，中華書局，1985 年，第 329 頁。
③ 參季旭昇：《説文新證》，福建人民出版社，2010 年，第 412 頁。
④ 按上博簡《陳公治兵》2 號簡之地名"莆寞"，《左傳》桓公十一、十三年作"蒲騷"。流行《讀上博楚簡九札記》（簡帛網，2013 年 1 月 8 日）認爲"寞"是"蒐"之誤，讀爲"騷"。上博簡《平王問王子木》"寬（蒐）"作[字]，與"寞"形近。此説可從。此"寞"字亦"寬（蒐）"之誤，讀爲"瞍"。
⑤ 李家浩：《讀〈郭店楚墓竹簡〉瑣議》，《中國哲學》第二十輯，遼寧教育出版社，1999 年，第 342 頁。
⑥ 黄德寬、徐在國：《郭店楚簡文字考釋》，《吉林大學古籍整理研究所建所十五周年紀念文集》，吉林大學出版社，1998 年，第 104 頁。

二、户

《説文》:"户,護也。半門曰户。象形。"《釋名·釋宫室》:"户,護也,所以謹護閉塞也。"皆以"護"訓"户",屬於聲訓。《説文》以"所"字爲从"户"得聲。

對於"户"字以及从之得聲的"雇、顧、扈"等字的開合,諸家意見也不統一。王力、董同龢、周法高、郭錫良、陳復華、何九盈等學者都歸入開口,①鄭張尚芳歸入合口,②白一平—沙加爾將"雇"和"顧"歸入合口,而將"户"和"扈"的聲母擬作 m-qˤ,帶 m-前綴。從《説文》和《釋名》的聲訓來看,"户"字應屬於合口,因爲"護"是鐸部合口字。但从"户"聲的"所"是開口字,這似乎是一個反證。但據學者研究,"所"字本不从"户"聲,而是一個从斤从肩字初文的會意字。③

古文字中還有其他可以證明"户"及从之得聲之字屬於合口的證據。

《説文》七下宀部:"寡,少也。从宀从頒。頒,分賦也,故爲少。"許慎將"寡"字去掉宀旁的部分看作上下結構的"頒"字,顯然很荒唐。寡,西周金文作⿱宀頁、⿱宀頁。④ 已有學者指出"寡"字宀下部分是"顧"的表意初文,其形正象人作回顧狀。⑤ "寡"是合口字,則"顧"必定也是合口字,"户"及其他从之得聲的字當然並屬合口。

楚簡中"顧"字皆作"䞈",如郭店簡《緇衣》34—35 號簡:"古(故)君子䞈(顧)言而行,以成其信。"其原形作[字形],左从貝(視),右旁即"寡"字省

---

① 王力:《王力文集》第十卷《漢語語音史》,第 62 頁;董同龢:《上古音韻表稿》,第 155 頁;張日昇、林潔明:《周法高上古音韻表》,第 27 頁;郭錫良:《漢字古音手册》(增訂本),第 149、151 頁;陳復華、何九盈:《古韻通曉》,第 170、172 頁。
② 鄭張尚芳:《上古音系》(第二版),第 355 頁。
③ 何景成:《釋"花東"卜辭的"所"》,《古文字研究》第二十七輯,中華書局,2008 年,第 122—123 頁。
④ 容庚編著,張振林、馬國權摹補:《金文編》,第 529 頁。
⑤ 黄德寬:《開啓中華文明的管鑰——漢字的釋讀與探索》,北京師範大學出版社,2011 年,第 188 頁。

寫,可以看作聲旁。楚簡"顧"从合口字"寡"得聲,進一步證明"顧"是合口字,也證明"戶"及其他从之得聲的字屬於合口。

《古璽彙編》2867 有"瓠"字,① 又見於清華簡《良臣》2 號簡之"臣瓠(扈)"。"瓠"字"戶""瓜"兩聲,這是"戶"爲合口的又一明證。

三、互

《說文》五上竹部:"笠,可以收繩也。从竹,象形。中象人手所推握也。互,笠或省。"《說文》从"互"聲的字有"枑"和"罟"。"互"和"枑""罟"都讀胡誤切,沒有非一等的音,不能據中古音判斷其上古開合。《周禮·天官·掌舍》:"設梐枑再重。"鄭注:"故書枑爲柜。""柜"是中古魚韻系字,上古屬於開口,此異文可以證明"互"爲開口字。"互"及从之得聲的字,諸家一致定爲開口。② "互"字不見於出土古文字材料。章太炎《小學答問》說:"互、牙古音相近。互借爲牙……是交錯者,正當言牙。隸書牙、互相似,其爲交牙義者,多書作牙,世人乃謂是互之誤,瞶矣。或云:互本牙之或字,形體小變,……《周官》謂縣肉格爲互,正謂牙字。《說文》謂笠可以收繩者,牙之孳乳字耳。"③ 季旭昇先生也認爲"互"由"牙"字分化。④ 此說若可信,也是"互"屬開口的證據。清華簡《芮良夫毖》20 號簡"女(如)闈(關)枑屋(扃)鎈(管),纓(繩)刾(斷)既政(正),而五(互)揖(相)柔訛(比)",22 號簡"女(如)闈(關)枑不閲,而纓(繩)刾(斷)遙(失)樸(撲),五(互)揖(相)不疆(彊)"。兩處簡文都假借"五"爲"互","五"字屬於開口,證明"互"及从之得聲的字確實屬於開口。【編按:"五"讀爲"互"是整理者的意見。黃傑《清華簡〈芮良夫毖〉補釋》(《簡帛研究》二〇一五秋冬卷,廣西師範大學出版社,2015 年,第 20 頁)如字讀。】

---

① 羅福頤主編:《古璽彙編》,文物出版社,1981 年,第 273 頁。
② 《古韻通曉》(第 173 頁)將"互""枑"等字與"瓠""姻"列在一起,不知是開還是合。白一平—沙加爾將"互"和"枑"的聲母擬作 m-qˤ。
③ 《章太炎全集》(七),上海人民出版社,1999 年,第 428 頁。
④ 季旭昇:《説文新證》,第 384 頁。

四、股、羖

《説文》四下肉部:"股,髀也。从肉殳聲。"《説文》四上羊部:"羖,夏羊牡曰羖。从羊殳聲。""殳"字在上古侯部,但因爲《詩經》中"股""羖"與魚部字押韻,所以自江永《古韻標準》開始,古音學家就將"股""羖"兩字歸入魚部而不歸入侯部。當然,根據中古音,"股""羖"兩字也應該歸入魚部。從聲母來看,"股""羖"之與"殳"字也有牙舌之別。所以,《説文》的諧聲是有問題的,"股""羖"兩字非殳聲。

對於"股""羖"兩字的開合,學者間也有歧見。王力歸開口,①《同源字典》認爲"羖"與二等開口字"豭""麚"是同源詞。② 鄭張尚芳也將"股""羖"兩字構擬爲開口,但又在"股"字後同時列出合口的擬音。③ 其他如董同龢、周法高、郭錫良、白一平—沙加爾、陳復華、何九盈等學者都將這兩字歸入合口。④ 看來歸合口是多數學者的看法,其理由大概就是《説文》之从"殳"聲,"殳"是侯部字,其元音 o 較 a 而言更近於 wa。但這個理由是不能成立的。

關於"股"字的構形,《説文》之説自不可信,而趙平安先生《關於殳的形義來源》一文已經基本解決了這個疑難。該文認爲《説文》之"殳"即"股"之初文,本爲指事字,是在側面人形上加指事符號而成,後來加意符肉旁,又訛變爲从"殳"旁的"股"。⑤ 即"股"所从的"殳"旁由"股"的初文訛變而來,"羖"字的聲旁"殳"也是"股"的初文之訛變。

戰國竹簡中已見从"殳"的"股"和"羖"字。

清華簡《良臣》7 號簡:"秦穆公又(有)朌(羖)大夫。"("夫"下原簡文

---

① 王力:《王力文集》第十卷《漢語語音史》,第 62 頁。
② 王力:《同源字典》,126—127 頁。
③ 鄭張尚芳:《上古音系》(第二版),第 338 頁。
④ 董同龢:《上古音韻表稿》,第 160 頁;張日昇、林潔明編:《周法高上古音韻表》,第 34 頁;郭錫良:《漢字古音手册》(增訂本),第 148 頁;陳復華、何九盈:《古韻通曉》,第 170 頁。
⑤ 趙平安:《新出簡帛與古文字古文獻研究》,商務印書館,2009 年,第 103 頁。【編按:趙文仍以"股"爲从肉殳聲的形聲字,不妥。】

衍重文號)胗,原形作󰀀,即"股"字。整理者指出"胗(殺)大夫"即百里奚,《史記·秦本紀》號五羖大夫。① 清華簡《鄭文公問於太伯》"畚(奮)亓(其)股拡(肱)"之"股",甲本6號簡作"胗"(原形作󰀀),乙本4號簡作"肐",改從"古"聲。從"及"聲的"殺"見新蔡葛陵簡、望山簡和天星觀簡,而包山簡"殺"字作"祜",②改從"古"聲。

"股""殺"兩字本從"及"聲,且有從"古"聲的異體,皆可證其爲開口字。

原載《文獻語言學》第六輯,中華書局,2018年。

---

① 李學勤主編:《清華大學藏戰國竹簡(叁)》,中西書局,2012年,第161頁注[三九]。
② 參滕壬生:《楚系簡帛文字編》(增訂本),湖北教育出版社,2008年,第371—372頁。

據古文字論"色""所""疋"三字的上古聲母

上古聲母的研究是漢語上古音研究中的薄弱點和難點。清代學者在古韻分部方面成績巨大,在聲母方面却没有太多發明,可見聲母研究的困難。不過近幾十年來,上古聲母的研究已經取得了長足的進步,如:來母構擬爲 *r-,以母大部分和定母部分爲 *l-;影、曉、云三母主要爲小舌塞音 *q-、*qh-、*ɢ-;中古匣母一分爲二,分别併入羣母 *g-和云母 *ɢ-;上古有一套清鼻流音;上古有後墊式和前冠式複輔音。① 漢字的諧聲假借是研究上古聲母的最重要根據,以上構擬很大程度上是分析漢字諧聲假借所得出的結果。因此,漢字諧聲分析的可靠性至關重要,如果根據的是錯誤的諧聲分析,那麽其構擬的可信度自然會大打折扣。比如,《説文》以"造"从告聲;但從古文字來看,"造"所从"告"本非告訴之"告"。如果僅僅據"告"聲而把"造"的聲母擬爲 *skh-、*sg-,那是值得懷疑的。② 古文字研究既可以糾正《説文》諧聲分析的錯誤,也可以提供更加豐富的文字通假材料,補充傳世文獻之不足。比如,"設"字,中古爲書母 ɕ,其上古聲母一般據中古音簡單上推。在古文字材料中,"設"這個詞往往用"埶"(疑

---

① 參鄭張尚芳:《上古音系》(第二版),上海教育出版社,2013年,第42—55頁。
② 參陳劍:《釋造》,《出土文獻與古文字研究》第一輯,復旦大學出版社,2006年;收入氏著:《甲骨金文考釋論集》,綫裝書局,2007年,第127—176頁;大西克也:《戰國楚系文字中的兩種"告"字——兼釋上博楚簡〈容成氏〉中的"三告"》,《簡帛》第一輯,上海古籍出版社,2006年,第81—96頁。

母*ŋ-)來表示,可證"設"字的上古聲母含ŋ成分。① 本文據古文字材料中的諧聲和通假,試考證"色""所"和"疋"三個中古生母字的上古聲母。

一、色

《說文》九上:"色,顔气也。从人从卪。⬚,古文。"秦簡"色"字作⬚、⬚。② 前一形同《說文》篆文,後一形从爪从卪,結構同"印"(但秦簡"印"作⬚,與"色"並不同形)。楚文字"色"多作⬚形,③亦从爪从卪,而所从之"卪"有所省變。秦楚文字的"色"乃會意字,字形上不含音符,且構形本義不明(或說"色"即"印"的分化,存疑),自然無法爲構擬其上古音提供字形上的根據。《說文》"色"之古文⬚,亦見《汗簡》《古文四聲韻》,朱駿聲《說文通訓定聲》分析爲"从首从彡疑省聲"。郭店簡《語叢一》出現了可以跟《說文》古文相印證的同樣从"疑"聲的"色"字:50號簡:"容豑(色),目毇(司)也。"110號簡:"飤(食)与頬(色)与疾。"豑,从色,加注"矣(即疑)"聲。頬,从頁(即"首"),"矣(疑)"聲。从頁"矣(疑)"聲的"頬"顯然是專門爲容色之色而造的後起形聲字。"色"有从"疑"聲的寫法,證明"色"字上古音跟"疑"相近。又《論語·鄉黨》"色斯舉矣",陳劍先生讀爲"疑斯舉矣",是"色""疑"兩字在古書中音近相通的例子。④ 疑,上古音疑母之部,鄭張尚芳先生構擬爲*ŋɯ;⑤色,生母

---

① 參白一平:《"埶"、"勢"、"設"等字的構擬和中古 sy(書母=審三)的來源》,《簡帛》第五輯,上海古籍出版社,2010年。"設"字聲母,鄭張尚芳《上古音系》(上海教育出版社,2003年,第458頁)構擬爲 hlj-,《上古音系》(第二版)(第460頁)已改爲 hŋlj-。
② 張守中:《睡虎地秦簡文字編》,文物出版社,1994年,第144頁。
③ 參李守奎:《楚文字編》,華東師範大學出版社,2003年,第544頁;徐在國:《上博楚簡文字聲系》,安徽大學出版社,2013年,第635—636頁。
④ 陳劍:《據戰國竹簡文字校讀古書兩則》,《第四屆國際中國古文字學研討會論文集》,香港中文大學中國語言及文學系,2003年;收入氏著:《戰國竹書論集》,上海古籍出版社,2013年,第457—465頁。
⑤ 鄭張尚芳:《上古音系》(第二版),第526頁。

職部,鄭張尚芳先生構擬爲*sruuɡ,①其聲母即按照普通的中古生母字構擬。*ŋɯ和*sruuɡ,很難承認是相近的讀音。我認爲,根據諧聲,"色"的上古音可以構擬爲*sŋruuɡ。*ŋɯ和*sŋruuɡ的聲幹和主元音相同,可以視作相近讀音。*sŋr-是中古生母的上古來源之一,如"朔"和"産",皆中古生母字,鄭張尚芳先生根據諧聲,把兩字的上古聲母都構擬爲*sŋr-,②"色"應與此二字同類。

二、所

《説文》十四上户部:"所,伐木聲也。从斤户聲。《詩》曰:伐木所所。"《説文》以"所"爲从斤"户"聲的形聲字。户,上古音匣母魚部,鄭張尚芳先生構擬爲*ɡʷaaʔ。③ 根據此諧聲以及"所"的中古聲母(生母),鄭張先生把"所"的上古聲母構擬爲*sqhr-。④ 但"所"字可能本非形聲字,而是一個會意字。殷墟甲骨文中有从斤、从肩的象形初文的字形,會以斤斫治肩胛骨(用以占卜)之意,何景成先生釋爲"所"。⑤ 如果甲骨文从斤、从肩的象形初文的字形確實就是"所"的初形,那麼"伐木聲"就不是"所"字的本義,"所"字也本不从"户"聲,《説文》對"所"字的諧聲分析是依據後起訛變之形。何景成先生指出,石鼓文"所"字左旁已經和"户"字基本相同。⑥ 那麼,"所"字左旁由"肩"訛變作"户"至晚在春秋晚期。"肩"字的《説文》正篆猶从"肩"之象形初文,未訛變成"户","所"字左旁之所以比較早就訛變成了"户",當然可以説是爲了使之表音,即變形聲化,但這種將就着原字形而改造出來的聲旁有可能不能準確表音,據之構擬古音則需要特別慎重。

既然諧聲對構擬"所"字的上古聲母可能不足爲憑,那麼就只能通過

---

① 鄭張尚芳:《上古音系》(第二版),第456頁。
② 鄭張尚芳:《上古音系》(第二版),第429、517頁。
③ 鄭張尚芳:《上古音系》(第二版),第355頁。
④ 鄭張尚芳:《上古音系》(第二版),第355頁。
⑤ 何景成:《釋"花東"卜辭的"所"》,《古文字研究》第二十七輯,中華書局,2008年,第122—123頁。
⑥ 何景成:《釋"花東"卜辭的"所"》,《古文字研究》第二十七輯,第124頁。

考察"所"字的通假來尋找根據。從古文字材料看,"所"字常跟疑母字相通。上博簡《周易》4號簡初六爻辭"不出御事",今本及馬王堆帛書本作"不永所事","所"與"御"爲異文。郭店簡《尊德義》24號簡:"爲邦而不目(以)豊(禮),猷(猶)炁之亡適也。""炁之亡適",陳劍先生讀爲"御之無策",①可信。"炁"从"所"聲,而讀爲"御",無異於"所"讀爲"御"。又《周易》漸卦九三爻辭"利禦寇",馬王堆帛書《周易》作"利所寇","所"讀爲"禦"。"御""禦"皆疑母字,"所"字既然能跟"御""禦"相通,其上古聲母應含 ŋ 成分,則其讀音可以構擬爲 *sŋraʔ。《説文》所引《詩》"伐木所所",今《小雅・伐木》作"伐木許許"。"許"从疑母字"午"聲,亦可證"所"字聲母含 ŋ 成分。【編按:鄭張尚芳先生曾據通假將"所"的上古聲母構擬爲 *sŋr-。見鄭張尚芳:《上古漢語的 S-頭》,《温州師範學院學報》1990 年第4 期;收入《鄭張尚芳語言學論文集》,中華書局,2012 年,第 416 頁。】

三、疋

《説文》二下:"疋,足也。上象腓腸,下从止。《弟子職》曰:問疋何止。古文以爲《詩》大雅(各本作疋,從段玉裁注改)字,亦以爲足字,或曰胥字,一曰疋記也。"段玉裁《説文解字注》:"此謂古文假借疋爲雅字。"雅,上古音疑母魚部,鄭張尚芳先生構擬爲 *ŋraaʔ。② 應該是根據古文假借疋爲雅字,鄭張先生把"疋"字(所菹切)的上古音構擬爲 *sŋra,其聲母含 ŋ 成分;其他所有从"疋"得聲的字如"胥""疏""楚"等字的聲母均同樣含 ŋ 成分。③ 其實,古文以"疋"爲"雅",可能並非出於假借,而是跟"亦以爲足字"一樣純粹由於字形上的糾葛,即古文用爲"雅"的所謂"疋"實際上是从日从止的"夏"字之訛省,古文是用"夏"爲"雅",而非用所菹切的"疋"爲

---

① 陳劍:《郭店簡〈尊德義〉和〈成之聞之〉的簡背數字與簡序關係的考察》,《簡帛》第二輯,上海古籍出版社,2007 年,第 217 頁。
② 鄭張尚芳:《上古音系》(第二版),第 513 頁。
③ 鄭張尚芳:《上古音系》(第二版),第 470 頁。

"雅"。① 排除了這一條證據之後，"疋"的上古聲母含 ŋ 成分的構擬就失去了依據。殷墟甲骨文"疋"作 、 等形，②象人的整條腿。甲骨文中還有从网疋聲的"罡"字，裘錫圭先生認爲可能是"罝"字異體。③ 西周金文"疋"作 ，④字形已大爲簡省，讀爲"胥"，義爲相、輔助。戰國楚簡中，"疋"字多讀"胥"或"疏"，⑤但也有其他用法：上博簡《孔子詩論》"疋"讀爲"關雎"之"雎"；上博簡《周易》38 號簡夬卦九四爻辭和 41 號簡姤卦九三爻辭"丌(其)行綾疋"，"綾疋"讀爲"赼趄"。⑥ 可見，古文字材料中，"疋"可跟"且"聲字相通，而"且"聲並不含 ŋ 或其他喉牙音成分，⑦那麽"疋"及从"疋"得聲的字的聲母也不應該構擬 ŋ 成分。尤其上博簡《周易》"綾疋"讀爲"赼趄"，"赼趄"是雙聲連綿詞，"赼"(取私切)、"趄"(七余切)都是清母字，"綾"不可能含 ŋ 成分，決定了"疋"也不可能含 ŋ 成分。總之，"疋"的上古聲母含 ŋ 成分的證據不可靠，而古文字材料中的諧聲通假可以證明"疋"應與其他齒音字同類，所以其上古聲母應同大部分中古生母字一樣，構擬爲 *sr- 即可。【編按："疋"字的上古聲母，白一平—沙加爾構擬爲 *sr-。見 William H. Baxter & Laurent Sagart（白一平—沙加爾）：*Old Chinese: a new reconstruction*. Oxford University Press，2014，第 150 頁。】

原載朴慧莉、程少軒編：《古文字與漢語歷史比較音韻學》，復旦大學出版社，2017 年。

---

① 參看張富海：《漢人所謂古文之研究》，綫裝書局，2007 年，第 52 頁。
② 李宗焜：《甲骨文字編》，中華書局，2012 年，第 283—284 頁。
③ 裘錫圭：《殷墟甲骨文字考釋(七篇)》，《湖北大學學報(哲學社會科學版)》1990 年第 1 期；收入《裘錫圭學術文集·甲骨文卷》，復旦大學出版社，2012 年，第 353—354 頁。
④ 容庚編著，張振林、馬國權摹補：《金文編》，中華書局，1985 年，第 123 頁。原誤釋爲"足"。
⑤ 參看白於藍：《戰國秦漢簡帛古書通假字彙纂》，福建人民出版社，2012 年，第 210—211 頁。
⑥ 今本《周易》作"次且"，《釋文》："次且，本亦作赼趄，或作趀趄。"《說文》二上走部："赼趄，行不進也。"
⑦ 鄭張尚芳：《上古音系》(第二版)，第 445—446 頁。

據古文字論"氏""視"等字的上古聲母

中古章組聲母中的塞擦音章 tɕ、昌 tɕʰ-、禪 dʑ-分別主要來源於上古三等韻前的舌尖塞音聲母 t-、tʰ-、d-,但也有少量的舌根音來源,如:"支""枝"等字,中古聲母是章母 tɕ,但上古聲母却不是 t-,因爲多數从"支"聲的字如"技""歧"等的中古聲母是舌根音 k-類。這類與舌根音發生關係的中古章組字的上古聲母,學者有不同的構擬。李方桂構擬爲 Kr-(後來被其他學者修正爲 Kl-),如"枝"讀*krjig;①鄭張尚芳先生構擬爲 Klj-或 Kj-,如"支"讀*kje;②白一平—沙加爾構擬爲 K-(前高元音 i、e 前)或加冠音的 t-K-,如"支"讀*ke,"出"讀*t-kʰut。③ 白一平—沙加爾的上古音構擬取消了所有的-j-介音,系統比較簡潔,值得采信。

氏,《廣韻》承紙切,中古聲母爲禪母 dʑ-;視,《廣韻》承矢切,又常利切(即上去兩讀),中古聲母亦爲禪母 dʑ-。從其中古聲母的上古來源看,"氏"和"視"的上古聲母既可能是 d-,也可能是 ɡ-。是 d-還是 ɡ-,當然需要根據兩字的諧聲假借關係來判斷。

---

① 李方桂:《上古音研究》,商務印書館,1980 年,第 91 頁。
② 鄭張尚芳:《上古音系》(第二版),上海教育出版社,2013 年,第 567 頁。介音-j-是其腭化的條件,與李方桂之作爲三等介音性質不同,有無-l-介音要看諧聲關係,而跟腭化與否無關。
③ William H. Baxter & Laurent Sagart(白一平—沙加爾):*Old Chinese: a new reconstruction*. Oxford University Press, 2014,第 376、332 頁。

从"氏"得聲的"衹""蚔""軝""疧"和"芪"都是中古羣母字(《廣韻》並巨支切),所以"氏"的上古聲母有可能是 g-;李方桂把"氏"的上古音構擬爲*grjigx,①鄭張尚芳先生構擬爲* gje?,②根據的就是這組諧聲。不過,問題並不單純,其他方面的證據與這組諧聲有明顯的矛盾。古文字研究者一般認爲,"氐"字由"氏"字分化,③此説十分可信,而毫無疑問,"氐"字的上古聲母是 t-,這表明"氏"字的上古聲母是 d-而非 g-。出土古文字資料中,"氐"可以假借爲"氏",如上博簡《容成氏》簡 53 背"訟城氐"即篇名"容成氏"。又"氐"可假借爲"氏"聲之"衹":上博簡《孔子詩論》簡 16:"孔=(孔子)曰:虐(吾)㠯(以)《萬(葛)軸(覃)》䙷(得)氏初之𦔼(詩),民眚(性)古(故)肰(然),見亓(其)㳄(美),必谷(欲)反亓(其)本。"陳劍先生讀"氏"爲"衹敬"之"衹","衹初"猶言"敬始""敬本",④可從。又"氏"和"是"兩字在古文字中經常互通。例如:侯馬盟書之"麻夷非是"之"是"讀爲"氏";上博簡《容成氏》簡 1"〖尊〗膚(盧)是、莕(赫)疋(胥)是、喬結是、倉頡是、軒緩(轅)是、訢(神)戎(農)是、椲丨是、墉遅是之又(有)天下也,皆不受亓(其)子而受臤(賢)","是"皆讀爲"氏";上博簡《仲弓》簡 2"夫季是,河東之城(盛)豢(家)也","季是"即"季氏"。以上是"是"讀爲"氏"的例子。"氏"讀爲"是"的例子,如:中山王䁹鼎銘文"隹(唯)俌(傅)㧯(姆)氏(是)㚟(從)"、"氏(是)㠯(以)㪥(寡)人許之"、方壺銘文"氏(是)㠯(以)遊夕(豫)猷(飲)飤(食)"等句;清華簡《命訓》簡 10"凡氏(是)六者,正(政)之所甾(始)"。楚簡中"氏"用作"是"十分常見。"氏"與"是"在古文字資料中如此頻繁互通,完全可以證明跟中古音一樣,兩字的上古音是相同的,而"是"的上古聲母肯定是 d-,那麽"氏"也應該是 d-而非 g-。倘若"是"讀* de?,而"氏"讀* ge?,聲母遠隔,無論如何也解釋不了兩字的通用關係。假如因爲"氐"與"氏""是"的密切關係而反過來認爲後者的上古聲幹也是舌根音,這麽做恐怕更不妥當。須知"氏""是"分別是脂部和支部

---

① 李方桂:《上古音研究》,第 92 頁。
② 鄭張尚芳:《上古音系》(第二版),第 465 頁。
③ 李學勤:《新出青銅器研究》(增訂版),人民美術出版社,2016 年,第 56 頁。
④ 陳劍:《戰國竹書論集》,上海古籍出版社,2013 年,第 3 頁。

中舌尖塞音聲母字的主要諧聲偏旁,如果它們不是舌尖塞音的話,將使脂部和支部極其缺乏舌尖塞音聲母字,而舌根音聲母的字却過多,從而帶來類型學上的問題。

白一平—沙加爾把"氏"字的上古音構擬爲*k.deʔ,①聲母加了k-冠音,似缺乏足夠的證據。至於中古羣母的"祇"字,白一平—沙加爾構擬爲*[k.d]e,②後來聲幹d-被冠音k-同化,就變作中古的羣母g-;這樣構擬既能解釋諧聲,又能解釋中古音,是比較合理的(但也可能"祇"這類字的上古聲母只是簡單的d-,中古不規則地變作g-,其中原因不明)。《説文》:"祇,地祇,提出萬物者也。""提"是聲訓,用聲母爲d-的"提"解釋"祇",大概是"祇"的聲幹到東漢仍爲d-的證據。若"祇"的上古聲母是k.d-,則"氏"不應該也是k.d-,擬爲與"是"相同的d-即可。

"視"從"示"聲(《説文》大徐本無"聲"字),而同從"示"聲的"祁"字是中古羣母字(《廣韻》渠脂切),所以"視"的上古聲母有可能是g-。根據這一諧聲,李方桂把"視"的上古音構擬爲*grjidx(上聲)和*grjidh(去聲),③鄭張尚芳先生構擬爲*glilʔ和*glils,④白一平—沙加爾構擬爲*gijʔ和*gijʔ-s。⑤但是從古文字所提供的證據來看,"視"的上古聲母是d-而非g-。商代甲骨文"視"字作,⑥是一個表意字,缺少語音信息。最早的形聲結構的"視"字見於西周早期的何尊銘文,字形作,是在表意字的基礎上加注音符"氏"而成的形聲字。此聲旁"氏"實際上相當於"氐",《説文》"視"字的古文作"眂"(《説文》另有"䁐"字,但讀若迷,與"視"字無關)。

---

  ① William H. Baxter & Laurent Sagart(白一平—沙加爾): *Old Chinese: a new reconstruction*,第360頁。

  ② William H. Baxter & Laurent Sagart(白一平—沙加爾): *Old Chinese: a new reconstruction*,第355頁。

  ③ 李方桂:《上古音研究》,第92頁。

  ④ 鄭張尚芳:《上古音系》(第二版),第467頁。

  ⑤ Baxter-Sagart Old Chinese reconstruction, version 1.1 (20 September 2014), http://ocbaxtersagart.lsait.lsa.umich.edu.

  ⑥ 李宗焜:《甲骨文字編》,中華書局,2012年,第201—202頁;劉釗主編:《新甲骨文編》(增訂本),福建人民出版社,2014年,第517—518頁。

段玉裁《説文解字注》以爲"睨"之訛)。侯馬盟書"視"字多數作从"氐"聲的![字], 又作从"氏"聲的![字]。① 上博簡《緇衣》簡1—2:"子曰:又(有)國者章孖(好)章惡,曰(以)眂(視-示)民厚,則民情不弋(忒)。""眂"原形作![字],从目氏聲,構造同《說文》古文。古文字中从"氐"聲或"氏"聲的"視"字能充分證明"視"的上古聲母是舌尖塞音d-,其上古音可構擬爲*diʔ和*dis。上博簡《容成氏》簡44:"貝盂庆(炭)亓(其)下","貝"即目下立人形的表意字"視",讀爲"寔"。清華簡《繫年》簡126"是(寔)武胠(陽)",假借"是"爲"寔"。"寔"和"是"的上古聲母都是舌尖塞音,這也是"視"的上古聲母不是舌根音g的證據。【編按:清華簡《繫年》簡126"是武胠(陽)"之"是"應作如字讀,不當從整理者讀爲"寔"。見馬楠:《清華簡〈繫年〉輯證》,中西書局,2015年,第471、479頁。】

展示之"示"是"視"的派生詞,《廣韻》神至切,中古聲母爲船母ʑ-。"示"的上古聲母,白一平—沙加爾構擬作s-g-,②即"視"的聲母g加s-前綴,s-前綴表示使役。既然"視"的上古聲母是d-,那麼"示"的上古聲母可以改作sd-。【編按:"示"的上古聲母也可能是d-,並無s-前綴,中古變船母是不規則音變。】《周禮》中"示"字可表示神祇之"祇",這種用法在古文字中已見於清華簡《皇門》簡5。"祇"的上古聲幹也是d-(見上文),與"示"相同。

"祁"字在古書中表示祁姓之"祁",又表示義爲大的"祁";另有疊音詞"祁祁",見《詩經》,毛傳訓"衆多""舒遲"或"徐"。祁姓之"祁",西周金文作![字],③从女髟聲,是祁姓之"祁"的本字。④ 其聲旁"髟"在古文字中一般

---

① 張頷、陶正剛、張守中:《侯馬盟書》(增訂本),山西古籍出版社,2006年,第354頁。

② Baxter-Sagart Old Chinese reconstruction, version 1.1 (20 September 2014), http://ocbaxtersagart.lsait.lsa.umich.edu.

③ 容庚編著,張振林、馬國權摹補:《金文編》,中華書局,1985年,第811頁;陳斯鵬等:《新見金文字編》,福建人民出版社,2012年,第356頁。

④ 郭沫若:《釋嬃》,《郭沫若全集·考古編》第五卷,科學出版社,2002年,第435—446頁。

讀爲"衹",上古聲母爲舌尖塞音 t-,證明祁姓之"祁"的上古聲幹是 d-;參照"衹"字,可構擬其上古音爲*kdri("祁"爲重紐三等字,所以有-r-介音)。石鼓文"鼝=鳴□",郭沫若認爲"鼝="即《詩》之"祁祁",①其説可信;然則"祁祁"之"祁"與祁姓之"祁"情況相同,亦讀*kdri。《爾雅·釋訓》:"祁祁、遲遲,徐也。"《詩·豳風·七月》"春日遲遲,采蘩祁祁",《釋文》:"祁,巨之反,一音上之反。"巨之反,相當於《廣韻》之渠脂切(《經典釋文》音系之韻與脂韻無別);又音上之反(禪母),對應的上古音是*di 或*kdi。

《禮記·緇衣》:"《君雅》曰:夏日暑雨,小民惟曰怨;資冬祁寒,小民亦惟曰怨。"鄭注:"祁之言是也。齊西偏之語也。"《釋文》:"祁,巨伊反。徐巨尸反。是也。《字林》上尸反。"訓"祁"爲"是"。僞《古文尚書·君牙》"冬祁寒,小民亦惟曰怨咨",僞孔傳:"冬大寒,亦天之常道,民猶怨嗟。"訓"祁"爲"大"。"祁"確有大義。《詩·小雅·吉日》"瞻彼中原,其祁孔有",毛傳:"祁,大也。"(但鄭箋讀"祁"爲"麎")《小爾雅·廣詁》:"祁,大也。"郭店簡《緇衣》簡 9—10:"《君舌(牙)》員(云):〔夏〕日屠(暑)雨,少(小)民佳(唯)日悁(怨),晉各(冬)旨寒,少(小)民亦佳(唯)日悁(怨)。"上博簡《緇衣》簡 6:"《君舌(牙)》員(云):〔夏〕日屠(暑)雨,少(小)民佳(唯)日夗(怨)。晉各(冬)耆寒,少(小)民亦佳(唯)日夗(怨)。"又上博簡《李頌》簡 1:"訧各(冬)之旨寒,杲〈枼(葉)〉亓(其)方荅(落)可(兮)。"用"旨"或"耆"表示義爲大的"祁"。"旨"及"旨"聲之字的上古聲母是舌根音(詳下),故義爲大的"祁"的上古聲母是 g-而非 d-或 kd-,與祁姓之"祁"和"祁祁"之"祁"本來不同音。"祁"與"耆"中古同音,則義爲大的"祁"和"耆"的上古音都是*gri。"耆"有强義。《左傳》昭公二十三年"不懦不耆",杜預注:"耆,强也。"清華簡《封許之命》簡 5"女(汝)佳(唯)臧耆尔(爾)猷",整理者讀"臧"爲訓善的"臧",訓"耆"爲"致"。單育辰先生讀爲"壯耆",訓"耆"爲"强",②可從。訓大的"祁"和訓强的"耆"既然語音形式完全相同,語義

---

① 郭沫若:《釋媾》,《郭沫若全集·考古編》第五卷,第 440 頁。
② 單育辰:《〈清華大學藏戰國竹簡(伍)〉釋文訂補》,復旦大學出土文獻與古文字研究中心編:《戰國文字研究的回顧與展望》,中西書局,2017 年,第 205 頁。

亦相近，而且上博簡《緇衣》"祁寒"之"祁"就寫作"耆"，那麼兩者可能本是一個詞，"大"和"強"是其兩個義位。

旨，《廣韻》職雉切，中古聲母爲章母 tɕ-，其上古聲母可能是 t-，也可能是 k-。由於從"旨"聲的字如"稽""耆""詣"等都是舌根音聲母，所以李方桂、鄭張尚芳、白一平—沙加爾都把"旨"及同爲中古章組字的"脂""指""嗜"等字的上古聲母構擬爲舌根音，這是没有問題的。楚簡中"旨"或讀爲"稽"，如上博簡《緇衣》簡 17："古（故）言則慮丌（其）所卉（終），行則旨（稽）丌（其）所蔽。"（郭店簡《緇衣》簡 33 假借"䭜"爲"稽"）上博簡《彭祖》簡 8："狗老弌（二）拜旨（稽）首曰……"郭店簡《唐虞之道》簡 11"□虖（乎）脂膚血劈（氣）之青（情）"，假借"脂"爲"肌"；"脂"讀* ki，"肌"讀* kri（"肌"爲重紐三等字），讀音極近，故可以通用。馬王堆帛書《十六經·五正》："怒者血氣也，爭者外脂膚也。"亦假借"脂"爲"肌"。①

郭店簡《緇衣》簡 41—42："《寺（詩）》員（云）：'人之好我，旨我周行。'"郭店簡整理者注："旨，似讀作'指'。《爾雅·釋言》：'指，示也。'今本作'示'。"裘按："'旨''示'古音相近。"②上博簡《緇衣》簡 21"旨"作"䣖"。學者一般都依照今本把"旨""䣖"讀爲"示"，我以前也是這樣認爲的，但從上文的討論來看，"旨"和"示"的上古聲母並不相同，這樣通讀就不無可疑之處了。郭店簡整理者的意見應可從。《禮記·仲尼燕居》："子曰：明乎郊社之義、嘗禘之禮，治國其如指諸掌而已乎！"《中庸》作："治國其如示諸掌乎！""指""示"義同，没有必要把"指"讀爲"示"，實際上也没人認爲"指"是"示"的通假字。郭店簡《緇衣》簡 2—3："子曰：又（有）邦（國）者章好章亞（惡），目（以）貝（示）民厚，則民青（情）不弍（貳）。"表示"示"的字是"貝"，上博簡《緇衣》簡 1 則是"眂"，皆即古"視"字。"視"字本來就是展示之"示"的本字，用"貝""眂"來表示"示"，是很正常的用字。所以從用字的區别來看，"旨"和"䣖"也不宜再讀爲"示"。清華簡《周公之琴舞》簡 3："彌（弼）寺（時）亓（其）又（有）肩，䣖告舍（余）㬎（顯）悳（德）之行。"《詩·周

---

① 裘錫圭主編：《長沙馬王堆漢墓簡帛集成（肆）》，中華書局，2014 年，第 155 頁。
② 荆門市博物館編：《郭店楚墓竹簡》，文物出版社，1998 年，第 136 頁。

頌·敬之》作："佛時仔肩,示余顯德行"。學者皆讀"䟽"爲"示"。但《尚書·微子》"今爾無指告予",有"指告"的説法,簡文之"䟽告"顯然即"指告"。【編按:清華簡《四告》簡 12:"䟽之明獸"之"䟽"亦當讀"指"。】

上博簡《卜書》簡 8—9:"囦(淵)公占之曰:若卜貞邦,三族句(鉤),旨而惕,三末唯(雖)敗(敗),亡(無)又(有)大咎,又(有)吝於外。"整理者讀"旨"爲"慄",①從語音上看也是有疑問的。程少軒先生説:"'三族'指的是卜兆裂紋起始處,即三條卜兆紋匯聚處,也就是鑽鑿孔槽附近的裂紋。……'三末'則是指三條卜兆裂紋的末端。"②從上下文的語境來看,"旨而惕"應是對"三族"的進一步描述。簡 6:"卟(兆)唯记(起)句(鉤),母(毋)白母(毋)赤,母(毋)羍(卒)㠯(以)易。""易"是對兆象的描述,"惕"可能就是"易","旨"也是對兆象的描述。

原載《饒宗頤國學院院刊》第六期,中華書局(香港)有限公司,2019 年。

---

① 馬承源主編:《上海博物館藏戰國楚竹書(九)》,上海古籍出版社,2012 年,第 300—301 頁。
② 程少軒:《小議上博簡〈卜書〉的"三族"和"三末"》,《中國文字》新三十九期,藝文印書館,2013 年,第 115—116 頁。

上古漢語*-ps＞*-ts音變在戰國文字中的反映

  中古去聲源於上古-s韻尾，是迄今關於去聲來源的最合理的解釋，而去聲字中跟入聲字關係密切的那一部分（即王力先生所謂長入字），其上古音則是塞音加-s的複韻尾。① 例如：否定詞"莫"是入聲-k韻尾，去聲字"暮""墓""慕"就是-ks韻尾；"弋""式"是入聲-k韻尾，去聲字"代""試"就是-ks韻尾；"谷"是入聲-k韻尾，去聲字"裕"就是-ks韻尾；"壹"是入聲-t韻尾，去聲字"噎""殪"就是-ts韻尾；"察"是入聲-t韻尾，去聲字"祭"就是-ts韻尾；言說之"說"是入聲-t韻尾，去聲字遊說之"說"就是-ts韻尾。以上是-ks和-ts韻尾的例子，這兩類字比較多，而後者尤多。既然有-ks和-ts韻尾，那麼從音系結構考慮，應該也有-ps韻尾。如果去聲字跟收-p尾的入聲字諧聲假借或有語言上的同源關係，則這些去聲字就是-ps韻尾。俞敏和張清常先生有專文討論這類字，② 下面列出其中比較可靠的例子：

  世，是"枼（葉）"的分化字，語源上也相關，"葉"是入聲-p韻尾，故去聲字"世"是-ps韻尾。

  蓋，從"盍"聲，"盍"亦"蓋"之初文，"盍"是入聲-p韻尾，故去聲字"蓋"是-ps韻尾。"蓋"又音胡臘切，則與"盍"同音。

---

  ① 參看潘悟雲：《漢語歷史音韻學》，上海教育出版社，2000年，第176—184頁。
  ② 俞敏：《論古韻合怗屑沒曷五部之通轉》，《燕京學報》第34期，1948年，第29—48頁。張清常：《中國上古*-b聲尾的遺迹》，《清華學報》第15卷第1期，1948年；收入氏著：《語言學論文集》，商務印書館，1993年，第1—35頁。

會，與"合"應有同源詞關係，且《說文》古文"會"作"㣛"，从"合"聲，西周金文"迨"讀作"會"，①"合"是入聲-p韻尾，故去聲字"會"是-ps韻尾。

內，與"入""納"同源，"入""納"是入聲-p韻尾，故去聲字"內"是-ps韻尾。从"內"聲的去聲字"芮""汭""枘""蚋"也應該是-ps韻尾。"退"字的《說文》古文从"內"聲，是否應據此歸入-ps韻尾之類，尚有疑問。

瘞，从"夾"聲，"夾"是入聲-p韻尾，故去聲字"瘞"是-ps韻尾。"瘱"字同。

對，與"答"有同源關係，"答"是入聲-p韻尾，故去聲字"對"是-ps韻尾。从"對"聲的"懟"也可以是-ps韻尾。

位、涖，與"立"有同源關係，"立"是入聲-p韻尾，故去聲字"位""涖"是-ps韻尾。

摯、贄，與"執"有同源關係，"執"是入聲-p韻尾，故去聲字"摯""贄"是-ps韻尾。从"執"聲的"鷙""墊""蟄"等字也可以歸入-ps韻尾之類。

介，與入聲-p韻尾的"甲"和"夾"當有同源關係，又東周石磬銘文律名"夾鐘"作"介鐘"，②故去聲字"介"是-ps韻尾。

廢，从"發"聲，"發"是收-t韻尾的月部字，故"廢"字一般歸入月部；但商周金文均假借"瀎"字來表示"廢"這個詞，"瀎"是入聲-p韻尾，所以去聲字"廢"是-ps韻尾。

暨，从"既"聲，"既"是收-ts韻尾的物部字，故"暨"字一般歸物部；但早期古文字中用"泣"的初文"眔"表示連詞"暨"，③"眔"是入聲-p韻尾，所以去聲字"暨"是-ps韻尾。

上舉這些字的中古音已經跟來自上古-ts韻尾質、物、月部的字完全合流，如"蓋""丐"無別，"摯""至"同音。自段玉裁以來，學者多把這些字歸入乙類韻質、物、月部，而不歸入丙類韻緝、葉部。這麼做，除了根據中

———
① 容庚編著，張振林、馬國權摹補：《金文編》，中華書局，1985年，第95—96頁。
② 胡小石：《考商氏所藏古夾鐘磬》，《胡小石論文集》，上海古籍出版社，1982年，第201—202頁。
③ 《說文》有"臮"字，音義皆同"暨"，是"眔"之訛體。參郭沫若：《郭沫若全集·考古編》第五卷，科學出版社，2002年，第678頁。

古音(這個理由實際上不能成立),大概依據的主要是《詩經》押韻。這些字在《詩經》中入韻的很少,兹參考段玉裁《六書音均表·詩經韻分十七部表》,列出相關韻段如下:

《小雅·雨無正》:"戎成不退,飢成不遂。曾我暬御,憯憯日瘁。凡百君子,莫肯用訊;聽言則答,譖言則退。"訊,當作"誶";①答,當讀作"對",《新序》《漢書》皆引作"對",②《大雅·桑柔》"聽言則對,誦言如醉"作"對"。

《大雅·文王》:"文王孫子,本支百世。凡周之士,不顯亦世。""世"字自爲韻,無分析的價值。

《大雅·蕩》:"而秉義類,彊禦多懟。流言以對,寇攘式内。"

《大雅·蕩》:"人亦有言:顛沛之揭,枝葉未有害,本實先撥。殷鑒不遠,在夏后之世。""揭""撥"兩字爲入聲,"害""世"兩字爲去聲,也可以看作交韻。

《大雅·桑柔》:"大風有隧,貪人敗類。聽言則對,誦言如醉。匪用其良,覆俾我悖。"

《大雅·皇矣》:"帝作邦作對,自大伯王季。"

《大雅·假樂》:"不解于位,民之攸墍。"

《大雅·抑》:"肆皇天弗尚,如彼泉流,無淪胥以亡。夙興夜寐,洒掃庭内,維民之章。"此段"尚""亡""章"韻,"寐"與"内"當然也可以視作非韻,白一平即如此。③

以上韻段中,據上文應爲-ps韻尾的"對""懟""世""内""位"五字,都與收-ts韻尾的去聲字押韻。這種押韻的性質,理論上存在兩種可能:第一種可能是反映了語音的演變,即在這些詩寫作的時代,由於同化作用,-ps韻尾已經變成了-ts韻尾。包擬古認爲-ps和-ts在《詩經》時代已經合流。④蒲立本説:"同化 *-ps>*-ts 一定發生得很早,至少在一些主要的

---

① (清)馬瑞辰:《毛詩傳箋通釋》,中華書局,1989年,第626頁。
② (清)馬瑞辰:《毛詩傳箋通釋》,第626—627頁。
③ William H. Baxter(白一平):《漢語上古音手册》*A Handbook of Old Chinese Phonology*, Berlin: Mouron de Gruyter, 1992年,第714頁。
④ 包擬古著,潘悟雲、馮蒸譯:《原始漢語與漢藏語》,中華書局,2009年,第53、71頁。

方言中是這樣,因爲在《詩經》中已經没有*-ps的迹象了。"①鄭張尚芳先生大概也是持這種看法的。② 第二種可能是當時這些字仍是-ps韻尾,但-ps韻尾的字太少,詩人創作時偶爾用到,又很難自相押韻,就采用了就近合韻的辦法,與-ts韻尾字通押。白一平《漢語上古音手册》附録中的詩韻分析,這些字都直接構擬爲-ps韻尾,也許白一平先生是看作合韻的。【編按:白一平的觀點同包擬古。】郭錫良先生在《漢字古音手册》(增訂本)前言中説:"上面所舉'位、内'押韻的三首詩,既可以看作-p尾韻異化爲-t尾韻的證據,也未嘗不可認爲是緝、物合韻的材料。"③好像傾向於看作合韻。按緝、物合韻是可能的,如上博簡《李頌》簡1背"胃(謂)羣衆鳥,敬而勿集可(兮)。索(素)府宫李,木異頪(類)可(兮)",緝部字"集"與物部字"類"押韻。

總之,傳統將上列本收-ps韻尾的字直接歸入乙類韻質、物、月部是不妥當的,應從包擬古、蒲立本、鄭張尚芳、白一平、郭錫良等的新説,歸入丙類韻緝、葉部。但因此産生的新問題是,上古-ps韻尾和-ts韻尾中古音已經合併,之前必定發生過-ps>-ts的語音演變,這種演變是何時發生的?如果認爲上舉《詩經》押韻不是合韻,則必定得出這種演變發生在西周時期甚至西周早期的結論。如果認爲上舉《詩經》押韻是合韻,則這種演變的時間要推後。

古文字材料未經後人改動,是可靠的原始材料,能真實傳達出當時的語音信息。通過考察古文字尤其是數量豐富的戰國竹簡中的諧聲假借,我們可以發現-ps>-ts音變的可靠證據。

1. 蓋 *kaaps>*kaats

郭店簡《窮達以時》簡3"占(昏)繇(䌛)衣胊(枲)蓋","蓋"讀爲"褐"。

---

① 蒲立本著,潘悟雲、徐文堪譯:《上古漢語的輔音系統》,中華書局,1999年,第154—155頁。
② 鄭張尚芳:《上古音系》(第二版),上海教育出版社,2013年,第31—32頁。
③ 郭錫良:《漢字古音手册》(增訂本),商務印書館,2010年,第27頁。

"褐"是入聲月部字,收-t韻尾,故"蓋"必定已經由葉部轉入了月部,即已經發生了 *kaaps＞*kaats 的音變。"蓋"讀 *kaats,方可與"褐" *gaat 通假。

包山簡 268:"一紡害,丹黃之緅(裏)。"望山二號墓簡 12:"一紫箬,鋸(赭)膚(鱸)之裏。""害"和"箬",李家浩先生讀爲車蓋之"蓋",①可從。"害"是去聲月部字,收-ts 韻尾。既然楚簡假借"害"和"箬"聲字爲"蓋",則當時"蓋"必定收-ts 韻尾。又戰國竹簡多用"害" *gaats 表示句首語氣詞"蓋",這能證明句首語氣詞"蓋"當時讀 *kaats,但不能證明句首語氣詞"蓋"本來是 *kaaps。"害"字的本義,郭沫若説就是"蓋",②然兩字本不同部,此説不可信。

2. 廢 *paps＞*pats

商周金文均假借"瀘"爲"廢","瀘"是入聲葉部,讀 *pap,證明去聲字"廢"本讀 *paps。但在戰國文字中,除了沿襲舊的用字習慣外,還用"癹"和"癹"聲字來表示"廢"。如:中山王鼎銘文"於虖,語不癹綷(哉)","癹"讀爲"廢"。郭店簡《老子丙》簡 2—3"古(故)大道癹,女(焉)又(有)悬(仁)義",假借"癹"爲"廢"。上博簡《昔者君老》簡 4"各共(恭)尔(爾)事,癹命不夜(赦)","癹"讀爲"廢"。上博簡《弟子問》簡 7"膂(肩)毋癹","癹"讀爲"廢"。上博簡《競公瘧》簡 5"外內不癹","癹"讀爲"廢"。但在戰國竹簡中,假借"癹"爲"廢"的還是少數,多數仍是假借"瀘"爲"廢"。③假借"瀘"爲"廢"是對傳統用字習慣的繼承,不能反映當時的實際語音,而新起的用"癹"爲"廢"的假借用法正是當時語音的反映。"癹"是入聲月部字,收-t 韻尾。既然戰國文字假借"癹"和"癹"聲之字表示"廢",則當時

---

① 李家浩:《著名中年語言學家自選集·李家浩卷》,安徽教育出版社,2002 年,第 314 頁。
② 郭沫若:《郭沫若全集·考古編》第五卷,第 634 頁。
③ 關於表示"廢"的字在出土文獻中的變化過程,參看邊田鋼:《"瀘""廢"二字在表"廢棄"義上的歷時替換》,《中國語文》2015 年第 6 期。

"廢"必定已經讀-ts韻尾,而非-ps韻尾。

3. 世 *l̥eps＞*l̥ets

楚簡多用"殜"爲"世"。清華簡《祭公之顧命》簡19"我亦隹(惟)目(以)没我狋","狋"對應今本之"世",整理者云:"狋,從大聲,在定母月部,讀爲書母月部之'世',中山王方壺(《集成》九七三五)作'𣱵'。""狋"字顯然就是"𣱵"字改从"大"聲的異體。"大"是去聲月部字,收-ts韻尾,證明當時"世"已經由-ps韻尾變爲-ts韻尾。

4. 内 *nuups＞*nuuts

上博簡《容成氏》簡42＋44"於是虐(乎)复(作)爲九城(成)之臺(臺),貝(視—實)盂庡(炭)亓(其)下,加櫐(圓)木於亓(其)上,思(使)民道之,能述(遂)者述(遂),不能述(遂)者内而死",假借"内"爲"墜"。"墜"是去聲物部字,收-ts韻尾,證明當時"内"已經由-ps韻尾變爲-ts韻尾。【編按:"内"當從整理者讀爲"入"。】

越者汈鐘銘文"女(汝)亦虔秉不湮惪(德)",假借"湮(汭)"爲"墜",證明去聲字"汭"也已經由-ps韻尾變爲-ts韻尾。【編按:清華簡《四告》簡26:"不湮于非彝。"整理者讀"湮"爲"墜"。見黄德寬主編:《清華大學藏戰國竹簡(拾)》,中西書局,2020年,第121頁注[三]。按《四告》簡29有"淫于非彝"句,可知"湮"實應讀爲"淫",讀"墜"非是。參蔡一峰:《清華簡〈四告〉字詞考釋八則》,未刊稿。】

5. 位 *gʷrəps＞*gʷrəts

從西周金文直到秦漢簡帛都用"立"字表示名詞"位"(郭店簡有"位"字,但讀爲"蒞")。中山王方壺銘文"述(遂)定君臣之㕑(位)","㕑"是加注"胃"聲的分化字(前文"臣主易立(位)",仍用"立"),專門表示名詞

"位"。"胃"是去聲物部字,收-ts韻尾,證明當時去聲字"位"已經由-ps韻尾變爲-ts韻尾。

6. 暨 *grəps > *grəts

清華簡《祭公之顧命》簡5—6"我亦隹(惟)又(有)若且(祖)周公獎且(祖)卲(召)公","獎"讀爲連詞"暨"。"獎"是去聲物部字,收-ts韻尾,證明古文字中本用"眔"表示的連詞"暨"當時已經由-ps韻尾變爲-ts韻尾。

7. 介 *kreeps > *kreets

上博簡《鮑叔牙與隰朋之諫》簡3"器必蠲(蠲)慸","慸"从"介"聲,讀爲"潔"。"潔"是入聲月部字,收-t韻尾,證明"介"當時已經由-ps韻尾變爲-ts韻尾。

8. 摯 *tips > *tits

上博簡《鄭子家喪》簡5"奠(鄭)人命目(以)子良爲執",清華簡《繫年》簡35"惠公女(焉)目(以)亓(其)子褱(懷)公爲執于秦",簡60"目(以)芊(華)孫兀(元)爲敊",皆假借"執"或其異體爲人質之"質"。人質之"質"(陟利切)是收-ts韻尾的去聲質部字,"執"是收-p韻尾的入聲緝部字,兩字不同部,本來不能通假。但楚簡中"執"可以讀作"摯"(見於清華簡《尹至》和《尹誥》,是伊尹之名),讀爲"質"的"執"應相當於去聲的"摯"。既然"質"是-ts韻尾,則"摯"在當時也已經變爲-ts韻尾。

以上八字,戰國文字材料可以證明至晚在戰國時代就已經由本來的-ps韻尾演變爲-ts韻尾,即由緝、葉部去聲變爲質、物、月部去聲。其他本是-ps韻尾的字像"對""會""瘞",也應該發生了同樣的音變。

"瘞"字从"夾"聲,無疑本屬葉部去聲,收-ps 韻尾。清華簡《金縢》簡5"尔(爾)之卹(許)我=(我,我)則晉璧與珪","晉"即"厭"字,陳劍先生讀爲"瘞",①可信。"厭"字屬談部,也有葉部的讀音。戰國時代"瘞"應該已經由-ps 韻尾變爲-ts 韻尾,遂與"厭"字不同部,簡文假借"晉(厭)"爲"瘞",只能解釋爲沿襲了舊的用字習慣,不反映當時的實際語音,跟戰國文字仍多假借"灋"爲"廢"的性質相同。

清華簡《耆夜》簡 1—2"卲(召)公保奭(奭)爲夾",整理者訓"夾"爲"介",謂指助賓客行禮者。② 學者多直接讀"夾"爲"介",③可從。"夾"字象兩人夾扶一人形,引申而有輔助之義,但不能作名詞用。動詞"夾"是入聲,讀*kreep,通過加-s 尾(即所謂去聲別義),變讀爲*kreeps,就轉化爲了名詞,④而*kreeps 正是"介"字的語音形式。助手義的名詞"介",當即輔助義的動詞"夾"的派生詞。故簡文用"夾"爲"介",並非假借,實際上是用了一個本字。這種用字習慣應當遠有所承,但在當時"介"已由*kreeps 音變爲*kreets 的情況下,反而不合實際語音。

以上兩個例子看似與-ps＞-ts 音變相矛盾,但可以用文字的存古來合理地解釋。

綜上所述,僅據《詩經》押韻,尚不足以證明西周時代發生了-ps＞-ts 的音變,而戰國文字中的諧聲假借,能有力說明此音變在戰國時代已經發生。在發現可靠的古文字證據之前,采取保守的態度,認爲-ps＞-ts 音變的發生不晚於戰國時代是比較適宜的。

原載《出土文獻與古文字研究》第八輯,上海古籍出版社,2019 年。

---

① 陳劍:《戰國竹書論集》,上海古籍出版社,2013 年,第 409 頁。
② 李學勤主編:《清華大學藏戰國竹簡(壹)》,中西書局,2010 年,第 151 頁注[四]。
③ 參看李家浩:《清華竹簡〈耆夜〉的飲至禮》,《出土文獻》第四輯,中西書局,2013 年,第 20 頁。
④ 上古漢語-s 尾的功能之一是名物化,即轉指動詞詞根所表示的動作行爲相關的事物。參看洪波:《漢語歷史語法研究》,商務印書館,2010 年,第 152 頁。

上古漢語 *kl-、*kr- 類聲母的舌齒音演變

　　上古漢語有*k-、*kh-、*g-、*ŋ-、*ŋ̊-五個軟腭音聲母,除了做單輔音聲母外,又可以加流介音-l-或-r-,構成複輔音聲母,即:*kl-、*khl-、*gl-、*ŋl-、*ŋ̊l-和*kr-、*khr-、*gr-、*ŋr-、*ŋ̊r-。帶-r-者,其韻母中古爲二等韻和重紐三等韻;帶-l-者,其韻母中古爲一四等韻和其他三等韻,與單輔音聲母無別。所以,上古音是不是*kr-類複輔音聲母,一般可以直接依據中古音判定,而上古音是不是*kl-類複輔音聲母,則不容易確定,需要考察諧聲假借、同源詞、異讀等情况。比如:"肌"的上古音是*kri,"江"的上古音是*krooŋ,因爲"肌"屬於重紐三等韻,"江"屬於二等韻。但"車"字(九魚切)的上古音,可能是*ka,也可能是*kla;"公"字的上古音,可能是*kooŋ,也可能是*klooŋ。鄭張尚芳先生《上古音系》"車"和"公"的擬音皆帶-l-,①是因爲"車"和"輿"(擬音*la)②同源,"容"(擬音*loŋ)、③"頌"(容貌之"容"的本字,擬音*loŋ)④从"公"聲,"居"和"工"則不帶-l-。⑤

　　上古漢語*kl-、*kr-類複輔音聲母到中古演變爲單輔音聲母,且大部分如上面舉的例子那樣仍然保持軟腭音聲母,-l-消失,而-r-變爲二等韻和

---

① 鄭張尚芳:《上古音系》(第二版),上海教育出版社,2013年,第287、334頁。
② 鄭張尚芳:《上古音系》(第二版),第543頁。
③ 鄭張尚芳:《上古音系》(第二版),第337頁。
④ 鄭張尚芳:《上古音系》(第二版),第335頁。
⑤ 鄭張尚芳:《上古音系》(第二版),第337、333頁。

重紐三等韻的軟腭介音,即 Kl->K-,Kr->Kɣ-;但有少數的 *kl-、*kr-類聲母到中古演變爲舌齒音即端知章組聲母(理論上應包含端 t-透 th-定 d-泥 n-、知 ţ-徹ţh-澄ḑ-娘ŋ-、章 tɕ-昌 tɕh-禪 dʑ-日 ɲ-),其中 *kl-類變爲端章組(一四等韻爲端組,三等韻爲章組),*kr-類變爲知組。從上古音來看,實即 Kl->T-,Kr->Tr-。這是一種很常見的音變。① 我認爲發生此音變的時間在上古音階段,不晚於戰國時期。Kl-、Kr-變爲 T-、Tr-以後,與原來的 T-、Tr-合流,一同變成中古的端知章組。

下面舉出一些比較可靠的 *kl-、*kr-類聲母演變爲中古舌齒音的例子:

例1:从"甚"聲的"堪""戡"的中古聲母是溪母 kh-,其上古聲母是 *kh-或 *khl-,所以"甚"是 *glumʔ> *dumʔ> dʑim,② 其上古聲母是 *gl-> *d-。其他从"甚"聲的形聲字,如果能肯定造於 *gl-> *d-音變之前,也應是此類,如:"湛" *kluum> *tuum> təm,"斟" *klum> *tum> tɕim。【編按:此例可疑。】

例2:从"出"聲的"屈"的中古聲母是溪母 kh-,其上古聲母是 *kh-或 *khl-,所以"出"是 *khlut> *thut> tɕhwit。包山簡 228:"大司馬悼(悼)髃遅(將)楚邦之帀(師)徒昌(以)救郙之歲(歲)。""髃"字从"骨""出"兩聲,也證明"出"的上古聲母本不是 *th-。"黜"與"出"同源,當是 *khrut> *thrut> ţhwit。

例3:"咸"的上古聲母是 *gr-,所以从"咸"聲的"箴""鍼"是 *kləm> *təm> tɕim。

例4:"巠"的上古聲母是 k-,所以从"巠"聲的"經"是 *khreŋ> *threŋ> thjeŋ。"經"的《說文》重文作"頸""𢩂""𣤢",改从"貞 *tr-""丁 *t-""正 *t-"聲,應是發生 *khr-> *thr-音變之後的晚起字形。

例5:"區"的上古聲母是 *kh-,所以从"區"聲的"樞"是 *khlo> *tho> tɕhjo,"貙"是 *khro> *thro> ţhjo。

---

① 參看鄭張尚芳:《上古音系》(第二版),第 135 頁。
② 最後一個讀音是中古音,省略聲調標記,下同。

例6：《釋名》："古者曰車，聲如居，所以居人也。今曰車，聲近舍。"聲如居的"車"音*kla，聲近舍的"車"則是*khla＞*tha＞tɕhja。"車"字的異讀本來只是送氣與否的差別，類似北京話"波"有po⁵⁵、pho⁵⁵兩讀。

例7："處"從"虎"聲，"虎"的上古聲母是*qhl-，而且"處"與"居*ka"應是一對同源詞，所以"處"是*khla?＞*tha?＞tɕhjə。郭店簡、上博簡《緇衣》"日暑雨"之"暑"皆作"居"，從尻（處）聲，"暑"字聲旁"者"的上古聲母是*t-，則戰國時"處"已經發生*khl-＞*th-的音變，才能音近"者"。

例8："君"的上古聲母是*kl-，所以從"君"聲的"涒"是*khluun＞*thuun＞thun。

例9：从"赤"聲的"郝"的上古聲母是*qhl-，所以"赤"是*khlak＞*thak＞tɕhjɛk。【編按：此例可疑。】

例10："喜"的上古聲母是*qh-，所以從"喜"聲的"饎"是*khləs＞*thəs＞tɕhjə。

例11：馬王堆帛書《周易》及漢碑等假借"川"字爲"坤"，"畎"的異體"甽"從"川"聲（已見於上博簡《子羔》簡8），"坤"和"畎"的上古聲母皆爲*kh-，所以"川"是*khlun＞*thun＞tɕhwjɛn。①

例12："贛"的上古聲母是*kl-，所以從"贛"聲的"戇"是*krooms＞*kroons＞*troons＞toŋ。

例13：从"臭"聲的"糗"的上古聲母是*khl-或*kh-，所以"臭"是*khlus＞*thus＞tɕhju。

例14：《爾雅·釋親》："夫之兄爲兄公。"郭璞注："今俗呼兄鐘，語之轉耳。"《釋文》："兄妐，音鐘。本今作公。"從"公*klooŋ"聲的"妐"是*kloŋ＞*toŋ＞tɕjoŋ。

例15：清華簡《命訓》簡12："行之目（以）啻"，簡15："目（以）啻從攄（法）則不行₌（行，行）不必攄₌（法。法）目（以）智（知）啻₌（啻，啻）目（以）智（知）散₌（微，微）目（以）智（知）㠯₌（始，始）目（以）智（知）丹（終）。"其

---

①　據諧聲及《詩經》押韻，"川"字應當屬於上古文部，中古入仙韻，演變不規則。

中的"嵩"字，《逸周書•命訓》皆作"權"，文意很順，故整理者從今本讀爲"權"。① 但是"權"的上古音是*gron，而"嵩"的上古音是*toon，聲母相差太遠，無由通假。所以這些"嵩"字所記錄的詞的語音必定是*dron，是"權"發生*gron>*dron音變的形式。

例16：從"敫*lewk"聲的"激"的上古音是*kleewk。上博簡《容成氏》簡 24"沼流"之"沼"，陳劍先生讀爲"激"，②文意甚洽，當可信。但"沼"音*tewʔ，"激"音*kleewk，聲母有別，無由通用。所以此"沼"字記錄的詞的語音必定是*teewk，是"激"發生*kleewk>*teewk音變的形式。清華簡《芮良夫毖》簡 23："民乃塑囂"之"塑"，陳劍先生讀爲"噭"，③亦可信。同理，"塑"表示的詞的語音是*teewks，是"噭"發生*kleewks>*teewks音變的形式。

例17：安大簡《詩經•召南•行露》（簡 29）："隹（誰）胃（謂）雀（雀）亡（無）角，可（何）㠯（以）聯（穿）我屋。""聯"是"穿"的異體，從耳"串"聲，而"串"即貫穿之"貫"字，楚文字"關"作"闗"，亦從"串"聲。"貫""關"的上古聲母都是*k-，證明"穿"是*khlon>*thon>tɕhwjɛn。

例18："炭"，《說文》從"岸*ŋaans"省聲；清華簡《容成氏》簡 44 作"戻"，比照"產"字，可依《說文》分析爲從"彦*ŋrens"省聲，不過"彦"亦從"岸"的初文"厂"得聲。所以"炭"可能是*ŋlaans>*khlaans>*thaans>than。

例19："杵"從"午*ŋaaʔ"聲，所以是*ŋlaʔ>*khlaʔ>*thaʔ>tɕhjɔ。

例20："癡"從"疑*ŋə"聲，所以是*ŋrə>*khrə>*thrə>tʂhjə。

例21："斥（席）"從"屰*ŋrak"聲，所以是*ŋlak>*khlak>*thak>tɕhjɛk。"坼"從"斥"聲，所以是*ŋraak>*khraak>*thraak>tʂhak，但上博簡《三德》簡 5、6："土陛（地）乃堲（坼）"，從"石*dak"聲，則"坼"的上古音是*thraak，從"斥"聲的"坼"後起。

---

① 李學勤主編：《清華大學藏戰國竹簡（伍）》，中西書局，2015 年，第 126 頁。

② 陳劍：《〈容成氏〉補釋三則》，《出土文獻與古文字研究》第六輯，上海古籍出版社，2015 年，第 371—375 頁。

③ 陳劍：《〈容成氏〉補釋三則》，《出土文獻與古文字研究》第六輯，第 373 頁。

"答"从"合*guup"聲,似乎可以構擬爲*kluup>*tuup。但"合"字象兩口相對答,應本有"答*tuup"的音,無需構擬爲*kl-聲母。【編按:劉釗《古文字構形學》(修訂本)(福建人民出版社,2011年,第49頁):"合字……像二'口'相對形,乃'答'字初文。"】

像"支""旨"等元音爲 i、e 的字,應從白一平—沙加爾《上古漢語新構擬》,不構擬爲*kl-類聲母,直接構擬舌根單輔音聲母即可,如"支"爲*ke,"旨"爲*kiʔ。① 中古變作章組,是前高元音導致的腭化(也有少數不腭化的,如"緊""棄"等字),如*ke>tɕje,*ki>tɕi,其間並無變作 t-的階段,這是其與*kl-類聲母演變的不同之處。當然,*kle>*te>tɕje,*kli>*ti>tɕi,這樣的音變理論上也有存在的可能。

鄭張尚芳和潘悟雲先生的上古音系統中古章組字帶-j-介音,②如"支"是*kje,③"旨"是*kji,④導致音系缺乏 ke、ki 這類簡單的音節。⑤ "處"構擬爲*khljaʔ,⑥-j-導致腭化,則其音變過程爲*khlj->*khj->tɕh-,其間沒有作 th-的階段,與上文例 7 所示"處"作"暑"的聲旁不合。我贊成白一平—沙加爾《上古漢語新構擬》在上古音系中完全取消-j-介音的做法,中古所有的三等-j-介音都是後起的,不存在原生的-j-介音(即使存在,也不對後來的語音演變產生影響),這樣系統更簡潔。

白一平—沙加爾《上古漢語新構擬》沒有構擬-l-介音,而將上列演變爲中古舌齒音的字的聲母構擬爲前置輔音或前綴 t-加舌根音的形式,如"出"構擬爲*t-kʰut,"黜"構擬爲*t.kʰ<r>ut。⑦ 這個 t-存在的證

---

① William H. Baxter & Laurent Sagart(白一平—沙加爾):Old Chinese: a new reconstruction《上古漢語新構擬》,Oxford University Press,2014,第77頁。
② 鄭張尚芳:《上古音系》(第二版),第124頁。
③ 鄭張尚芳:《上古音系》(第二版),第567頁。
④ 鄭張尚芳:《上古音系》(第二版),第569頁。
⑤ 鄭張尚芳先生承認在短元音 i 前見組聲母也會變爲章組,如"旨、甄"是由 ki-轉章母,"嗜、臣"是由 gi-轉禪母[《上古音系》(第二版),第127頁],但他對這類字的擬音,或加-j-,或不加,頗不一致。
⑥ 鄭張尚芳:《上古音系》(第二版),第354頁。
⑦ William H. Baxter & Laurent Sagart(白一平—沙加爾):Old Chinese: a new reconstruction《上古漢語新構擬》,第332頁。

據是比較薄弱的，不容易讓人接受。這樣構擬也未必能合理地解釋上文所舉的文字現象。比如，例15清華簡《命訓》之"甬"，相當於"權"。如果按照白一平—沙加爾的處理，"權"音 *gron，"甬"是 *t-gron＞*dron，即"甬"表示的語音是增加了前綴t-的形式變來的，但這個前綴t-是什麼功能，恐怕無法講清楚。如按上文的分析，"權"本來就只有 *gron這個音，*dron音只是 *gron音的特殊變異，兩者同源而異形，這樣解釋應該是更爲合理的。

上古漢語 *kl-、*kr-類聲母有上述兩種音變類型，這是首先應該肯定的事實，如上文所舉例15、16"權""激"的異讀，就是明證。但這顯然造成一些没有語音條件的分化，如"出"和"屈"的上古音可以都是 *khlut，"戇陟降切"和"虹古巷切"的上古音可以都是 *kroonŋs。鄭張尚芳先生用塞化流音來解釋，如"戇"是 *kr'-，①加一表示塞化的符號。但他説："上古音系音位上，流音仍只有清濁l、r兩套，帶塞化標志的流音-l'、-r' 只是爲了説明演變導向的方便而加標記，並未列爲另一類獨立的流音音位，這跟前述各兄弟語言中雖多流音塞化而其流音並不分立是一致的。在上古漢語裏塞化也只是一部分字的現象，在各個諧聲系列裏常屬少數的特例。"②意即塞化與否是没有條件的，塞化只是音變的特例。潘悟雲先生近來認爲變成舌齒音的Kl-、Kr-是複輔音，而保持舌根音的Kl-、Kr-是複雜輔音（他寫作K^l-、K^r-），性質有所不同。③ 但這兩類應是屬於同一個音位的變體，Kl-、Kr-的兩種音變仍然缺少分化條件。或許我們可以用詞彙擴散式音變來解釋，即戰國時代曾經發生Kl-＞T-、Kr-＞Tr-的擴散式音變，但只有少數的字發生這一音變（其中Kl-＞T-尤其是khl-＞th-的字可能比例較高），而多數字未變，未變的字後來發生Kl-＞K-（較早）、Kr-＞Kɣ-（較晚）的演變。漢語語音史上有同類現象，比如：中古擦音聲母心s-、生ʂ-、

---

① 鄭張尚芳：《上古音系》（第二版），第372頁。
② 鄭張尚芳：《上古音系》（第二版），第136頁。
③ 潘悟雲：《漢語音韻學與文字學的互動》，《饒宗頤國學院院刊》第六期，中華書局（香港）有限公司，2019年。【編按：又潘悟雲：《上古漢語的複雜輔音與複輔音聲母》，《中國民族語言學報》第一輯，商務印書館，2017年。】

書 ɕ 有少數字(如：産、賜、碎、笑、鼠、伸、深)變爲送氣塞擦音聲母,在南北方言中普遍發生,①這一演變也是詞彙擴散式音變,而且也只涉及少數字。

原載《漢字漢語研究》2020 年第 2 期。

---

① 參看謝留文:《客家方言語音研究》,中國社會科學出版社,2003 年,第 30—37 頁。

後　　記

　　本書收入我從2003年至2020年正式發表的論文三十九篇,外加由我的碩士學位論文的主體部分修改而成的《郭店簡〈緇衣〉篇注釋》,總共四十篇。之所以要收入碩士論文的這部分内容,一方面是因爲碩士論文的另一部分已經以"《緇衣》二題"爲名發表於《古墓新知》一書,兩部分一起收入本書後,我的碩士論文就基本上算完整發表了(另外討論《緇衣》思想的部分價值不大,棄之可也);另一方面是因爲這部分内容曾經裘錫圭、李家浩、沈培、陳劍諸先生多次集體討論修訂,於我在學術歷程中有特殊的意義,聯繫着一段值得懷念的歲月,不只是敝帚自珍而已。

　　本書所收論文按照内容大致可以分爲如下若干類:一、戰國竹簡的釋讀,共13篇;二、馬王堆帛書《周易》的釋讀,共1篇;三、西周金文的釋讀,共5篇;四、兼及金文和戰國竹簡的釋讀,共2篇;五、説解字形爲主,共6篇;六、利用出土文獻校讀《尚書》,共1篇;七、與出土文獻相關的文獻學研究,共2篇;八、與古文字釋讀相關的語音問題,共2篇;九、利用古文字材料的上古音研究,共8篇。總的來看,可概括爲古文字釋讀和上古音研究,而且大多屬於兩方面的相互結合,體現我一貫的學術特色。

　　已正式發表的三十九篇論文收入本書時在注釋等格式上做了統一處理,並加了必要的編按。編按加在相應的文句之後或者文末,或補充資料和觀點,或糾正錯誤,或交待互見情況,等等。但因聞見不廣,學力有限,肯定仍有不少地方應該補正而未補正,留下遺憾。

　　從入大學算起,學習文字音韻之學已逾二十五年,時間不可謂不長,而荒廢者多,所取得的成績極其微不足道,思之不勝惶恐。"往者不可諫,來者猶可追",惟願將來努力從事,取得稍好的成績,庶幾不負老師們的培養,不負自己的初心。

　　本書所收論文大部分寫作於我在首都師範大學文學院工作期間,在此特別感謝當時給予我諸多照拂和關愛的黃天樹先生以及洪波先生。本書得以成編,有賴中心主任劉釗老師的鼓勵和再三督促,在此謹向劉釗老師以及其他允許將本書納入中心出版資助計劃的老師們表示誠摯的謝意。

作者　2020年12月22日

圖書在版編目(CIP)數據

古文字與上古音論稿／張富海著.—上海：上海古籍出版社，2021.11
（出土文獻與古文字研究叢書）
ISBN 978-7-5732-0072-3

Ⅰ.①古… Ⅱ.①張… Ⅲ.①漢字-古文字學-文集②漢語-上古音-文集 Ⅳ.①H121-53②H111-53

中國版本圖書館CIP數據核字(2021)第224623號

責任編輯　顧莉丹
封面設計　黄　琛
技術編輯　耿瑩瑋

出土文獻與古文字研究叢書
古文字與上古音論稿
張富海　著
上海古籍出版社出版發行
（上海市閔行區號景路159弄1-5號A座5F　郵政編碼201101）
（1）網址：www.guji.com.cn
（2）E-mail：guji1@guji.com.cn
（3）易文網網址：www.ewen.co
上海展强印刷有限公司印刷
開本700×1000　1/16　印張20.25　插頁5　字數292,000
2021年11月第1版　2021年11月第1次印刷
印數：1—1,800
ISBN 978-7-5732-0072-3
H·244　定價：108.00元
如有質量問題，請與承印公司聯繫
電話：021-66366565